utb 5934

Eine Arbeitsgemeinschaft der Verlage

Brill | Schöningh – Fink · Paderborn
Brill | Vandenhoeck & Ruprecht · Göttingen – Böhlau · Wien · Köln
Verlag Barbara Budrich · Opladen · Toronto
facultas · Wien
Haupt Verlag · Bern
Verlag Julius Klinkhardt · Bad Heilbrunn
Mohr Siebeck · Tübingen
Narr Francke Attempto Verlag – expert verlag · Tübingen
Psychiatrie Verlag · Köln
Ernst Reinhardt Verlag · München
transcript Verlag · Bielefeld
Verlag Eugen Ulmer · Stuttgart
UVK Verlag · München
Waxmann · Münster · New York
wbv Publikation · Bielefeld
Wochenschau Verlag · Frankfurt am Main

Klaus Koschorke

Grundzüge der Außereuropäischen Christentumsgeschichte

Asien, Afrika und Lateinamerika

1450–2000

Mohr Siebeck

Klaus Koschorke, geboren 1948; Studium der Ev. Theologie und verschiedener Nebenfächer; 1986 Promotion; 1991 Habilitation; 1993–2013 Inhaber des Lehrstuhls für Ältere und weltweite Kirchengeschichte an der LMU München; zahlreiche Gastprofessuren in Asien (China, Japan, Korea, Sri Lanka), Afrika (Südafrika, Äthiopien) und anderen Ländern; gegenwärtig Gastprofessur in Liverpool (UK) und Senior Fellow an der KFG des Hist. Dept. der Universität Frankfurt.

ISBN 978-3-8252-5934-1 (UTB Band 5934)

Online-Angebote oder elektronische Ausgaben sind erhältlich unter www.utb.de.

Die Deutsche Nationalbibliothek verzeichnet diese Publikation in der Deutschen Nationalbibliographie; detaillierte bibliographische Daten sind im Internet über *http://dnb.dnb.de* abrufbar.

© 2022 Mohr Siebeck, Tübingen. www.mohrsiebeck.com

Das Werk einschließlich aller seiner Teile ist urheberrechtlich geschützt. Jede Verwertung außerhalb der engen Grenzen des Urheberrechtsgesetzes ist ohne Zustimmung des Verlags unzulässig und strafbar. Das gilt insbesondere für die Verbreitung, Vervielfältigung, Übersetzung und die Einspeicherung und Verarbeitung in elektronischen Systemen.

Das Buch wurde von epline in Böblingen aus der Minion gesetzt und von Hubert & Co. in Göttingen auf alterungsbeständiges Werkdruckpapier gedruckt und gebunden. Der Umschlag wurde von siegel konzeption | gestaltung entworfen. Coverabbildung: Straßenszene in Kintampo/Ghana (Foto von Klaus Koschorke, 1997).

Printed in Germany.

Vorwort

Natürlich hätte dies Lehr- und Studienbuch, das ich meinen Münchener Studierenden schon vor Jahren versprach, längst fertig sein sollen. Aber auch nach meiner Emeritierung beanspruchten diverse Forschungsprojekte und außereuropäische Gastprofessuren meine volle Aufmerksamkeit. Der nun vorliegende Band soll – so hoffe ich – dazu beitragen, die globalen Perspektiven der Christentumsgeschichte auch im akademischen Unterricht stärker zu vermitteln.

Seit Mitte der 1980er Jahre lebt eine wachsende Mehrheit der christlichen Weltbevölkerung in Afrika, Asien und Lateinamerika. Kirchengeschichte als akademische Disziplin – wie sie an den theologischen Fakultäten des deutschsprachigen Raums betrieben wird – kann sich nicht länger primär auf die Geschichte des Christentums in seinen traditionellen Zentren in der nördlichen Hemisphäre beschränken. Aber auch in anderen wissenschaftlichen Disziplinen ist ein wachsendes Interesse an den religiösen Transformationsprozessen und neuen Gestalten des Christlichen in den Ländern des sogenannten globalen Südens zu beobachten. Dabei kann die Geschichte der außereuropäischen Christentümer nicht länger als bloßer Appendix zur westlichen Missions- und Kirchengeschichte dargestellt werden. Vielmehr sind diese in der Vielfalt ihrer regionalen Ausprägungen und globalen Verflechtungen zu beschreiben. Anders als in der traditionellen Missionsgeschichte – die nur Teilbereiche der weltweiten Ausbreitung des Christentums abzudecken vermag – ist dabei die Bedeutung indigener Akteure zu beachten. Sie waren es letztlich, die über die Annahme, Ablehnung, selektive Aneignung, Transformation oder Weitergabe der biblischen Botschaft entschieden.

Das vorliegende Lehr- und Studienbuch richtet sich an unterschiedliche Zielgruppen: an Studierende und Lehrende der Kirchengeschichte, der Interkulturellen Theologie und Ökumene-Wissenschaft, der Religionsgeschichte, verschiedener Regional- und Kulturwissenschaften sowie der europäischen Übersee- und Globalgeschichte. Der Band ist so konzipiert, dass er für unterschiedliche Formen des akademischen Unterrichts verwendet werden kann: für Überblicksveranstaltungen, als Erweiterung (bzw. Ergänzung) traditioneller Epochenvorlesungen, für Lehrveranstaltungen zur Christentumsgeschichte einzelner Kontinente oder Regionen sowie zur Behandlung ausgewählter thematischer Schwerpunkte.

Besonderes Merkmal des Buches ist seine Verbindung mit dem gleichthematischen Quellenband zur Außereuropäischen Christentumsgeschichte von 1450 bis 1990, der in deutscher, englischer und spanischer Ausgabe erschienen ist.[1] Dies ermöglicht die parallele Lektüre relevanter Quellentexte zu den einzelnen Kapiteln. Das Studienbuch kann aber auch ganz unabhängig vom Quellenband – auf den laufend verwiesen wird – genutzt werden. Ein weiteres Merkmal des Bandes ist das reiche Bildmaterial. Zusätzlich zu den Karten und historischen Abbildungen gibt es noch einen digitalen Appendix mit ca. 250 teils persönlichen Fotos des Verfassers zu unterschiedlichen Orten und Themen der Außereuropäischen Christentumsgeschichte. Sie entstanden bei wiederholten Übersee-Reisen und Forschungsaufenthalten des Autors seit den 1980er Jahren.

Das Lehr- und Studienbuch ist in verschiedenen Testläufen entstanden. Dank für kritische Begleitung gilt darum zunächst den Münchener Studierenden und Mitarbeitenden am Münchener Lehrstuhl für ‚Ältere und weltweite Kirchengeschichte', den ich von 1993 bis 2013 innehatte. Dank gilt insbesondere auch den Mitherausgebern des erwähnten Quellenbandes, den Kollegen Mariano Delgado (Fribourg), Frieder Ludwig (jetzt Stavanger) und Roland Spliesgart (München). Verschiedene Kolleginnen und Kollegen in In- und Ausland haben einzelne Abschnitte probegelesen oder Teilaspekte kommentiert. Ich nenne mit Dank (in alphabetischer Reihenfolge): Afe Adogame (Princeton); Raimundo Barreto (Princeton); Verena Boell (Leipzig); Ciprian Burlacioiu (München); Christian Büschges (Bern); Adrian Hermann (Bonn); Hermann Hiery (Bayreuth); Michael Hochgeschwender (München); Klaus Hock (Rostock); Daniel Jeyaraj (Liverpool); Thomas Kaufmann (Göttingen); Sebastian Kim (Pasadena); Hartmut Lehmann (Kiel); Johannes Meier (Mainz); Andreas Müller (Kiel); Christoph Nebgen (Frankfurt); Peter Tze Ming Ng (Hongkong); Claudia Rammelt (Bochum); Wolbert Smidt (Mekele); Mira Sonntag (Tokio); Veit Strassner (Maikammer); Martin Wallraff (München); Kevin Ward (Leeds); Christian Windler (Bern). Um Bibliotheksrecherchen und die technische Manuskriptbetreuung hat sich Philipp Kuster (München) verdient gemacht. Dank für die sehr erfreuliche Kooperation gilt ebenso auch Tobias Stäbler vom Verlag Mohr Siebeck (Tübingen).

Nicht unerwähnt bleiben soll der rege Austausch mit Kolleginnen und Kollegen aus der globalen Ökumene. Sie haben mir – seit einer ersten Gastdozentur in Sri Lanka 1982/83 – die Augen für den Reichtum der Christentumsgeschichte in anderen Kulturen und Weltgegenden geöffnet.

München, im Dezember 2021   Klaus Koschorke

---

1 Koschorke, K./Ludwig, F./Delgado, M. (^{5}2021) (Hgg.), Außereuropäische Christentumsgeschichte (Asien, Afrika, Lateinamerika) 1450–1990 (Vandenhoek & Ruprecht: Göttingen); zur englischen und spanischen Ausgabe s. u. S. XIX.

Inhaltsverzeichnis

Vorwort V
Statt einer Einleitung: „Christen und Gewürze" – oder:
die Vielzahl regionaler Zentren in der globalen Christentumsgeschichte ... XIII
Technische Hinweise zur Benutzung XIX

I. 1450–1600 1

Kapitel 1: Die christliche Welt um 1500 3

1.1 Das christliche Europa um 1500 3
1.2 Die islamische Welt 4
1.3 Kenntnisse außereuropäischer Kulturen,
    Wahrnehmungen Europas von außen 5
1.4 Christen und Kirchen in Afrika und Asien 7

Kapitel 2: Die iberische Expansion des 15./16. Jahrhunderts 11

2.1 Die Portugiesen auf dem Weg um Afrika (1415 ff) 11
2.2 Spanien, Kolumbus und die „Entdeckung" der „Neuen Welt" (1492) . 13
2.3 Aufteilung der Interessensphären
    (‚Inter Cetera' 1493, Tordesillas 1494) 14
2.4 Begegnungen: Vasco da Gama
    und die indischen Thomaschristen (1498 ff) 17

Kapitel 3: Iberoamerika I: Kolonisierung und Christianisierung 20

3.1 Die amerindischen Kulturen am Vorabend der iberischen Invasion . 20
3.2 Stationen der Eroberung 21
3.3 Rechtstitel: Patronat und ‚Requerimiento' 22
3.4 Missionspersonal, Dualität von Missions- und Kolonialkirche 24

Kapitel 4: Iberoamerika II: Debatten und Kontroversen 28

4.1 Religionsgespräche: Franziskaner und Azteken in Mexiko 1524 28
4.2 Kolonialethische Debatten: Antonio de Montesinos,
    Bartolomé de las Casas 29

4.3 Experimente zur Ausbildung einer indianischen Kirche 33
4.4 Anfänge schwarzer Sklaverei in Amerika 34

Kapitel 5: Mission unter dem Padroado:
Begegnungen und Konflikte in Afrika und Asien 37

5.1 Äthiopien: Portugiesen als Gäste und Verbündete
    im christlichen Kaiserreich 37
5.2 Anfänge katholischer Präsenz im subsaharischen Afrika 39
5.3 Goa als kirchliches und politisches Zentrum 41
5.4 Franz Xaver: Indien, Malakka, Molukken, Japan,
    Pläne für China (1542–1552) 43

Kapitel 6: Formen einheimischen Christentums 47

6.1 Asien: Die südindischen Paraver und die Märtyrer von Mannar
    (Sri Lanka) 47
6.2 Afrika: Das christliche Kongo-Königreich
    in seinen transatlantischen Verbindungen 49
6.3 Iberoamerika: Stimmen indianischer und mestizischer Christen 51

Kapitel 7: Die Rezeption des Tridentinums in Übersee
und das Ende lokaler Experimente 55

7.1 Stand der Ausbreitung Ende des 16. Jahrhunderts 55
7.2 Trient und seine Auswirkungen auf Spanisch-Amerika 56
7.3 Indien: Die Synode zu Diamper 1599
    und die Zwangsvereinigung der Thomaschristen 59
7.4 Äthiopien: Vertreibung der Jesuiten unter Kaiser Fasilidas
    (seit 1632/33) 60

Abbildungen zu Teil I 64

II. 17./18. Jahrhundert 69

Kapitel 8: Veränderte Rahmenbedingungen 71

8.1 Expansionsgeschichtliche Aspekte 71
8.2 Stationen der Missionsgeschichte 72
8.3 Aufklärung und andere Debatten 74
8.4 Regionale Zentren, transkontinentale Austauschbeziehungen 74

Kapitel 9: Lateinamerika 77

9.1 Die Kirche in der kolonialen Stadt 77
9.2 Indianische und mestizische Stimmen 80

9.3   Jesuitenreduktionen (1609–1768) 82
9.4   Am Vorabend der Unabhängigkeit 84

Kapitel 10: Afrika 88

10.1 Äthiopien: Zeit selbstgewählter Isolation 88
10.2 Regionale Entwicklungen 89
10.3 Protestantische Anfänge 91
10.4 Transatlantischer Sklavenhandel, Vision einer Rückkehr nach Afrika   92

Kapitel 11: Asien 96

11.1 Japan: Das Ende des „Christlichen Jahrhunderts" 96
11.2 China: Akkomodationsstrategien und Ritenstreit 98
11.3 Sri Lanka und Philippinen: Widerstand im kolonialen Kontext 99
11.4 Korea: selbstgegründete Märtyrerkirche (1784 ff) 101
11.5 Tranquebar 1706 und die Anfänge protestantischer Mission in Asien 103

Abbildungen zu Teil II 106

III. 1800–1890 115

**Kapitel 12: Das Ende des ersten Kolonialzeitalters
und der Beginn des „protestantischen Jahrhunderts"** 117

12.1 Kollaps der alten Kolonialsysteme (Iberoamerika, Afrika, Asien) 117
12.2 Tiefpunkt der katholischen Missionen (Asien, Afrika, Amerika) .. 118
12.3 Entwicklungen in der protestantischen Welt 120
12.4 Transkontinentale Migrationsströme,
      Anfänge afroamerikanischer Mission 122

Kapitel 13: Asien 126

13.1 Südasien: Mission als Faktor der Modernisierung 126
13.2 Nordostasien (China, Japan, Korea):
      Opiumhandel und Bibelschmuggel 132
13.3 Philippinen, Vietnam, Indonesien 138
13.4 Indigene Christentumsvarianten 139

Kapitel 14: Afrika 144

14.1 Westafrika: Sklavenemanzipation
      und transatlantische Rücksiedlungsprojekte 144
14.2 Südafrika: Schwarze Christen und weiße Siedler 147
14.3 Ost- und Zentralafrika:
      David Livingstone und andere europäische „Entdecker" 150
14.4 Afrikanische christliche Herrscher: Madagaskar, Uganda, Äthiopien 153

14.5 S. A. J. Crowther, erster schwarzafrikanischer Bischof,
und die Kontroversen um das Ziel der „Drei Selbst" 156

Kapitel 15: Lateinamerika 160

15.1 Unabhängigkeitskampf und Kirche (1804–1830) 160
15.2 Die katholische Kirche und die neuen Staaten (1830–1890) 161
15.3 Romanisierung des lateinamerikanischen Katholizismus 163
15.4 Formen protestantischer Präsenz in Lateinamerika 165

Abbildungen zu Teil III 168

IV. 1890–1945 175

**Kapitel 16: Kirchen und Missionen
im Zeitalter des Hochimperialismus** 177

16.1 Wachsende koloniale Rivalitäten 177
16.2 Neue missionarische Akteure 179
16.3 Indigene Gegenbewegungen 181
16.4 Vielzahl transregionaler und transkontinentaler Netzwerke 183
16.5 Der Erste Weltkrieg als Zäsur und das Ende des
‚Christianity-Civilization'-Modells 186

Kapitel 17: Asien 190

17.1 Religiöse Nationalismen
und kirchliche Indigenisierungsbestrebungen 190
17.2 Ökumene als Protestbewegung, nationalkirchliche Bestrebungen 192
17.3 Entwicklungen im katholischen Asien 194
17.4 Zwischen den Weltkriegen 196

Kapitel 18: Afrika 200

18.1 Die christlichen Missionen und der „Wettlauf um Afrika" 200
18.2 Die Entstehung unabhängiger afrikanischer Kirchen 202
18.3 Themen der Zwanziger und Dreißiger Jahre 206
18.4 Christliche Eliten und die politische Unabhängigkeitsbewegung 208

Kapitel 19: Lateinamerika 212

19.1 Die Lage um 1900 212
19.2 Regionale Profile: Brasilien, Mexiko, Kuba 213
19.3 Weltwirtschaftskrise und Soziale Frage 215
19.4 Konfessionelle Pluralisierung, neue Religionen 217

Abbildungen zu Teil IV 220

V. 1945–1990 223

Kapitel 20: Postkoloniale Ordnung und kirchliche Emanzipationsbewegungen 225

20.1 Ende des Zweiten Weltkriegs, Wellen der Dekolonisierung 225
20.2 Neue Allianzen, Zusammenschluss als „Dritte Welt" 226
20.3 Formen kirchlicher und theologischer Emanzipation 228
20.4 Wachsende Bedeutung der Südkirchen in der globalen Ökumene 230
20.5 Neue Akteure und Bewegungen................................... 233

Kapitel 21: Asien: Die 1950er Jahre 235

21.1 Christen als Minderheit im Prozess des nationalen Aufbaus 235
21.2 Statusverlust und Verfolgungen im kommunistischen Machtbereich .. 237
21.3 Suche nach christlicher Identität im „neuen Asien" 239
21.4 Ansätze theologischer Neuorientierung............................ 241

Kapitel 22: Afrika in den 1960er Jahren............................. 244

22.1 Kirche und Staat im Neuen Afrika 244
22.2 Historische und unabhängige Kirchen............................. 246
22.3 Ansätze afrikanischer Theologie, interreligiöse Initiativen 249
22.4 Südafrika: Christen und Kirchen im Apartheidsstaat................ 252

Kapitel 23: Lateinamerika: Die 1970er Jahre 255

23.1 Zwischen sozialer Revolution und staatlicher Repression 255
23.2 Das Zweite Vatikanische Konzil (1962–1965) und die Bischofskonferenz von Medellín (1968) 256
23.3 Befreiungstheologien: Merkmale, Kontroversen, Entwicklungen 257
23.4 Vordringen protestantischer und (neo-)pentekostaler Gruppen, Revitalisierung afroamerikanischer Religionen 260

Kapitel 24: „Shift of Centers": Entwicklungen der 1980er Jahre...... 264

24.1 Von der Nord- zur Süd-Majorität 264
24.2 „Wiederkehr der Religionen", religiöse Fundamentalismen 267
24.3 Reverse-Missionen, Einwirkungen auf den Westen.................. 268
24.4 Regionale Entwicklungen und Profile 270

Abbildungen zu Teil V 276

VI. An der Schwelle zum 21. Jahrhundert 283

Kapitel 25: 1989/90 als Epochenjahr der globalen Christentumsgeschichte 285

25.1 Ende des Kalten Krieges, Kollaps der Apartheid, Krise der Befreiungstheologie....................................... 285
25.2 Internet, digitale Globalisierung, liberalisierter Reiseverkehr 288
25.3 Veränderte Religionsgeographien, transkontinentale Kirchen, neue Dynamiken des Polyzentrismus............................. 291
25.4 „Das nächste Christentum" – Diskussionen und konträre Erwartungen um die Jahrtausendwende.................... 294

Ausblick, Perspektiven 301

Karten 305

Bibliographie 323

I: Standardwerke, Überblicksdarstellungen 325
II: Vollständiges Literaturverzeichnis 327

Abbildungsnachweise... 350

Überblick Digitaler Appendix (Fotos Klaus Koschorke) 351

Register... 353

Statt einer Einleitung:
„Christen und Gewürze" – oder: die Vielzahl regionaler Zentren in der globalen Christentumsgeschichte

Als Vasco da Gama 1498 mithilfe eines muslimischen Lotsen den direkten Seeweg nach Indien „entdeckte", den Kolumbus auf der alternativen Atlantikroute sechs Jahre zuvor verfehlt hatte, traf er am Strand von Calicut (dem heutigen Kozhikode) zwei arabische Händler, die ihn auf Genuesisch und Kastilisch mit den freundlichen Worten begrüßten: „Was zum Teufel sucht Ihr denn hier?" Darauf gab er die berühmte Antwort: „Christen und Gewürze". Zugang zu den gewürzproduzierenden Regionen Asiens war in der Tat das ökonomische Motiv der portugiesischen Übersee-Expeditionen, und Verbindung zum sagenumwobenen Reich des christlichen Priesterkönig Johannes im fernen Osten das ideologische. Und mehr zufällig war Vasco da Gama gerade in jener Region Indiens (im heutigen Kerala) gelandet, wo es in Gestalt der Thomaschristen in der Tat eine uralte und seit Jahrhunderten im Land ansässige einheimische christliche Gemeinschaft gab. Die folgende Begegnung zwischen den portugiesischen Neuankömmlingen und indischen Thomaschristen war dann freilich durch eine Vielzahl interkultureller Missverständnisse gekennzeichnet. So fand etwa der erste Gottesdienst der Portugiesen auf indischem Boden in einem Hindu-Tempel statt, den sie mit einer christlichen Kirche verwechselten. Sie wunderten sich zwar, so ein Augenzeuge, über die eigentümliche Tracht der Priester (mit Kordeln und weißer Aschen-Bemalung) sowie über die ungewohnten Bilder der Heiligen – versehen mit „vier oder fünf Armen" und großen Zähnen, die „einen Zoll aus dem Mund herausstachen" [Text 5a]. Erst im Nachhinein erkannten die Iberer, dass sie in einen „heidnischen" Tempel geraten waren. Später (seit 1500) trafen sie dann auf „echte" Thomaschristen. Das Verhältnis zwischen Indern und Portugiesen gestaltete sich freilich in der Folgezeit sehr wechselhaft. Thomaschristen existieren im modernen Indien bis heute, wenngleich als vielfach gespaltene Gemeinschaft.

Ich habe diese Episode wiederholt meinen Münchener Studierenden erzählt. Sie eignet sich – so denke ich – auch als Einstieg in das vorliegende Lehr- und Studienbuch. Denn sie führt anschaulich vor Augen, dass es in Asien oder Afrika Christen und Kirchen gab, lange bevor dort die ersten europäischen Missionare oder westlichen Kolonisten auftauchten. Wie nie zuvor in seiner Geschichte ist das Christentum heute eine weltweite Größe, präsent in allen sechs Kontinenten und einer Vielzahl unterschiedlicher Kulturen. Noch immer aber ist die Meinung weit verbreitet, dass diese globale Ausbreitung primär das Ergebnis früherer westlicher Missionsaktivitäten in den Ländern der südlichen Hemisphäre ist. Dabei stellt die westliche Missionsbewegung seit dem 16. Jh. zwar *einen* – zeitlich wie regional – durchaus wichtigen Faktor im Prozess dieser weltweiten Ausdehnung dar. Dies aber eben nur als *ein Faktor unter anderen*, etwa neben seiner Ausbreitung durch Migration, entlang überregionaler Diaspora-Netzwerke, im Kontext unterschiedlicher Handels- und Kulturkontakte oder infolge der Tätigkeit lokaler Multiplikatoren und indigen-christlicher Initiativen unterschiedlicher Reichweite.

Andernorts stießen westliche Missionare auf bereits bestehende ältere Christentümer – wie im Indien des 16. Jh., wo die Thomaschristen auf eine ununterbrochene Geschichte seit dem 4. (wenn nicht gar 3.) Jh. zurückblicken konnten. Derartige Begegnungen wurden freilich rasch von Konflikten überschattet. So wiederum in Indien, wo die katholischen Portugiesen – nach anfänglicher Freundschaft und gegenseitiger Unterstützung – alsbald Defizite am traditionellen Christentum der indischen Glaubensgenossen ausmachten. Seit den 1550er Jahren verstärkten sie darum ihre Bestrebungen zur Latinisierung der Thomaschristen. 1599 wurden diese dann mehr oder minder zwangsweise in die portugiesische Kolonialkirche integriert, von der sich einzelne Gruppen erst seit 1653 wieder befreien konnten. In der Folge blieb die Christentumsgeschichte des Landes gekennzeichnet durch das Gegenüber eines thomaschristlichen Zweiges und sukzessiver westlich-missionskirchlicher Unternehmungen.

Eine vergleichbare Konstellation wie in Indien – einheimische Christen im Konflikt mit den portugiesischen Neuankömmlingen – entwickelte sich im 16. Jh. auch im christlichen Kaiserreich *Äthiopien*. Auch hier wurden die Iberer 1540 angesichts muslimischer Bedrohung zunächst als Verbündete und Helfer in der Not begrüßt und ihre Priester als Seelsorger der kleinen portugiesischen Gemeinschaft im Land willkommen geheißen. Als die jesuitischen Missionare dann freilich seit 1555 die äthiopisch-orthodoxe Kirche der Kontrolle Roms zu unterwerfen suchten und ihre altehrwürdigen Traditionen als „ketzerisch" verwarfen, kam es zum Bruch, mit dem Ergebnis, dass die Portugiesen schließlich 1632 erst vom Kaiserhof und dann des Landes verwiesen wurden. In der Folgezeit begab sich das Land in eine langdauernde Phase der Selbstisolation gegenüber dem christlichen Europa. Zugleich führte diese Selbstabschottung zur verstärkten Betonung spezifisch alt-äthiopischer Traditionen, in Abgrenzung von westlichen Überlieferungen. Für europäische Missionare – sowohl Katholiken wie später auch Protestanten – war das ostafrikanische Land fortan fast durchgehend verschlossen.

Bedeutend in globaler Perspektive wurde Äthiopien aber nicht nur als Repräsentant eines scheinbar besonders ‚archaischen' Typus des afrikanischen Christentums, der bis in die Gegenwart überdauert hat. Im 19. und frühen 20. Jh.

wurde Äthiopien zum Referenzpunkt der sogenannten *äthiopistischen* Bewegung. Dies war eine weit verbreitete und ‚moderne' Emanzipationsbewegung von schwarzen Christen auf *beiden* Seiten des Atlantiks, in den Sklavenhaltergesellschaften der Karibik und USA ebenso wie in den britischen Kolonien West- und Südafrikas. Äthiopien – das 1896 auf dem Höhepunkt des europäischen Imperialismus erfolgreich eine italienische Invasionsarmee vertrieben hatte – galt nun zunehmend als Symbol kirchlicher *und* politischer Unabhängigkeit. Es inspirierte vielfältige panafrikanische Bestrebungen sowie (sowohl religiöse wie politische) *transatlantische Netzwerke* afrikanischer und afroamerikanischer Christen.

Signifikant ist insbesondere auch die Christentumsgeschichte *Koreas*. Sie stellt das Beispiel einer selbst im asiatischen Kontext singulären Selbstchristianisierung dar. Ihre katholischen Anfänge gehen zurück auf das Jahr 1784, als eine Gruppe konfuzianischer Gelehrter – die in dem völlig isolierten Land mit jesuitischen Traktaten in chinesischer Sprache in Kontakt gekommen waren – einen der Ihren nach Peking schickten, um mehr über die christliche Lehre bzw. das „westliche Wissen" in Erfahrung zu bringen. Dieser ließ sich dort taufen, kehrte zurück, taufte seinerseits seine Kollegen und wurde so zum Gründer einer Untergrundkirche, die in der Folge trotz rasch einsetzender Verfolgung ständig wuchs. Dies alles geschah fünfzig Jahre, bevor der erste europäische Priester (aus Frankreich) das Land betrat.

Auch die Anfänge protestantischer Präsenz auf der Halbinsel hundert Jahre später (1884) erfolgten zunächst von den Rändern her. Noch vor der Ankunft US-amerikanischer Missionare wurde sie von Koreanern in Gang gesetzt, die in der Diaspora zum christlichen Glauben gefunden hatten. In der Folge erlebten die neu gegründeten Gemeinden eine rasche Ausbreitung. Früh wurden sie zum Träger eines nationalen Bewusstseins in Zeiten japanischer Bedrückung. Im Katastrophenjahr 1910 – als Korea von Japan formell annektiert wurde – waren koreanische Evangelisten bereits unterwegs bei ihren Landsleuten in der Diaspora in Sibirien, der Mandschurei, Japan, Hawaii, Kalifornien, Mexiko und Kuba. Den Verlust ihrer nationalen Souveränität – so interpretieren koreanische Historiker diesen Vorgang – kompensierten koreanische Christen unter anderem durch weitreichende evangelisatorische Aktivitäten. Korea entwickelte sich so früh zu einem *eigenständigen „Zentrum der Weltmission"* – eine Entwicklung, die sich nach 1945 beschleunigt fortsetzte. Koreanische Aktivisten wurden in Nordostasien ebenso wie in der Türkei oder in Peru tätig sowie – nach dem Kollaps der UdSSR 1990/91 – in zahlreichen Gebieten des ehemaligen Sowjetimperiums.

Dies alles sind Paradigmen eines *„polyzentrischen" Zugangs zur Geschichte des Weltchristentums*. Dabei bezeichnet der in letzter Zeit vielfach gebrauchte Begriff des „Weltchristentums" die Vielfalt der konfessionellen, kulturellen und kontextuellen Gestalten der christlichen Bewegung in den unterschiedlichen Etappen ihrer Geschichte. Wichtig ist hier die Erinnerung daran, dass diese Polyzentrik nicht erst ein Phänomen der jüngeren Vergangenheit (seit Ende des Zweiten

Weltkriegs) darstellt. Vielmehr charakterisiert sie die Geschichte des Christentums *seit ihren ersten Anfängen* bereits in neutestamentlichen Zeiten. So wurde beispielsweise die christliche Gemeinde in *Rom* nicht von Paulus gegründet. Sie existierte vielmehr bereits, als der „Heidenapostel" seinen Römerbrief an die Christen der Hauptstadt verfasste (und sich ihnen darin selbst erst einmal vorzustellen genötigt sah [Röm 1,1–7]). Ihre Anfänge liegen im Dunkeln. Entstanden war sie wohl infolge der hohen Fluktuation und überregionalen Netzwerke der jüdischen Diaspora im Römischen Reich. – In *Indien* sind erste christliche Gemeinschaften – wie erwähnt – spätestens seit dem vierten, wenn nicht sogar bereits dritten Jh. nachweisbar. Gebildet hatten sie sich im Rahmen des intensiven Handelsverkehrs zwischen Mittelmeerraum und dem indischen Subkontinent. Später stellten indische Christen ihre Anfänge dann unter die Autorität der Apostel Thomas und Bartholomäus. In Zeiten des europäischen Mittelalters gab es in Asien (neben Rom und Byzanz) ein drittes Zentrum der zeitgenössischen Christenheit, das rein in seiner geographischen Erstreckung die lateinische Christenheit Europas bei weitem übertraf: die ostsyrische (früher oft als „nestorianisch" bezeichnete) ‚Kirche des Ostens', die sich auf dem Höhepunkt ihrer Ausdehnung im 13. Jh. von Syrien bis Ostchina und Sibirien bis Südindien erstreckte. Verbreitet hatten sie sich entlang der spätantiken Handelswege durch Kaufleute und Mönche.

Das 16. Jh. war nicht nur die Epoche, als katholische Pioniermissionare (wie Franz Xaver) in die Weiten Asiens oder (wie Antonio de Montesinos) in die neuen Welten Amerikas aufbrachen. Es war zugleich die Zeit, als eine wachsende Zahl bereits getaufter *Kongo-Christen* von den Portugiesen als Sklaven über den Atlantik in die amerikanischen Besitzungen verschleppt wurden. Einige von ihnen wirkten dort unter ihren Landsleuten und Leidensgenossen als Evangelisten. Deutliche Spuren dieses Kongo-Christentums sind in der Karibik oder Brasilien bis ins frühe 19. Jh. nachweisbar. Und die Anfänge protestantischer Präsenz in Westafrika um die Wende vom 18. zum 19. Jh. sind nicht nur mit den Namen anglikanischer Missionare (aus England) oder schwäbischer Pietisten (von der Basler Mission) verknüpft. Ihnen vorangegangen war zunächst eine Initiative afroamerikanischer Remigranten aus Neuschottland (auf der anderen Seite des Atlantiks). Freigelassene Sklaven brachen – mit der Bibel als ihrer Charta in der Hand – ins heutige Sierra Leone auf, um dort eine „Stätte der Freiheit" zu gründen. Als Drehscheibe im Christianisierungsprozess Westafrikas sollte das so entstandene „Freetown" (mit seiner sowohl englisch- wie afrikanisch-sprachigen indigenen Elite) in der Folgezeit eine zentrale Rolle spielen.[1]

---

1 Einzelnachweise zu den hier gebrachten Beispielen finden sich in: KOSCHORKE (2010), *Polyzentrische Strukturen*; KOSCHORKE (2012), *Etappen der Globalisierung*; KOSCHORKE/HERMANN (2014), *Polycentric Structures*.

Die Einsicht in den polyzentrischen Charakter der Christentumsgeschichte hat Konsequenzen auch für die konkrete Wissensvermittlung. Im Folgenden geht es darum, Basisinformationen zur Geschichte des Christentums in Asien, Afrika und Lateinamerika seit Ende des 15. Jh. zu vermitteln. Diese Geschichte soll in ihren unterschiedlichen regionalen Ausprägungen und globalen Verflechtungen beschrieben werden. Dabei war schon aus Platzgründen eine pragmatische *Auswahl der behandelten Regionen* zu treffen. Nordamerika ist, wie im Titel ausgewiesen, abgesehen von einzelnen Querverweisen nicht Gegenstand der Darstellung. Dies, obwohl seine Missionsgeschichte in der Kolonialphase bis Ende des 18. Jh. in vielerlei Hinsicht parallel zu der *Mittel- und Südamerikas* (sowie der *Karibik*) verlief. Auch Ozeanien kann trotz der ungemein spannenden (und teils autochthonen) Geschichte seiner Christianisierung in der vorliegenden Darstellung nur gelegentlich erwähnt werden. In den *Afrika*-Kapiteln liegt der Fokus auf dem subsaharischen Afrika, mit wiederholtem Bezug insbesondere auf West- und Südafrika sowie einzelne Regionen Ostafrikas. In den *Asien*-Sektionen sind es bestimmte Länder – Indien, China, Japan und Korea –, deren Entwicklungen jeweils in den verschiedenen Epochen thematisiert werden. Andere Regionen finden eher punktuelle Erwähnung. Die *altorientalischen Kirchen* werden paradigmatisch am Beispiel der indischen Thomaschristenheit (für Asien) und des orthodoxen Äthiopiens (als Repräsentant des alten afrikanischen Christentums) behandelt. Andere alte Kirchen in Nahost – wie die der Kopten (Ägypten), Maroniten (Syrien), Armenier oder Georgier – kommen nur gelegentlich zur Sprache.

Die *Gliederung in fünf Epochen* (mit Zäsuren jeweils um 1450/1500, 1600, 1800, 1890, 1945 und 1989/90) ist von dem Bestreben geleitet, analoge und differente Entwicklungen sowie Gleichzeitigkeiten und Ungleichzeitigkeiten in der Christentumsgeschichte einzelner Regionen in den Blick zu bekommen. Der Einstieg um die Wende vom 15. zum 16. Jh. ergibt sich schon aus dem simplen Umstand, dass erst seit diesem Datum von einer sich entwickelnden christlichen Präsenz in allen *drei* im Buchtitel bezeichneten Kontinenten die Rede sein kann. Auf die frühere – „vorkoloniale" – Geschichte der Christentümer Asiens und Afrikas wird dabei wiederholt verwiesen. Der Band endet mit den 1990er Jahren, die in verschiedener Hinsicht eine Zäsur auch der globalen Christentumsgeschichte markieren. Denn der Kollaps des Sowjetimperiums und das Ende des Kalten Kriegs hatten tiefgreifende Auswirkungen nicht nur auf die Situation der Christen und Kirchen in Osteuropa und im früheren kommunistischen Machtbereich. Sie führten auch in Afrika und Lateinamerika zu dramatischen Veränderungen und Systemwechseln, von denen viele Kirchen der Region – teils aktiv und teils eher passiv – unmittelbar betroffen waren.

Mit dieser Gliederung des Lehr- und Studienbuchs verbindet sich, wie im Vorwort erwähnt, die Möglichkeit einer Verwendung in *unterschiedlichen Formaten des akademischen Unterrichts*. Dies gilt insbesondere im Blick auf Nutzungsmöglichkeiten in verschiedenen disziplinären Kontexten (wie der Kirchengeschichte, Ökumenischer und Interkultureller Theologie, Religionswissenschaft, unterschiedlicher Regional- und Kulturwissenschaften, Globalgeschichte etc.). Darüber hinaus sucht der Band einen Beitrag zu einer *stärker integrierten Sicht* auf die Geschichte des Christentums in der nicht-westlichen Welt zu leisten. Bei allem Aufschwung, den die historischen ‚World Christianity Studies' in den letzten Jahren v. a. in der anglophonen *academia* erfahren haben, gibt es immer noch zu wenig komparatistische Untersuchungen, die die Christentumsgeschichte einzelner Regionen vergleichend zueinander in Beziehung setzen. Die *Frage sowohl nach analogen wie spezifisch differenten Entwicklungen* in vergleichbaren Kontexten wird weiterhin zu wenig gestellt. Untersuchungen zur Geschichte einzelner Regionen oder Kontinentalentwicklungen folgen vielfach heterogenen Forschungstraditionen oder werden in gegenseitiger Isolation durchgeführt.

Um ein konkretes Beispiel zu nennen: Um die Wende vom 19. zum 20. Jh. bildeten sich zeitgleich, aber zunächst ganz unabhängig voneinander, in unterschiedlichen Gebieten Afrikas missionsunabhängige schwarze Kirchen unter afrikanischer Leitung. Diese sogenannten ‚African Independent Churches' (AIC's) sind inzwischen – anders noch als vor fünfzig Jahren – in der Historiographie zur Christentumsgeschichte des Kontinents fest etabliert. Anders die Forschungslage im Blick auf Asien, wo sich zur gleichen Zeit um 1900 analoge Konstellationen und Konflikte zwischen den Emanzipationsbestrebungen indigen-christlicher Eliten und dem wachsenden Paternalismus (und Rassismus) westlicher Missionare entwickelten. Nur dass diese Konflikte dort – bislang nur punktuell erforscht – eher zu (zumeist evolutionären) nationalkirchlichen Bestrebungen als zum sofortigen Bruch mit den Missionskirchen (wie in Afrika) führten. In beiden Kontinenten aber, im christlichen Afrika wie im christlichen Asien, lässt sich die Situation zu Beginn des 20. Jh. nicht ohne angemessene Berücksichtigung dieser Protestbewegungen einheimischer Christen beschreiben. Von diesen gingen dann wiederum vor allem in Asien erhebliche Impulse auf die frühe Ökumene-Bewegung auch in den Kirchen des Westens aus.

Eine weitergehende Herausforderung wird dann in der Aufgabe bestehen, die Vielzahl regionaler Entwicklungen in eine *neue übergreifende Perspektive* zu integrieren. Diese sollte auch die Christentumsgeschichte des Westens einschließen (ohne von ihr jedoch, wie in der traditionellen Missionsgeschichte, dominiert zu werden). Zugleich sollte sie in der Lage sein, Elemente einer zunehmend als gemeinsam erfahrbaren christlichen Erinnerungskultur bereit zu stellen.

Technische Hinweise zur Benutzung

Dieses Buch zeichnet sich durch eine Reihe besonderer Verweise auf Text- und Bildmaterial aus.

1. Laufender Verweis auf den parallelen Quellenband

Hervorgehoben sei die Möglichkeit paralleler Nutzung des gleichthematischen *Quellenbandes* zur „Außereuropäischen Christentumsgeschichte (Asien, Afrika, Lateinamerika) 1450–1990", der vom Autor federführend herausgegeben wurde und in deutscher, englischer und spanischer Ausgabe erschienen ist.[1] Mit der Kennzeichnung „Text" wird dabei in der laufenden Darstellung des Lehrbuchs jeweils auf die entsprechenden Dokumente im Quellenband verwiesen. Dessen Nummerierung ist in der deutschen, englischen und spanischen Ausgabe des Quellenbandes jeweils identisch.

2. Abbildungen und Karten

Abbildungen (Abkürzung: „Abb.") finden sich am Ende jedes Teils bzw. Epochenabschnitts, Karten („Karte") ab Seite 305. Verweise darauf sind jeweils an passender Stelle im Text eingefügt.

3. Digitaler Appendix mit Fotos

Besonders hingewiesen sei auf den *digitalen Appendix* des Lehr- und Studienbuchs. Er enthält ca. 250 *Fotos* des Autors zu unterschiedlichen Orten und Themen der Außereuropäischen Christentumsgeschichte. Eine Auflistung der betref-

---

1 Deutsche Ausgabe: KOSCHORKE, K./LUDWIG, F./DELGADO, M. (^{5}2021) (Hgg.), *Außereuropäische Christentumsgeschichte* (Asien, Afrika, Lateinamerika) 1450–1990 (Vandenhoeck & Ruprecht: Göttingen). – Englische Ausgabe: KOSCHORKE, K./LUDWIG, F./DELGADO, M. (2007) (Hgg.), A History of Christianity in Asia, Africa, and Latin America, 1450–1990. A Documentary Source Book (Eerdmans: Grand Rapids, MI/Cambridge, U. K.). – Spanische Ausgabe: KOSCHORKE, K./LUDWIG, F./DELGADO, M. (2012) (Hgg.), Historia del cristianismo en sus fuentes. Asia, África, América Latina (1450–1990) (Editorial Trotta: Madrid).

fenden Regionen findet sich auf S. 351. Diese Bilder wurden bei verschiedenen internationalen Reisen und Begegnungen des Verfassers in den Jahren 1982–2019 aufgenommen. Sie eignen sich insbesondere auch zur Illustration entsprechender Lehrveranstaltungen und sind für diesen Zweck mit einer Creative Commons-Lizenz (CC BY-NC-ND 4.0) versehen.[2] Auf diese Fotos wird in den folgenden Kapiteln mit der Kennzeichnung „Foto" verwiesen. Zugänglich ist dieser Appendix über den Button „Bonusmaterial" unter https://www.utb.de/doi/book/10.36198/9783838559346

Der digitale Anhang liegt in zwei Formaten vor: einer PDF-Datei, die einen Überblick über den Gesamtbestand ermöglicht, und einer ZIP-Datei, in der die Fotos als Einzeldateien enthalten sind. Die Bilderläuterungen sind en bloc der PDF-Datei vorangestellt und im ZIP-Ordner enthalten sowie in den Metadaten der einzelnen Fotodateien abgelegt.[3]

4. Zweigeteilte Bibliographie

Dem allgemeinen Literaturverzeichnis (*Bibliographie II*, S. 327–349) ist eine Auswahl von Standardwerken und Überblicksdarstellungen zur Außereuropäischen Christentumsgeschichte (Asien, Afrika, Lateinamerika) vorangestellt (*Bibliographie I*, S. 325–326). Deren Anschaffung in Bibliotheken oder Bereitstellung in Seminarapparaten sei besonders empfohlen.

5. Fuß-/ Endnoten

Auf *Fuß- bzw. Endnoten* (jeweils am Ende eines Kapitels) wird im Regelfall verzichtet. Sie werden nur zu Identifikation wörtlicher Zitate (wenn nicht anderweitig ersichtlich) oder Verifizierung einzelner Daten verwendet. Weiterführende Angaben finden sich jeweils in den Literaturhinweisen am Ende eines Kapitels.

---

[2] Eine kommerzielle Nutzung ist nur nach Absprache mit dem Autor möglich. Dieser kann kontaktiert werden per E-Mail (klauskoschorke@sunrise.ch) oder postalisch über den Verlag Mohr Siebeck Tübingen. – Zusätzlich zur Bereitstellung über die UTB-Website werden die Bilder des digitalen Appendix zur Langzeitarchivierung auch auf dem ‚Open Data LMU'-Repositorium (https://data.ub.uni-muenchen.de/) der Universität München (LMU) eingestellt und sind dort ab dem 1.1.2027 ebenfalls abrufbar.

[3] Hier freilich, technisch bedingt, unter Verzicht auf bestimmte Sonderzeichen (wie Akzente und Zitationszeichen).

I. 1450–1600

Kapitel 1: Die christliche Welt um 1500

1.1 Das christliche Europa um 1500

Um 1500 lebte die Mehrheit der christlichen Weltbevölkerung in Europa. Die christliche Welt bestand – *zu dieser Zeit* – zunächst vor allem aus dem „christlichen Abendland", dem Europa am Vorabend der Reformation, einem festgefügten System von Staaten, im Regelfall mit Fürsten an der Spitze. Diese leiteten ihre Legitimierung meist aus dynastischer Erblichkeit und kirchlicher Sanktionierung ab. Im Zentrum dieses Europas befand sich das – 1486 erstmals in einem offiziellen Dokument so bezeichnete – „Heilige Römische Reich deutscher Nation", mit seinen deutschen, niederländischen, böhmischen und norditalienischen Kernländern. Seinem Selbstverständnis nach war es universal, da es die Nachfolge des antiken Imperium Romanum beanspruchte. An seiner Spitze stand der Kaiser, von den Kurfürsten gewählt und vom Papst gekrönt. Dieser Kaiser war um 1500 ein Habsburger: Maximilian I. (1493–1519), ebenso wie sein Nachfolger, der als spanischer Monarch Karl I. hieß und als Kaiser (1519–1556) den Namen Karl V. trug. Karl V. war zugleich jene Person, mit dessen Namen sich später die beiden kirchengeschichtlichen Hauptereignisse des 16. Jahrhunderts verbinden werden: die Reformation und die resultierende konfessionelle Spaltung der abendländischen Christenheit einerseits sowie deren weltweite Expansion andererseits. Denn als spanischer Monarch wird Karl über Besitzungen in Europa, Nordafrika und Amerika (sowie später auch in Südostasien) gebieten, „in denen die Sonne nicht untergeht". Als Kaiser aber war er zugleich jene Persönlichkeit, vor der Luther 1521 auf dem Reichstag zu Worms stand und der stärker noch als die wechselnden Renaissance-Päpste in Rom zum eigentlichen Gegenspieler der reformatorischen Bewegung werden sollte. – Außerhalb des Reiches (und neben den Habsburger Erblanden) standen die anderen Staaten des europäischen Staatensystems, manche – wie Frankreich – mit einer zentralisierten Monarchie, andere – wie Tudor-England oder die polnische Wahlmonarchie – mit weitgehenden Mitwirkungsrechten von Adel und Ständen. Der Papst als „pater communis christianitatis" versuchte in wechselnden Konstellationen seine geistliche Autorität als normierende Kraft gegenüber der Staatengemeinschaft geltend zu machen. Als hinderlich erwies sich dabei seine Verstrickung in die territorialen Auseinandersetzungen um den Kirchenstaat und im politischen Kräftespiel. – Im skandinavischen Norden Europas sind weite Gebiete noch vom

Christentum unberührt. Im Osten besteht mit dem Moskowiterreich ein in östliche Richtung expandierendes orthodoxes Machtzentrum. Träger der im 15. Jh. einsetzenden überseeischen Ausbreitung Europas sind die iberischen Mächte Portugal und Spanien im Westen des Kontinents.

1.2 Die islamische Welt

Die zunehmende Begrenzung der christlichen Welt auf Europa – nach dem Fall Konstantinopels 1453 vielfach von Kirchenleuten beklagt – war alles andere als selbstverständlich. Denn am Ausgang der Antike hatte diese noch den ganzen Mittelmeerraum umfasst. Dabei lagen ihre Schwerpunkte gerade im Süden bzw. Osten der mediterranen Welt. Dies änderte sich mit dem Aufkommen des Islam, der bereits im 7. Jh. die christlichen Kernregionen Ägypten, Nordafrika, Syropalästina sowie Teile Kleinasiens überrannte und sich im 8. Jh. auch auf der iberischen Halbinsel festsetzte. Zuvor hatte er im Osten bereits Persien erreicht, von wo er sich im Lauf der Jahrhunderte entlang der maritimen und landgebundenen Handelswege schrittweise nach Zentral- und Südasien ausbreitete. Die Expansion des Islam führte zwar nicht zum sofortigen Verschwinden der christlichen Kirchen des Orients, wohl aber zu ihrer wachsenden Marginalisierung. Sie überlebten zumeist, aber als schrumpfende Minderheit mit reduziertem Rechtsstatus, und waren zugleich einem wachsenden Assimilationsdruck ausgesetzt. Außerhalb der islamischen Länder waren sie weitgehend von der Verbindung mit anderen Zentren der zeitgenössischen Christenheit abgeschnitten. Das betraf etwa die christlichen Kirchen in Indien, in Zentralasien sowie (weniger stark) in Äthiopien. Im 15. Jh. bildete die islamische Welt gleichsam eine Art Sperrriegel, der sich vom heutigen Mauretanien über Syrien und Persien bis hin nach Indien und in einzelne Teile des indonesischen Archipels erstreckte und das christliche Europa vom Rest der damals bekannten Welt abschnitt. Nach einem Wort von Papst Pius II. (um 1460) war Europa nun die letzte der Christenheit verbliebene Heimat („Europa id est patria"). Ein hypothetischer Besucher vom Mars – so bemerkte einmal der Missionshistoriker Stephen Neill – hätte der Religion des Propheten damals mit Sicherheit die größeren Zukunftschancen auf der Erde eingeräumt.

Zwar zeichnete sich seit längerem eine Trendwende ab. Auf der iberischen Halbinsel war seit geraumer Zeit die *Reconquista* (Rückeroberung) im Gang, die 1492 mit dem Fall Granadas zur Vertreibung der letzten „Mauren" von spanischem Boden führte. 1492 ist zugleich das Jahr der „Entdeckung" Amerikas durch Christoph Kolumbus. Die Zurückdrängung der Muslime aus dem westlichen Europa und der Beginn der abendländischen Expansion nach Übersee sind also zeitgleiche Vorgänge. Dass aber der Islam bzw. islamische Mächte generell in Europa auf dem Rückzug waren, lässt sich nicht behaupten. Das Gegenteil war der Fall. 1453 war Konstantinopel gefallen. Damit hatte das christlich-byzantinische Reich – das über Jahrhunderte dem muslimischen Ansturm standgehalten hatte – sein Ende gefunden. Aber dabei blieb es nicht. Die türkischen Osmanen (ursprünglich nur eines unter zahlreichen partikularen Fürstenhäusern Anatoliens) etablierten sich als stärkste Macht in der islamischen Welt. 1516/17 eroberten sie Syrien und Ägypten (1517 Fall Jerusalems) und unterwarfen Nordafrika ihrer Oberhoheit, bevor sie unter Suleyman I. (1520–1566) erneut nach Westen vordrangen. Sie überrollten den Balkan, eroberten Ungarn und standen 1529 erstmals vor Wien. Das ist die „Türkengefahr", die in den Kontroversen der Reformationszeit eine so wichtige Rolle spielen sollte und die beispielsweise Martin Luther zu Aussagen darüber verleitete, wie man sich als Christenmensch zu verhalten habe, wenn man in die Hände der „Ungläubigen" – eben der Türken – fällt. Zeitgleich mit dem beginnenden Export des europäischen Christentumsmodells in die neuentdeckten Regionen Amerikas, Afrikas und Asiens ist das christliche Europa des 16. Jh. also unverändert in den Abwehrkampf gegen eine außerchristliche Religion – eben den Islam – verwickelt. Diese Auseinandersetzung bot aber zugleich auch Anlass für vielfältige interkulturelle Beziehungen im 16. Jh. Zu den Befürwortern einer lateinischen Übersetzung des Korans zählte übrigens bereits Martin Luther.

1.3 Kenntnisse außereuropäischer Kulturen, Wahrnehmungen Europas von außen

Im Verlauf des ausgehenden 15. und 16. Jh. stießen europäische Entdeckungsreisende auf zahlreiche Länder und Kulturen, deren Existenz im Abendland zuvor völlig unbekannt war. Aber auch wo früher direkte Beziehungen bestanden hatten – wie zwischen dem Römischen Reich und Indien –, waren die Kenntnisse der außereuropäischen Welt fragmentarisch und weithin von Legenden überlagert. In erstaunlichem Ausmaß waren die geographischen Vorstellungen des frühneuzeitlichen Europas noch von *antiken Autoren* geprägt. So galten die Schriften des Claudius Ptolemäus, der im 2. Jh. n. Chr. das geographische Wissen der Antike quasi-kanonisch zusammengefasst hatte, auch im 15. Jh. als Autorität. Großer Beliebtheit erfreute sich zugleich aber etwa auch der spätantike Alexander-Roman, der in fantastischen Schilderungen Indien als Welt der Mirakel und als eine Art Schlaraffenland schilderte. Er wurde in zahlreiche Sprachen übersetzt, existierte – später auch gedruckt – in unterschiedlichen volkssprachigen Fassungen und war im Mittelalter neben der Bibel eines der meistgelesenen Bücher in Europa.

Die *Kreuzzüge* stimulierten das Interesse am Osten neu. Reiseschilderungen wie die des Venetianers Marco Polo – der 1298 in genuesischer Haft seine Erlebnisse in China und anderen asiatischen Ländern einem Mitgefangenen diktierte – erfuhren ein zwiespältiges Schicksal. Auf der einen Seite schenkten ihm die Zeitgenossen keinen Glauben. Auf der anderen Seite wurde sein Buch ein literarischer Erfolg, freilich primär als Unterhaltungslektüre nach Art erfundener Reisebeschreibungen. Aber auch Geographen und Kartographen werteten seine detaillierten Schilderungen aus, und Christoph Kolumbus nutzte das Buch später gleichsam als Reiseführer bei seiner vergeblichen Suche nach einem direkten Seeweg nach „Indien". Im 13. und frühen 14. Jh. mehrten sich die Asienreisen franziskanischer Mönche wie die des Wilhelm von Rubruck (der 1253/54 zum Hof des Großkhans Möngke Khan im mongolischen Karakorum gelangte), Johannes von Montecorvino (der 1294 Khanbalik, das heutige Peking, erreichte) oder des Pater Odorico da Pordenone, der zwischen 1322 und 1328 in Nordchina weilte. Ihre Berichte wurden freilich nur einem begrenzten Publikum zugänglich. Mit dem Ende der Mongolenherrschaft in China 1368 endete freilich diese Zwischenphase direkter Kontakte zum Reich der Mitte.

Eine enorme Bedeutung in der Imagination des spätmittelalterlichen Europas gewann die Figur des legendären *Priesterkönig Johannes*. Mit ihm verband sich die Vorstellung eines reichen christlichen Herrschers im fernen Osten, von dem man sich Unterstützung gegen den islamischen Erzfeind erhoffte. Erstmals erwähnt wird diese Legende in Zeiten der Kreuzzüge um 1145 bei dem Geschichtsschreiber Otto von Freising. Unter Papst Alexander III. kam es 1177 gar zum Versuch einer Kontaktaufnahme der römischen Kurie mit dem mythischen Herrscher in Fernost. In der Folgezeit waberte diese Vorstellung weiter durch das christliche Europa. Sie beflügelte insbesondere die Entdeckungsreisen der Portugiesen im 15. Jh., die ihn in „Indien" – konkret also in Äthiopien, im südlichen Afrika sowie schließlich auf dem indischen Subkontinent – aufzuspüren suchten. Noch Vasco da Gama, der 1498 im Gebiet des heutigen Kerala erstmals indischen Boden betrat, glaubte anfangs, dort im Reich des Priesterkönigs angekommen zu sein.

Die Vorstellung von der *Kugelgestalt der Erde* war unter den humanistisch Gebildeten des ausgehenden 15. Jh. weit verbreitet. Sie bildete ja die entscheidende Voraussetzung für das Unternehmen des Kolumbus, der erstmals die einst von Marco Polo beschriebenen Reiche Asiens nicht auf dem Weg um Afrika, sondern auf der alternativen Atlantikroute zu erreichen suchte. 1492 oder 1493 fertigte der Nürnberger Martin Behaim den ältesten erhalten Erdglobus an, der die im damaligen Europa bekannte Welt zeigte. Dazu zählte Europa selbst, ein merkwürdig abgeflachtes Afrika sowie ein ebenfalls stark verkürztes Asien. Bemerkenswerterweise fehlte auf diesem Erdapfel noch das kurz zuvor von Kolumbus „entdeckte" Amerika, das der Genuese selbst bis an sein Lebensende für die Gestade Ostasiens hielt. Andere Zeitgenossen wie der Florentiner Amerigo Vespucci hingegen realisierten rasch, dass Kolumbus in der Tat einen in Europa bislang unbekannten Kontinent erreicht hatte. Diese „neue Welt" wurde dann erstmals auf der von dem deutschen Kartographen Martin Waldseemüller 1507 erstellten Weltkarte als „America" betitelt.

Die *Wahrnehmung Europas in außereuropäischen Kulturen* spiegelte ebenfalls vielfach frühere Beziehungen oder punktuelle Begegnungen zur Zeit der Kreuzzüge wider. Der ‚Kebra Nagast' beispielsweise – das äthiopische Nationalepos aus dem 13. Jh. – weiß von zwei Söhnen des Königs Salomo und der Königin von Saba zu berichten (nach 1 Kön 10; 2 Chr 9). Von denen wurde dann der eine (Menelek) zum Stammvater der in Äthiopien seit dem 13. Jh. regierenden „salomonischen" Dynastie, der jüngere – und damit *nachgeordnete* – hingegen zum Ahnen der byzantinischen Herrscher in ‚Rum'.[1] Im Rahmen eines biblisch geprägten Weltbildes wurde damit der Anspruch der afrikanischen Herrscher auf Vorrang gegenüber den christlichen Bruder-Nationen des Westens zum Ausdruck gebracht.

1.4 Christen und Kirchen in Afrika und Asien

Trotz des expandierenden osmanischen Reiches waren die Verbindungen zwischen dem christlichen Europa und den orientalischen Kirchen keineswegs gänzlich unterbrochen. Um 1500 etwa war Rom Heimat einer beachtlichen äthiopischen Diaspora. Auch einem Luther war sehr wohl bekannt, dass es Christen gab „in Persien, Indien und im ganzen Orient".[2] Sie waren ihm wichtig als Repräsentanten einer Christenheit, die nicht unter der Herrschaft des Papstes stand. 1534 kam es gar zum Besuch und theologischem Austausch eines äthiopischen Mönches mit den Reformatoren in Wittenberg. Ins Auge zu fassen sind hier v. a. drei Regionen: der Vordere Orient, das nördliche Afrika sowie Südasien.

Seit 1517/18 gerieten die verschiedenen Kirchen des südlichen Mittelmeerraums und der angrenzenden Gebiete zunehmend unter türkische Herrschaft. Während in den osmanischen Besitzungen auf dem Balkan um 1520 noch mehr als 80 % der Bevölkerung Christen waren, war *Anatolien* – mit Ausnahme der Region um Trabzon – um diese Zeit bereits mehrheitlich islamisiert. In *Konstantinopel* residierte seit 1466 wieder der ökumenische Patriarch als Oberhaupt der verbliebenen griechisch-orthodoxen Christen. Diese fristeten im osmanischen Reich ein Dasein als Bürger zweiter Klasse und sahen sich dem Auf und Ab von relativer Toleranz und fanatischer Verfolgung ausgesetzt. Gleiches gilt auch für die Angehörigen der orientalischen Kirchen in *Syrien, dem Libanon und Palästina* (wie der sog. Jakobiten [Syrisch-Orthodoxen], Maroniten etc.), die sich in den dogmatischen Kontroversen des 6. und 7. Jh. von der byzantinischen Reichskirche getrennt hatten. Sie unterstanden freilich bereits seit vielen Jahrhunderten islamischer Herrschaft. Die Eroberungen der Osmanen seit dem 15. Jh. brachten für sie vor allem den Wechsel von arabischer zu türkischer Oberhoheit. Schwer getroffen wurde insbesondere die uralte Kirche der *Armenier,* deren Heimatland von den vorrückenden Osmanen in Schutt und Asche gelegt wurde. Doch waren die Armenier früh auch außerhalb ihrer Ursprungsgebiete im Fernhandel tätig. In zahlreichen Regionen Asiens gab es Kolonien christlicher Armenier, eine frühe Etappe der sich später entwickelnden globalen armenischen Diaspora. Das ebenfalls seit dem 4. Jh. christliche *Georgien* hatte sich von den Raubzügen Timur Lenks Ende des 14. Jh. noch nicht erholt und zerfiel in mehrere Herrschaften.

Mesopotamien war das Zentrum der ostsyrischen – früher oft auch als „nestorianisch" bezeichneten – ‚Kirche des Ostens'. Hier residierte ihr Oberhaupt, der Katholikos-Patriarch, und von hier aus wurden lange Zeit Bischöfe in weit entfernte Kirchenprovinzen entsandt. Auf dem Höhepunkt ihrer Ausbreitung im 13. und 14. Jh. erstreckte sich die Kirche des Ostens von Ostsyrien bis Ostchina und von Sibirien bis Südindien. Sie umfasste damit ein Kirchengebiet, das rein im Blick auf seine geographische Ausdehnung größer war als das der zeitgenössischen abendländischen Christenheit. In jüngster Zeit sind zahlreiche neue Zeugnisse ihrer erstaunlich weiten Verbreitung in China, Zentral-, West- und Südasien entdeckt worden. Noch 1504 kehrte eine Delegation indischer Kleriker vom Amtssitz des ostsyrischen Katholikos in Mesopotamien nach Indien zurück [Text 1b]. In der Folgezeit schrumpfte die einstige Weltkirche zu einer Regionalkirche in Kurdistan (im Grenzgebiet der heutigen Türkei/Irak) zusammen. Innere Spaltungen schwächten die ‚Kirche des Ostens' weiter.

Auch *Nordafrika* hatte in altkirchlichen Zeiten zu den Kernländern der Christenheit gezählt. Prominente Kirchenväter und Theologen wie Clemens von Alexandrien, Origenes, Cyprian von Karthago und Augustinus von Hippo stammten von dort. Von diesem Glanz war um 1500 in Tunesien und Algerien – früheren Zentren der lateinischsprachigen afrikanischen Kirche – nichts übriggeblieben. Letzte Zeugnisse christlicher Präsenz in diesen Gebieten stammen aus dem 12. Jh. Ganz anders war die Situation in *Ägypten*, wo die christliche Gemeinschaft frühzeitig zum Träger eines ägyptischen (= „koptischen") Selbstbewusstseins geworden war. Trotz der enormen Verluste, die auch hier die langdauernde islamische Herrschaft verursachte, war die koptische Kirche noch im 13. Jh. vital und zahlreich. Im 16. Jh. erlebte sie einen Tiefpunkt. Sie hat aber bis heute ihre eigene Sprache und Traditionen beibehalten und ist gegenwärtig v. a. in Oberägypten (sowie in der globalen ökumenischen Bewegung) präsent. – Von den glorreichen Zeiten des früheren Christentums in Nubien hingegen – südlich von Ägypten, im Bereich des heutigen *Sudan* – war um 1500 so gut wie nichts mehr übriggeblieben. Der portugiesische Entdeckungsreisende Francisco Alvarez weiß um 1540 von einem Besucher in Nubien zu berichten, der dort noch 150 alte Kirchen antraf. Jedoch:

„Die Einwohner sind weder Christen, Muslime noch Juden, sondern leben in der Meinung, dass sie gern Christen sein wollten" [Text 111].

Das christliche *Äthiopien* befand sich um 1500 in einer prekären Situation. Stolz auf seine christliche Vergangenheit – die historisch bis ins 4. Jh. zurückreicht und im äthiopischen Selbstverständnis sogar auf den alttestamentlichen König Salomo zurückgeht –, sah sich auch dies abgeschiedene Bergland wachsender muslimischer Bedrohung ausgesetzt. Dies führte zur Erneuerung früherer Kontakte mit Rom und Portugal. In Jerusalem und anderen christlichen Pilgerstätten gehörten äthiopische Mönche noch im 16. Jh. zum Straßenbild. Bis ins 20. Jh. bezogen die Äthiopier ihre Metropoliten aus Ägypten.

Auch im *südlichen Asien* gab es um 1500 noch deutliche Zeichen früherer christlicher Präsenz. So stießen die Portugiesen – die 1498 unter Vasco da Gama den Seeweg nach Indien ausfindig machten, den Kolumbus vergeblich auf der alternativen Westroute gesucht hatte – in *Südindien* auf thomaschristliche Gemeinden, die in der Region kontinuierlich seit mehr als 1000 Jahren existierten [Texte 4–7]. Sie gehörten dem Netzwerk der (früher sog. „nestorianischen") ostsyrischen ‚Kirche des Ostens' an und bezogen ihre Bischöfe aus Mesopotamien. In anderen Regionen Südasiens hingegen waren die dort früher bezeugten christlichen Gemeinden um 1500 ausgestorben – so in Sri Lanka (Ceylon), für das sowohl archäologische und literarische Quellen eine ostsyrisch-nestorianische Präsenz zwischen dem 6. und 10. Jh. belegen [s. Foto A15/16]. – Auch in *Zentralasien* gab es um 1500 nur noch wenige Reste der einst blühenden ostsyrischen Gemeinden entlang der verschiedenen Routen der Seidenstraße. Sie waren Opfer unter anderem der verheerenden Verfolgungen unter Timur Lenk (1336–1405), der in seinem Herrschaftsgebiet Christen und Juden den Garaus bereitete. Noch Marco Polo hatte um 1298 für Samarkand, die Hauptstadt Timur Lenks im heutigen Usbekistan, den Anteil der Christen an der Stadtbevölkerung mit ca. 10 % angegeben. – Auch im *China* des 16. Jh. fanden sich nur noch wenige Hinweise auf die frühere durchaus beachtliche christliche Präsenz im Reich der Mitte. Das Christentum hatte dort bereits spätestens im Jahr 635 Eingang gefunden, wie die berühmte im Jahr 781 errichtete sogenannte „Nestorianer-Stele" von Xian berichtet [s. Foto A01–04]. Einen zweiten Höhepunkt erlebte es unter den mongolischen Kaisern der Yuan-Dynastie im 13. und frühen 14. Jh. Mit dem Wechsel zur Ming-Dynastie 1368 fand die christenfreundliche Politik der chinesischen Kaiser jedoch ein Ende. Der Jesuit Matteo Ricci fand um 1605 zwar noch jüdische Familien, aber keine Überreste des alten chinesischen Christentums mehr vor [Text 3].

Andererseits trafen europäische Reisende zu Beginn des 16. Jh. noch vielerorts Reste dieser frühen vorportugiesischen Epoche des asiatischen Christentums an. So bereiste der Italiener Ludovico di Varthema zwischen 1503 und 1507 Ägypten, Persien und Indien. Durch Varthema gelangten genauere Kenntnisse der Handelswege des Indischen Ozeans nach Europa. Zugleich wusste er wiederholt über versprengte Christen („Nestorianer", Armenier) in verschiedenen Regionen Südasiens wie Indien, Burma und Thailand zu Beginn des 16. Jh. zu berichten [Text 2].

Fußnoten Kapitel 1

1 BUDGE (1932), *Queen of Sheba*, lxvii.16.42 (= *Kebra Nagast* Kap. 19 + 20 + 34).
2 Martin Luther (Weimarer Ausgabe 2,236,14–17).

Literatur Kapitel 1

1.1–3 (Zur globalen Situation des Christentums um 1500)

KAUFMANN (2017), *Das lateineuropäische Christentum*, 243–256; HASTINGS (1994), *Church in Africa*, 46–70; MOFFETT (1991), *Christianity in Asia* I, 470–509; MOFFETT (2005), *Christianity in Asia* II, 3–16; BAUM/WINKLER (2000), *Kirche des Ostens*, 94 ff.101 ff; SCHJØRRING/HJELM (2017), *Geschichte* I, 45 ff.133 ff.177 ff.211 ff.321 ff.536 ff; WARD (2017), *Christentum in Afrika*, 211–227; SALVADORE (2017), *Ethiopian-European Relations*, 19–152; BÖLL (1998), *Von der Freundschaft zur Feindschaft*, 43–58; ARMANIOS, (2011), *Coptic Christianity*; DUCELLIER (1995), *Frühzeit der türkischen Herrschaft*, 6–49; BRYNER (2004), *Orthodoxe Kirche*, 53 ff.; BAUM (1999), *Priesterkönig Johannes*; BITTERLI/SCHMITT (1991), *Kenntnis beider „Indien"*; SCHILLING (2017), *1517*; KELLERMANN (2001), *Islam*.

1.4 (Geschichte der orientalischen Kirchen vor 1500)

HAGE (2007), *Orientalisches Christentum*, 1–68 und passim; LANGE/PINGGÉRA (2010), *Altorientalische Kirchen*; MOFFETT (1991), *Christianity in Asia* I, passim; BAUMER (2005), Seidenstraße (mit reichem Bildmaterial); HOCK (2005), *Christentum in Afrika*, 17–31; KALU (2005), *African Christianity*, 1–139; HASTINGS (1994), *Church in Africa*, 46–70; SUNDKLER/STEED (2000), *Church in Africa*, 1–41; BAUM/WINKLER (2000), *Kirche des Ostens*, 9–100; NEILL (1984), *Christianity in India* I, 1–110; ANDRADE (2018), *The Journey of Christianity to India*; BAYS (2012), *New History*, 1–16 (zu China); SALVADORE (2017), *Ethiopian European Relations*; KREBS (2021), *Medieval Ethiopian Kingship*; PAULAU/TAMCKE (2022), *Ethiopian Orthodox Christianity*.

Kapitel 2: Die iberische Expansion des 15./16. Jahrhunderts

2.1 Die Portugiesen auf dem Weg um Afrika (1415 ff)

Überseeische Mission war im 16. Jh. bis weit ins 18. Jh. fast ausschließlich eine katholische Angelegenheit. Einer der Gründe lag in der Geographie. Träger der Expansion waren zunächst vor allem die iberischen Mächte – Portugal und (das 1479 durch Vereinigung der Kronen Kastiliens [Ferdinand] und Aragón [Isabella] entstandene) Spanien –, die in den konfessionellen Auseinandersetzungen des 16. Jh. fest auf Seiten der päpstlich geleiteten römisch-katholischen Kirche standen. Die reformatorische Bewegung in der Mitte Europas hingegen musste zunächst schlicht und einfach um ihr Überleben zu kämpfen. Darüber hinaus hatte sie sich durch Abschaffung der Mönchsorden selbst eines entscheidenden missionarischen Instruments beraubt. – Durch ihre Lage exponiert, fanden von der iberischen Halbinsel aus die ersten Vorstöße statt, um den islamischen Sperrriegel zu umgehen und einen Seeweg nach „Indien" ausfindig zu machen. Ein Ziel – zwei Wege: Portugal tastete sich immer weiter entlang der afrikanischen Küste vor. Erst als der portugiesische Vorsprung uneinholbar geworden war, ließen sich die „Katholischen Könige" Spaniens auf das Projekt des genuesischen Abenteurers Kolumbus ein, Asien auf der alternativen westlichen Atlantik-Route anzusteuern. Kolumbus war scheinbar erfolgreich und entdeckte 1492 zwar nicht „Indien" bzw. Ostasien (wie er bis an sein Lebensende glaubte), wohl aber einen neuen Kontinent. Sechs Jahre später gelang es dann einer portugiesischen Flotte unter Vasco da Gama, Afrika zu umsegeln und 1498 Indien erstmals auf dem Seeweg zu erreichen [s. Karte 1].

Bei diesem Wettlauf hatten die Portugiesen lange Zeit die Nase vorn. Der Beginn ihres Afrika-Engagements wird gemeinhin auf das Jahr 1415 datiert, als sie mit Ceuta eine erste Besitzung auf nordafrikanischem Boden eroberten. In der Folgezeit drangen sie in regelmäßigen Expeditionen entlang der afrikanischen Küste und den vorgelagerten Inseln (Madeira, Kapverden) immer weiter südwärts vor, bis sie um 1460 Sierra Leone, um 1482 den Kongo-Fluss, 1485 die Walfischbai (im heutigen Namibia) und 1487/88 die Südspitze des Kontinents erreichten. Weihnachten 1487 gelangten sie in jene Region, die seitdem Natal heißt. Südafrika war für die Portugiesen jedoch auch später nur als Durchgangsstation nach Indien von Interesse. In den ostafrikanischen Küstenstädten, die durch den Handel mit Indien reich geworden waren, stießen sie auf starke arabische Konkurrenz. Zugleich aber begegneten sie in der Hafenstadt Malindi (im heutigen Kenia) und Mosambik [cf. Text 115] erstmals indischen Thomaschristen, die dorthin als Seeleute gelangt waren.

Was ermöglichte dies rasche Vordringen? Eine wichtige Voraussetzung stellten die enormen technologischen Fortschritte in Schiffsbau und Navigation dar. Die Portugiesen entwickelten Karavellen und das Astrolabium weiter, erwarben Kenntnisse der atlantischen Strömungen und wechselnden Winde und nutzen Magnetkompass, Seekarten und Logtafeln. An den regelmäßigen Expeditionen nahmen auch Seefahrer anderer Nationen teil, aber nur im Rahmen des Monopols, das sich die Portugiesen seit den 1450er Jahren vom Papst in verschiedenen Bullen hatten bestätigen lassen und auch strikt durchsetzten. Warum es das vergleichsweise kleine und arme Portugal war, dem die Erschließung der afrikanischen Küsten und schließlich die Errichtung eines asiatischen Seereiches gelang, und nicht einer der größeren und bevölkerungsstärkeren europäischen Nachbarn (wie Spanien oder Frankreich), ist eine in der Forschung viel diskutierte Frage. Gleiches gilt für die weiterreichende Frage, warum schließlich als Folge dieser Aktivitäten Europa Asien „entdeckte" und nicht umgekehrt etwa China Europa. Immerhin hatten chinesische Marine-Unternehmungen ja bereits im frühen 15. Jh. den Eingang zum Persischen Golf und Roten Meer sowie die ostafrikanische Küste erreicht. Danach aber beendete das Reich der Mitte seine Westexpeditionen.

Es war ein Bündel unterschiedlicher Motive, das die portugiesischen Entdeckungsreisenden entlang der afrikanischen Küste antrieb: so ihre Kreuzzugsmentalität, der Kampf gegen die muslimische Konkurrenz sowie die Suche nach dem sagenhaften Priesterkönig Johannes. Unter den ökonomischen Anreizen lockte v. a. der Handel mit Gold, Sklaven, Pfeffer und Elfenbein. Lange Zeit trugen Abschnitte der westafrikanischen Küste Namen nach diesen von den Portugiesen nach Europa exportierten „Waren": die Pfefferküste in Liberia, die Elfenbeinküste im noch heute so benannten Staat, die Goldküste in Ghana und die Sklavenküste in Togo, Dahomey und Nigeria. Die Kontakte der Portugiesen mit der afrikanischen Bevölkerung gestalteten sich dabei sehr unterschiedlich. Sie reichten vom sogenannten „stillen Handel" (ohne direkte Begegnung beim Warenaustausch) über die Kooperation mit lokalen Herrschern bis hin zur gewaltsamen Eroberung und Versklavung. Es gab aber auch vielfältige Begegnungen in einer noch gleichsam vorkolonialen Kontaktzone, aus denen sich – wie im Kongoreich – später eigenständige afrikanische Christentumsvarianten entwickelten [s. Kap. 6.2].

2.2 Spanien, Kolumbus und die „Entdeckung" der „Neuen Welt" (1492)

Auf spanischer Seite war es der genuesische Seefahrer Christoph Kolumbus, der am 3. August 1492 vom Hafen Palos aus mit einer Flottille von drei Schiffen aufbrach, um im Auftrag der kastilischen Krone „bestimmte Inseln und Länder" im atlantischen Ozean zu entdecken und zu erwerben – zur „Verbreitung des rechten Glaubens wie auch zu unserem Vorteil und Nutzen". So die Bestimmungen des „Schutzbriefes", den ihm die katholischen Majestäten Ferdinand und Isabella am 17. April 1492 ausstellten. Sein Projekt einer Überquerung des Atlantiks war keineswegs unumstritten. Sachverständige am Hof hatten bereits im Vorfeld auf die – im Endeffekt „fruchtbaren" – geographischen Irrtümer des Kolumbus hingewiesen, der ebenso wie führende zeitgenössische Kartographen den Erdumfang (und damit die Entfernung zu den Gestaden Ostasiens) falsch berechnet hatte.

Nach einer Überfahrt von gut zehn Wochen erreichte die kleine Flotte am 12. Oktober 1492 die Insel Guanahani in der Bahama-Gruppe, die Columbus San Salvador benannte. Weitere Stationen waren die Küsten Haitis und Kubas, bevor der zum „Admiral der indischen Meere" und Vizekönig der neuentdeckten Länder ernannte Genuese am 16. Januar 1493 die Rückreise antrat. In Spanien wurde ihm ein triumphaler Empfang zuteil. Bereits am 25. September 1493 brach er mit einer großen Flotte von 17 Schiffen und ca. 1 400 Mann Besatz zu seiner zweiten Reise auf, die bis Juni 1496 dauerte. In Santo Domingo (heute Hauptstadt der Dominikanischen Republik) wurde 1498 die älteste heute noch bestehende europäische Stadt in der Neuen Welt gegründet. Auf seiner dritten (1498–1500) und vierten (1502–1504) Expedition berührten seine Karavellen auf der Höhe des heutigen Venezuelas sowie zwischen Honduras und Panama erstmals die Küsten Süd- und Mittelamerikas. Kolumbus hielt sie für einen zuvor unbekannten Teil Ostasiens. Passender Weise gab man ihm einen Brief für Vasco da Gama mit, der 1502 gerade zum zweiten Mal um das Kap der Guten Hoffnung nach Indien unterwegs war. Neben Kolumbus autorisierte die spanische Krone bald auch andere – privat finanzierte – Expeditionen. Dies beschleunigte den Zustrom kastilischer Kolonisten und Abenteurer in die Karibik [s. Karte 2].

Die Kontakte zur indigenen Bevölkerung verliefen anfangs friedlich. Kolumbus' Schilderung vom ersten Zusammentreffen auf der Insel Guanani gleicht einer Beschreibung paradiesischer Zustände. Die Indios seien friedlich und kennen keine Waffen. „Sie gehen nackend einher, so wie Gott sie erschaffen hat. Männer wie Frauen ... haben einen schön geformten Körper und gewinnende Gesichtszüge". „Sie gaben und nahmen alles von Herzen gern".[1] „Götzendienst", so eine von Kolumbus wiederholt geäußerte Meinung, sei unter den Einheimischen nicht anzutreffen. Darum zeigte er sich überzeugt, dass sie leicht für das Christentum gewonnen werden könnten, und schlug der Krone alsbald die Entsendung „frommer und gläubiger Männer" vor, „die ihre Sprache beherrschen", um „so große Völker zu bekehren und dem Schoß der Kirche einverleiben zu können" [Einträge im Bordbuch vom 14.10. und 6.11.1492; cf. Text 218]. Diese friedliche Idylle hielt indes nicht lange an. Bereits 1493 kam es zu Akten gewaltsamen Widerstandes der Indigenen gegen die beutegierigen Konquistadoren, die sich in der Folgezeit verstärkten. Eine zumindest rudimentäre Verständigung mit der einheimischen Bevölkerung erfolgte u.a durch die Gefangennahme einzelner Indios, die dann jeweils „unsere [kastilische] Sprache" zu erlernen hatten. Später waren es wiederholt auch die indianischen Gefährtinnen spanischer Abenteurer oder gestrandete Siedler, die als Dolmetscher fungierten. Berühmt ist die Geschichte von Malinche, von den Spaniern Doña Marina genannt, Maya-Sklavin und Geliebte des Eroberers von Mexiko Hernán Cortés, die ihm bei den Verhandlungen mit dem Azteken-Herrscher Moctezuma 1519 als Übersetzerin diente [vgl. Foto M07].

Die Reiseberichte des Kolumbus stießen nach seiner Rückkehr in Europa auf enormes Interesse. Sein Brief an die ‚Katholischen Könige' Spaniens von 1493 erschien dank der Erfindung des Buchdrucks zwischen 1493 und 1497 in nicht weniger als 17 verschiedenen Ausgaben und Übersetzungen. Intensiv diskutiert wurden die Nachrichten aus der Neuen Welt auch in Kreisen deutscher Humanisten, freilich ohne zunächst deren Tragweite zu erkennen. Großes Aufsehen erregten in der europäischen Öffentlichkeit auch die sechs indianischen Begleiter, die Kolumbus von seiner ersten Expedition 1493 nach Spanien mitgebracht hatte.

2.3 Aufteilung der Interessensphären (‚Inter Cetera' 1493, Tordesillas 1494)

Unmittelbar nach der Rückkehr des Kolumbus von seiner ersten Entdeckungsfahrt 1493 kam es zu Verhandlungen der Kronen Spaniens und Portugals über die Abgrenzung ihrer Interessensphären. Spanien ließ sich dabei vom Papst die Besitzrechte für seine – gegenwärtigen wie zukünftigen – Entdeckungen in Übersee bestätigen. Dies Verfahren folgte einer etablierten Tradition, die letztlich auf die mittelalterliche Vorstellung von der Weltherrschaft des Papstes zurückgeht, der als oberster Lehnsherr christlichen Fürsten politische Herrschaftsrechte übertrug – auch wenn sich die spanische und portugiesische Krone als alles andere denn als Lehnsempfänger des Papstes begriffen haben. Am 4. Mai 1493 erließ Papst Alexander VI. die an das spanische Königspaar Ferdinand und Isabella gerichtete *Bulle ‚Inter Cetera'*, deren Kernsätze lauten:

Damit Ihr ein so großes Unternehmen [sc. wie das des Kolumbus] mit größerer Bereitschaft und Kühnheit ... in Angriff zu nehmen vermöget, *schenken, gewähren und übertragen Wir hiermit* – ... aus der Fülle Unserer apostolischen Machtbefugnis, die durch den allmächtigen Gott ... auf Uns übertragen worden ist, sowie auf Grund der Stellvertreterschaft Jesu Christi auf Erden Euch und Euren Erben und Nachfolgern ... alle aufgefundenen oder aufzufindenden, *alle entdeckten oder zu entdeckenden Inseln und Festländer* mitsamt allen Herrschaften, Städten, Lagern, Plätzen und Dörfern und allen Rechten ..., soweit diese Inseln und Festländer westlich oder südlich einer vom arktischen bis zum antarktischen Pol in einer Entfernung von 100 Meilen westlich und südlich von einer der gemeinhin unter dem Namen Azoren und Cap Verden bekannten Inseln zu ziehenden Linie gelegen sind ... Überdies tragen Wir Euch bei Eurem heiligen Gehorsam auf, dass Ihr ... in den besagten Festländern und Inseln würdige, gottesfürchtige, geschulte, geschickte und erfahrene Männer bestellt, auf dass sie die vorgenannten *Einwohner im katholischen Glauben unterrichten* und zu guten Sitten erziehen [Text 223a].

Dies Dokument hat eine enorme Wirkungsgeschichte entfaltet und wesentliche Etappen der folgenden Entwicklung vorgezeichnet. Wichtig sind zunächst folgende Punkte:

a. *Teilung der atlantischen Welt* in ein kastilisches und portugiesisches Hoheitsgebiet. In der Bulle von 1493 wurde eine (vom Nord- bis zum Südpol reichende) *Demarkationslinie* festgelegt, die ein Jahr darauf im Staatsvertrag von *Tordesillas 1494* präzisiert und nach Westen verschoben wurde. Sie verlief nun 370 Seemeilen (1170 km) westlich der Kapverdischen Inseln. So konnten die Portugiesen später die Herrschaft über Brasilien beanspruchen. Die Gebiete westlich dieser Linie sowie südlich einer bereits früher festgelegten Nord-Süd-Grenze – und damit im Endeffekt ganz Mittel- und Südamerika (ohne Brasilien) – wurden der spanischen Krone zugewiesen. Die Gebiete östlich dieser Linie (in Afrika, Asien sowie Brasilien) waren fortan dem portugiesischen Herrschaftsgebiet zugerechnet. 1529 zog man dann im Vertrag von Saragossa auch auf der anderen Seite des Globus knapp 300 Meilen östlich der Molukken eine Trennungslinie (mit der Folge, dass die Philippinen spanische Kolonie wurden). Damit waren auch in Asien die Grenzen zwischen portugiesischer und spanischer Interessensphäre abgesteckt [s. Karte 4]. – Andere europäische Länder (Frankreich, England, später auch die Niederlande) waren in diese Aufteilung der Welt unter den iberischen Mächten nicht einbezogen und sahen auch wenig Grund, diese anzuerkennen. Konkrete Folgen hatte dies aber erst später.

b. *Herrschaftsübertragung gegen Missionsauftrag.* In den kolonialethischen Debatten der Folgezeit war die Legitimität politischer Herrschaftsübertragung über nicht-christliche Völker durch den Papst keineswegs unumstritten [s. Kap. 4.2]. Begründet wurde sie in der Bulle *Inter Cetera* mit dem Missionsauftrag an die katholischen Majestäten: Diese hatten dafür zu sorgen, dass die nicht-christlichen Bewohner der neu entdeckten Gebiete „im katholischen Glauben unterrichtet" und eine entsprechende kirchliche Infrastruktur eingerichtet wurde. Daraus entwickelte sich in der Folgezeit das *königliche Missionspatronat* (*Patronato real* –

spanisch, *Padroado real* – portugiesisch): Die entstehenden Kolonialkirchen in Übersee unterstanden der Verantwortung, zugleich aber auch der Kontrolle durch die jeweilige Krone. Die katholischen Herrscher hatten so nicht nur die oberste politische Gewalt in ihren Kolonien inne, sondern fungierten auch als Häupter der kolonialen Kirche. 1501 überließ der Papst der spanischen Krone den Kirchenzehnten und 1508 das Präsentationsrecht auf alle bestehenden oder neu zu errichtenden Bistümer in den Missionsgebieten. Oberste Schiedsstelle auch in geistlichen Angelegenheiten wurde der koloniale Indienrat. Der staatlichen Gewalt wurde es zunehmend gestattet, unmittelbar in kirchliche Belange einzugreifen.

c. Die energische Ausnutzung der Patronatsrechte durch die jeweiligen Kronen führten sowohl in Spanisch-Amerika wie in Portugiesisch-Asien zur Entwicklung eines kolonialen Staatskirchentums, das immer stärker auch *päpstliche Interventionsversuche abblockte*. 1538 verfügte Kaiser Karl V. ein landesherrliches Plazet für päpstliche Erlasse, die erst nach staatlicher Prüfung in seinen amerikanischen Besitzungen veröffentlicht werden durften. Dies Plazet wurde auch der bemerkenswerten Bulle ‚Sublimis Deus' von Papst Paul III. – in der dieser 1537 die Versklavung der indigenen Völker Amerikas verurteilt hatte [Text 226] – zunächst verweigert. Geheime Kopien der Bulle wurden konfisziert. Auch in Portugiesisch-Asien wachten die kolonialen Autoritäten eifersüchtig über ihre Monopolstellung. Sie unterbanden auch nicht von ihnen autorisierte Missionsaktivitäten – selbst als der portugiesische Einfluss in der Region zunehmend schwand und die Krone ihre evangelisatorischen Verpflichtungen immer weniger erfüllen konnte. Und als 1622 die römische Kurie in Gestalt der *Propaganda Fidei* eine eigene Missionszentrale einrichtete, die nicht-portugiesisches Missionspersonal nach Asien schickte, führte dies zu langwierigen Streitigkeiten mit der portugiesischen Krone, die – oft als Propaganda-Padroado-Konflikt bezeichnet – bis ins 19. Jh. andauerten. In Indien steigerten sie sich Ende des 19. Jh. sogar zu einem formellen Schisma [vgl. Kap. 17.3].

d. Den erstaunten *indigenen Ethnien*, denen die spanischen Konquistadoren in der Neuen Welt begegneten, verkündeten jeweils eigens mitgeführte Notare in einer für diese unverständlichen Sprache die Nachricht von ihren neuen spanischen Oberherren. Die Indios wurden anschließend vor die Alternative gestellt: Unterwerfung oder Krieg. Dies geschah in einer seit 1513 formalisierten Aufforderung, dem sogenannten ‚*Requerimiento*' [Text 225a; vgl. Kap. 4.2]. Auch die Portugiesen waren bei ihren Unternehmungen in Afrika und Asien keineswegs zimperlich. Ein charakteristischer Unterschied zwischen dem spanischen und portugiesischem Übersee-Imperium bestand aber in den *unterschiedlichen Formen kolonialer Herrschaft*. Die Spanier gingen in Amerika sehr bald zu territorialer Herrschaft über und suchten ganze Landstriche zu besiedeln. Die portugiesische Strategie hingegen ist vielfach als Stützpunkt-Kolonialismus bezeichnet worden. Sie begnügten sich – schon aufgrund ihrer beschränkten humanen Ressourcen – mit einem Netzwerk von Stützpunkten entlang der afrikanischen und insbesondere asiatischen Küsten und waren primär an der Kontrolle der maritimen Handelswege interessiert [s. Karte 3]. Zu ausgedehnter territorialer Herrschaft kam es nur in einzelnen Regionen.

2.4 Begegnungen: Vasco da Gama und die indischen Thomaschristen (1498 ff)

Am 20. Mai 1498 erreichte Vasco da Gama mit seiner Flotte als erster Europäer auf dem Seeweg das Ziel, das Kolumbus auf der alternativen Atlantikroute verfehlt hatte: Indien. Er tat dies, wie eingangs erörtert [Seite XIII], auf der Suche nach „Christen und Gewürzen" [Text 4]. Was folgte, war zunächst eine Serie interkultureller Missverständnisse. So fand der erste Gottesdienst der Portugiesen auf indischem Boden in einem Hindu-Tempel statt. Trotz der eigentümlichen „Heiligen-Bilder" – mit „vier bis fünf Armen" und Zähnen, die „weit aus dem Mund herausragten" – hielten ihn die Iberer zunächst für eine christliche Kirche [Text 5a]. Zur Begegnung mit den – „echten" – Thomaschristen kam es dann erst auf den folgenden Indien-Expeditionen der Portugiesen (1500 unter Cabral und 1502 wieder unter Vasco da Gama) [Text 5c]. Anfangs herrschten herzliche Beziehungen zwischen den indischen Christen und den Portugiesen, „unseren christlichen Brüdern in Wahrheit", wie eine thomaschristliche Quelle aus dem Jahr 1504 die Neuankömmlinge bezeichnete [Text 1b]. Denn beide Seiten wussten sich aufeinander angewiesen – die landesunkundigen Iberer auf die Hilfe der örtlichen Glaubensgenossen und die von Hindu-Fürsten und muslimischen Konkurrenten bedrängten Thomaschristen auf Unterstützung durch die „Franken" aus dem fernen Westen. Später, mit verfestigter portugiesischer Präsenz auf dem Subkontinent, sollte sich das Verhältnis rasch abkühlen.

Die Thomaschristen selbst führten ihre Anfänge auf den Apostel Thomas zurück. Historisch belegt ist eine kontinuierliche christliche Präsenz in Indien mindestens seit dem 3., wenn nicht gar dem 2. Jh. – entstanden im Rahmen der spätantiken Handelsbeziehungen zwischen dem Mittelmeerraum und dem indischen Subkontinent. Später wurden die Inder, wie erwähnt, Teil des gesamtasiatischen Netzwerkes der ostsyrischen (sog. „nestorianischen") ‚Kirche des Ostens'. Diese hatte sich im 5. Jh. von der byzantinischen Reichskirche im Westen getrennt und schrittweise entlang der kontinentalen sowie maritimen Handelswege bis nach Zentralasien, China und Südasien ausgebreitet. Liturgiesprache der Thomaschristen war das Syrische (wie in den anderen ostsyrischen Kirchenprovinzen). Ihre Siedlungsgebiete lagen vor allem (aber nicht ausschließlich) im Bereich des heutigen Kerala. Dort nahmen sie im Kontext der südindischen Kastengesellschaft eine gehobene Stellung ein – als Kaufleute, in der Landwirtschaft (mit Monopol im Pfefferanbau) sowie als Kriegsleute im Dienst lokaler Herrscher. Dabei genossen sie teilweise ein beachtliches Maß an Autonomie. Zu punktuellen Kontakten mit der lateinischen Christenheit war es in Zeiten des europäischen Mittelalters durch einzelne Reisende wie Marco Polo, dem Franziskaner Johannes von Montecorvino oder Nicolò de' Conti [Text 1a] gekommen.

Ihre Bischöfe bezogen die Thomaschristen aus „Babylon", dem Sitz ihres Oberhauptes (des Katholikos-Patriarchen) in Mesopotamien. Dieser residierte um 1500 in einem Kloster bei Alqosch nördlich von Mossul (Nordirak). An den Patriarchen ist auch der oben bereits erwähnte Brief von 1504 gerichtet, in dem die aus Mesopotamien heimkehrenden neu geweihten Bischöfe über die aktuelle Lage in Indien berichten. „Es gibt hier dreißigtausend christliche Familien", so erfahren wir, „unsere Glaubensgenossen ... Sie haben angefangen, neue Kirchen zu bauen, und sind in jeder Hinsicht erfolgreich". Erwähnt werden 20 Städte in der Nähe von Calicut, die „Christen und Kirchen beheimaten". Erste Kontakte mit den Portugiesen in der indischen Stadt Cannanore verliefen erfreulich. „Wir [die Bischöfe] gingen zu ihnen und sagten ihnen, dass wir Christen sind, und erzählten ihnen unsere Geschichte, worüber sie sich freuten". Gegenseitig besuchte man die – lateinische und syrische – Messfeier der je anderen Seite [Text 1b; 7]. Differenzen der unterschiedlichen kirchlichen Traditionen spielten zunächst keine Rolle. Die in der Folgezeit verstärkt in die südindische Küstenregion strömenden portugiesischen Priester hatten freien Zutritt zu den Kirchen der Thomaschristen. Der ostsyrische Bischof Mar Jacob verschaffte den Portugiesen zudem Zugang zum Pfefferhandel in der Region.

Schrittweise veränderte sich freilich das Klima. Allmählich entdeckten die Portugiesen vermeintliche Defizite in der kirchlichen Praxis der indischen Christen, die weder einen Papst noch die Siebenzahl der Sakramente noch ein verpflichtendes Zölibat für Priester kannten. So zweifelten die Iberer auch die Gültigkeit ihrer Taufen an. Stattdessen betonten sie die Überlegenheit der lateinischen Tradition. Zunehmend wurden die Thomaschristen in die Kämpfe der Portugiesen mit den Muslimen der Region hineingezogen. Sie reagierten darauf, so der indische Historiker A. M. Mundadan, „[by] avoiding the Portuguese as far as possible".[2] Und bereits im Jahr 1516/18 beschrieb der portugiesische Priester Penteado den Stimmungsumschwung wie folgt:

„Die Thomaschristen legen keinen Wert auf Gemeinschaft mit [uns] Portugiesen. Dies nicht deshalb, weil sie nicht froh wären, wie wir Christen zu sein. Sie tun es vielmehr, weil wir für sie das sind, was die Engländer und Deutschen für uns. Was ihre Sitten und Gebräuche angeht, so ist ihr Wille durch die Priester korrumpiert ..." [Text 18].

Fußnoten Kapitel 2

1 BITTERLI (1981), *Dokumente* I, 35 f. (Bordbuch vom 14.10.1492).
2 MUNDADAN (1984), *Christianity in India* I, 351.

Literatur Kapitel 2

2.1 (Die Portugiesen auf dem Weg um Afrika [1415 ff])

GRÜNDER (2003), *Expansion*, 25–35; REINHARD (1983), *Expansion* I, 28–49; SCHMITT (1986–1988), *Dokumente* I, 50–94; SCHMITT (1986–1988), *Dokumente* II, 126–159; BOXER (1991), *Portuguese Seaborne Empire*, 15–38; RUSSEL-WOOD (1992), *World on the Move*, 8–57; BAUM (1999), *Priesterkönig Johannes*.

2.2 (Spanien, Kolumbus und die „Entdeckung" der „Neuen Welt" [1492])

GRÜNDER (2003), *Expansion*, 36–54; REINHARD (1985), *Expansion* II, 32–51; PRIEN (2007), *Lateinamerika*, 65–82; MEIER (2018), *Ränder*, 146–152; SCHMITT (1986–1988), *Dokumente* II, 95–134; PIETSCHMANN (1994), *Handbuch* I, 207–313; BITTERLI/ SCHMITT (1991), *Kenntnis beider „Indien"*.

2.3 (Aufteilung der Interessensphären [‚Inter Cetera' 1493, Tordesillas 1494])

PRIEN (2007), *Lateinamerika*, 83–89; GONZÁLEZ/GONZÁLEZ (2008), *Christianity in Latin America*, 40 ff.64 ff; DELGADO (1991), *Gott in Lateinamerika*, 23–34. 66–84; PIETSCHMANN (1994), *Handbuch* I, 235 ff.376 ff; REINHARD (1985), *Expansion* II, 43 ff; KONETZKE (1991), *Süd- und Mittelamerika* I, 27 ff.220 ff; GRÜNDER (1992), *Welteroberung*, 86 ff.92 ff; PRIEN (1978), *Geschichte*, 106–137.

2.4 (Begegnungen: Vasco da Gama und die indischen Thomaschristen)

NEILL (1984), *Christianity in India* I, 68–110. 185; MUNDADAN (1984), *Christianity in India* I, 242–282; MUNDADAN (1967), *Arrival of the Portuguese*, 67 ff.; DE SOUZA (1998), *Indian Christians*, 31–42; HAGE (2007), *Orientalisches Christentum*, 315–378.

Kapitel 3: Iberoamerika I: Kolonisierung und Christianisierung

3.1 Die amerindischen Kulturen am Vorabend der iberischen Invasion

Die „Neue Welt", auf die die spanischen Konquistadoren stießen, war keineswegs ein kulturloser Raum. Vielmehr bot sie ethnisch, sprachlich, kulturell und geographisch ein äußerst vielfältiges Bild. Die von den Eroberern als „Indianer" bzw. „Indios" bezeichnete indigene Bevölkerung war keine homogene Gruppe. Sie schloss die Kariben und Arawaks ein, denen die Spanier in der Karibik begegneten, die Mexica (Azteken), Tarasken und Maya im heutigen Mexiko, die verschiedenen Inka-Gruppen in Peru, die Dschungel-Indios im Amazonas-Gebiet, die Guaranís in Paraguay oder die Araukaner in Chile. Diese Gruppen unterschieden sich in fast jeder Hinsicht. Sie errichteten großartige Zivilisationen, wie die Maya, Azteken und Inka, oder waren kriegerische Kannibalen, wie die Tupí im Norden Brasiliens. Ihre Sprachen differierten erheblich und unterschieden sich oft von Dorf zu Dorf. Die Forschung spricht von etwa 100–150 Sprachfamilien mit 400 bis 2 000 verschiedenen Sprachen auf dem Doppelkontinent, je nach Unterscheidungskriterium. Auch die religiösen Praktiken und Vorstellungen waren vielfältig. Weit verbreitet war ein einfacher Geisterglaube. In anderen Gesellschaften gab es hoch entwickelte theologische Lehrgebäude mit komplexen Kosmogonien. Dieser Wirrwarr von Völkern, Sprachen und Kulturen sollte die iberischen Missionare später vor enorme Herausforderungen stellen.

Neben nomadisierenden Gruppen von Jägern und Sammlern gab es beeindruckende Beispiele staatlicher Organisation. Zwei Reiche – die der Azteken und Inka – erlebten gerade zur Zeit der Ankunft der Spanier ihre größte territoriale Ausdehnung. Das Imperium der Azteken bestand aus 38 Provinzen im Bereich des heutigen Mexiko. Die Hauptstadt Tenochtitlán mit ca. 150 000 bis 200 000 Einwohnern auf etwa 12 km^2 war dabei Mittelpunkt des Reiches und größtes urbanes Zentrum der Hemisphäre. Das „Reich der vier Weltgegenden" der Inka hingegen erstreckte sich auf dem Höhepunkt seiner Ausbreitung um das Jahr 1500 über 4000 km weit etwa vom heutigen Quito (Ecuador) bis in Gebiete südlich des modernen Santiago de Chile. Damit erreichte es eine Ausdehnung größer als die der heutigen EU. Ein System von Fernstraßen und Stafetten-Läufern ermöglichte Kommunikation sowie eine effektive Verwaltung dieses riesigen Territoriums. Diese organisatorische Höchstleistung ist umso bemerkenswerter, als wesentliche technische Entdeckungen – wie das Rad, das in anderen Kulturkreisen bereits seit Jahrtausenden gebraucht wurde – bei den Inka unbekannt waren. Die meisten indianischen Kulturen waren schriftlos. Autochthone Schriftlichkeit war in voreuropäischen Zeiten auf Mesoamerika (v. a. Maya, Azteken) beschränkt. In den Anden waren zwar in der Verwaltung des Inkastaates die *quipu* genannten Knotenschnüre in Gebrauch, die jedoch nicht zur Bezeichnung von Textinhalten dienten. Indigene historische Textquellen aus vorspanischer Zeit sind also extrem rar. In Mesoamerika entstanden jedoch in der frühen Kolonialzeit noch zahlreiche Bilderhandschriften sowie in indianischen Sprachen verfasste, aber mit lateinischen Lettern geschriebene Textquellen. In anderen Regionen war dies seltener der Fall. Indianische Traditionen sind aber vielfach durch die später entstandenen Schriften mestizischer Chronisten und europäischer Autoren (Kolonialbeamte, Missionare) überliefert.

3.2 Stationen der Eroberung

Erstaunlich rasch konnten sich die Spanier in der Neuen Welt festsetzen. 1492 betrat Kolumbus auf der Karibik-Insel Guanahaní erstmals amerikanischen Boden. 1501 landeten die Spanier an der venezolanischen Küste und errichteten 1510 in Panama die erste dauerhafte europäische Siedlung auf dem mesoamerikanischen Festland. 1519 machte sich Hernán Cortés (1485–1547) von Kuba aus mit 10 Schiffen und 608 Mann auf, um Mexiko zu erobern. Bereits am 8.11.1519 betrat er – begleitet vom später gefangen gesetzten aztekischen Herrscher Moctezuma II. (ca. 1476/78–1520) – kampflos dessen Hauptstadt Tenochtitlán. Trotz einer Übermacht von ca. 200 000 Kriegern fiel das Reich der Azteken in die Hände der Spanier. Noch geringer war die Streitmacht (200 Mann nebst 37 Pferden), mit der 1532/33 der kastilische Abenteuer Francisco Pizarro (1476/78–1541) das riesige Inka-Reich in seine Gewalt brachte. Neben den Spaniern wurden bald auch die Portugiesen auf dem südamerikanischen Kontinent aktiv. Mehr zufällig auf dem Weg nach Indien entdeckten sie 1500 unter Pedro Alvares Cabral das später so benannte Brasilien. Schließlich war es 1520 mit Ferdinand Magellan (ca. 1485–1521) ein portugiesischer Seefahrer in spanischen Diensten, der bei der ersten Weltumsegelung die Südspitze Südamerikas umrundete. Mitte des 16. Jh. hatten kastilische Konquistadoren bereits den Südwesten der heutigen USA sowie das südliche Chile erreicht [s. Karte 2].

Wie erklärt sich das rasche Vordringen der spanischen Eroberer? Abgesehen von ihrer technologischen Überlegenheit – Feuerwaffen, Stahlschwerter, Mobilität durch Pferde – stießen sie vielerorts auf keinen geeinten Gegner. Der Groll der von den Azteken und Inkas erst kurz zuvor gewaltsam unterworfenen indianischen Völker gegen ihre neuen Herren war keineswegs verblasst. Diese internen Gegensätze wussten sich die Spanier in Mexiko wie in Peru zunutze zu machen und rekrutierten indianische Hilfstruppen. Zudem war das Inkareich um 1532/33 durch einen Bürgerkrieg geschwächt. Auch die von den Europäern eingeschleppten Krankheiten wirkten sich schon früh verheerend aus. Daneben spielten interkulturelle Missverständnisse und psychologische Faktoren vielfach eine entscheidende Rolle. So erwarteten die Azteken – ohnehin beunruhigt durch schlechte Omen und die düsteren Prophezeiungen ihrer Priester – zur Zeit der Ankunft der Spanier um 1519 die Wiederkehr ihres Gottes Quetzalcoatl aus dem Westen. Waren etwa die bärtigen weißen Männer, die mit Schiffen vom atlantischen Ozean kamen, seine Abgesandten? Kehrten die Götter nun zurück? Diese Unsicherheit – so berichtet eine spätere Quelle [cf. Text 220] – paralysierte den aztekischen Herrscher Moctezuma II., der den Eindringlingen keinen Widerstand leistete. Überrumpelt wurde auch der letzte Inka-Herrscher Atahualpa (ca. 1500–1533), der von den Spaniern 1532 inmitten seines Gefolges im Handstreich überwältigt und gefangen genommen wurde. Trotz der enormen als Lösegeld erpressten Mengen an Gold ließ Pizarro ihn später nach einem Scheinprozess hinrichten.

Wer kam aus Spanien nach Amerika? Es war ein bunter Mix unterschiedlich motivierter Einwanderer, die es in die Neue Welt zog (womit künftige Konflikte bereits vorprogrammiert waren). Dazu zählten Abenteurer und Glücksritter, unbeschäftigte Veteranen der Reconquista, gescheiterte Existenzen, Sträflinge oder missionarisch inspirierte Franziskaner auf der Suche nach alternativen Gemeinschaftsformen. Nicht jeder durfte kommen. Vielmehr betrieb die kastilische Krone eine strikte Auswanderungs- und Bevölkerungspolitik. Früh wurde die Einreise von Juden, Mauren und Ketzern nach Westindien (Karibik) verboten, und die 1503 in Sevilla eingerichtete *Casa de la Contratación* mit der Kontrolle der spanischen Einwanderung nach Amerika beauftragt. 1538 etwa wurde allen nicht-spanischen Untertanen der Krone (Deutschen, Genuesen) die Einreise wieder untersagt, nachdem sie erst 1526 erlaubt worden war. Einer der Gründe war die Sorge vor dem Eindringen häretischer – also protestantischer – Bewegungen. Die Zahl der Männer übertraf die der Frauen bei weitem, obwohl die Krone mit dem Übergang zum Siedlungskolonialismus seit 1501 die Auswanderung von Familien und unterschiedlicher Berufsgruppen förderte. Insgesamt dürften im 16. Jh. ca. 300 000 Spanier in die Neue Welt ausgewandert sein. In Portugiesisch-Amerika dürfte die Zahl der Europäer Ende des 16. Jh. etwa 30 000 betragen haben.

3.3 Rechtstitel: Patronat und ‚Requerimiento'

Legitimiert sahen die spanischen Könige ihre Herrschaft in der Neuen Welt durch die Papstbullen des Jahres 1493 (v. a. ‚Inter Cetera' vom 4.5.1493 [Text 223a]). Spätere Bullen (wie „Universalis ecclesiae" vom 28.7.1508 [Text 228]) führten zur weiteren Ausgestaltung und Festigung des „Königlichen Patronats" in Spanisch-Amerika. Die Besitzergreifung vor Ort vollzog sich dann durch die Proklamation des berühmt-berüchtigten ‚Requerimiento'. Darin wurden die indigenen Völker Amerikas zur Unterwerfung unter die Herrschaft der kastilischen Krone aufgefordert, unter Verweis auf die ihr vom Papst verliehenen Rechte. Verlesen wurde dieser Text – zumeist in spanischer oder auch lateinischer Sprache(!) sowie unter formeller Beglaubigung durch einen anwesenden Notar – seit 1513 jeweils in einer Situation des Erstkontaktes mit den unterschiedlichen indianischen Ethnien. Lehnten diese die ihnen schon sprachlich völlig unverständliche Aufforderung ab, wurden sie für vogelfrei erklärt und konnten mit Krieg überzogen werden. Diese Praxis bestand bis in die 1550er Jahre. Nach einem langem Sermon, der von Adam und Eva über Jesus Christus und den Apostel Petrus bis hin zur Weltherrschaft der Päpste sowie der Übertragung der amerikanischen Länder an die kastilische Krone handelt, wurden die indigenen Völker vor folgende Alternative gestellt:

„Handelt ihr danach [sc. und unterwerft euch], dann tut ihr recht und erfüllt eure Pflicht; dann werden Ihre Hoheiten und ich [sc. der jeweilige Konquistador] euch mit Liebe und Güte behandeln ... Man wird euch in diesem Fall nicht zwingen, Christen zu werden, es sei denn, dass ihr selbst diesen Wunsch habt ... Wenn ihr das aber nicht tut und böswillig zögert, dann werden wir ... gewaltsam gegen euch vorgehen ... Wir werden euch als Vasallen behandeln, die ihrem Herrn nicht gehorsam und ergeben, sondern widerspenstig und aufsäßig sind ..." [Text 225a]

Die kolonialethischen Debatten der Zeit sollten sich dann gerade am ‚Requerimiento' festmachen. Theologen wie der Dominikaner Francisco de Vitoria (1483–1546) werden das Requerimiento scharf kritisieren, ebenso wie sein Ordensgenosse Bartolomé de las Casas (1484–1566), der es als „ungerecht, absurd und rechtlich ungültig" verwarf. Beide bestritten die Rechtskraft der Papstbullen für die Legitimierung der spanischen Herrschaft in der Neuen Welt. Denn der Papst sei wohl in geistigen Dingen, nicht aber in weltlichen Angelegenheiten oberste Autorität und verfüge über keine ‚potestas directa in temporalibus', um über fremde Länder zu bestimmen. Also konnte er die westindischen Inseln auch nicht an die spanische Krone übertragen. Auch heidnische Fürsten, heißt es bei den Dominikanern in Aufnahme der naturrechtlichen Argumentation der thomistischen Tradition, seien legitime Obrigkeiten. Warum hätten die Völker Amerikas – so die Kritik von Las Casas – den spanischen König „als Herrn annehmen (sollen), den sie niemals zu Gesicht bekommen hatten, niemals kennengelernt ... hatten (und) von dem sie nicht einmal wussten, ob er gut oder böse sei"? Ohne vorheriges „Abkommen, Vertrag oder Übereinkunft" könne von den Indigenen kein Gehorsam gegenüber „einem fremden König" verlangt werden [Text 225b].

3.4 Missionspersonal, Dualität von Missions- und Kolonialkirche

Die Missionsarbeit in der Neuen Welt war zunächst fast ausschließlich Sache der sogenannten *Bettelorden* (v. a. Franziskaner, Dominikaner, Augustiner-Eremiten). Der Weltklerus spielte dabei lange Zeit kaum eine Rolle. Er war auch wenig motiviert, sich den Strapazen einer Übersee-Reise auszusetzen, und wurde zunächst auch seitens der kolonialen Obrigkeit eher kritisch gesehen. Es mache keinen Sinn, so etwa Cortés 1524 in einem Brief an Karl V., den kostenintensiven kirchlichen Apparat Europas mit Bischöfen und Diözesan-Klerus nach Mexiko zu importieren, „die nur ihrer Gewohnheit folgen werden, das Gut der Kirche mit Pomp und Zeremonien und anderen Lastern zu verschwenden" und „unseren Glauben hier in Misskredit bringen würden".[1] Anders die Ordensleute, die sich dem Ideal apostolischer Armut verpflichtet wussten und rasch auf die Lebensverhältnisse vor Ort einzustellen versuchten. Als Beginn systematischer Missionsaktivitäten gilt gemeinhin das Jahr 1500 (Franziskaner auf Hispaniola/Haiti) bzw. 1524, als die erste offiziell ausgesandte Gruppe von zwölf Franziskanern, die sogenannten „doce apóstoles", in Mexiko eintrafen. Bereits die Zwölfer-Zahl war programmatisch, als Symbol für den Anbruch einer apostolischen Ära in der Evangelisierung des neu entdeckten Kontinents. Auch die Dominikaner kamen 1510 in Hispaniola und 1526 in Mexiko sowie die Augustiner später in Peru als Zwölfer-Gruppe. Bei einem großen Teil der Franziskaner verband sich damit zugleich eine utopische Vision: in der Neuen Welt jenen Traum einer Rückkehr zu den *Idealen der Urgemeinde* zu verwirklichen, der in den verkrusteten Strukturen Europas gescheitert war. Dazu zählte der Verzicht auf weltlichen Besitz. Zahlreiche spanische Franziskaner gehörten dem Reformflügel ihres Ordens an. Päpstliche Verlautbarungen (seit der Bulle ‚Omnimoda' von Papst Hadrian VI. vom 9.5.1522) übertrugen den Bettelorden weitreichende Vollmachten einschließlich episkopaler Befugnisse. Die (1534 gegründeten und 1540 päpstlich anerkannten) *Jesuiten*, Pioniere der katholischen Mission in Asien, wurden in Amerika zunächst im portugiesischen Brasilien (seit 1549) und in Spanisch-Amerika (hier zuerst in Peru) seit 1568 tätig.

Über die Frage einer angemessenen *Missionsstrategie* gab es erhebliche Differenzen, sowohl innerhalb der verschiedenen Orden selbst wie gegenüber anderen kolonialen Akteuren. Dies betraf insbesondere die Frage der *Gewalt*. Im Unterschied zum bereits erwähnten Las Casas, der prinzipiell jegliche Form der Gewaltanwendung ausschloss und als „*einzige Methode*" („unico vocationis modo") die friedliche Evangelisierung anerkannte, waren andere Stimmen auch aus dem Lager der Franziskaner weniger ablehnend. Angesichts der Ungeheuerlichkeiten des indianischen „Götzendienstes" und insbesondere der bei den Azteken im großen Ausmaß praktizierten (und auch in indigenen Quellen wohl bezeugten) rituellen Menschenopfer – so eine vielfach gegebene Begründung – sei ein moderates Maß an Gewalt zumindest in der Anfangsphase durchaus legitim.

Drei Weisen bzw. Etappen in der Christianisierung des Inka-Reiches unterscheidet eine peruanische Quelle vom Ende des 16. Jh.: eine erste, die „mit [militärischer] Macht und Gewalt" erfolgte; eine zweite der freiwilligen Annahme des Christentums, aufgrund des positiven Vorbilds einzelner Ordensleute oder Laien sowie nach einer elementaren Katechisierung; sowie eine dritte Phase der Selbstchristianisierung und Weitergabe des neuen Glaubens durch bekehrte Einheimische [Text 231]. Franziskanische Missionare standen für beides: einerseits für die Zerstörung heidnischer Tempel, systematische Ausrottung des „Götzendienstes" sowie eine tabula-rasa-Missionsmethode (so Juan de Zumárraga, erster Bischof in Mexiko [1530-1548]) wie andererseits auch für eine Hochschätzung der nicht-religiösen Aspekte der aztekischen Kultur und sorgfältige Aufzeichnung ihres Erbes (so Bernardino de Sahagún [1499-1590], der oft als der erste Anthropologe und Ethnograph Spanisch-Amerikas bezeichnet worden ist). Im Bestreben, die Indios vor der Ausbeutung durch die *Conquistadores* zu schützen, stimmten beide Seiten überein.

Der Kollaps der alten religiösen und sozialen Ordnung führte Ende der 1520er Jahre vielerorts zu Massenkonversionen. Mexikanische Quellen des 16. Jh. berichten – durchaus glaubwürdig – über Tausende von Taufen an einem Tag und Hunderttausende in einem Jahr. „So zahlreich waren die Taufbewerber, dass die Priester ... öfters nicht mehr den Krug, mit dem sie tauften, zu heben imstande waren, weil ihr Arm müde war" – so ein Chronist dieser Zeit.[2] Über die Qualität solcher Massentaufen gab es freilich bereits damals unter den beteiligten Orden unterschiedliche Meinungen. Dominikaner insistierten dabei eher auf der Notwendigkeit einer intensiveren Vorbereitung. In anderen Regionen hingegen ging der erbitterte Widerstand indigener Stämme sowohl gegen das Vordringen der spanischen *Conquistadores* wie die Aktivitäten der Missionare unverändert weiter. Nicht alle missionarischen Erfolgsmeldungen hatten Bestand. Vielfach verbargen sich – so verstärkt die Selbstkritik katholischer Kleriker gegen Ende des Jh. – unter den neuen katholischen Heiligen noch die alten Götter.

Seitdem die spanische Krone zum Siedlungskolonialismus und Aufbau territorialer Herrschaft über die entdeckten Gebiete überging, bestand ein latentes Spannungsverhältnis zwischen Herrschaftsausübung, Christianisierung und wirtschaftlicher Nutzung. Zugleich entwickelte sich ein *struktureller Konflikt*, der auch spätere Epochen der Missionsgeschichte kennzeichnen sollte: der Gegensatz zwischen einer „*Missionskirche*, also einer Kirche, die uneigennützig um das Wohl und Heil der Ureinwohner Amerikas besorgt ist, und der *Kolonialkirche*, die den Interessen der Kolonialmacht und deren Siedlern dient".[3] Dieser Konflikt lässt sich zwar nicht, wie lange Zeit üblich, auf den Gegensatz zwischen Bischofsamt und Mönchen reduzieren (zumal anfangs die Mehrzahl der Bischöfe in Spanisch-Amerika aus den Reihen der Bettelorden kamen). Wohl aber nahmen seit den 1550er Jahren die Spannungen zwischen den *Frayles* auf der einen und den Weltklerikern sowie dem Bischofsamt auf der anderen Seite zu. Parallel dazu verstärkte sich der Konflikt durch die verschärfte Kontrolle der Kirche durch den kolonialen Staat im Rahmen des ‚Patronato Real'. Wesentliche Funktionen – wie das Recht, Missionare auszusuchen und zu entsenden, den Zehnten zu erheben oder Bistümer zu teilen – waren bereits früher auf die Krone übergegangen. Die Bischöfe wurden zunehmend zu staatlichen Funktionären. Die Selbstständigkeit der Kirche nahm ab und das Ausmaß staatlicher Eingriffe zu.

Demgegenüber entwickelten die Franziskaner die *Vision einer indianischen Kirche* als Wiedergeburt der Urgemeinde [s. Kap. 4.3, S. 33] und suchten die Indigenen – teils mit, teils ohne staatliche Unterstützung – vom schädlichen Einfluss der europäischen Siedler fernzuhalten. So äußerte sich etwa Toribio de Benavente OFM (1482–1568), besser bekannt seinem indianischen (Nahuatl) Namen „Motolinia":

„Denn für diesen neuen Landstrich und für diese schlichte Generation passte nichts anderes, als dass die Bischöfe wie in der ursprünglichen Kirche lebten, arm und bescheiden, dass sie kein Einkommen suchten, sondern Seelen, und dass sie nicht mehr als ihre Pontifikalien bei sich trügen, und dass die Indios keine verwöhnten Bischöfe in weichen Gewändern sähen, die in schönen Betten schliefen …".[4]

Dieser *Rekurs auf die Urgemeinde* stand im Mittelpunkt zahlreicher Kontroversen und stieß auf den Widerstand des kolonialkirchlichen Establishments. So als der zweite Erzbischof von Mexiko, Alonso de Montúfar OP (1498–1569), 1556 die Einführung des Zehnten auch bei den Indios zu erreichen suchte. Diese waren bislang von dieser Abgabe befreit. Er wandte sich dabei gegen die *Frayles*, welche aufseiten der Indianer standen und sich gegen die Belastung durch den kirchlichen Zehnten aussprachen. Ihre Berufung auf die Urgemeinde – so der Erzbischof – sei Unsinn, denn eine *iglesia primitiva* in diesem Sinn gebe es nicht in Mexik.[5]

In *Brasilien* kann bis zur Mitte des 16. Jh. von einer kirchlichen Organisation kaum die Rede sein. 1551 wurde in Salvador da Bahia das erste brasilianische Bistum errichtet. Bis 1676 blieb es auch das einzige. Schon wegen der relativ geringen Anzahl von Priestern spielten Laien im religiösen Leben der Kolonie von Anfang an eine beachtliche Rolle.

Fußnoten Kapitel 3

1 LIPPY/CHOQUETTE/POOLE (1992), *Americas*, 31.
2 BAUMGARTNER (1971), *Liturgie* I, 162.
3 PRIEN (1978), *Geschichte*, 107.
4 CAYOTA (1993), *Indianische Kirche*, 79.
5 BECKMANN (1971), *Utopien*, 396.

Literatur Kapitel 3

3.1 (Die amerindischen Kulturen am Vorabend der iberischen Invasion)

PIETSCHMANN (1994), *Handbuch* I, 101–206; MELTZER (2009), *First peoples*; PRIEN (1978), *Geschichte*, 33–78; PRIEN (2007), *Lateinamerika*, 74 ff; KONETZKE (1991), *Süd- und Mittelamerika* I, 9–26; DUSSEL (1992), *Church in Latin America*, 23–42; PREM (1989), *Geschichte Altamerikas*; REINHARD (1985), *Expansion* II, 9–31; GONZÁLEZ/ GONZÁLEZ (2008), *Christianity in Latin America*, 12 ff.

3.2 (Stationen der Eroberung)

REINHARD (1985), *Expansion* II, 32–68; PIETSCHMANN (1994), *Handbuch* I, 207–312; KONETZKE (1991), *Süd- und Mittelamerika* I, 27–108; LEON-PORTILLA/HEUER (1986), *Rückkehr der Götter*; GRÜNDER (2003), *Expansion*, 43–54; BURKHOLDER/JOHNSON (1994), *Colonial Latin America*, 35–69.

3.3 (Rechtstitel: Patronat und ‚Requerimiento')

PRIEN (2007), *Lateinamerika*, 139–147; REINHARD (1985), *Expansion* II, 58 ff.; DELGADO (1996), *Abschied*, 43 ff.57–67; DELGADO (1995), *Las Casas. Werkauswahl* II, 246–267; DELGADO (1991), *Gott in Lateinamerika*, 74–80; PIETSCHMANN (1994), *Handbuch* I, 256 ff.; WILLIAMS, R. A. (1990), *Discourses of Conquest*.

3.4 (Missionspersonal, Dualität von Missions- und Kolonialkirche)

MEIER (2018), *Ränder*, 145–281; PRIEN (2007), *Lateinamerika*, 103–135.158 ff.; PRIEN (1978), *Geschichte*, 79–261; GONZÁLEZ/GONZÁLEZ (2008), *Christianity in Latin America*, 40–103; KONETZKE (1991), *Süd- und Mittelamerika* I, 220–281; LIPPY/CHOQUETTE/POOLE (1992), *Americas*, 17–70; DELGADO (2017), *Katholizismus*, 45–68. – (Verweis auf Urgemeinde:) PRIEN (1978), *Geschichte*, 143 ff; PHELAN (1956), *Geronimo de Mendietta*, 5 ff.37–60; BECKMANN (1971), *Utopien*, 380–403; SYLVEST (1975), *Motifs*, 36 ff.; MÉRIDA (1994), *Kirche und Mission*, 380 ff.

Kapitel 4: Iberoamerika II: Debatten und Kontroversen

4.1 Religionsgespräche: Franziskaner und Azteken in Mexiko 1524

Trotz des gewaltsamen Charakters der Conquista kam es früh auch zu vielfältigen Formen eines friedlichen Kontakts und interkulturellen Austauschs zwischen Spaniern und indigener Bevölkerung. Auch Religionsgespräche zählten dazu. Das bekannteste ist die Debatte, die franziskanische Missionare 1524 in Mexiko mit den „Vornehmen" und Priestern der Azteken führten. Darüber gibt es in mexikanischer (Nahuatl) und spanischer Sprache eine Aufzeichnung des Ethnologen und Missionars Bernardino de Sahagún OFM. Sie wurde zwar erst 1564 – also viele Jahre nach dem Ereignis – abgeschlossen, basiert aber auf älteren Protokollnotizen in aztekischer Sprache. Die Historizität von Gesprächsverlauf und verwendeter Terminologie ist im Einzelnen umstritten. Auch wenn die nun vorliegende ausgearbeitete Fassung der *Colloquios* vor allem als Muster der Gesprächsführung für künftige Missionare dienen sollte, ermöglicht sie doch wichtige Einblicke in die interreligiösen Auseinandersetzungen im Mexiko des 16. Jh.

Grundtenor aufseiten der aztekischen Vornehmen ist tiefe Niedergeschlagenheit. „Sind doch unsere Götter auch gestorben" – so ihr bitteres Resümee nach dem gewaltsamen Untergang ihres Reiches.

„Ihr [die Franziskaner] sagt, dass wir nicht kennen den Herrn des *Mit* und *Bei* [aztekische Bezeichnung für den Höchsten Gott], den Herrn des Himmels und der Erden. Ihr sagt, dass nicht wahre Götter unsere Götter sind. Es ist ein neues unerhörtes Wort, das ihr spracht, und darüber sind wir bestürzt. Denn unsere Erzeuger ..., nicht so sprachen sie. Sie gaben uns ihre Sitte und ihr Gesetz ... Sollen wir nun zerstören das alte Gesetz? Das Gesetz der Chichimeken, das Gesetz der Tolteken, das Gesetz derer von Colhuacan, das Gesetz der Tepaneken [verschiedene indigene Völker Mexikos]?" [Text 235]

Die Franziskaner verweisen demgegenüber u. a. auf die Universalität der Gottesverehrung als Kriterium wahrer Religion. „Vernehmt es: wenn [Eure Götter] wirklich wahre Götter sind, würden wir etwa sie nicht auch göttlich verehren?" Würden die Gottheiten des aztekischen Pantheons dann nicht auch „überall auf der Erde angerufen werden"? Anders „das Gottesbuch, das Gotteswort" (d. h. die christliche Bibel), das „überall auf der Erde [und] in der Welt" gehört wird. Da die dem Götzendienst verfallenen indigenen Völker zuvor noch keine Kunde vom wahren Gott der Christen erhalten hatten, sei ihre „Sünde [bislang] nicht allzu groß". Anders jedoch, falls sie sich jetzt der Predigt der Missionare verweigern. – Die Franziskaner standen ebenso wie andere Bettelorden in der Tradition mittelalterlicher Religionsgespräche. Auch andernorts – wie in Japan 1551 zwischen Buddhisten und Jesuiten [s. Kap. 5.4; Text 15] – kam es schon früh auch in Situationen eines Erstkontaktes zu ausführlichen interreligiösen Debatten.

Formelle und informelle Religionsgespräche gab es in unterschiedlichen Varianten. Aus Nicaragua ist beispielsweise aus dem Jahr 1557 das Protokoll einer dreitägigen Befragung lokaler Kaziken erhalten, „um zu erfahren, was sie über [ihren] Glauben dachten".[1] Je später desto häufiger lassen solche Gespräche einen länger andauernden Kontakt sowie intensivere Interaktionen zwischen beiden Seiten erkennen. Bemerkenswert ist etwa der Bericht des spanischen Priesters Francisco Hernández um das Jahr 1546 von seiner Begegnung mit einem Maya-Fürsten:

„Er habe einen [Maya]-Fürsten getroffen, der – als er ihn über seinen Glauben und seine alte Religion befragte, die man im Reich [der Maya] zu haben pflegte – ihm gesagt habe, sie kennten und glaubten an Gott, der im Himmel wohne, und ... Vater, Sohn und Heiliger Geist sei. Der Vater heiße Içona, der die Menschen und alle Dinge geschaffen habe. Der Sohn werde Bacab benannt [...] [und der Hlg. Geist Echuac] [...] Außerdem habe er noch hinzugefügt, dass zu einer Zeit alle Menschen sterben müssten, doch von der Auferstehung des Fleisches hätten sie nichts gewusst ... Die Fürsten [der Maya] wüssten [viele] besondere Traditionen, aber das gewöhnliche Volk glaube nur an diese drei Personen, Içona, Bacab und Echuac, sowie an Chibiria, Bacabas Mutter ...".[2]

Içona, Bacab und Echuac entsprechen dabei bestimmten Maya-Gottheiten. Wieweit derartige Analogien zwischen dem christlichen Glauben und der Religion der Indigenen bloße synkretistische Anpassung (bzw. in missionarischer Terminologie „satanische Nachäffung") waren oder zumindest auch verschüttete, wenngleich später „verdunkelte" Spuren einer vorgängigen christlichen Uroffenbarung an die Bewohner Amerikas erkennen ließen, war eine unter den Missionaren Mexikos im Einzelnen kontrovers diskutierte Frage.

4.2 Kolonialethische Debatten: Antonio de Montesinos, Bartolomé de las Casas

Ein signifikantes Merkmal der lateinamerikanischen Christentumsgeschichte ist die Intensität kolonialethischer Debatten, die bemerkenswert früh einsetzten. Im Unterschied zu Asien und Afrika ist das Christentum ausschließlich in einem kolonialen Kontext in die Amerikas gekommen. Es diente dabei einerseits, wie erörtert, zur Legitimation der Conquista: als erstes errichteten die Spanier vielerorts auf amerikanischem Boden ein Kreuz. Zugleich aber wurde – ebenfalls im Namen des Kreuzes – von Anfang an schärfster Protest gegen die Auswüchse der kolonialen Herrschaft auf dem Doppelkontinent laut. Diese Ambivalenz sollte auch in den folgenden Jahrhunderten ein Charakteristikum der lateinamerikanischen Christentumsgeschichte markieren.

a. *1511: Adventspredigt des Antonio de Montesinos.* Santo Domingo auf Hispaniola (heute: Dominikanische Republik/Haiti) war die erste spanische Stadtgründung in der Neuen Welt. 1510 trafen dort dominikanische Missionare ein. Bereits ein Jahr später ereignete sich hier ein Vorfall mit weitreichenden Folgen. Es war der vierte Advent des Jahres 1511, als der Dominikaner *Antonio de Montesinos* auf die Kanzel stieg, um in Auslegung des Bibelwortes Johannes 1,23 („Ich bin die Stimme des Rufenden in der Wüste") eine Bußpredigt von unerhörter Schärfe an die versammelte Siedlergemeinschaft zu richten:

„,Diese Stimme', sagte er, ,[tut euch kund], dass ihr alle der Grausamkeit und Tyrannei wegen, die ihr gegen diese unschuldigen Menschen gebraucht, in Todsünde seid ... Mit welchem Recht ... haltet ihr diese Indios in solch grausamer und entsetzlicher Knechtschaft? Mit welcher Machtbefugnis habt ihr solch verabscheuungswürdige Kriege gegen diese Menschen geführt, die ruhig und friedlich in ihren Ländern lebten, in denen ihr so unendlich viele von ihnen getötet und mit unerhörten Verheerungen ausgerottet habt? Wie bedrückt und plagt ihr sie, ohne ihnen Essen zu geben oder die ihr ... durch die übermäßigen [Zwangs-]Arbeiten ... tötet, um täglich mehr Gold herauszupressen und zu gewinnen? ... Sind sie etwa keine Menschen? Haben sie keine vernunftbegabten Seelen? Seid ihr nicht verpflichtet, sie wie euch selbst zu lieben? ... Haltet es für gewiss, dass ihr in dem Zustand, in dem ihr euch befindet, ebenso wenig gerettet werden könnt wie die Mauren [Muslime] oder Türken, denen der Glaube an Jesus Christus fehlt ...'" [Text 224]

Die Reaktion der Siedler: „alle waren bestürzt, einige wie von Sinnen", aber bekehrt habe sich – so der Bericht – letztlich niemand. Stattdessen verklagten sie Montesinos (der im Namen der ganzen Dominikaner-Kommunität gesprochen hatte) wegen Aufruhrs beim Statthalter der Krone. Dies war der in der Stadt residierenden Admiral Don Diego Kolumbus, Sohn des berühmten „Entdeckers". Der Mönch verweigerte jedoch jeglichen Widerruf. Damit war eine Konfliktkonstellation bezeichnet, die sich in der Folgezeit vielfach wiederholen sollte: zwischen den Mönchsorden, den Konquistadoren – die zwar eine Lizenz der Krone besaßen, ansonsten aber ihre Eroberungs- und Entdeckungszüge zumeist auf eigene Rechnung und eigenes Risiko durchführten – sowie den Vertretern der (regionalen oder überseeischen) Kolonialregierung.

b. *Bartolomé de las Casas als „Beschützer der Indios".* Inspiriert unter anderem vom „prophetischen" Vorbild des Antonio de Montesinos wurde ein Mann, der wie kein anderer im Zentrum der Kontroversen um die Legitimität spanischer Herrschaft in der Neuen Welt stehen sollte: sein späterer Ordensgenosse *Bartolomé de las Casas (1484–1566)* [Abb. 3]. Selbst zunächst ein Goldsucher, ,Encomendero' und Feldkaplan auf Hispaniola und Kuba, hatte er 1514 ein Bekehrungserlebnis. Er gab daraufhin seine Encomienda (Grundbesitz mit indianischen Arbeitskräften) auf und widmete sich in Zukunft der Verteidigung der Rechte der amerikanischen Ureinwohner. Dies tat er in unterschiedlichen Funktionen: als Lobbyist und offiziell bestallter „Beschützer der Indios" am Hof Karls V. (1517–1520), als Dominikanermönch auf Hispaniola, Nicaragua, Guatemala und Mexiko (1522–1546), als Bischof in Chiapas in Mexiko (1544–46) sowie nach seiner Rückkehr 1547 nach Spanien durch zahlreiche Interventionen am Hof Karls V. und Philipps II. (1547–1566). Ebenso wie Antonio de Montesinos ist er im 20. Jh. wieder neu entdeckt und als „Vater der Befreiungstheologie" Lateinamerikas gewürdigt worden.

Sein umfangreiches Schrifttum kann hier nicht vorgestellt werden. Eine enorme Wirkungsgeschichte erreichte insbesondere sein an die Krone gerichteter „Kurzgefasster Bericht von der Zerstörung der westindischen Inseln" (Brevísima relación) von 1542 (gedruckt 1552). Er ist eine einzige Anklageschrift gegen das brutale Ausbeutungssystem der Spanier (bzw. „Christen", wie sie in dem Bericht genannt werden). Dies hatte bereits in den 1520er Jahren zur Ausrottung ganzer indigener Völker geführt, als Folge kriegerischer Handlungen und ökonomischer Versklavung. Was Las Casas freilich bei seinen horrenden Schilderungen noch nicht berücksichtigen konnte, waren die tödlichen Auswirkungen der von den Europäern eingeschleppten infektiösen Krankheiten. Aber auch so ist sein Bericht erschreckend genug:

„Unter diese sanften Schafe [sc. die Indios], die ihr Schöpfer und Urheber [ohne Falsch und Arg] schuf, fuhren die Spanier ... wie Wölfe, Tiger und Löwen ... Seit vierzig Jahren haben sie unter ihnen nichts anderes getan, und noch bis auf den heutigen Tag tun sie nichts anderes, als dieselben zu zerfleischen, erwürgen, peinigen, martern, foltern ... Dadurch haben sie es erreicht, dass gegenwärtig von mehr als drei Millionen Menschen, die ich ehemals auf der Insel *Hispaniola* mit eigenen Augen sah, nur noch 200 vorhanden sind. Die Länge der Insel *Kuba* erstreckt sich beinahe so weit wie der Weg von Valladolid nach Rom; heute ist sie fast ganz von Menschen entblößt ... [usw.; entsprechend geht Las Casas Region für Region in der Karibik und Mesoamerika durch]".[3]

Volkszählungen, die den dramatischen Rückgang der indigenen Bevölkerung dokumentierten, gab es in Spanisch-Amerika bereits seit 1508 (erstmals auf Hispaniola). Moderne Schätzungen gehen etwa allein für das koloniale Zentralmexiko zwischen 1519 und 1570 von einer Reduktion von ca. 1,5 Millionen auf 325 000 Menschen aus.[4] Die Versklavung von Indianern war zwar offiziell bereits seit 1500 bzw. 1503 durch einen Erlass der Königin Isabella untersagt [Text 223b]. Sie wurde aber durch das System der *Encomiendas* ersetzt, in dem den spanischen Siedlern vonseiten der Kolonialadministration jeweils eine bestimmte Anzahl von Indios „anempfohlen" bzw. zur Zwangsarbeit in Goldminen oder der Landwirtschaft zugewiesen wurde. Diesem System galt der lebenslange

Kampf von Las Casas. Er tat dies durch seine Publizistik, Predigten, Denkschriften, Rechtsgutachten sowie Eingaben an die lokalen Behörden, an den „Indienrat" (quasi das spanische Übersee-Ministerium), direkt an die kastilischen Monarchen sowie schließlich in einem seiner letzten Schreiben 1566 auch an Papst Pius V. Dieser Mission dienten zugleich auch seine wiederholten (insgesamt fünf) Reisen über den Atlantik.

Las Casas' Kampf (und der Einsatz anderer Ordensleute zuvor) blieb zwar nicht ohne Wirkung. Letztlich erzielte er aber nur Scheinerfolge, da indianerfreundliche Maßnahmen der Zentralregierung immer wieder von den Siedlern vor Ort unterlaufen wurden. So auch die *„Neuen Gesetze"* (Leyes Nuevas), die Karl V. 1542/43 maßgeblich unter dem Einfluss (bzw. auf entsprechende Eingaben) des Dominikaners hin erließ. Sie sahen die dauerhafte Abschaffung des *Encomienda*-Systems sowie eine verbesserte Rechtsstellung der Indios als freier Untertanen der spanischen Krone vor (bei bestimmten Tribut-Leistungen). Auf heftigen Protest und teils gewaltsamen Widerstand der spanischen *Encomenderos* insbesondere in Peru hin wurden die Neuen Gesetze aber 1545 vom König größtenteils wieder zurückgenommen.

Las Casas betonte die *Einheit des Menschengeschlechtes*. Auch die Indios sind vernunftbegabte Geschöpfe Gottes. Die „einzige" legitime Form der Glaubensverkündigung – „*De unico modo vocationis*", so der Titel seiner Schrift aus dem Jahr 1526 – war für ihn darum die der Gewaltfreiheit. Im leidenden Indio – so Las Casas – leidet Christus selbst. Damit klingt hier ein Motiv an, das in der indianisch-christlichen Literatur und Kunst der Folgezeit eine wichtige Rolle spielen sollte. So etwa in einem Fresko in der Kirche von Parinacota (Chile, 17. Jh.), das einen gekreuzigten Christus mit indianischen Gesichtszügen zeigt, der von den Lanzen der *Conquistadoren* durchbohrt wird.[5] Die Versklavung der Urbevölkerung war für den Ordensmann folglich eine „Todsünde". „Niemand kann gerettet werden, der Indios besitzt" – diesen Grundsatz hat Las Casas seit seiner „Bekehrung" 1514 immer wieder gepredigt. Als eine seiner letzten Amtshandlungen als Bischof von Chiapas verfasste er 1546 noch eine Beichtanweisung, die die Kleriker seiner Diözese verpflichtete, allen Spaniern die Absolution zu verweigern, wenn diese nicht zuvor ihre Indios frei ließen und ihnen vollkommene Entschädigung leisteten.

Einen Höhepunkt erreichten die Kontroversen um die spanische Herrschaft in Übersee im großen *Streitgespräch von Valladolid 1550/51*. Vom Kaiser selbst angeordnet, zog sich diese Disputation über Monate hin. Las Casas stand dabei dem Hofchronisten Juan Ginés de Sepúlveda gegenüber, der die gewaltsame Eroberung der „westindischen Länder" als „gerechten Krieg" zu rechtfertigen suchte – mit Argumenten der scholastischen Rechtsphilosophie, die Las Casas eins nach dem anderen zerpflückte [cf. Text 227]. Wenn sich überhaupt eine der beiden Parteien auf die Rechtsfigur des gerechten Krieges berufen könne, so seien dies nicht die Spanier, sondern die Indios (in ihrem Widerstand gegen die Spanier) – eine erstaunliche Feststellung. Noch erstaunlicher ist, dass sich Las Casas zunächst auf der ganzen Linie durchsetzen konnte und die gegenteilige Schrift des Sepúlveda von der Inquisition mit einem Druckverbot belegt wurde. Aber auch dies war letztlich nur ein Scheinsieg. Die Theorie der Conquista war zwar erschüttert. An der konkreten Situation der Indios in der Neuen Welt änderte sich nur wenig.

Gegen Ende des Jahrhunderts waren es dann die Schriften von Las Casas, die – da dem Ansehen der kastilischen Krone abträglich – verboten wurden. Bereits zu Lebzeiten war er als „Hochverräter" (und sogar „Lutheraner") von den Kolonisten heftig angefeindet worden. Umgekehrt wurde sein (oben zitierter) „Kurzgefasster Bericht" seit 1579 in verschiedene westeuropäische Sprachen (auch deutsch) übersetzt und spielte in den kolonialen und konfessionellen Debatten der Zeit eine wichtige Rolle.

4.3 Experimente zur Ausbildung einer indianischen Kirche

In den Jahren zwischen 1524 und 1570 entstand in Mexiko eine beachtliche Literatur in unterschiedlichen indianischen Sprachen, die im 16. Jh. mit dem Sammelbegriff *„Theologia Indiana"* bezeichnet worden ist. Sie war Ausdruck des Bestrebens insbesondere der Franziskaner zur Ausbildung einer „indianischen Kirche". Intensive Sprachstudien waren elementarer Bestandteil dieses Bestrebens. Erhalten ist eine Fülle von Texten und Übersetzungen in verschiedenen *Regionalsprachen* und literarischen Gattungen (wie Musterpredigten, Katechesen, pastorale Handreichungen, biblische Texte wie das Vater-Unser oder die Psalmen, Erbauungsliteratur, Wörterbücher, aber auch antike Werke wie die Fabeln Aesops) sowie Bilderkatechismen auf der Grundlage der aztekischen Bilderschrift. Predigten in indianischen Idiomen (wie Nahuatl) sind seit einiger Zeit Gegenstand intensiver Untersuchungen. In der Forschung ist gelegentlich von einer „Nahuatlisierung des Christentums" die Rede.[6] Ein bemerkenswertes Projekt stellte das 1536 errichtete *Indianer-Kolleg Santa Cruz* von Tlatelolco (heute Mexiko-Stadt) dar. Ziel war es, aus den Kindern der einheimischen Aristokratie eine geistige Elite heranzubilden und geeignete Jugendliche auch zum Priesteramt zu führen [Text 239]. Trotz beachtlicher Anfangserfolge sahen sich die Franziskaner genötigt, dies Prestigeprojekt nach 1546 aufzugeben – u. a. angesichts starker Opposition aufseiten der spanischen Siedler. Auch die schlichte *Kirchenarchitektur* der Franziskaner im 16. Jh. entsprach nicht einfach nur lokalen Gegebenheiten, sondern zugleich ihrem Ideal apostolischer Simplizität. Beim Bau von Gotteshäusern beschäftigten sie einheimische Handwerker und Künstler. Diese brachten – etwa in Peru – bereits früh *andine Symbole* und lokale Motive in die Gestaltung des Kirchenraums oder etwa der Taufbecken ein.

Wichtig waren insbesondere auch die Voten der Franziskaner im kolonialen Diskurs. Gegenüber Stimmen unter den Siedlern und Kolonialbeamten, die die Urbevölkerung als minderwertig oder gar als bloße Tiere betrachteten, unterstrich etwa Bernardino de Sahagún (ca. 1499-1590) das *volle Menschsein* der Indianer: „Denn es ist ganz sicher, dass all diese Völker unsere Brüder sind, hervorgegangen aus dem Stamm Adams. Sie sind unsere Nächsten, die wir verpflichtet sind zu lieben wie uns selbst". Was auch immer in der Vergangenheit gewesen sein mag – jetzt seien sie „geschickt beim Erlernen aller geistigen Künste und der heiligen Theologie" [Text 236]. Teils werden die Indianer geradezu idealisiert. Sie werden als sanft, friedlich, bescheiden und unfähig zu jeglicher Sünde beschrieben, darin mit den Engeln vergleichbar. Anders als den Spaniern sei ihnen darum auch das Himmelreich gewiss – so etwa der ebenfalls bereits erwähnte Motolinía (Toribio de Benavente, 1482-1568), einer der „doce apóstoles" Mexikos: „Diese Indios kennen kein Hindernis, das ihnen den Eintritt in den Himmel verböte, während wir Spanier viele davon haben".[7] Dazu sollten sie freilich vom verderblichen Einfluss der Kolonisten ferngehalten werden. Sogar die Idee eines *separaten Episkopats* für die Indianer wurde diskutiert. Verbunden war diese Hochschätzung der Indigenen freilich mit einer ausgesprochen patriarchalen Haltung, die sie – unter Obhut der *Frayles* – in einem Zustand verminderter Eigenständigkeit sah. Schließlich wurde ihnen entgegen ursprünglichen Absichten auch der Zugang zur Priesterweihe und Ordensstand verwehrt [Text 240].

Eine besonders aufschlussreiche Quelle ist die 1596 verfasste ‚*Historia eclesiástica indiana*' des Geronimo de Mendietta (1525-1604), eines franziskanischen Missionars der zweiten Generation. Darin beschreibt er die Geschichte der „indianischen Kirche" in ihren verschiedenen Etappen als einer im Heilsplan Gottes vorherbestimmten Bewegung. Ihre goldene Zeit jedoch – so Mendietta – sei längst vorbei. Die Gegenwart sah er düster, angesichts eines zunehmend zentralisierten Kirchenregiments, vergleichbar mit der babylonischen Gefangenschaft der Kirche. Für die Zukunft galt dies pessimistische Urteil erst recht. Umgekehrt stieß die Idee einer indianischen Kirche bei der Kolonialverwaltung in Zeiten der sich verschärfenden Hispanisierungspolitik unter Philipp II. auf wenig Gegenliebe. Ebenso wie die Schriften von Las Casas wurden auch die Werke der franziskanischen Protagonisten – sowohl Motolinias ‚Memoriales' wie Sahagúns ‚Historia general de las cosas be la Nueva España' wie Mendiettas ‚Historia eclesiástica indiana' – verboten. Sie konnten erst im 19. oder 20. Jh. gedruckt werden.

4.4 Anfänge schwarzer Sklaverei in Amerika

Indianersklaverei war in Spanisch-Amerika theoretisch bereits seit 1500/03 bzw. seit den „Neuen Gesetzen" von 1542 verboten. Die Einfuhr afrikanischer Zwangsarbeiter dagegen spielte in den kolonialethischen Debatten der Zeit eine untergeordnete Rolle, obwohl sie v. a. vom 17. Jh. an gigantische Ausmaße annahm [Karte 8]. Man rechnet damit, dass in den fünf Jahrhunderten seit Beginn der iberischen Invasion ca. 10–15 Millionen Afrikaner als Sklaven in die Neue Welt verschleppt wurden.[8] Bereits auf den ersten Schiffen der Spanier wurden Afrikaner in geringer Zahl mitgeführt. Diese kamen zunächst freilich als sog. Haussklaven oder als Arbeitskräfte zur Errichtung öffentlicher Bauten, und zwar noch aus Spanien selbst. Mit der wachsenden Zahl von Zuckerplantagen in der Karibik und angesichts des Massensterbens der Indios nahm der Bedarf an anderen – und zugleich belastungsfähigeren – Arbeitskräften zu. Dieser Bedarf wurde in steigendem Maß durch Einfuhren direkt aus Afrika gestillt. 1518 kam es aufgrund einer von der spanischen Krone vergebenen Lizenz erstmals zum Direktimport von 4 000 Sklaven von Westafrika in die Antillen. Lieferanten waren die Portugiesen, die auf lange Zeit ein Monopol im transatlantischen Sklavenhandel behaupten sollten. Um die Mitte des 16. Jh. setzte sich die Bevölkerung der karibischen Inseln (neben Mischlingen) aus drei Gruppen zusammen: Europäern, Indios sowie – am unteren Ende der sozialen Leiter stehend – einer wachsenden Zahl von Afroamerikanern. In Kuba war die Dezimierung der indigenen Völker besonders weit fortgeschritten. Dort stellten die Schwarzen um 1608 bereits etwa 44,5 % der Gesamtbevölkerung.[9]

Las Casas hatte sich – zu Unrecht, denn diese Entwicklung war längst angelaufen – selbst angeklagt, für den Import afrikanischer Sklaven in die Karibik mitverantwortlich zu sein. Um die physisch schwächeren Indios vom harten Arbeitszwang zu entlasten, hatte er in der Zeit vor seinem Ordenseintritt die Einfuhr der als robuster angesehenen Schwarzen unterstützt. Später hat er diesen Schritt bitter bereut und die Versklavung der Afrikaner als „ebenso ungerecht wie die der Indios" verurteilt.[10] Andere kirchliche Stimmen waren weniger entschieden. Zweifel wie die des mexikanischen Erzbischofs Alonso de Montúfar 1560 in einem Schreiben an König Philipp II. („Wir wissen nicht, welchen Grund es gibt, dass die Neger mehr Sklaven sein sollen als die Indianer")[11] blieben verhalten: Vielmehr sollte die iberische Kolonialkirche im ausgehenden 16. und 17. Jh. zu den Profiteuren des Systems und insbesondere der Weltklerus zu den größten Sklavenhaltern in der Kolonialgesellschaft zählen. Nur vereinzelt wurden Stimmen des Protestes laut.

Fußnoten zu Kapitel 4

1 Text bei: DELGADO (1991), *Gott in Lateinamerika*, 117–120.
2 Zitiert nach: NEBEL (1992), *Missionskatechismen*, 259 f.
3 Zitiert nach: ENZENSBERGER (1981), *Bericht von der Verwüstung*, 11 ff.
4 REINHARD (1985), *Expansion* II, 62.
5 MEIER/LANGENHORST (1992), *Bartolomé de las Casas*, 157.
6 KLAUS (1999), *Franciscan Sermons ... in Nahuatl*, 11.
7 SYLVEST (1975), *Motifs*, 44.
8 PRIEN (2007), *Lateinamerika*, 147; ZEUSKE (2013), *Sklaverei*, 456 f.
9 MEIER (1991), *Anfänge*, 275.
10 MEIER/LANGENHORST (1992), *Las Casas*, 112.
11 MEIER (1991), *Anfänge*, 281; vgl. KONETZE (1991), *Süd- und Mittelamerika*, 80.

Literatur zu Kapitel 4

4.1 (Religionsgespräche: Franziskaner und Azteken in Mexiko 1524)

WISSMANN (1981), *Religionsgespräch der Franziskaner mit den Azteken*; LEHMANN (1949), *Sterbende Götter*; KLAUS (1999), *Franciscan Sermons*, 45–47; SARANYANA (1986), *Catecismos hispanoamericanos*, 251–264; NEBEL (1983), *Altmexikanische Religion*, 151–167; NEBEL (1992), *Missionskatechismen*, 242–270; MILLS/TAYLOR (1998), *Documentary History*, 19 ff; TAVÁREZ (2017), *Indigenous Christianities in Colonial Latin America*, 5–26; PRIEN (2007), *Lateinamerika*, 119 ff; DELGADO (1991), *Gott in Lateinamerika*, 132–144.

4.2 (Kolonialethische Debatten: Antonio de Montesinos, Bartolomé de las Casas)

MEIER/LANGENHORST (1992), *Bartolomé de las Casas*; DELGADO (1991), *Gott in Lateinamerika*, 145–165; DELGADO (1994/95), *Las Casas. Werkauswahl* Bd. 1–2; ENZENSBERGER (1981), *Bericht von der Verwüstung*; DUSSEL (1992), *Church in Latin America*, 43 ff.; PRIEN (1978), *Geschichte*, 165–203; PRIEN (2000), *Evangelium*, 207–292; MEIER (1991), *Anfänge*, 151 ff; GILLNER (1997), *Las Casas*; HANKE (1994), *All mankind is one*; MILHOU (1994), *Neue Welt*, 285 ff; SCHILLING (2020), *Karl V.*, 261–284.

4.3 (Experimente zur Ausbildung einer indianischen Kirche)

Wie zu Kap. 3.3; s. außerdem: PHELAN (1956), *Geronimo de Mendietta*; KLAUS (1999), *Franciscan Sermons ... in Nahuatl*, 11 ff; BAUMGARTNER(1992), *Indianische Sprachen*, 313–347; BECKMANN (1971), *Utopien*; FROST (1993), *Tlatelolco-Projekt*, 126–144; NEBEL (1992), *Missionskatechismen*, 242–27; DÍAZ BASERA (2005), *Franciscan Discourses*; PRIEN (1978), *Geschichte*, 143 ff.

4.4 (Anfänge schwarzer Sklaverei in Amerika)

PIETSCHMANN (1994), *Handbuch* I, 326 ff; REINHARD (1985), *Expansion* II, 90 f.140 ff; ZEUSKE (2004), *Schwarze Karibik*, 43–130; ZEUSKE (1998), *Kuba*, 15–34.267–343, HURBON (1992), *Afro-American Society*, 363–375; PRIEN (2007), *Lateinamerika*, 147–158; PRIEN (1978), *Geschichte*, 192–200; MEIER (1991), *Anfänge*, 267–290; KONADU (2014), *Transatlantic Africa*; MISEVICH/MANN (2016), *Slave Trade in the Atlantic World*.

Kapitel 5: Mission unter dem Padroado: Begegnungen und Konflikte in Afrika und Asien

5.1 Äthiopien: Portugiesen als Gäste und Verbündete im christlichen Kaiserreich

Anders als die Spanier in der Neuen Welt stießen die Portugiesen in Asien und Afrika auf Länder mit teils uralten einheimischen Kirchen. In Indien waren das die Thomaschristen, in Afrika das christliche Äthiopien. Um 1500 befand sich das ostafrikanische Land auf einem politischen, kulturellen und religiösen Höhepunkt, den es auf lange Zeit hin nicht wieder erreichen sollte. In den vorangegangenen Jahrhunderten relativer Isolation von den übrigen Zentren der christlichen Welt zuvor hatte das äthiopisch-orthodoxe Christentum ein sehr spezifisches Profil entwickelt. Dazu zählte eine eigene Kirchensprache (das altsemitische Ge'ez), ein gegenüber der westlichen Tradition erweiterter biblischer Kanon sowie eine eigene kirchliche Hierarchie, mit einem vom koptischen Patriarchen in Ägypten geweihten *Abuna* an der Spitze [vgl. Karte 1; Abb. 1; Foto F01-09].

Anfang des 16. Jh. sah sich das Land erneuter Bedrohung durch seine muslimischen Nachbarn ausgesetzt. Dies führte zu verstärkten Kontakten mit Rom und Portugal. 1520 traf, auf äthiopische Einladung hin, eine portugiesische Delegation am Hof des äthiopischen Herrschers Lebna Dengel ein. Dort wurden sie auf ihren Glauben befragt und anschließend als Mitchristen prunkvoll begrüßt („wir alle sind Christen"). Es folgten Gespräche über eine wirtschaftliche und militärische Allianz. Dabei zeigte sich der König freilich enttäuscht, wie klein Portugal auf einer als Geschenk überreichten Weltkarte (*mapa mundi*) aussah. Über diese Ereignisse (sowie den anschließenden sechsjährigen Aufenthalt der Portugiesen in Äthiopien) informiert uns ausführlich der Reisebericht eines Teilnehmers dieser Delegation, des Priesters Francisco Alvares. Er schildert, mit zahlreichen Details über das liturgische und monastische Leben, Äthiopien als ein Land der Kirchen und Klöster, das stolz war auf seine lange und ununterbrochene christliche Vergangenheit. Diese reiche nicht nur bis in die Zeit des Neuen Testaments (Apg 8) zurück („Wir waren die ersten Christen"), sondern nahm ihren Ausgang bereits lange zuvor in der sagenumwobenen Verbindung des König Salomo mit der Königin von Saba. Dies ist das salomonische Narrativ, das im äthiopischen Nationalepos *Kebra Negast* aus dem 13. Jh. breit entfaltet und legendarisch ausgeschmückt worden war [Text 109]. Es unterstrich zugleich die Eigenständigkeit des äthiopischen Christentums.

1524 schrieb Kaiser Dengel (Dawid II., 1508–1540) an den Papst in Rom. Darin forderte er ihn – nach einigen Floskeln der Ergebenheit – auf, für Einigkeit unter den christlichen Herrschern Europas zu sorgen, um eine geeinte Front gegen den Islam herzustellen [Text 123]. Seit 1529 wurde das äthiopische Reich dann freilich selbst zum Opfer seiner muslimischen Nachbarn. Ahmed Gran aus dem benachbarten Adel eröffnete einen Jihad. Innerhalb von zehn Jahren wurde Äthiopien fast gänzlich besiegt, die Kirchen und Klöster in Schutt und Asche gelegt und zahlreiche Christen mit Gewalt zum Übertritt gezwungen [Text 124]. Der Historiker Adrian Hastings hat die mit äußerster Brutalität geführten Feldzüge Ahmed Grans als systematische Kampagne eines kulturellen und nationalen Genozids charakterisiert.[1] Hilfe kam 1541 von einem portugiesischen Expeditionskorps unter Führung von Christoph da Gama, einem Sohn des berühmten Indien-Fahrers Vasco da Gama. Dieser fiel zwar in den Kämpfen, konnte aber das äthiopische Reich vor dem Untergang bewahren.

Als Gegenleistung erwarteten die Portugiesen nun eine stärkere Bindung der äthiopischen Kirche an Rom, was die Äthiopier aber verweigerten. Zurückgewiesen wurde vom neuen Kaiser Galawdewos (1540–1559) insbesondere die Unterstellung seiner Kirche unter einen lateinischen Patriarchen. 1555 gelangten die ersten Jesuiten nach Äthiopien. Ihre Anwesenheit löste vielfältige Debatten aus, und der theologisch durchaus versierte Kaiser verteidigte in einer berühmten – später als ‚Bekenntnis des Galawdewos' auch in Europa bekannt gewordenen – Schrift die Besonderheiten der äthiopischen Tradition gegenüber jesuitischer Kritik. 1557 führte dann das Auftreten und ein Werk des zuvor von Rom zum Bischof erhobenen Jesuiten Andrea da Oviedo mit dem Titel „Der Primat Roms and die Irrtümer der Äthiopier" zum Eklat. Der Kaiser verbot den Jesuiten daraufhin eine Predigttätigkeit unter seinen Landsleuten, und umgekehrt erklärte Oviedo den Kaiser für exkommuniziert. Die militärische Lage blieb weiter brisant, und Galawdewos fiel in einem der Kämpfe. Von seinem Nachfolger wurde den Jesuiten ein separates Wirkungsfeld in Fremona unter der dortigen kleinen portugiesischen Gemeinschaft zugewiesen.

Das sogenannte *Glaubensbekenntnis des Galawdewos (Confessio Claudii)* von 1555 [Text 125] zerfällt in zwei Teile. Im ersten Teil erklärt der Kaiser seinen Glauben an die Trinität und Inkarnation und bekräftigt die Geltung der ersten drei Ökumenischen Konzile (von 325, 381 und 431), ohne Kritik am Vierten Konzil (Chalcedon 451), das für die westliche Überlieferung so wichtig war. Im zweiten Teil verteidigt er, ohne jede polemische Schärfe, drei äthiopische Praktiken, die von den Jesuiten als Rückfall ins Judentum kritisiert worden waren: die Feier des Sabbats (neben dem Sonntag), der Ritus der Beschneidung sowie der Verzicht auf Schweinefleisch. Diese Bräuche seien keinesfalls mit der Praxis der Juden gleichzusetzen, wie sie im Neuen Testament verworfen wird, sondern Ausdruck lokaler Konventionen. So sei etwa „die Beschneidung, die wir haben, Brauchtum des Landes wie die Vernarbung des Gesichts in Äthiopien und Nubiern und die Durchbohrung der Ohren bei den Indern". Das Christentum – so diese bemerkenswerte afrikanische Stimme – ist hier verstanden als universale Religion, aber offen für unterschiedliche kulturelle Varianten.

5.2 Anfänge katholischer Präsenz im subsaharischen Afrika

In Westafrika folgte die katholische, von der portugiesischen Krone getragene Mission weithin den Routen der strategisch bedingten Eroberungen der Lusitaner entlang den Küsten sowie auf den vorgelagerten Inseln. Es war ein eigentümlicher Mix ökonomischer, politischer, religiöser und ideologischer Motive, der die Portugiesen bei ihren Entdeckungsreisen antrieb: Kreuzzugsideen, Kampf gegen den muslimischen Erzfeind, direkter Zugang zum Gold „Guineas" (d. h. Schwarzafrikas) und den gewürzproduzierenden Regionen Asiens, die Suche nach dem sagenhaften Priesterkönig Johannes sowie die Verbreitung des christlichen Glaubens. Letztere war bereits in den 1450er Jahren in einer Reihe päpstlicher Bullen als Bedingung für die Gewährung weitreichender Privilegien an die portugiesische Krone festgelegt worden. So in der Bulle „Romanus pontifex" von Papst Nikolaus V. aus dem Jahr 1555, die vielfach als „Charta des portugiesischen Imperialismus" bezeichnet worden ist. Sie gewährte dem portugiesischen König das alleinige Recht, Entdeckungen und Eroberungen sowie Besiedlungen an der Westküste Afrikas durchzuführen, und übertrug ihm das *Patronat* über die in den neuendeckten Gebieten entstehende Kirche.

Als Missionspersonal fungierten Mitglieder des portugiesischen Christusordens sowie (seit den 1460er bzw. 1480er Jahren) Franziskaner und Dominikaner. Später kamen Augustiner und Jesuiten hinzu. Im Ganzen war der Aktionsradius der Missionare recht begrenzt. Sie verblieben zumeist in Nähe der portugiesischen Festungen. Neben Ordensleuten gehörten auch Weltpriester zur Grundausstattung aller von Lissabon nach Afrika (bzw. Indien) auslaufenden Schiffe. Letztere erfreuten sich zumeist keines guten Rufs. Sporadisch gab es in Westafrika (weniger in Ostafrika) auch Ansätze zur Bildung eines einheimischen Klerus. Wiederholt brachten die Portugiesen von ihren Entdeckungs- und Handelsreisen Afrikaner nach Hause – mehrheitlich als Sklaven, aber auch als Freie (oder später frei Gelassene) –, von denen einige eine religiöse Ausbildung erhielten und später nach Afrika zurückkehrten. So erfahren wir bereits um 1490 von einer Aussendung schwarzer Priester von Lissabon nach São Tomé. Ihre Ausbildung erhielten die farbigen Kleriker in Seminaren erst in Portugal und später vereinzelt auch in Afrika. 1518 autorisierte die römische Kurie den königlichen Kaplan in Lissabon zur Ordination von „Äthiopiern, Indern und Afrikanern".[2]

Theoretisch bestanden also durchaus Möglichkeiten zur Bildung eines indigenen Klerus, die aber praktisch kaum genutzt wurden.

Die portugiesische Präsenz in den Küstenregionen Afrikas bestand vor allem aus einem *Netz befestigter Stützpunkte*, die wenn nötig mit Gewalt, vielfach aber auch unter Zustimmung lokaler Herrscher errichtet wurden. Dies setzte beidseitige Kooperation voraus, auch beim Sklavenhandel, der in den ökonomischen Aktivitäten der Portugiesen eine große Rolle spielte. Ihr erstes Fort auf westafrikanischem Boden errichteten die Portugiesen 1482 in *Elmina* im heutigen Ghana [s. Abb. 18; Foto G14]. Elmina fungierte bald als ein zentraler Umschlagsplatz für die Verschiffung afrikanischer Sklaven aus der Region in die neue Welt (insbesondere nach Brasilien); und die erste im tropischen Afrika gebaute katholische Kirche befand sich genau inmitten dieser Festung. Schrittweise wurden weitere Handelsstationen gegründet, entsprechend dem Vordringen der Portugiesen entlang der Küste gen Süden. 1482/84 erreichten sie den Kongofluss, 1485 die Walfischbai (im heutigen Namibia) und 1487/88 unter Bartolomeu Dias die Südspitze des Kontinents, die sie euphemistisch als „Kap der guten Hoffnung" benannten. Von dort aus ging es weiter entlang der ostafrikanischen Küste, wo die Portugiesen verstärkt auf arabische Konkurrenz stießen, die sie teils mit brutaler Gewalt ausschalteten.

Bei all dem waren die Ressourcen der Portugiesen begrenzt, und eine Kooperation mit lokalen Herrschern – wo immer möglich – dringend geboten. Sie führte zu vielfältigen Austauschbeziehungen. Bemerkenswert ist das Beispiel von *Benin*, einem der größten nicht-muslimischen Reiche auf dem Territorium des heutigen Nigeria. Hier kam es 1514/16 zu regen diplomatischen Aktivitäten. Der König (*Oba*) von Benin sandte einen Botschafter nach Lissabon und bekundete sein Interesse am Kauf von Waffen und der Entsendung christlicher Missionare in sein Land. Die portugiesische Krone schickte daraufhin eine von Geistlichen begleitete Gesandtschaft nach Benin, wo sie ebenfalls mit großem Respekt empfangen wurde [Text 117–118]. Die angestrebte Allianz zwischen beiden Ländern kam zwar nicht zustande, da der *Oba* eine Konversion zum Christentum und die Portugiesen den Verkauf von Feuerwaffen verweigerten. Letztere durften aber in Benin eine Handelsstation sowie drei Kirchen errichten. Zudem ließen sich mehrere Adlige und ein Prinz taufen. Dieser Erfolg war jedoch nicht von Dauer. 1532 wurde die Handelsstation wieder geschlossen und die portugiesische Präsenz im Land zunächst einmal beendet.

Die Bekehrung einheimischer Herrscher war auch andernorts das vorrangige Ziel katholischer Missionare. Sie entsprach ihrer Top-Down-Strategie: sobald die Taufe des Königs vollzogen war, wurde sie mehr oder minder *en masse* auch den Untertanen angeboten. Katechese und Einübung in christliche Sitten waren, wenn überhaupt, für später vorgesehen. Die Portugiesen, so der Historiker Kevin Ward, waren in Afrika

„nicht in erster Linie an Eroberungen interessiert ... Wichtiger war ihnen, gute Beziehungen zu lokalen Herrschern aufzubauen und diese in Freundschafts- und Kooperationsverträgen formell festzuhalten. Ein Kennzeichen dieser Bündnisse bildete die Annahme des katholischen Glaubens, die Taufe des Herrschers, seiner Frau und Familie, und die Übernahme eines portugiesischen Vornamens, der häufig der eines aktuellen oder früheren portugiesischen Königs war. Für viele afrikanische Herrscher lag die Bedeutung der Taufe nicht primär im religiösen Bereich, sondern war vielmehr ein diplomatischer Akt".[3]

Zu einer beständigeren katholischen Präsenz in der Region führte in den 1570er Jahren etwa die Taufe der Herrschers von *Warri*, einem anderen unabhängigen Königreich im Gebiet des heutigen Nigeria. Ein Gegenmodell stellt die kurzzeitige Konversion und Taufe 1561 des Königs von *Mutapa* (im heutigen Simbabwe) und seiner Mutter dar. Auf Einflüsterung rivalisierender muslimischer Kaufleute hin, die die Missionare als Zauberer verdächtigten, machte der König diesen Schritt jedoch bald wieder rückgängig und ließ die Missionare ermorden, was er später bereute. „Diese Leute", so desillusioniert der Jesuit Monclaro, der die Bekehrbarkeit der Afrikaner bezweifelte,

„sind sehr ungeeignet für die Taufe, und selbst diejenigen, die unter uns aufwachsen und zu Christen werden, verlassen uns immer wieder ... da sie ihre eigenen Bräuche sehr schätzen. Sie werden leicht zu Christen und verlassen das Christentum genauso leicht wieder, weil sie seine Bedeutung nicht verstehen".[4]

Aufs Ganze gesehen waren die sporadischen Missionsversuche der Portugiesen im Afrika des 16. Jh. wenig erfolgreich. Andererseits fanden viele Begegnungen zwischen Portugiesen und Afrikanern in einer Kontaktzone statt, die noch nicht durch einseitige koloniale Machtstrukturen gekennzeichnet war. Daraus konnte sich eine Eigendynamik entwickeln, die u. a. zur Bildung eines eigenständigen afrikanischen Katholizismus führte. So im christlichen Kongo, dessen Herrscher Mvemba Nzinga (Afonso I., 1465?–1543) die Initiative bei der Christianisierung seines Reiches übernahm – teils sogar gegen den Widerstand der Portugiesen, die primär am Sklavenhandel interessiert waren [s. Kap. 6.2].

5.3 Goa als kirchliches und politisches Zentrum

In Indien folgte auf die erste Seereise des Vasco da Gama (1498) eine zweite von Cabral geleitete Expedition (1500) sowie eine dritte wiederum unter Führung von Vasco da Gama (1502). Die Portugiesen hatten inzwischen gelernt, Hindus von Moslems zu unterscheiden, und standen seit 1500 auch in Kontakt mit den echten (und nicht nur den imaginierten) Thomaschristen. In der Folgezeit setzte regelmäßiger Schiffsverkehr zwischen Lissabon und Goa ein. Er brachte eine wachsende Zahl von Siedlern nach Indien (und von Goa aus in die anderen portugiesische Besitzungen in Asien). Zugleich nahm die Zahl der portugiesischen

Kleriker und Ordensleute (zunächst v. a. Franziskaner) stetig zu. 1503 wurde in Cochin (modern: Kochi) die erste römisch-katholische Kirche auf indischem Boden errichtet [s. Abb. 6].

Kirchliches und politisches Zentrum des portugiesischen *Kolonialreiches in Indien* wurde das 1510 eroberte *Goa*. 1530 richteten die Portugiesen dort das Hauptquartier ihres *Estado da India* ein. 1534 wurde Goa zum Bischofssitz erhoben [Text 9a] und 1558 zur Metropolitankirche für ganz Asien bestimmt, der bis Ende des 16. Jh. Suffragandiözesen in Indien, Malaysia, China und Japan unterstellt wurden. Mit ihren prachtvollen Kirchen, Klöstern und Bauten erlangte die Stadt schon bald den Ruf eines „neuen Roms". „Die Stadt ist schön", so berichtet Franz Xaver 1542 nach seiner Ankunft, „sie wird von einer großen Kathedrale gekrönt und ist fast ganz von Christen bewohnt. Ein zahlreiches Domkapitel, ein Franziskanerkloster mit vielen Ordensbrüdern und mehrere andere Kirchen geben der Stadt das christliche Gepräge" [Text 9a].

Andererseits wurden schon früh Klagen über die Immoralität der Kolonisten laut, die sich „Scharen von Mädchen kaufen und mit ihnen schlafen" [Text 9b]. Es war weithin der „Abschaum" der portugiesischen Gesellschaft – so der indische Historiker Teotonio de Souza –, der sein Glück im fernen Indien suchte. Auch hier standen vielfach Angehörige des Weltklerus in einem schlechten Ruf. Durch ihren unmoralischen Lebenswandel diskreditierten sie das Ansehen des christlichen Glaubens unter den „Heiden", so der Vorwurf von Ordensleuten [Text 9b]. 1543 wurde in Goa die Inquisition eingeführt, zur Bekämpfung judaisierender oder häretischer Tendenzen unter der christlichen Bevölkerung [Text 9d]. Das Verbot gewaltsamer Bekehrung von Andersgläubigen wurde zwar wiederholt eingeschärft, zugleich aber auch die öffentliche Ausübung nicht-christlicher Kulte untersagt. In den 1540ern wurden die Hindu-Tempel in der Stadt zerstört [vgl. Text 9c]. Ihr Vermögen wurde teilweise zur Errichtung von Spitälern für indische Christen verwendet oder den Orden zugewiesen.

Zugleich war Goa (bis zur Einnahme durch indische Truppen 1961) Zentrum des portugiesischen *Kolonialimperiums in Asien*. Wie erwähnt, ging es den Portugiesen primär um maritime Vorherrschaft und die Sicherung ihrer Handelsmonopole, nicht um großräumige Besiedlung. Dieser „Stützpunkt-Kolonialismus" führte zur Einrichtung eines Netzes befestigter Stationen entlang den Küsten Afrikas und Asiens und nur vereinzelt zu ausgedehnterem Territorialbesitz [s. Karte 3]. Zu keiner Zeit dürfte das portugiesische Personal im Asien des 16. Jh. mehr als 6 000 oder 7 000 waffenfähige Männer betragen haben. 1511 eroberten die Iberer Malakka, 1514 stießen sie erstmals auf die Molukken (Ternate) vor, 1557 errichteten sie in Macao eine halboffizielle (und unbefestigte) Siedlung zunächst noch unter chinesischer Hoheit. Auf dem benachbarten Ceylon (Sri Lanka) hatten sie sich bereits seit 1505 festgesetzt. Auch wenn weite Gebiete des riesigen asiatischen Kontinents dauerhaft außerhalb ihres Einflusses blieben, so insistierten die Portugiesen doch eifersüchtig auf dem exklusiven Zugang zu ihrer – im Vertrag von Saragossa 1529 neu definierten – asiatischen Interessensphäre. Allein portugiesische Schiffe durften (und mussten als erstes) Goa anlaufen. Nur mit Genehmigung der portugiesischen Krone durften katholische Missionare (zumindest offiziell) auch in anderen Regionen Asiens tätig werden. Einzige Ausnahme war – ebenfalls gemäß Saragossa 1529 – das Inselreich der Philippinen, auf dem die Spanier seit 1565 eine dauerhafte Präsenz etablierten. 1594 wurden den verschiedenen dort tätigen Missionsorden unterschiedliche Regionen zugewiesen [Text 21].

5.4 Franz Xaver: Indien, Malakka, Molukken, Japan, Pläne für China (1542–1552)

Die Anfänge der katholischen Mission in Asien sind eng mit dem Namen Franz Xaver (Francisco de Jassu y Janvier) verbunden. 1506 geboren, gehörte der Baske 1534 zu den Mitbegründern der 1540 vom Papst approbierten ‚Societas Jesu'. Als moderne, höchst mobile und direkt dem Papst unterstellte Ordensform – ausgesandt zur Ausbreitung des Glaubens unter den „Ungläubigen" in Übersee und zur Bekämpfung der „Häretiker und Schismatiker" in der Alten Welt – zählte die Gesellschaft Jesu zu den wichtigsten Akteuren einer Globalisierung des Katholizismus in der frühen Neuzeit. 1542 traf Xaver in *Goa* ein, von wo er bald aufbrach, um unter der – bereits christianisierten – Fischerkaste der Paraver an der Südostspitze Indiens tätig zu werden (1542–1544; vgl. Kap. 6.1). 1545 reiste er nach *Malakka* und von dort weiter in die – teilweise bereits islamisierten – *Molukken* (heute Teil Indonesiens). Auf der Rückfahrt erhielt er 1547 in Malakka erstmals Kunde vom erst kurz zuvor „entdeckten" *Japan* und begab sich 1549 von Indien aus zusammen mit drei in Goa getauften Japanern sowie zwei Mitjesuiten in das Inselreich, zuletzt auf einer chinesischen Dschunke. Obwohl er nur 27 Monate im Land der aufgehenden Sonne verbrachte, entstand dort in der Folgezeit eine blühende Kirche. 1552 verstarb Xaver auf der dem chinesischen Festland vorgelagerten Insel Sanzian (Shangchuan), sein letztes nicht mehr erreichtes Ziel – das Kaiserreich *China* – vor Augen [Text 10–13; vgl. Karte 12].

Eine wichtige Rolle bei dem Japan-Unternehmen kam dem ersten japanischen Konvertiten mit Namen *Anjiro* (auch: Angero, Yajiro, später „Paul von Japan") zu. Als Flüchtling, der sein Land wegen einer Mordanklage hatte verlassen müssen, aber keinen Seelenfrieden fand, hörte er von dem „heiligen Priester" aus Europa und beschloss in Malakka auf Xaver zu warten. Später begleitete er dann die Gruppe der drei Jesuiten, die 1549 in seiner Heimatstadt *Kagoshima* (auf der südlichen Insel Kyushu) erstmals japanischen Boden betraten. Anjiro fungierte als Dolmetscher, Übersetzer und vermochte viele Verwandte und Bekannte für den neuen Glauben zu gewinnen [vgl. Abb. 7; Foto C01/02] – Nächste Station war die Kaiserstadt *Miyako* (Kyoto), wo Xaver sich vergeblich um eine Audienz beim freilich völlig einflusslosen Monarchen bemühte. Denn Japan war zu dieser Zeit zersplittert, der Kaiser bloße Symbolfigur und Marionette, die Macht lag bei den ca. 214 Feudalherren (*daimyo*). Bei einem dieser Regionalfürsten, dem Daimyo Ouchi Yoshitaka in der Residenzstadt *Yamaguchi,* fand Xaver freundliche Aufnahme. Er wusste durch seine Gelehrsamkeit und reiche Geschenke (mit in Japan bislang unbekannten Artikeln wie einer Uhr, Brille, Spieluhr, Spiegel, Feuersteinflinte sowie einer lateinischen Bibel) zu beeindrucken. Er erhielt die Erlaubnis zu öffentlicher Predigt und war Tag und Nacht damit beschäftigt, mit neugierigen Besuchern über Fragen der natürlichen und übernatürlichen Welt zu disputieren. Auch hier nahm die Zahl getaufter Christen rasch zu. – Bedeutsam wurde eine Einladung an den Hof des Feudalherren Otomo Yoshishige in *Bungo* (heute Oita, auf Kyushu). Dieser sollte später der erste japanische Konvertit aus Kreisen der höheren Nobilität werden und eine Kettenreaktion auslösen. 1551/52 kehrte Xaver nach Goa zurück, um von dort aus – erfolglos – Zutritt zum chinesischen Reich (als der kulturellen Hegemonialmacht Nordostasiens) zu suchen.

Über die *Zivilisation* der Japaner äußerte sich Xaver in Tönen höchster Bewunderung. Vor allem sei dies Volk, so sein Brief vom 5.11.1549,

„weitaus das höchststehende von allen neuentdeckten Ländern der Welt; und ich wüsste nicht, welches andere heidnische Volk sich mit den Japanern messen könnte. Sie sind, im Allgemeinen, durchaus gut veranlagt, frei von Bosheit und sehr angenehm im Umgang; ihr Ehrbegriff ist besonders ausgeprägt, die Ehre geht ihnen über alles. [...] Über religiöse Fragen sprechen sie gern ... Götzen in Gestalt von Tierfiguren [sc. wie etwa im indischen Hinduismus] haben sie nicht, die meisten Japaner verehren den Geist großer Vorfahren [...] Alle aber hören sie gern über Dinge reden, die der Vernunft entsprechen, und wenn man im Gespräch über Laster und Verfehlungen, die unter ihnen üblich sind [sc. wie Homosexualität], die Sünden verurteilt, weil sie der natürlichen Vernunft entgegen seien, so nehmen sie solche Begründung gerne an" [Text 12b].

Seine eigene Missionsmethode änderte Xaver unter dem Eindruck neuer interkultureller Begegnungen. Nicht mehr das Ziel schneller Massentaufen, sondern Anpassung an den gegebenen kulturellen Kontext galt nun als der gebotene Weg. In Japan geschah dies vor allem im Gegenüber zum vorherrschenden Buddhismus. Dabei galt es freilich den Eindruck zu vermeiden, dass das Christentum nur eine weitere unter den zahlreichen buddhistischen Sekten sei. Kritisch war dabei hier, wie in späteren Etappen der Missionsgeschichte, insbesondere die Frage eines angemessenen Gottesbegriffs. Xaver verwarf darum die von ihm zuvor verwendete buddhistische Gottesbezeichnung *Dainichi* – Name des Varicocana-Buddha und „Herrn des Lichtes" – und ersetzte sie durch das lateinische Wort *Deus.*

Nach der Abreise Xavers fand 1552 in Yamaguchi, einem kulturellen und religiösem Zentrum des Landes mit über 100 Klöstern und Tempeln, ein *Religionsgespräch* zwischen den beiden zurückgebliebenen Jesuiten und Vertretern unterschiedlicher buddhistischer Schulen statt. Ein ursprünglich in Japanisch verfasstes Protokoll des sprachkundigen Bruders Juan Fernández ist erhalten [Text 15]. Gegenstand war eine Vielzahl zwischen beiden Seiten strittiger Fragen wie die geistige Natur der Seele, die Theodizee oder die Sexualethik. Als hochbedeutsame „erste Dokumentation vom Zusammenstoß asiatischer und europäischer Art zu denken" ist dies Gespräch gewürdigt worden. „Die Jesuiten erwiesen sich als Meister der aristotelisch-scholastischen Art zu argumentieren, während ihre Gesprächspartner offenbar in ihrem auf die Einheit des Kosmos gegründeten Weltbild wenig Platz für den Dualismus von Geist und Materie und das personale Gottes- und Menschenbild haben".[5]

Als Xaver Ende 1551 das Inselreich verließ, gab es dort zwischen 800 bis 3 000 getaufte Christen. In der Folgezeit nahm ihre Zahl ständig zu. Für das Jahr 1570 wird ihre Zahl mit ca. 30 000 und für 1581 bereits mit mehr als 100 000 angegeben. Es begann das „christliche Jahrhundert" Japans, wie der Historiker C. R. Boxer in einer klassisch gewordenen Studie den Zeitraum zwischen 1549 und 1650 bezeichnet hat. Um 1600 dürften von ca. 20 Millionen Japanern etwa 300 000 Christen gewesen sein.[6] Zur gleichen Zeit setzte, in veränderter politischer Konstellation, eine Serie von Christenverfolgungen ein, welche zur Bildung einer japanischen Untergrundkirche führten.

Fußnoten Kapitel 5

1 HASTINGS (1994), *Church in Africa*, 137.
2 BOXER (1978), *Church Militant*, 4.
3 WARD (2017), *Christentum in Afrika*, 223.
4 MARX (2008), *Handel und Mission*, 31.
5 SCHMITT (1987), *Dokumente* III, 475–481 (Wolfgang Reinhard).
6 BOXER (1993), *Christian Century*, 320 f.

Literatur Kapitel 5

5.1 (Äthiopien: Portugiesen als Gäste und Verbündete)

HOCK (2005), *Christentum in Afrika*, 27–31.50–54; HASTINGS (1994), *Church in Africa*, 3–70.136–147; BÖLL (1998), *Von der Freundschaft zur Feindschaft*, 43–58; HAGE (2007), *Orientalisches Christentum*, 200–221; LANGE/PINGGÉRA (2010), *Altorientalische Kirchen*, 41–50; KALU (2005), *African Christianity*, 104–116; SALVADORE (2017), *Ethiopian-European Relations*; PAULAU (2021), *Verflechtungsgeschichte* (zu frühen Beziehungen zum protestantischen Europa); DANIELS (2019), *Luther and European Christianity*, 21–32.

5.2 (Anfänge katholischer Präsenz im subsaharischen Afrika)

HASTINGS (1994), *Church in Africa*, 71–86; HOCK (2005), *Christentum in Afrika*, 36–39; WARD (2017), *Christentum in Afrika*, 222–224; BOXER (1978), *Church Militant*, 2–12 („The Indigenous Clergy"); BAUR (1994), *Christianity in Africa*, 44–50; SUNDKLER/STEED (2000), *Church in Africa*, 42 ff; REINHARD (1983), *Expansion* I, 28–49; SCHMITT (1986–1988), *Dokumente* I, 218–243; MARX (2008), *Handel und Mission*, 12–43; HODKIN (1975), *Nigerian Perspectives*, 105–152.

5.3 (Goa als kirchliches und politisches Zentrum)

NEILL (1984), *Christianity in India* I, 111–140; MEIER (2018), *Ränder*, 48–52; REINHARD (1983), *Expansion* I, 50–80; DE SOUZA (1998), *Indian Christians*, 31–42; TEKKEDATH (1982), *Christianity in India* II, 310–331.353–364.

5.4 (Franz Xaver: Indien, Malakka, Molukken, Japan, Pläne für China)

MEIER (2018), *Ränder* 52–60.75–82.122–124; MOFFETT (2005), *Christianity in Asia* II, 9–13.63–75; SCHURHAMMER (1973), *Franz Xaver* II; NEILL (1984), *Christianity in India* I, 134–165; MUNDADAN (1984), *Christianity in India* I, 155–163; ROSS (1994), *Vision Betrayed*, 13–31; BOXER (1993), *Christian Century*, 36–90; MORRIS (2018), *Christianity in Japan*, 93–178; FRIEDRICH (2016), *Die Jesuiten*, 37 ff.; CLOSSEY (2008), *Salvation and Globalization*.

Kapitel 6: Formen einheimischen Christentums

Es zählt zu den bemerkenswerten Phänomenen der hier verhandelten Epoche, dass sich bereits im 16. Jh. an zahlreichen Stellen der außereuropäischen Welt neue Ansätze eines einheimischen Christentums bildeten. Sie entstanden teils innerhalb und teils außerhalb des kolonialen Kontexts und wurden von lokalen Gruppen getragen, die sich dem neuen Glauben aus vielfältigen Motiven zuwandten. So unterschiedlich die Beweggründe bei der Hinwendung zum Christentum im Einzelnen auch gewesen sein mögen – sie führten vielfach zur Ausbildung einer neuen und dauerhaften religiösen Identität, die rasch einsetzende Verfolgungen oder den Wechsel kolonialpolitischer Konstellationen überstand. In der früheren – missionsgeschichtlich orientierten – Forschung zumeist übergangen, bildet die Erforschung dieser Gruppen ein wichtiges Thema der außereuropäischen Christentumsgeschichte. Diese „indigenous Christianities"[1] stoßen auch bei Sozialanthropologen und Kulturwissenschaftlern auf wachsendes Interesse. Spätere christentumsgeschichtliche Entwicklungen in den einzelnen Regionen sind ohne diese frühen Formen einer eigenständigen Aneignung des Christentums nicht verständlich.

6.1 Asien: Die südindischen Paraver und die Märtyrer von Mannar (Sri Lanka)

In Asien ist das Beispiel der *Paraver* bemerkenswert. Dabei handelt es sich um eine Fischerkaste an der Südküste Indiens, die zwischen 1535 und 1537 geschlossen und auf eigene Initiative hin zum christlichen Glauben übertrat. Die vormals privilegierte Kaste der Paraver, die sich mit der Perlenfischerei beschäftigte, war zunehmend in die Abhängigkeit indisch-arabischer Händler geraten. Zugleich sah sie sich wachsenden Pressionen lokaler Hinduherrscher ausgesetzt. Darum suchten sie sich unter den Schutz der Portugiesen zu stellen, was zugleich ihre Hinwendung zum Christentum zur Folge hatte. Eine besondere Rolle spielte dabei ein indischer Christ namens João da Cruz, der 1513 als Fünfzehnjähriger vom Fürsten von Calicut an den Hof König Manuels I. nach Lissabon geschickt worden und dort konvertiert war. Nach Indien zurückgekehrt, setzte er sich mit großem Eifer für die Ausbreitung seines neuen Glaubens ein, wobei sich religiöse, ökonomische und politische Interessen aufs Eigentümlichste verbanden.

Auf seinen Rat hin reiste eine 70-köpfige Delegation der Paraver nach Cochin (Kochi, im heutigen Kerala). Sie versicherten sich portugiesischer Unterstützung, ließen sich taufen und kehrten in ihre Dörfer an der Fischerküste zurück. Begleitet wurden sie von einigen Priestern, die dort Massentaufen vornahmen und alsbald wieder verschwanden [Text 16].

Als der berühmte – und später als „Apostel Asiens" gefeierte – Franz Xaver 1542 Goa verließ und seine missionarische Tätigkeit an der Südspitze Indiens außerhalb der portugiesisch kontrollierten Territorien aufnahm, traf er so auf *bereits bestehende* christliche Gemeinden. Sie umfassten etwa 20 000 Personen. Diese Neuchristen waren zwar mehrheitlich getauft, besaßen aber nur rudimentäre Kenntnisse ihres neuen Glaubens. „Da die Christen dieser Gegend niemand haben, der sie unterweisen könnte, sind sie völlig unwissend und wissen nichts anderes zu sagen, als dass sie Christen sind. Niemand, der ihnen die Messe läse; niemand, der sie Gebet und die Gebote Gottes lehrte". Angesichts fehlender Sprachkenntnisse entschied sich Franz Xaver für eine ebenso schlichte wie letztlich wirkungsvolle Methode der Evangelisation. Er ließ sich von einheimischen Mitarbeitern zentrale Texte und Gebete – wie das Vaterunser, das Ave Maria, die Zehn Gebote und das apostolische Glaubensbekenntnis – ins Tamilische übersetzen. Diese Texte ließ er von den Kindern auswendig lernen, die sie an die Erwachsenen, an Eltern, Verwandte und Nachbarn weitergaben. Gemeinsam wurden diese Gebete dann regelmäßig eingeübt. „An Sonntagen versammelte ich die Einwohner eines Quartiers, Männer und Frauen, Groß und Klein, um die Gebete in ihrer eigenen Sprache zu wiederholen. Sie zeigten große Freude und kamen sehr gern", so Xaver in einem seiner Briefe [Text 10b]. Nach einem Jahr zog er weiter. Nur unregelmäßig kamen andere katholische Priester in die Region. Die Weitergabe des neuen Glaubens vollzog sich v. a. innerhalb der Gemeinschaft selbst.

Die zunächst sehr oberflächliche Annahme des katholischen Glaubens durch die Paraver erwies sich jedoch als dauerhaft. Sie überlebte wechselnde kolonialpolitische Konstellationen wie den Übergang zur Herrschaft der kalvinistischen Niederländer (die sich im 17. Jh. in Südindien festsetzten) und der anglikanischen Briten im 19. Jh. Die Paraver etablierten sich als eine „christliche Kaste in der Hindu-Gesellschaft" Südindiens – eine Situation, die bis in die Gegenwart andauert.

Von Anfang an aber entwickelte sich die Fischerküste zu einem *Zentrum regionaler Selbstausbreitung*. Denn die christianisierten Paraver blieben nicht an einem Ort. Je nach Jahreszeit bzw. Monsun-Winden wechselten die Fischer ihren Aufenthalt und ließen sich regelmäßig auch an der gegenüberliegende Nordwestküste Sri Lankas in der Region um Mannar nieder. So kam es auch hier früh zu den Anfängen eines katholischen Christentums – und zwar bevor die Portugiesen in der Region Fuß fassten. Diese frühen Anfänge sind umso beeindruckender, als sie bald zu heftigen Reaktionen des lokalen Machthabers führten. 1544 startete der hinduistischen Herrscher von Jaffna (im Norden der Insel) eine Strafexpedition gegen die Bewohner von Mannar. Die Neuchristen wurden erbarmungslos niedergemetzelt und alle „ohne Unterschied von Alter und Stand – Frauen und Männer, Kinder und Säuglinge – hingerichtet". So der Bericht eines Chronisten des 16. Jh., der die Zahl der Opfer mit 600 bis 700 angibt [Text 17]. Zugleich hebt er die Standhaftigkeit und Unerschrockenheit dieser „Märtyrer von Mannar" hervor. Ihre Verehrung blühte in den folgenden Jahrhunderten, und die Region um Mannar bildet bis heute eine Hochburg des srilankanischen Katholizismus.

6.2 Afrika: Das christliche Kongo-Königreich in seinen transatlantischen Verbindungen

Während es sich bei den Paravern Südindiens um eine marginalisierte Gruppe handelte, waren es andernorts lokale Herrscher, die die Christianisierung ihrer Territorien vorantrieben. Das faszinierendste und in der Forschung der jüngeren Zeit intensiv diskutierte Beispiel dieser Art stellt das christliche Kongo-Königreich dar. Hier lässt sich – so der Neuzeithistoriker Horst Gründer – „das Phänomen einer von den Einheimischen ohne Druck von außen durchgeführten Christianisierung" beobachten, „die überdies noch von den Afrikanern stärker als von den Europäern, zuweilen sogar gegen deren Widerstand, vorangetrieben wurde".[2] Zugleich entwickelte sich hier – so der Sozialanthropologe John Thornton – eine „distinctly Kongo version of Christianity" bzw. eigenständige afrikanische Christentumsvariante.[3] Vermittelt durch als Sklaven in die Neue Welt verschleppte kongolesische Christen, sollte diese später ein wichtiger Faktor auch bei der Christianisierung ihrer afrikanischen Lands- und Leidensgenossen in den Amerikas werden.

Zu den ersten friedlichen Kontakten zwischen den Portugiesen und Kongoherrschern war es infolge der Entdeckungsreisen des Diogo Cão entlang der Küste Westafrikas in den 1480er Jahren gekommen [s. Karte 1+5]. 1491 ließ sich der Kongokönig Nzinga Nkuvu taufen [Text 120]. Entscheidend aber wurde die lange Regierungszeit seines Sohnes Mvemba Nzinga bzw. (so sein Taufname) Afonso I. (1506–1543), der sich dem Programm einer Modernisierung und Christianisierung seines Reiches verschrieben hatte. Zum Aufbau einer einheimischen Kirche im Kongo schickte er seinen Sohn Dom Henrique zur theologischen Ausbildung nach Portugal, von wo er 1521 als erster – und bis ins 19. Jh. letzter – schwarzer Bischof Afrikas in seine Heimat zurückkehrte, dort jedoch schon bald verstarb. Portugiesische Missionare kamen ins Land, jedoch als geladene Gäste. Symbole der alten Religion wie die Fetische wurden durch Kreuze ersetzt, umgekehrt das Christentum in die traditionellen kongolesischen Vorstellungen vom Universum integriert. Europäische Besucher des 16. und 17. Jh. nahmen an diesem ‚inklusiven' Christentumsverständnis keinen Anstoß. In seiner Hauptstadt Mbanza Kongo (von ihm in „San Salvador" umbenannt) ließ der König eine große Kirche erbauen, in der er gelegentlich auch selbst predigte – „besser" als die europäischen Priester vor Ort, wie ein begeisterter Missionar nach Hause berichtete.

Erhalten ist eine umfangreiche Korrespondenz des afrikanischen Monarchen mit seinen portugiesischen Amtskollegen in Lissabon sowie der Kurie in Rom zwischen 1540 und 1542. Darin bittet Afonso, „König des Kongo durch Gottes Gnade", wiederholt um die Entsendung geeigneter Missionare und Handwerker. Das geistliche Personal, das aus Portugal kam, war jedoch weithin untauglich. Statt ihrer Aufgabe als Prinzenerzieher oder Lehrer der zahlreichen Adelssöhne am Hof nachzukommen – so seine Klage an König Manuel am 5.10.1514 –, betrieben die frisch eingetroffenen Kleriker lieber eigene Geschäfte, füllten ihre Häuser auch „mit Frauen von schlechtem Lebenswandel" und machten so den König in seinem religiösen Eifer bei seinen Untertanen zum „Gespött" [Text 121]. Generell waren die Portugiesen weniger an der Evangelisierung des Landes als vielmehr am Zugang zu den Kupfervorkommen der Region und vor allem am Sklavenhandel interessiert. Letzteres in einem Ausmaß, das sein Reich zu „entvölkern" drohte – so Afonso bereits 1526 in einem anderen Beschwerdebrief [Text 122]. Dennoch gelang es ihm, die Christianisierung nicht nur am Hof, sondern auch unter der Landbevölkerung voranzutreiben. Seine Nachfolger vermochten den erklärtermaßen katholischen Charakter des später zunehmend zerfallenden Kongo-Reiches etwa 300 Jahre lang zu behaupten. Sie schmückten sich sogar – wie der von 1695–1718 regierende Kongoherrscher Pedro IV. – mit dem Titel eines Verteidigers der kirchlichen Rechtsgläubigkeit (‚Defensor fidei').[4] Reste dieses Kongo-Katholizismus existierten noch im frühen 19. Jh.

Von großer Bedeutung wurde der christliche Kongo insbesondere auch durch seine *transatlantischen Verbindungen*, die erst in jüngerer Zeit intensiv erforscht worden sind. Aus dem Kongo des 17. und 18. Jh. verschleppte Sklaven erreichten die Kolonien der Neuen Welt teilweise bereits als getaufte Christen. Einige wirkten dort als informelle Evangelisten unter ihren Lands- und Leidensgenossen – mit dem Ergebnis, dass sich unter den Schwarzen in Brasilien, der Karibik oder im Süden der heutigen USA Gruppen mit einer erkennbaren kongo-christlichen Identität bildeten. „Schwarze Christen aus dem Kongo" spielten etwa in verschiedenen bedeutenden Sklavenaufständen eine Rolle, so in der Stono-Rebellion von 1739 in South Carolina und in der Haitianischen Revolution von 1793. In Nordbrasilien entwickelte sich unter der katholischen Bevölkerung versklavter Afrikaner eine „schwarze Aristokratie", die v. a. aus Kongolesen bestand.[5] In Folklore – wie der alljährlichen Krönung eines Kongo-Königs im Karneval –, durch Musik, Tanz, Prozessionen oder mündliche Überlieferung wurde die Erinnerung an die afrikanische Heimat wachgehalten oder neu konstruiert. Bedeutend waren insbesondere auch die schwarzen Bruderschaften (teils innerhalb und teils außerhalb der bestehenden kirchlichen Strukturen), die etwa in Brasilien bereits seit

Mitte des 16. Jh. nachweisbar sind. Sie fungierten nicht nur als Anlaufstationen für Neuankömmlinge und teilautonome Zentren sozialen und religiösen Lebens in der Kolonialgesellschaft. Vereinzelt bildeten sie auch Netzwerke, die schwarze Christen auf beiden Seiten des Atlantiks verbanden. Die Bekehrung der Afroamerikaner, so der bereits erwähnte John Thornton, sei so ein „kontinuierlicher Prozess" gewesen, der bereits früh „in Afrika begann und in der Neuen Welt weiterging". „Vieles vom Christentum Afrikas gelangte über den Ozean nach Amerika".[6]

6.3 Iberoamerika: Stimmen indianischer und mestizischer Christen

In Lateinamerika stammen viele Zeugnisse aus indigener Perspektive, die die Sicht der Besiegten wiedergeben, aus der zweiten Hälfte des 16. und den ersten Jahrzehnten des 17. Jh. Dies gilt auch für *indigen-christliche Stimmen*, zumeist Schriften von Mestizen, die den Zusammenprall der Welt der Eroberer und der Eroberten in sich selbst verspürten und dabei den Stolz auf die untergangene Kultur neu artikulierten. So etwa der *Inka Garcilaso de la Vega* (1539–1616), Sohn eines spanischen Vaters und einer Inka-Prinzessin, dessen „Chronik" und „Kommentare" zur Geschichte Perus als eine der eindrücklichsten indigenen Stimmen Spanisch-Amerikas bezeichnet worden sind. Er schildert die Inka als wohltätige Herrscher, die ein Reich regieren, in dem jeder wohl ernährt und glücklich war, bevor die Spanier kamen. Die Inka suchten bereits den wahren Gott, wenngleich unter anderem Namen [Text 246]. Zugleich rechtfertigt der Autor die spanische Herrschaft und begrüßt die Christianisierung seines Volkes. Analoges gilt für andere in den kulturellen Zentren Neuspaniens (Mexiko) und Perus seit der Mitte des 16. Jh. entstandene Geschichtswerke, die freilich vielfach erst im 19. oder 20. Jh. veröffentlicht wurden. Sie sind zu werten – so der Kulturwissenschaftler Richard Nebel – als Ausdruck der Suche nach einer neuen „christlich-indigen-spanischen Identität" und veranschaulichen die Genese einer mestizischen Mischkultur.[7]

Andere erhaltene indianische Zeugnisse hingegen sind *Stimmen des andauernden Widerstandes* gegen die Spanier oder der Klage über den Untergang der alten Welt. So der von einem anonymen Autor im Mexiko der 1520er Jahre in Nahuatl verfasste Trauergesang über die als Katastrophe erfahrene Conquista [Text 221; vgl. Text 247] oder der im lokalen Ketschua verfasste und dann von einem Augustinermönch ins Spanische übersetzte Bericht („Instruktion") des vorletzten Inka-Herrschers Titu Kusi Yupanki (um 1570). Gewiefter Diplomat, Haupt des indianischen Widerstandes und sogar getaufter Christ, gibt er Einblick in die Erschütterung der Inka-Welt in der Endphase ihres Kampfs gegen die Spanier.

Frühe Ansätze einer *Selbstorganisation* indianischer Christen in den Kolonialstädten Spanisch-Amerikas stellten die Bruderschaften dar. Das sind Laienorganisationen, die der Verehrung eines bestimmten Heiligen und zugleich der gegenseitigen Unterstützung ihrer Mitglieder dienten. Sie waren so beliebt, dass bereits das dritte Provinzialkonzil von Lima 1582 ihre Anzahl zu reduzieren und verstärkter bischöflicher Kontrolle zu unterstellen suchte. Kinder der Vornehmen wurden in den Schulen der Franziskaner, Dominikaner und später der Jesuiten im christlichen Glauben unterrichtet und fungierten alsbald vielfach auch als Übersetzer und Multiplikatoren. „Sie besaßen", so ein Bericht aus dem Jahr 1596, „ein so gutes Gedächtnis, dass sie nach ein- oder zweimaligem Hören die Geschichte der Heiligen im Gedächtnis behielten und diese im Nachhinein mit großer Anmut, sehr beherzt und wirkungsvoll erzählten" [Text 230].

Sakrale Kunst war eines der Felder, wo indigene Traditionen schon früh Eingang fanden. Zudem waren die christlichen Indios geschickte Handwerker, gute Musiker und vielfach auch aktiv an der Gestaltung des gottesdienstlichen Lebens beteiligt. „In unserem Land", so der peruanische Chronist Poma de Ayala um 1600, „sind die Einheimischen als Künstler und Handwerker ebenso begabt wie die Spanier. Einige von ihnen sind hervorragende Sänger und Musikanten. Sie meistern die Orgel, Fiedel, Flöte, Klarinette, Trompete und das Horn ohne Schwierigkeiten. ... Indianer sind geschickt in allen ornamentalen Künsten wie Malen, Gravieren, Vergolden, Metallarbeit und Nähen. Sie sind gute Schneider, Schuster, Zimmermänner, Maurer und Töpfer ... An Sonn- und Feiertagen führen sie die Zeremonien ebenso gut durch wie jeder Spanier. Bei Abwesenheit eines Priesters taufen sie die kleinen Kinder mit heiligem Wasser und rezitieren die richtigen Formeln ... Mittwochs und Freitags führen Indianer die morgendlichen Gottesdienstfeiern durch".[8] Besondere Bedeutung im Bereich der sakralen Kunst erlangte die *Schule von Cuzco* (Peru), die ihren Höhepunkt im 17. und frühen 18. Jh. erreichen sollte. Sie ist jedoch bereits seit 1545 bezeugt. Diese einheimische Kunstschule war zwar zunächst im Wesentlichen eine europäische Gründung. Im Lauf der Zeit nahmen aber die Gestaltungsmöglichkeiten indigener Künstler stetig zu. Sie integrierten andine Motive – wie Landschaften, ortsübliche Blumen, Früchte, Tiere oder Menschen in einheimischer Tracht – in ihre Bilder, sicherlich auch als sublimer Protest gegen die Dominanz europäischer Traditionen. Christus und die Heiligen erhielten mestizische Gesichtszüge. Selbst ein Meerschweinchen – bis heute in Peru eine beliebte Speise – fehlt nicht auf einer Darstellung des Abendmahls durch den mestizischen Künstler Marcos Zapata (um 1750, heute in der Kathedrale von Cuzco) [s. Abb. 13; Foto J04/05].

Zu einem zentralen Symbol nationaler Identität im kolonialen bzw. unabhängigen Mexiko des ausgehenden 18. und 19. Jh. wurde der Kult der *Jungfrau von Guadelupe*. Der Legende nach erschien sie 1531 mehrmals vor dem indianischen Bauern Juan Diego und forderte für sich ein Heiligtum – ein Zeichen der besonderen Vorsehung Gottes für die einfachen Mexikaner. Die Legende selbst ist erst später entstanden und 1648 erstmals schriftlich bezeugt [Text 242]. Jedoch ist die Existenz des Guadelupe-Kultes an sich bereits um die Mitte des 16. Jh.

belegt. Sie war auch schon früh Gegenstand kritischer Kommentare seitens der Franziskaner, die darin die fortgesetzte Verehrung der aztekischen Göttin Tonantzin in christlicher Gestalt vermuteten. Bemerkenswert an der Überlieferung dieser und anderer Marienerscheinungen in Iberoamerika sind unter anderem die vertauschten Rollen: nicht der einheimische Indio, sondern der europäische Bischof muss sich in der Legende „bekehren".

Eines der bemerkenswertesten Zeugnisse früher Begegnung mit dem Christentum findet sich um 1563 in den Schriften des *Pedro de Quiroga* (1520–1588). Der Text zeichnet sich durch die Verbindung von scharfer Kritik an der spanischen Kolonialherrschaft mit einer tiefen Jesusfrömmigkeit aus. Die hier vorgestellte Figur des Inka Tito ist zwar keine historische, sondern eine literarische Gestalt. Wohl aber dürfte sie repräsentativ sein für viele indianische Biografien dieser Zeit. Tito, geboren in Cuzco, Verwandter der Inka-Könige, begegnet drei Spaniern – Conquistador, Kaufmann, Eremit –, die unterschiedliche Typen christlicher Präsenz im eroberten Perus repräsentieren. „Mit Feindseligkeit habt Ihr uns angegriffen" – so die eingangs getroffene Feststellung Tito's – und trotzdem den christlichen Gott gepredigt. Tito gerät zunächst an einen Soldaten, inmitten innerspanischer Kämpfe:

„Da erkannte ich, dass Ihr kluge, tapfere und kriegerische Leute wart, dass ihr einen Gott und eine heilige und gute Religion hattet. Doch ich sah ein, dass euer dreistes Tun im Gegensatz zu dem stand, was ihr uns empfehlt".

Als nächstes trifft Tito auf einen Kaufmann, der ihm nur oberflächliche Kenntnisse des neuen Glaubens vermitteln kann. Schließlich begegnet er einem in Armut und Frömmigkeit lebenden Eremiten. „So begann ich zu erkennen", lautet sein Resümee, „dass es unter Euch Gute *und* Schlechte gibt ... Dieser Mann verabscheute Eure schlechten Werke ... und führte mich in den heiligen Glauben an Christus ein" [Text 238].

Fußnoten Kapitel 6

1 So etwa die Terminologie bei TAVÁREZ (2017), *Indigenous Christianities*.
2 GRÜNDER (1992), *Welteroberung*, 58.
3 THORNTON (1984), *African Catholic Church*, 155.
4 HASTINGS (1998), *Pedro IV of the Kongo*, 69.
5 DANIELS (2014), *Kongolese Christianity in the Americas*, 216.
6 THORNTON (²1998), *Atlantic World*, 254. 262.
7 NEBEL (2006), *Indigen-christliche Autoren im kolonialen Mexiko*, 145–152.
8 GOODPASTURE (1989), *Cross and Sword*, 47 ff.

Literatur Kapitel 6

6.1 (Asien: Die südindischen Paraver und die Märtyrer von Mannar [Sri Lanka])

MUNDADAN (1984), *Christianity in India* I, 391–401; NEILL (1984), *Christianity in India* I, 140–147; SCHMITT (1987), *Dokumente* II, 456–459; SCHURHAMMER (1963), *Bekehrung der Paraver*, 215–254; KAUFMANN (1981), *Christian Caste in Hindu Society*, 203–234.

6.2 (Afrika: Das christliche Kongo-Königreich in seinen transatlantischen Verbindungen)

HASTINGS (1994), *Church in Africa*, 79–86.109–118.635–639; HOCK (2005), *Christentum in Afrika*, 39–44; GRÜNDER (1992), *Welteroberung*, 50–65; HASTINGS (1998), *Pedro IV of the Kongo*, 59–72; THORNTON (1984), *African Catholic Church*, 147–167; THORNTON (1998²), *Atlantic World*, 235 ff. 262–271; HEYWOOD/THORNTON (2007), *Atlantic Creoles*; DANIELS (2014), *Kongolese Christianity in the Americas*, 215–226.

6.3 (Iberoamerika: Stimmen indianischer und mestizischer Christen)

NEBEL (2006), *Indigen-christliche Autoren im kolonialen Mexiko*, 142–161; TAVÁREZ (2017), *Indigenous Christianities in Colonial Latin America*; GRANADOS (2003), *Bild und Kunst*; DEL POMAR (1964), *Cuzco School of Painting*; MARTIN/PETTUS (1973), *Scholars and Schools*; NEBEL (1992), *Virgen de Guadelupe*; POOLE (1995), *Lady of Guadalupe*; DELGADO (1991), *Gott in Lateinamerika*, 167–170.233–237; ARDANAZ (1992), *Pedro de Quiroga*.

Kapitel 7: Die Rezeption des Tridentinums in Übersee und das Ende lokaler Experimente

7.1 Stand der Ausbreitung Ende des 16. Jahrhunderts

Wie sah Ende des 16. Jh. die *Landkarte katholischer Präsenz* in Asien, Afrika und Amerika aus? Parallel zur Etablierung kolonialer Herrschaft der iberischen Mächte in Übersee hatten sich in den ihnen kontrollierten Territorien auch die kolonialkirchlichen Strukturen gefestigt. In Spanisch-Amerika erstreckte sich ein Netz von Diözesen von Mexiko bis zum Süden des Doppelkontinents mit Erzbistümern (jeweils seit 1546) in Santo Domingo, Mexiko und Lima. In Brasilien war Salvador da Bahia lange Zeit der einzige Bischofssitz (und wurde 1676 zum Erzbistum erhoben) [s. Karte 6]. Westafrika unterstand organisatorisch den beiden 1534 errichteten Bistümern der Kapverdischen Insel und São Tomé. In Asien war Goa kirchliches und politisches Zentrum der portugiesischen Besitzungen. 1557 wurde Goa zur Erzdiözese erhoben, deren Jurisdiktionsbereich sich vom Kap der Guten Hoffnung und der ostafrikanischen Küste bis hin nach Japan erstreckte – und damit auch zahlreiche Gebiete umfasste, wo Portugal keinerlei faktische Kontrolle ausübte. Die (seit 1565 spanisch beherrschten) Philippinen wurden 1598 unter den verschiedenen im Inselreich tätigen Missionsorden aufgeteilt [Text 21].

Aber wie das Beispiel des Franz Xaver zeigt, waren katholische Missionare von Anfang an auch außerhalb der jeweiligen kolonialen Herrschaftsgebiete tätig. So in Asien, wo es früh zu vielfältigen interkulturellen Begegnungen kam und die Jesuiten an Religionsgesprächen am Hofe nicht-christlicher Fürsten (wie im Lahore der Mogul-Herrscher [Text 21]) oder intellektuellen Zentren wie der japanischen Residenzstadt Yamaguchi [Text 15] teilnahmen. Andernorts (wie in Südindien oder Äthiopien) trafen die Europäer auf ältere – vorkoloniale – Christentümer, deren Vertreter den als Gästen begrüßten Portugiesen durchaus selbstbewusst entgegentraten. Wiederum an anderen Orten kam es – in einem noch nicht durch asymmetrische Machtverhältnisse gekennzeichneten gleichsam *außerkolonialen Kontext* – zu vielfältigen Kontakten mit regionalen Herrschern und indigener Bevölkerung, was (wie im christlichen Kongo) zur Bildung lokaler Christentumsformationen führte. In anderen Fällen resultierten frühe missionarische Aktivitäten erst Generationen später in dauerhafter Gemeindebildung und kontinuierlicher missionskirchlicher Präsenz.

Protestantische missionarische Übersee-Aktivitäten spielten im 16. Jh. noch keine Rolle. Zwar gab es vereinzelte und kurzlebige Vorstöße (wie die der französischen Hugenotten in Brasilien und Florida in den 1550er und 1560er Jahren [Text 233b; Karte 7]). Aufs Ganze gesehen aber war die protestantische Bewegung noch zu sehr mit ihrem Überleben in Mitteleuropa beschäftigt und zugleich von vielen Überseeverbindungen abgeschnitten. Erst gegen Ende des 16. Jh. sollte sich dieses Bild schrittweise ändern. Wohl aber spielte die katholische Übersee-Mission in den *konfessionellen Kontroversen* Europas eine bedeutende Rolle. Katholische Polemiker – wie der jesuitische Kardinal Roberto Bellarmin (1542–1621) – und Missionare (wie die Franziskaner Bernardino de Sahagún und Gerónimo de Mendieta in Spanisch-Amerika) entwickelten eine *Kompensationstheorie*. Sie sahen die missionarischen Gewinne in der Neuen Welt als Ausgleich für die Verluste in der alten. Zugleich suchte etwa Bellarmin die Überlegenheit der römischen Kirche gerade auch aus dem Kriterium ihrer geographischen Katholizität zu erweisen: Denn anders als die auf einen „Winkel Europas" begrenzten protestantischen „Häresien" sei die römische Kirche nun „in allen vier Weltgegenden" vertreten. Konfessionalisierung in der alten Welt und Übersee-Mission stellten sich so als zwei Seiten derselben Medaille dar. „Je mehr die katholische Kirche an Seelen in Europa verlor, desto größer der Eifer für die Gewinnung der Seelen bei den außereuropäischen Völkern".[1] Lutherische Theologen im Reich wiederum blickten mit großem Interesse auf das christliche Kaiserreich in Äthiopien und hoben die Gemeinsamkeiten zwischen orthodoxer Tradition und protestantischen Grundsätzen gegenüber römischer „Tyrannei" hervor.

7.2 Trient und seine Auswirkungen auf Spanisch-Amerika

Eines der zentralen Ereignisse des 16. Jh. war unstrittig das *Konzil von Trient* (1545–1563), auf dem sich der römische Katholizismus nach den massiven Terrainverlusten an die Reformation neu formierte, diverse Missstände abstellte, Reformen einleitete und sich im Übrigen strikt antiprotestantisch definierte. Zugleich war es ein rein europäisches Ereignis. Kein einziger Vertreter des überseeischen Episkopats nahm an den Beratungen teil (schon weil die spanische Krone dies zu verhindern wusste); und kein einziges der zahlreichen aus der Situation in der Neuen Welt entspringenden Themen – wie etwa die erbitterten kolonialethischen Debatten in Spanisch-Amerika – stand auf der Tagesordnung des Konzils. Dennoch hatte es tiefgreifende Auswirkungen auf die Entwicklung der entstehenden Kirchen in Übersee. Eine dieser Wirkungen bestand im *Abbruch* verschiedener *lokaler Experimente* und Initiativen zur Entwicklung einer indianischen Kirche, wie sie v. a. in Kreisen der Bettelorden angestrebt worden war. Stattdessen verfestigten sich zentralistische Tendenzen sowie das Modell einer vom kolonialen Staat kontrollierten Kirche. Während der Mythos eines quasi-monolithischen Katholizismus in Europa selbst in den letzten Jahren zunehmend destruiert worden ist, waren die Auswirkungen des Konzils auf die erst im Aufbau begriffenen kirchlichen Strukturen in Übersee teils sehr viel direkter.[2]

Greifbar ist die kirchenrechtliche Rezeption von Trient in Spanisch-Amerika zunächst vor allem in den *Provinzialkonzilien,* die seit den 1550er Jahren in Mexiko und Lima abgehalten wurden. Relevant sind dabei neben dem zweiten Provinzialkonzil in Mexiko (Mexiko II; 1565) und Lima (Lima II; 1567/68) insbesondere das dritte in Mexiko (Mexiko III; 1585) und Lima (Lima III; 1582/83). Letzteres ist wiederholt als das Tridentinum Südamerikas bezeichnet worden. Enorme Bedeutung kam aber auch der *Junta Magna des Jahres 1568* zu. Dies Beratungsgremium der spanischen Krone definierte die Bedingungen, unter denen Trient in der Neuen Welt zum Zuge kam. Zugleich setzte es auf eine Zentralisierung der kolonialen Kirchenpolitik, die abweichende Initiativen der Bischöfe und eine direkte Einwirkung Roms in amerikanische Angelegenheiten zu verhindern wusste. Damit ging die konsequente Anwendung der staatlichen Zensur sowie eine Diskriminierung der Indigenen als einer Menschenrasse ohne Kultur einher, die das Ziel des Aufbaus einer indianischen Kirche sowie der Ausbildung eines indigenen Klerus zunehmend obsolet machte. Schriften pro-indigenistischer Missionare (wie Las Casas oder Sahagún) wurde die Druckerlaubnis versagt oder auf den Index verbotener Bücher gesetzt. Das *Verbot, Indianer oder Mestizen zu Priestern zu weihen,* war zwar bereits auf dem ersten mexikanischen Provinzialkonzil von 1555 ausgesprochen worden. Es wurde 1565 bestätigt bzw. – so in Mexiko III (1585) – nur geringfügig modifiziert (als „temporäre" Regelung) und lässt die Übertragung der spanischen *Limpieza*-Ideologie („Reinheit des Blutes") in den kolonialen Kontext Amerikas erkennen.

Erhebliche Bedeutung hatte auch das – durch den Gegensatz zur europäischen Reformationsbewegung verstärkte – *Misstrauen gegen Volkssprachen* als „Mutter aller Häresien". Wie an anderer Stelle erwähnt, entstand vor 1570 eine beachtliche kirchliche Literatur in unterschiedlichen Indianersprachen. Aus Mexiko beispielsweise sind für den Zeitraum zwischen 1524 bis 1572 mindestens 109 indianersprachige Werke in einer Vielzahl von Regionalsprachen (Nahuatl, Taraskisch, Otomí, Pirinda, Mixtekisch u. a.) erhalten. Entstanden waren diese weithin im Zusammenhang des Bestrebens insbesondere der Franziskaner zur Ausbildung einer *Theologia indiana* [s. Kap. 3.1]. Unumstritten war dies Experiment nie. Nun aber verstärkten sich die anti-indigenistischen Tendenzen, und die unkontrollierte Zirkulation von Bibeltexten in den Volkssprachen rief in Mexiko die dort 1571 gegründete Inquisition auf den Plan. „Wir finden es sehr schädlich", so befand schon das erste mexikanische Provinzialkonzil von 1555, „wenn Indianern Predigten in ihrer Sprache ausgehändigt werden, weil sie diese [Predigten] nicht verstehen, und wegen der Fehler, die sich bei der Übertragung einschleichen", und verfügte deren Beschlagnahme. Das zweite mexikanische Provinzialkonzil von 1565, das zwecks Promulgation und Anpassung der Trienter Beschlüsse einberufen worden war, beschloss: „Es soll den Indianern nicht erlaubt sein, Handschriften von Predigtsammlungen, Zitaten und anderen Teilen der Hl. Schrift zu besitzen, sondern nur die von den Bischöfen approbierte und von sprachkundigen Ordensleuten übersetzte Doctrina Christiana".[3] Begründet wurden diese Restriktionen wiederholt u. a. durch Verweis auf die Gefahr einer „lutheranischen" Häresie. Jedenfalls verschärften sich in der Folgezeit Zensur und Kontrollen erheblich, und Katechismen in indigenen Idiomen wurden zunehmend durch solche europäischen Ursprungs (etwa von Bellarmin) ersetzt. Gebrauch anderer als der neuen Einheitskatechismen wurde – so verfügte Lima III – unter die Strafe der Exkommunikation gestellt.[4] Zwar wurde dem spanischen bzw. kreolischen Klerus auch weiterhin das Erlernen von Indianersprachen in verschiedenen Konzilsbeschlüssen zur Pflicht gemacht, dies aber mit abnehmendem Erfolg. Andere (und positive) Impulse des Tridentinums – wie die Bestimmungen zur stärkeren Nutzung der Volkssprachen in der Seelsorge [cf. Text 234b] – kamen angesichts des sich verschärfenden Zentralismus nur begrenzt zum Zuge.

Gravierende Auswirkungen hatte insbesondere die *Ablösung der Ordens- durch Weltpriester*. Lange Zeit hatte die Missionsarbeit unter der indigenen Bevölkerung vor allem in den Händen der Bettelorden (Franziskaner, Dominikaner) gelegen, die sich teils unter großen persönlichen Opfern intensiv auf deren Lebensverhältnisse einließen und dabei weitgehend unabhängig von der kolonialkirchlichen Hierarchie arbeiten konnten. Infolge der Bestimmungen des Tridentinums sollten sie nun der Jurisdiktion der Bischöfe unterstellt bzw. durch den – im Regelfall sprachlich und missionarisch völlig unerfahrenen und zumeist desinteressierten – Weltklerus ersetzt werden. Frühere Ausnahmeregelungen, die im Widerspruch zu Trient standen, wurden nun vom Papst widerrufen (so in der Bulle ‚In Principiis Apostolorum Sede' vom 25.4.1565). Proteste der Franziskaner gegen die Durchsetzung der entsprechenden tridentinischen Beschlüsse blieben erfolglos.[5] Eine wachsende Zahl von Indianergemeinden (*doctrinas*) ging seit den großen Konzilien der 1580er Jahre an Weltpriester über, während die früheren Missionare mit all ihrer Erfahrung und Sprachkenntnissen in die Stadtkonvente verdrängt wurden.

Es waren weniger einzelne Dekrete des Konzils von Trient, so der Historiker Hans-Jürgen Prien, als vielmehr der „tridentinische Geist", der die Reorganisation der römischen Kirche in Spanisch-Amerika bestimmte. „Mit der Übernahme der Beschlüsse von Trient entstand in Lateinamerika eine religiös uniformere Gesellschaft, als es sie im mittelalterlichen Europa je gegeben hat". Zugleich entwickelte sich „ein Kulturkatholizismus, der das Fortleben mittelalterlicher Volksfrömmigkeit und deren Vermischung mit indianischen und afrikanischen Elementen erlaubte".[6]

7.3 Indien: Die Synode zu Diamper 1599 und die Zwangsvereinigung der Thomaschristen

In Indien verschärften sich in der zweiten Hälfte des 16. Jh. die Gegensätze zwischen portugiesischem Kolonialkatholizismus und einheimischen Thomaschristen. Zugleich nahm auf Seiten der katholischen Hierarchie die Toleranz gegenüber lokalen Traditionen und Bräuchen der umgebenden Hindu-Gesellschaft ab. Dies war sicherlich auch eine Folge der gefestigten portugiesischen Präsenz auf dem Subkontinent. In jedem Fall aber verstärkte sich diese Tendenz mit der Rezeption des Tridentinums durch eine Reihe von Provinzialkonzilen zwischen 1567 und 1592 in Goa, dem Zentrum des portugiesischen Kolonialimperiums in Asien.

Tendenzen zu *Latinisierung der indischen Thomaschristen* waren bereits in den 1520er Jahren unübersehbar. Insbesondere suchten die Portugiesen die Verbindung der Inder zum ostsyrischen Patriarchen in „Babylon" (Mesopotamien) zu unterbrechen – was nur teilweise gelang. So lösten um 1550 die Aktivitäten eines einheimischen (und vom ostsyrischen Patriarchen geweihten) Priesters, der „umhergeht und die Thomaschristen die babylonischen [d. h. ostsyrischen] Bräuche ohne Furcht vor Gott oder der Hlg. [Römischen] Mutter Kirche lehrt", große Besorgnis aus [Text 19]. Zugleich erfuhr das 1563 beendete Trienter Konzil gerade in Portugiesisch-Indien eine intensive Rezeption. Dabei spielten die goanesischen Provinzialkonzile von 1567 (Goa I), 1575 (Goa II) und 1585 (Goa III) eine wichtige Rolle. Diese Rezeption betraf viele Aspekte des kirchlichen Lebens, darunter die Bekämpfung „paganer" Bräuche sowie abweichender Traditionen der Thomaschristen. Punkte der Differenz waren dabei vor allem das unterschiedliche Verständnis von Ehe und Ehehindernissen, die Frage eines – den Thomaschristen unbekannten – verpflichtenden priesterlichen Zölibats, die Siebenzahl der Sakramente sowie die von den Portugiesen als ketzerisch eingestufte Anerkennung des ostsyrischen Patriarchen als kirchlichen Oberhaupts. Die syrische („chaldäische") Kirchensprache wurde dabei als Quelle zahlreicher „Häresien" identifiziert.

1599 kam es dann zur berühmt-berüchtigten *Synode von Diamper* (Udiyamperur) in der Nähe von Cochin (Kochi), die zur mehr oder minder gewaltsamen Eingliederung der Thomaschristen in die portugiesische Kolonialkirche führte. Als traumatisches Ereignis ist sie im Langzeitgedächtnis der indischen Christenheit in Erinnerung geblieben, unabhängig von der jeweiligen konfessionellen Zugehörigkeit. Einberufen wurde die Synode unter Bruch kirchenrechtlicher Regeln vom katholischen Erzbischof von Goa, dem Jesuiten Alexis de Menezes. Ziel war es, die Trennung zwischen lateinischen und syrischen Christen aufzuheben und eine möglichst vollständige Konformität mit Rom und römischer Praxis herzustellen. Dies geschah unter ständigem Verweis auf Trient. Der thomaschristliche Klerus wurden zum unbedingten Gehorsam gegenüber dem Papst angehalten. Das Glaubensbekenntnis, zu dem sich die Teilnehmer per Eid verpflichteten, hob insbesondere jene Artikel des tridentinischen Glaubens hervor, die den Thomaschristen zuvor unbekannt waren. Sie hatten nun allen „nestorianischen Irrtümern" und insbesondere aller Gefolgschaft gegenüber dem Patriarchen in Babylon abzuschwören, „den ich verdamme, verwerfe und anathematisiere, als nestorianischen Häretiker und Schismatiker, und aus Gehorsam gegenüber der heiligen römischen Kirche, und deswegen zur Erlangung des [ewigen] Heils". Alle Ökumenischen Konzilien römisch-katholischer Zählung – und darunter insbesondere das dritte in Ephesus (im Jahr 431), das die Verurteilung des Nestorius ausgesprochen hatte – waren anzuerkennen. Auch alle sonstigen Beschlüsse des Konzils von Trient mussten befolgt werden [Text 20]. Die syrischen Kirchenbücher wurden teils „gereinigt" und teils verbrannt. Den Thomaschristen wurde zwar gestattet, weiterhin ihre eigene Liturgie zu verwenden. Doch sollte ihr Ritus von allem gesäubert werden, was nicht tridentinischen Standards entsprach.

Die Synode von Diamper besiegelte – vorübergehend – das *Ende kirchlicher Eigenständigkeit* der Thomaschristen. Erst 1563 gelang es zumindest einem Teil von ihnen, sich wieder aus der Zwangsunion mit Rom zu lösen. In den Wirren der Folgezeit konnten sie freilich nicht die alte Verbindung zum ostsyrischen (dyophysitischen) Patriarchen in „Babylon" wiederherstellen. Stattdessen schlossen sie sich einer anderen orientalischen Kirchengemeinschaft an, dem „jakobitischen" (miaphysitischen) Patriarchat von Antiochien. Dies führte zur Entstehung der Malankarisch-Orthodoxen Kirche bzw. des syrisch-orthodoxen Zweiges der indischen Thomaschristenheit. „Von der Brautwerbung zur Vergewaltigung" – so hat der indische Historiker Teotonio de Souza die Geschichte der Thomaschristen mit den Portugiesen im 16. Jh. beschrieben.[7] Aus der anfangs freundschaftlichen Begegnung zwischen indischen und europäischen Christen erwuchs erst gegenseitiges Misstrauen und schließlich die erzwungene Unterwerfung der einen Seite durch die andere.

7.4 Äthiopien: Vertreibung der Jesuiten unter Kaiser Fasilidas (seit 1632/33)

Eine analoge Konstellation wie in Indien – einheimische Christen im Konflikt mit den portugiesischen Neuankömmlingen – bestand im 16. Jh. auch in Äthiopien. Nur führte dieser Konflikt dort schließlich zur Vertreibung der Jesuiten und dem Abbruch der Kontakte des christlichen Äthiopien mit dem katholischen Europa. „Von der Freundschaft zur Feindschaft" – so hat ganz analog die Historikerin Verena Böll diese Entwicklung in dem ostafrikanischen Land überschrieben.[8] Bereits 1557 hatten die Bestrebungen Roms, die äthiopische Kirche einem lateinischen Patriarchen zu unterstellen, zum Eklat geführt. Die Jesuiten und der von Rom als Patriarch für Äthiopien bestellte Andrea da Oviedo durften zwar weiter im Reich des Negus bleiben. Sie waren aber fortan im Wesentlichen auf die pastorale Betreuung der kleinen portugiesischen Gemeinschaft in der Region um Fremona beschränkt.

1603 erreichte, nach zeitweiliger jesuitischer Absenz in Äthiopien, mit Pedro Paez erstmals wieder ein jesuitischer Priester das Land. Er kam in einer Phase erneuter politischer Instabilität. Dem hoch gelehrten und von Geist der Gegenreformation erfüllten Spanier gelang es, den Kaiser Za Dengel zur Anerkennung der päpstlichen Autorität und Änderungen des liturgischen Lebens (wie der Sabbath-Observanz) zu bewegen, was eine erste blutige Revolte auslöste. Trotz Widerstände im konservativen Klerus und Mönchtum bildete sich am Hof eine beachtliche katholische Partei, und der neue Kaiser *Susenyos* (reg. 1607–1632) vollzog im März 1622 formell den Übertritt zum katholischen Glauben. Ein neuer von Rom bestimmter lateinischer Patriarch – Alphonsus Mendes – hielt 1626 unter großem militärischen Gepränge Einzug am königlichen Hof. Er bestritt die Gültigkeit der äthiopischen Sakramente und ordnete eine erneute Taufe der Gläubigen sowie die Neu-Ordination des äthiopischen Klerus an. Feste und Fasten sollten künftig entsprechend dem römischen Kalender begangen werden. Die Messe durfte zwar weiter im traditionellen Ge'ez gefeiert werden, sollte aber dem römischen Ritus entsprechen. Nicht nur die Mönche und Teile des Adels, sondern auch die Bauern rebellierten. Die Masse der einfachen Gläubigen sah sich durch die von den Jesuiten geforderte Latinisierung der Kirche in ihrer religiösen Identität bedroht. Schließlich sah sich der Kaiser genötigt, die *Union mit Rom zu widerrufen*. Als „Befreiung der Schafe Äthiopiens" von den „bösen Löwen aus dem Westen" wurde dieser Akt von Zeitgenossen gefeiert.

1632 dankte Susenyos ab und sein Sohn *Fasilidas* (reg. 1632–1667) übernahm die Herrschaft. Er stellte die äthiopisch-orthodoxe Kirche als nationale Institution wieder her und verwies die Jesuiten erst vom Hof und dann aus seinem Reich. Illegaler Verbleib im Land wurde fortan mit dem Tod bestraft. Romtreue äthiopische Katholiken wurden verbannt und die „Bücher der Franken" verbrannt. Alter Tradition folgend, ließ Fasilidas ein neues Oberhaupt (*Abuna*) der äthiopischen Kirche vom koptischen Patriarchen in Alexandria weihen. Angesichts einer drohenden portugiesischen Intervention verschärften sich die Spannungen weiter. 1640 ließ der Kaiser drei von Rom entsandte französische Kapuziner-Mönche bereits vor ihrer Ankunft in Äthiopien noch auf osmanischem Gebiet abfangen und exekutieren [Text 139]. Nicht mehr wie früher die christlichen Brüder aus Übersee, sondern muslimische Nachbarn galten nun als Verbündete. 1653 wurde ein letzter im Untergrund lebender einheimischer katholischer Priester hingerichtet. Damit endete auf lange Zeit jegliche etablierte katholische Präsenz im Land. Für zwei Jahrhunderte schnitt sich das christliche Äthiopien weitgehend von der Außenwelt und fast vollständig von den Verbindungen zur lateinischen Christenheit Europas ab. Die Kontakte zu anderen orientalischen Kirchen (v. a. Kopten, Armenier) hingegen bestanden weiter.

Die Vertreibung der Jesuiten aus Äthiopien spielte auch in den *konfessionellen Kontroversen Europas* eine erhebliche Rolle. Protestanten begrüßten die Niederlage des gemeinsamen Gegners. Bereits 1534 hatte der äthiopische Diakon Michael die Reformatoren Luther und Melanchthon in Wittenberg aufgesucht, die ihm Übereinstimmung in zentralen Glaubensfragen bestätigten. In der Folgezeit verwiesen protestantische Kreise wiederholt auf Äthiopien als Beleg dafür, dass sich die wahre Kirche Christi nicht allein „in diesem engen Winkel Europas", sondern in verschiedenen Teilen der Erde findet. So der prominente lutherische Theologe David Chytraeus (1530–1600), der keinen wesentlichen Unterschied zwischen Luthertum und äthiopischer Orthodoxie auszumachen vermochte. Besondere Beachtung fand die (in Kap. 5.1 erörterte) Verteidigungsschrift des äthiopischen Kaisers Galawdewos gegen jesuitische Kritiker aus dem Jahr 1555. Als „Confessio Fidei Claudii Regis Aethiopiae" erfuhr sie auch im protestantischen Europa Mitte des 16. Jh. rasche Verbreitung.[9]

Fußnoten zu Kapitel 7

1 HSIA (1995), *Mission und Konfessionalisierung*, 158.
2 Zur Rezeption von Trient in Außereuropa s. die Beiträge in: KOSCHORKE (2002), *Transkontinentale Beziehungen*, 20 ff.163–202, sowie in: FRANCOIS/SOEN (2018), *Council of Trent* III, 156–320.
3 Zitiert nach: BAUMGARTNER (1992), *Indianische Sprachen*, 341.
4 NEBEL (1992), *Missionskatechismen*, 257.
5 SYLVESTE (1975), *Motifs*, 41.
6 PRIEN (1978), *Geschichte*, 255; PRIEN (2002), *Trienter Konzil*, 187.
7 DE SOUZA (1998), *Indian Christians*, 31–42; DE SOUZA (2002), *Council of Trent ... in Portuguese India*, 189–202.
8 BÖLL (1998), *Von der Freundschaft zur Feindschaft*, 43–58.
9 Zu Einzelheiten s. PAULAU (2021), *Verflechtungsgeschichte*; DANIELS (2019), *Luther and Ethiopian Christainity*, 21–32.

Literatur zu Kapitel 7

7.2 (Trient und seine Auswirkungen auf Spanisch-Amerika)

BAUMGARTNER (1992), *Indianische Sprachen*, 313–347; PRIEN (1978), *Geschichte*, 119–124.255–261; PRIEN (2002), *Trienter Konzil*, 163–188; VILLEGAS (1971), *Durchführung*, passim; FRANÇOIS/SOEN (2018), *Council of Trent*, 277–299; HENKEL/PIETSCHMANN (1984), *Konzilien in Lateinamerika* I; HENKEL/SARANYANA (2010), *Konzilien in Lateinamerika* II; DE LA ROSA (1992), „*Reinheit des Blutes*", 271–292; KONETZKE (1991), *Süd- und Mittelamerika* I, 230–237; TAVÁREZ (2017), *Indigenous Christianities in Colonial Latin America*, 82 ff.85–87; DELGADO (2017), *Katholizismus*, 105 f.56.87.89.94.102.

7.3 (Indien: Die Synode zu Diamper 1599 und die Zwangsvereinigung der Thomaschristen)

NEILL (1984), *India* I, 191–219.316–321; WICKI, J. (1976), *Auswirkungen des Konzils*, 213–229; THALIAT (1958), *Synod of Diamper*; DE SOUZA (1998), *Indian Christians*, 31–42; DE SOUZA (2002), *Council of Trent ... in Portuguese India*, 189–202; PAIVA (2019), *Impact of Luther*, 287–291.

7.4 (Äthiopien: Vertreibung der Jesuiten unter Kaiser Fasilidas)

HASTINGS (1994), *Church in Africa*, 139–172; HOCK (2005), *Christentum in Afrika*, 50–54; HAGE (2007), *Orientalisches Christentum*, 210 f; LANGE/PINGGÉRA (2010), *Altorientalische Kirchen*, 45–47; BÖLL (1998), *Von der Freundschaft zur Feindschaft*, 43–58; BÖLL (2012), *Gescheiterte Katholisierung*, 157–170; PAULAU (2021), *Verflechtungsgeschichte*; SALVADORE (2017), *Ethiopian-European Relations*; BESHAH/AREGAY (1964), *Question of the Union*.

Abb. 1. Äthiopisch-orthodoxer Priester mit Ge'ez-Bibel (Tana-See/Äthiopien 1997).

Abb. 2. Kerala (Indien): Bischof und Kleriker der Syrisch-orthodoxen Kirche, eines Zweigs der thomaschristlichen Tradition Indiens (Aufnahme von 1983) [= Foto A14].

Abbildungen zu Teil I: 1450–1600

Abb. 3. Bartolomé de las Casas (1484–1566), Dominikaner, Missionar und Bischof, "Verteidiger der Indios".

Abb. 4. Mexiko: Gedenktafel für Las Casas in seiner früheren Diözese Chiapas [= Foto M08].

Abb. 5. Mexiko: Das Vaterunser in Nahuatl, der vorspanischen Verkehrssprache der Azteken und anderer Völker in Zentralmexiko; Übersetzung und Darstellung in Bilderschrift erfolgte im 16. Jh. v.a. durch franziskanische Missionare.

Abb. 6. Indien (Kochi/Kerala): St. Francis Church, ursprünglich 1503 von den Portugiesen erbaut, gilt als älteste europäische Kirche in Indien.

Abb. 7. Japan/Kagoshima: Denkmal zur Ankunft Franz Xavers (1506–1552) und seines japanischen Begleiters Yajiro (Hanshiro) 1549 auf der Südinsel Kyushu [= Foto C01].

Abb. 8. Japan: Die Märtyrer von Nagasaki (1597), Stich von Wolfgang Kilian (Augsburg 1628).

Abb. 9. Japan/Amacusa (Kyushu): Treten auf Marienbild als Religionskontrolle bzw. Glaubenstest für Untergrund-Christen [= Foto C09].

II. 17./18. Jahrhundert

Kapitel 8: Veränderte Rahmenbedingungen

Bis ca. 1800 blieb überseeische Mission im Wesentlichen eine katholische Angelegenheit. Zwar engagierten sich seit ca. 1600 zunehmend auch protestantische Mächte in Übersee. Missionsgeschichtlich war ihre Präsenz jedoch zunächst kaum von Bedeutung, da die von ihnen etablierten kolonialkirchlichen Strukturen im Regelfall allenfalls auf die Betreuung europäischer Siedler ausgerichtet waren. Erst mit dem Aufkommen der pietistischen Bewegung (Halle, Herrnhut) im frühen 18. Jh. begann etwa in Asien eine Phase gezielter protestantischer Missionsaktivitäten unter der einheimischen Bevölkerung. Auch die transregionalen Querverbindungen indigener Akteure spielten schon früh eine wichtige Rolle.

8.1 Expansionsgeschichtliche Aspekte

Gegen Ende des 16. Jh. *bröckelte das iberische Übersee-Monopol*. Zunehmend drängten auch andere (zumeist protestantische) europäische Mächte in den lukrativen Überseehandel – auf der Suche nach Sklaven (Afrika), Gewürzen (Asien) oder Zucker (Brasilien, Karibik). Neben Nationen wie Frankreich beteiligten sich auch kleinere europäische Länder (wie Dänemark, Brandenburg oder Schweden) seit dem frühen 17. Jh. an kolonialen Handelsunternehmungen. Eine führende Rolle kam dabei zunächst den *Niederlanden* zu, die seit der Mitte des 17. Jh. in zahlreichen Gebieten die Portugiesen als Kolonialherren ablösten. So v. a. in den Küstenregionen West- und Südafrikas (Elmina im heutigen Ghana, Kap der Guten Hoffnung etc.), in Südasien (Südindien, Sri Lanka, Malakka/Malaysia, in Teilen des heutigen Indonesiens) sowie zeitweilig auch in Brasilien (Pernambuco). Eine wesentliche Rolle spielte dabei der Freiheitskampf der Niederlande gegenüber Spanien. Da Spanien von 1580 bis 1640 mit Portugal durch Personalunion vereint war, zielte die Auseinandersetzung mit Portugal auch auf die Sicherung der eigenen Unabhängigkeit (die im Westfälischen Frieden 1648 dann auch völkerrechtlich anerkannt wurde). Zeitgleich konsolidierten die Niederländer ihre Herrschaft in Übersee. Der Historiker Wolfgang Reinhard hat diesen globalen Konflikt geradezu als den „ersten Weltkrieg Europas" bezeichnet.[1] Mit dem politischen Gegensatz verband sich ein religiöser: die Portugiesen waren Katholiken, die Niederländer reformierte Kalvinisten. Auch in Übersee nahm die Auseinandersetzung rivalisierender europäischer Mächte so den Charakter eines Konfessionskonfliktes an.

Die *Briten* spielten im Afrika und Asien dieser Zeit zunächst nur eine nachgeordnete Rolle. Im 19. Jh. globale Hegemonialmacht, kam ihnen im Afrika und Asien des 17. Jh. nur begrenzte Bedeutung zu. Ihr Einfluss wuchs jedoch ständig im Nordatlantik, in der Karibik (etwa Jamaika) sowie an der Ostküste Nordamerikas (im Kerngebiet der späteren USA und Teilen Kanadas). In der zweiten Hälfte des 18. Jh. verstärkte er sich dann auch in den Küstenregionen Afrikas sowie im südlichen Asien.

8.2 Stationen der Missionsgeschichte

Missionsgeschichtlich war die verstärkte Präsenz protestantischer Mächte in Übersee zunächst kaum relevant. Tätig wurden diese v. a. in Gestalt von sog. ‚*Kompagnien*'. Dabei handelt es sich um halbstaatliche Aktiengesellschaften, die – da primär kommerziell orientiert – nur ein begrenztes Interesse an missionarischen Aktivitäten zeigten. In den regelmäßig erneuerten Freibriefen („Charter") dieser kolonialen Handelsgesellschaften war zwar jeweils die Verpflichtung zur Ausbreitung der christlichen Religion festgeschrieben. So enthielt etwa die Charter der englischen Ostindien-Gesellschaft von 1698 die Bestimmung, dass ab einer Schiffsgröße von 500 Tonnen ein Kaplan an Bord jedes Schiffes mitzuführen sei, „um die Landesherren und die Diener oder Sklaven derselben Gesellschaft in der protestantischen Religion ausbilden zu können" [Text 29b]. In der Praxis wurden derartige Bestimmungen aber vielfach umgangen – etwa durch den Bau von Schiffen, die knapp unterhalb dieser Grenze von 500 Tonnen lagen.

Dabei gab es etwa im niederländischen Kolonialimperium in Asien – mit seinem administrativen Zentrum in Batavia (Jakarta/Indonesien) – durchaus beachtliche Anstrengungen zum Aufbau einer kolonialkirchlichen Infrastruktur. So wurden im 17. und 18. Jh. insgesamt 254 Pfarrer („Prädikanten") und ca. 800 kirchliche Mitarbeiter niederen Ranges („Krankentröster") von Holland aus in das südostasiatische Inselreich entsandt.[2] Im niederländisch beherrschten Teil Sri Lankas gab es darüber hinaus eine Reihe bemerkenswerter Experimente wie die Einrichtung von Seminaren zur Ausbildung eines einheimischen Klerus (so 1692 in Jaffna und 1696 in Colombo). Letztlich aber blieben derartige Initiativen ohne langfristige Wirkung, da sie zu stark in ein enges *kolonialkirchliches Korsett* eingezwängt waren. Die Vorstellung einer gezielten Ausbreitung des Evangeliums unter der einheimischen Bevölkerung war kaum entwickelt oder umgesetzt. – Eine Wende im protestantischen Kontext leitete seit Anfang des 18. Jh. erst die *pietistische Bewegung* Halle'scher oder Herrnhuter Prägung ein, die ihrerseits entsprechende Bestrebungen in der angelsächsischen Welt (etwa bei den

Methodisten) inspirierte. Meist misstrauisch beäugt von der jeweiligen Obrigkeit, wurde diese international agierende Bewegung tätig unter den Hindus Südindiens, den Khoisan Südafrikas, schwarzen Sklaven in der Karibik, den Inuit („Eskimos") Grönlands, deutschen Auswanderern in den späteren USA oder orientalischen Christen im osmanischen Reich. Numerisch bescheiden, wie die Zahl ihrer Konvertiten zunächst ausfiel, wurde ihre Arbeit doch wichtige Voraussetzung späteren Wachstums.

Im katholischen Kontext markiert die Gründung der Kongregation zur Ausbreitung des Glaubens (‚*Propaganda Fide*') 1622 in Rom eine Zäsur. Sie wurde als zentrale Missionsbehörde der römischen Kurie von Papst Gregor XVI. ins Leben gerufen. Ziel war es u. a., gegenüber den Patronatsrechten der spanischen und portugiesischen Kronen (die eine direkte Kommunikation Roms mit den Kirchen ihres Herrschaftsgebietes verhinderten) einen eigenen Zugang zu den außereuropäischen Missionsgebieten zu erlangen und ein gewisses Maß an Kontrolle über die katholischen Missionen in Übersee zurückzugewinnen. Dabei wurde deren Eigenständigkeit gegenüber kolonialpolitischen Zielsetzungen betont. „Was wäre absurder, als Frankreich, Spanien, Italien oder einen andern Teil Europas nach China einzuführen? ... Deshalb tauscht niemals Bräuche jener Leute gegen europäische aus", heißt es etwa 1659 in einer Instruktion der Propaganda an die nach China und Indochina ausgesandten Missionare [Text 26]. In diesem Zusammenhang wurden nun verstärkt Missionsorden auch aus nichtiberischen Ländern (wie Italien und v. a. Frankreich) tätig. Die iberischen Patronatsmächte beharrten aber hartnäckig auf ihren traditionellen Vorrechten, was v. a. in Asien zu zahlreichen Konflikten führte.

Zunehmend kam es in verschiedenen Regionen (wie Westafrika oder Südasien) zu *konfessionellen Rivalitäten* europäischer Missionare. Umgekehrt blieb das katholische Vorbild nicht ohne Einfluss auf frühe protestantische Missions-Initiativen. In Deutschland etwa war es der Philosoph Gottfried Wilhelm Leibniz, der sich in seiner Schrift *Novissima Sinica* von 1697 beeindruckt vom Wirken der Jesuiten in China zeigte. Sein Programm einer *propagatio fidei per scientias* wiederum verstärkte bei August Hermann Francke (1663–1727), dem Vater des Halle'schen Pietismus, die Überzeugung von der Notwendigkeit protestantischer Missionsunternehmungen. Zeitgleich entwickelte im fernen Boston (Neuengland, heute USA) der Puritaner Cotton Mather (1663–1728) unter Verweis auf die globale jesuitische Konkurrenz Vorschläge zu einer überkonfessionellen protestantischen Weltmission. Dabei trat er in Kontakt auch zu Francke und den Halle'schen Sendboten im südindischen Tranquebar [vgl. Kap. 11.5]. Letztere wiederum wussten sich bei ihrer Übersetzungstätigkeit vor Ort die linguistischen Vorarbeiten früherer katholischer Indien-Missionare nutzbar zu machen.

8.3 Aufklärung und andere Debatten

Im 18. Jh. veränderte sich das geistige Klima in weiten Teilen Europas. Mit dem Vordringen der Aufklärung und der Verbreitung religionskritischer Vorstellungen in gebildeten Kreisen ließ dort zugleich das Missionsinteresse nach. Das hatte Auswirkungen auch in Übersee. In der katholischen Afrika-Mission etwa, so Adrian Hastings, unterschied sich das 18. Jh. deutlich vom 17. Jh., „weil sich die europäische Kirche verändert hatte ... Rom wurde [in seiner Haltung] immer rigider und ließ zugleich [in seinem missionarischen Engagement] nach".[3] In Lateinamerika ist gegen Ende des 18. Jh. eine beachtliche Rezeption aufklärerischen Gedankenguts in der kreolischen Oberschicht zu beobachten. Schriften britischer Naturwissenschaftler, französischer Philosophen oder spanischer Reformer erreichten die Neue Welt in immer kürzeren Abständen. Dies geschah nicht mehr – wie noch zu Beginn des 18. Jh. angesichts der Zensurmaßnahmen der Inquisition – primär durch Bücherschmuggel, sondern zunehmend auch durch den offiziell geduldeten Bücherhandel. In Universitäten und Seminaren wurden die neuen Ideen von Voltaire, Rousseau, Newton oder Locke rege diskutiert. Zugleich aber wurde der „Tolerantismus" der Aufklärung auch weiterhin vielfach als „lutherische Häresie" verurteilt.

Aufklärerische Vorstellungen bestimmten im Iberoamerika des 18. Jh. zunehmend auch die Religionspolitik der spanischen und portugiesischen Krone. Ein leitender Aspekt dabei war – in Zeiten absolutistischer Herrschaft – die Betonung vollkommener staatlicher Autorität gegenüber der katholischen Kirche. Im Unterschied zu den früheren Habsburger Herrschern wurde das Kirchenpatronat nun weniger als Folge päpstlicher Konzessionen verstanden als vielmehr als Ausdruck eigener Souveränität. Konkurrierende transnationale Organisationen wie die katholischen Missionsorden passten da nicht mehr ins Bild. Dies war einer der Faktoren, der schließlich zur Zerschlagung und Vertreibung des Jesuitenordens aus den portugiesischen (1759) und spanischen (1767) Besitzungen in der Neuen Welt führte [s. Kap. 9.3].

8.4 Regionale Zentren, transkontinentale Austauschbeziehungen

Vielfältige regionale Entwicklungen prägen das Bild der Christentumsgeschichte im globalen Süden dieser Zeit. Dazu zählen Bewegungen wie die der afrikanischen Prophetin Kimpa Vita [Abb. 15] (als Verkörperung und Stimme des St. Antonius [sic!]) im Kongo des frühen 18. Jh. ebenso wie Solidaritätsaktionen goanesischer Oratorianer für ihre verfolgten katholischen Glaubensgenossen im kolonialen Sri Lanka. Früh lassen sich aber auch Zeugnisse eines überregionalen bzw. globalen Bewusstseins einheimischer Christen aufweisen. Die japanischen *Märtyrer von Nagasaki* (1597) etwa wurden nicht nur in den Philippinen oder dem katholischen Mitteleuropa kultisch verehrt, sondern ebenso auch in Mexiko, Paraguay oder Peru [vgl. Abb. 8; Foto C05/06]. Um 1745 konnte sich ein afrikanischer Pastor in der holländischen Kolonie Elmina (Ghana) bei seinen politischen und kirchlichen Vorgesetzten in Amsterdam über diskriminierende Behandlung seitens der lokalen Kolonisten beschweren. Dabei verwies er auf die ungleich bessere Behandlung, derer sich seine indischen Kollegen in der dänischen Minikolonie Tranquebar im fernen Südindien erfreuten [Text 141; s. Abb. 19]. Auch Beispiele *transkontinentaler Ehen* indigener Christen sind bezeugt. Eines der bekanntesten ist die Heirat der ehemaligen Sklavin und Laien-Evangelistin Rebecca aus der Karibikinsel St. Thomas mit dem westafrikanischen Pfarrer Christian Protten „Africanus" [s. Abb. 17]. Beide gehörten der Herrnhuter Brüder Unität an und hatten sich in Deutschland kennen gelernt und dort 1746 geheiratet. Später reiste Rebecca mit Christian weiter in dessen westafrikanische Heimat nach Christiansdorf (im heutigen Ghana).

Die Ehe von Rebecca und Christian Protten ist nur ein besonders eindrückliches Beispiel für die sich nun häufenden Verbindungen zwischen afrikanischen Christen auf beiden Seiten des Atlantik. Für die atlantische Welt als Raum der Kommunikation und des Austauschs schwarzer Christen aus unterschiedlichen Regionen ist in letzter Zeit der Begriff ‚*Christian Black Atlantic*' geprägt worden. Ein frühes Beispiel solcher transatlantischen Interaktionen – Kongo-Christen als Evangelisten unter ihren Landsleuten und Mit-Sklaven in der Neuen Welt – wurde bereits erwähnt. Eine Fortsetzung fand ihr Engagement etwa seit den 1730er Jahren in den Aktivitäten schwarzer Herrnhuter Missionare unter afroamerikanischen Sklaven in der Karibik. Seit Ende des 18. Jh. steigerten sich zugleich Rückwanderungsbestrebungen befreiter – oft bereits christlicher – Sklaven nach Afrika. Im 19. Jh. sollten diese weiter anschwellen. Große Bedeutung hatten schwarze überregionale Netzwerke auch im katholischen Raum. Wichtig waren dabei insbesondere afro-brasilianische Bruderschaften, die teils transkontinental agierten. Ein gewichtiger Repräsentant war Lourenço da Silva de Mendouça, ein Afrobrasilianer vermutlich königlich-kongolesischer Abstammung und zugleich anerkannter Führer der schwarzen Gemeinschaft in Lissabon und Madrid. Um 1684 reist er nach Rom, um Papst Innocenz XI. eine Petition gegen die Misshandlung christlicher Sklaven durch christliche Herren in Amerika zu übergeben [Text 255]. Die *Propaganda Fide* verurteilte daraufhin in zwei Stellungnahmen den transatlantischen Sklavenhandel sowie die Formen seiner Organisation.

Austauschbeziehungen ganz anderer Art entwickelten sich durch den Kulturtransfer zwischen Ost und West, und zwar in *beide* Richtungen. Bemerkenswert ist hier etwa der sog. *chinesische Ritenstreit* [s. Kap 11.2]. Dieser hatte ja seinen Ursprung zunächst in den internen Auseinandersetzungen der in China tätigen katholischen Orden (v. a. der Jesuiten und Dominikaner). Je länger desto mehr beschäftigte er aber erst die kirchliche und dann auch die philosophisch-aufgeklärte Öffentlichkeit Europas. Er führte zugleich zu kritischen Rückfragen an überkommene Glaubenspositionen und das biblische Weltbild und erschütterte bislang unangefochtene Geltungsansprüche des westlichen Christentums. Es war hier also nicht Europa, das die Themen in Übersee setzte. Vielmehr sah es sich und seine Traditionen durch den Kontakt zu einer asiatischen Hochkultur in Frage gestellt.

Fußnoten zu Kapitel 8

1 REINHARD (1983), *Expansion I*, 108.
2 MÜLLER-KRÜGER (1968), *Protestantismus in Indonesien*, 41.
3 HASTINGS (1994), *Church in Africa*, 113.

Literatur zu Kapitel 8

8.1–3 (Expansionsgeschichtliche Aspekte / Stationen der Missionsgeschichte / Aufklärung und andere Debatten)

REINHARD (1983), *Expansion I*, 108–155; BOXER (1972), *Dutch Seaborne Empire*; GRÜNDER (2003), *Expansion*, 55 ff. 74–89. 90–97; GENSICHEN (1976), *Missionsgeschichte*, 5–13; METZLER (1971), *Propaganda Fide*; MOFFETT (2005), *Christianity in Asia II*, 213–235; MÜLLER-KRÜGER (1968), *Protestantismus in Indonesien*, 39–59 (holländische Kolonialkirche in Indonesien 17./18. Jh.); METTELE (2009), *Brüdergemeine als weltweite Gemeinschaft*; BECK (1981), *Mission der Brüdergemeine*; PRIEN (1978), *Geschichte*, 327–367 („Die Aufklärung in Lateinamerika").

8.4 (Regionale Zentren, transkontinentale Austauschbeziehungen)

THORNTON (1998), *Kongolese Saint Anthony*; SENSBACH (2005), *Rebecca's Revival*; ANDREWS (2013), *Native Apostles*, 87–105; GRAY (1990), *Black Christians*; KOSCHORKE (1998), *Catholic Underground Church in Ceylon*, 106–116; STEINER (2012), *Japanische Märtyrer von 1597*, 135–156; MERKEL (1920), *Leibniz und die China-Mission*.

Kapitel 9: Lateinamerika

9.1 Die Kirche in der kolonialen Stadt

Die hispanische Kolonisierung Amerikas trug im Wesentlichen urbane Züge. Während der Herrschaft der Spanier wurden ca. 1 000 *städtische Zentren* als Ausgangspunkt ihrer weiterreichenden Eroberungen und dauerhaften Präsenz in der Neuen Welt gegründet. Von Anfang an einheitlich im Schachbrettmuster angelegt – und damit „moderner" als die verwinkelten Innenstädte des mittelalterlichen Europas –, wurden die kolonialspanischen Siedlungen zumeist im 16. oder frühen 17. Jh. im imposanten Barockstil ausgebaut. Prächtige Kirchen und weiträumige Klöster dominierten das Stadtbild. Im Zentrum der kolonialen Metropolen (wie Mexiko, Lima oder Quito) befand sich ein meist rechteckiger oder quadratischer Platz, die *plaza mayor* oder *plaza de armas*, Sitz der politischen, kirchlichen und städtischen Gewalten. Um ihn gruppierten sich Kathedrale, Bischofssitz, Gouverneurspalast und Rathaus. In den Straßen, die rechtwinklig von der *plaza mayor* abgingen, standen die Häuser der Vornehmen. Weiter entfernt waren die Straßen der Handwerker und Händler. In den Außenbezirken lebt das untere Dienstpersonal und die Armen der Stadt – Mestizen, Schwarze und Indianer, mehrheitlich im Umkreis ihrer eigenen Kirchen. Auch die einfachen Landstädte waren stets um einen großen Platz mit Kirche als Mittelpunkt errichtet.

Die zentrale Plaza fungierte zugleich als Arena des öffentlichen Lebens und Schauplatz farbenprächtiger *Prozessionen*. Diese dienten auch der Selbstdarstellung der unterschiedlichen Gruppen der Kolonialgesellschaft, und zwar in einer streng reglementierten hierarchischen Abfolge. Anlass zum Feiern boten die großen Feste des kirchlichen Jahres (wie Fronleichnam), zivile Gedenktage, die Namenstage der Lokalheiligen – etwa in Lima um die Mitte des 17. Jh. 35 an Zahl –, die Abhaltung der Klosterkapitel, der Einzug eines neuen Bischofs sowie (in Mexiko, Lima und Cartagena) gelegentlich die makabren Zeremonien der Inquisition. Die Prozessionen endeten mit dem Einzug der geistlichen und weltlichen Würdenträger in der Kathedrale, gefolgt von den unterschiedlichen Ständen, Zünften und Laienkongregationen. Dazu zählten auch die verschiedenen Kongregationen der Indianer, Mulatten oder Schwarzen, die jeweils am Ende marschierten. Begleitet wurden die Festumzüge von Musik, Gesang, Theater (etwa auf den Bühnen der lokalen Jesuiten-Schulen) oder einem abendlichen Feuerwerk. [vgl. Foto J01/02; J10]

II. 17./18. Jahrhundert

Nicht nur bei der Organisation von Prozessionen, sondern generell spielten die verschiedenen Laienkongregationen bzw. *Bruderschaften* im religiösen und sozialen Leben der Kolonie eine wichtige Rolle. Dies waren Zusammenschlüsse von Laien, die sich der Verehrung eines bestimmten Heiligen widmeten, ein „Werk der Barmherzigkeit" pflegten und unter ihren Mitgliedern unterschiedliche Formen gegenseitiger Unterstützung organisierten. Sie besaßen Land, Herden und (vergleichbar späteren Kreditgenossenschaften) Geld. Die öffentliche Wohlfahrt lag weitgehend in den Händen dieser religiösen Bruderschaften. Auch der Bau zahlloser Kapellen und Kirchen ging auf ihre Initiative zurück. In der Kolonialzeit gehörte fast jeder Christ einer oder mehrerer Bruderschaften oder Zünfte an. Diese nahmen ihren Ausgang zunächst bei den Weißen, umfassten aber bis Ende des 16. Jh. alle Gesellschaftsschichten. Auch die Mestizen, die Mulatten, die Indianer und die Schwarzen waren in einer wachsenden Zahl je eigener Bruderschaften organisiert. Das Konzil zu Lima 1582 suchte deren Anzahl zwar „soweit wie möglich" zu reduzieren und reglementieren, was ihrer Popularität aber keinen Abbruch tat.

Besondere Bedeutung kam den *schwarzen Bruderschaften* in Brasilien zu. Erste Beispiele sind dort seit 1552 bezeugt. Vor allem in den Küstenstädten erreichten sie zwischen 1650 bis 1700 eine signifikante Präsenz. In einem Land mit einem nur schwach entwickelten kolonialkirchlichen Apparat entwickelten sie sich vielfach zu „autonomen oder semi-autonomen Organisationen" innerhalb der Kirche.[1] Sie wurden zu Werkzeugen ethnischer Solidarität und der Forderung nach mehr sozialer Gerechtigkeit. Sie ermöglichten wiederholt den Freikauf versklavter Mitglieder, vertraten diese auch gegenüber kolonialen Autoritäten, bauten überregionale Netzwerke auf und hielten die Erinnerung an die afrikanische Heimat wach. Neben dem Katholizismus der weißen Herren formierte sich so ein afrobrasilianischer Katholizismus, der maßgeblich die folgende Entwicklung beeinflusste.

Neben Männerklöstern nahmen *Frauenkonvente* in der Anlage spanischer Kolonialstädte einen prominenten Platz ein. „Sechs berühmte und vorzügliche Frauenklöster" gab es etwa im Lima der 1620er Jahre [Text 241a] und über zwanzig in Mexiko-Stadt Ende des Jh. (Brasilien hinkte dabei hinterher; hier öffnete der erste Konvent erst 1677) Einzelne Klöster boten teils Hunderten von Insassinnen – Nonnen, Novizinnen, Mägde, Waisen – Platz. Zwischen 10 und 20% der weiblichen Stadtbevölkerung, so einzelne Schätzungen, konnte in den Häusern der Frauenkongregationen leben. Auch die Frauenkonvente spiegelten die soziale Struktur der Kolonialgesellschaft wider, mit üppig ausgestatteten Räumen für die „Bräute Christi" aus der Oberschicht, jeweils mit eigenem Dienstpersonal, und bescheidenen Zellen für Angehörige unterer Stände.

Die wohl berühmteste Nonne der spanischen Kolonialzeit ist sicherlich *Sor Juana Inés de la Cruz* (1648–1695), die schon früh als die „zehnte Muse Mexikos" gefeiert wurde [Abb. 14]. Ein illegitimes Kind aus einer bescheidenen Provinzfamilie, fiel sie bald durch ihren unstillbaren Wissensdurst auf. Sie erlangte Aufmerksamkeit und Förderung durch die Frau des Vizekönigs und entschloss sich mit 18 Jahren zum Eintritt in ein Kloster. Das Leben dort schien ihr einer Ehe vorzuziehen, da sie so – mit eigener Bibliothek – selbstbestimmt ihren breiten intellektuellen Interessen nachgehen konnte. Diese reichten von Mathematik bis zur Philosophie und von Theologie bis zur Poesie. Sie verfasste weltliche und religiöse Gedichte und Dramen und korrespondierte mit führenden Gelehrten ihrer Zeit. Ihr wachsender Ruhm löste Kritik in Kreisen der kirchlichen Hierarchie aus. Ihnen gegenüber verteidigte sie das „gottgegebene" Recht von Frauen auf Bildung:

„Ich wünschte, diese Interpreten ... des heiligen Paulus würden mir erklären, wie sie dies verstehen: ‚Lasset die Frauen schweigen in der Gemeinde' [1 Kor 14,34]. Entweder verstehen sie darunter konkret Kanzel und Pult oder allgemein die Kirche als Gesamtheit der Gläubigen. Wenn sie das Erstere meinen ... – warum tadeln sie dann diejenigen, die private Studien betreiben? Wenn sie aber das Verbot des Apostels im übertragenen Sinne verstehen, dass es den Frauen nämlich nicht einmal erlaubt ist, privat zu schreiben oder zu studieren – wieso hat dann die Kirche einer Gertrude, einer Theresa [von Avila], einer Brigida, der Klosterfrau von Agreda und vielen anderen erlaubt zu schreiben?" [Text 243b]

Schließlich geriet sie in Konflikt mit dem Bischof von Puebla. Sie wurde gezwungen, ihre Bibliothek aufzulösen und ihre wissenschaftlichen Instrumente herauszugeben. Wenig später starb sie im Dienst an Pestkranken. Tragisch, wie ihr Ende war, ist diese Biographie doch bemerkenswert als Beispiel einer Frau im kolonialen Kontext, die bewusst das Leben im Konvent einer konventionellen Ehe vorzog.

Bereits 1551 ließ Kaiser Karl V. zwei *Universitäten* in Mexico-Stadt und Lima errichten. Sie waren mit den gleichen Privilegien wie die berühmte Universität Salamanca im spanischen Mutterland ausgestattet [cf. Text 241c]. Insgesamt entstanden in Spanisch-Amerika in der gesamten Kolonialzeit 26 Universitäten. Im Unterschied dazu kam es im kolonialen Brasilien zu keiner Universitätsgründung. Prominente Denker und Autoren, die dort eine Ausbildung etwa am Jesuiten-Kolleg in Bahia erhalten hatten, gingen anschließend zum Erwerb akademischer Grade weiter nach Portugal an die Universitäten Coimbra oder Évora. Generell lag die schulische Ausbildung in Iberoamerika in den Händen der Kirche. Führend waren dabei insbesondere die Orden der Dominikaner und Jesuiten. In den kleineren Städten erfüllten die Klöster häufig diese Aufgabe. In den Hauptstädten besaß jeder Orden weiterführende höhere Schulen (*colegios*) zur Ausbildung künftiger Ordensbrüder. Es waren insbesondere die Jesuiten, die sehr bald Schulen auch zur Vorbereitung auf weltliche Berufe öffneten. Dies mit beachtlichem Erfolg; weite Teile der künftigen kreolischen Elite erhielten dort eine qualifizierte Ausbildung – ein wesentlicher Grund umgekehrt auch für den raschen gesellschaftlichen und wirtschaftlichen Aufstieg der Gesellschaft Jesu im kolonialen Amerika. Anfangs offen auch für ausgewählte einzelne Jugendliche aus dem indianischen Adel, waren diesen später Universitäten, Kollegien und schließlich sogar Elementarschulen zunehmend verschlossen.

Seit etwa 1600 erlebte die Kirche in Spanisch- und Portugiesisch-Amerika einen enormen finanziellen Aufschwung. Sie profitierte von der ansteigenden Konjunktur in Bergbau (Edelmetalle), Landwirtschaft und Handel und wurde selbst zu einem der wichtigsten Akteure in der kolonialen Ökonomie. Sie besaß ausgedehnten Grundbesitz in den Städten und auf dem Land und produzierte auf ihren Landgütern Zucker, Wein, Textile, Töpferwaren und andere Produkte. In einzelnen Regionen befand sich mehr als die Hälfte allen Landes in spanischem Besitz in den Händen der verschiedenen Orden. Am wenigsten engagiert waren dabei noch die Franziskaner. In Brasilien „unterhielten die Jesuiten landwirtschaftliche Güter, die nach strengen Regeln und ökonomischen Prinzipien als Mustergüter geführt wurden, aber nicht ohne die Arbeitskraft schwarzafrikanischer Sklaven auskamen, was man anfangs hatte vermeiden wollen".[2]

9.2 Indianische und mestizische Stimmen

Lange Zeit ist die Christentumsgeschichte Iberoamerikas primär aus der Perspektive missionarischer oder kolonialer Quellen beschrieben worden. Dabei gibt es eine Fülle von Zeugnissen lokaler Akteure, die das *breite Spektrum* einheimischer (und afroamerikanischer) Antworten auf die Einführung des Christentums dokumentieren. Sie reichen von vollständiger Annahme bis zu erbittertem Widerstand. Als „Anfang unseres Elends" beklagt etwa ein Maya-Priester im frühen 17. Jh. die Tätigkeit spanischer Missionare [Text 247]. Umgekehrt beeindrucken Texte wie das „Morgengebet" eines christlichen Ketschua (um 1600) durch ihre Lyrik und die Verbindung von indianischer Naturmystik mit der Sprache der Psalmen [Text 245]. Von einer Vielzahl „indigener Christentümer" im Prozess der Verschmelzung altamerikanischer und christlicher Traditionen spricht der mexikanische Historiker und Anthropologe David Tavárez.[3]

Eine der bekanntesten indigen-christlichen Stimmen aus dem kolonialen Spanisch-Amerika stellt die berühmte *Bilderchronik des Felipe Guamán Poma de Ayala* (ca. 1535/1550 bis nach 1616) aus Peru dar. ‚El Primer Nueva Corónica y Buen Gobierno' (Die neue Chronik und gute Regierung) lautet der Titel seines – in Spanisch und teils in Ketschua – verfassten Werkes, das der aus einem Inka-Geschlecht stammende Guamán Poma gegen Ende seines Lebens verfasste, um den spanischen König Philipp III. auf die schreienden Missstände in seinem Reich aufmerksam zu machen [Text 249]. Die „Chronik", eine *Weltgeschichte* aus Inka-Perspektive, beginnt mit Adam und Eva und führt zunächst bis zum Erscheinen „unseres Herrn und Erlösers Jesus Christus". Dieser wurde geboren – so heißt es –, als in Rom „Julius Caesar" regierte und im peruanischen Cuzco der

„Inka Cinche Roca". Danach werden beide Traditionslinien – die der römischen Kaiser und Päpste auf der einen sowie der Inka-Herrscher in Cuzco auf der anderen Seite – fortgeführt, bis sie sich bei der Eroberung Perus durch die Spanier wieder verbinden. Die Predigt des christlichen Glaubens durch katholische Missionare wird ausdrücklich begrüßt (und zugleich die Bedeutung der Spanier durch Verweis auf eine frühere „Urevangelisierung" des Anden-Reiches bereits durch den Apostel Bartholomäus relativiert). Zugleich aber wird *scharfe Kritik sowohl an der spanischen Kolonialherrschaft wie der kolonialkirchlichen Wirklichkeit* geäußert. Denn die (kreolischen oder mestizischen) Kleriker machen immer wieder – so der Vorwurf – gemeinsame Sache mit den Kolonisten und anderen Angehörigen des Kolonialestablishments. Sie quälen, berauben und misshandeln die Indios als die „Armen Jesu Christi", sie schwängern ihre Frauen und beuten sie aus. Im leidenden Indio – umstellt vom Kommendenbesitzer sowie den Funktionären von Krone und Kirche leidet Christus selbst [Abb. 10]. Aber es gibt auch gottesfürchtige und heilige Männer unter den Klerikern; und wenn das Evangelium frei von Herrschsucht und Geldgier gepredigt wird, könne für die lateinamerikanische Kirche ein *neues Pfingsten* anbrechen [Abb. 11].

Der Teil über die „*Gute Regierung*" enthält dann die Reformvorschläge des Guamán Poma. Diese basieren auf den sozialen und ökonomischen Strukturen der Inka-Gesellschaft, der Übernahme positiver Elemente der abendländischen Kultur sowie dem Christentum, angepasst an die praktischen Bedürfnisse der andinischen Bevölkerung. Denn die Inka-Herrscher behandelten ihre Untertanen einst weitaus besser als gegenwärtig die Spanier; und König Philipp III. wird ersucht, Indios wieder in verantwortungsvolle Positionen einzusetzen. Indigene Christen werden – anders als die meisten Spanier – als fromm und barmherzig geschildert. Sie sind gute Künstler, Bildhauer, Musiker, Kirchensänger und vertraut mit allen Belangen des gottesdienstlichen Lebens. Würden sie nicht ständig von der korrupten Kolonialelite behindert, so gäbe es unter ihnen „Heilige und große Gelehrte und allerchristlichste Indios".[4] Berühmt geworden ist das erst 1908 in einem dänischen Archiv entdeckte Werk des Guamán Poma v. a. durch die ca. 400 Zeichnungen, die das soziale, ökonomische und religiöse Leben im Peru des frühen 17. Jh. darstellen. Sie gelten als hervorragende historische und ethnographische Dokumente und haben inzwischen auch in die Popkultur Lateinamerikas Eingang gefunden.

Wichtiges Medium zur Artikulation indigener Perspektiven war insbesondere auch die darstellende Kunst. In der Kathedrale von Cuzco (Peru) beispielsweise befindet sich eine Abendmahlsdarstellung (*cena ultima*) des indianisch-christlichen Künstlers *Marcos Zapata* (1710–1773). Neben andiner Flora und Fauna zeigt es als Abendmahlsspeise ein – noch heute in Peru als Delikatesse geltendes – Meerschweinchen sowie als Getränk das lokale *Chicha* [Abb. 13; Foto J04/05]. Marcos Zapata war hervorragender Repräsentant der sog. Cuzco-Schule, deren Bilder nicht nur im kolonialen Peru, sondern auch in anderen Regionen

Spanisch-Amerikas Verbreitung fanden. Ihre Anfänge gehen auf Mitte des 16. Jh. zurück. Nach einem Streit mit ihren spanischen Kollegen Ende des 17. Jh. zogen sich die indianischen und mestizischen Künstler aus der gemeinsamen Korporation zurück und entwickelten eigene Ausdrucksformen [vgl. auch Text 248].

9.3 Jesuitenreduktionen (1609–1768)

Eines der bemerkenswertesten Experimente in der gesamten Kolonialzeit Iberoamerikas stellt die Einrichtung der sogenannten *Reduktionen* im Grenzgebiet des heutigen Paraguay, Argentinien und Brasilien im 17. und 18. Jh. dar [s. Text 250–252]. Dabei handelte es sich um von den Jesuiten eingerichtete Schutzsiedlungen für die dort lebenden halbnomadischen Guaraní-Indianer. Diese wurden in festen Dörfern „zusammengeführt" und sesshaft gemacht – unter paternalistischer Kontrolle der Patres, aber abgeschirmt vom Rest der Kolonialgesellschaft. Innerhalb des spanischen Kolonialreiches genossen die Reduktionen, da direkt der Krone unterstellt, weitgehende Autonomie. Spanischen Siedlern war der Aufenthalt dort verboten. Fremde Händler durften sich nur bis zu drei Tage im Reduktionsgebiet aufhalten und allein in Anwesenheit eines Missionars mit den Indianern verhandeln. V. a. aber waren die Reduktionen aus dem Kommendensystem und dem damit verbundenen System der Leibeigenschaft und Zwangsarbeit herausgelöst. Die Reduktions-Indianer standen somit den spanischen Grundbesitzern nicht als billige Arbeitskräfte zur Verfügung – was von Anfang an zu heftigen Konflikten zwischen den Jesuiten und den *encomenderos* führte.

Die Gründung von Reduktionen an sich war keine neue Erfindung. Erste Versuche zur Bildung abgeschlossener Missionsgebiete, geschützt vor der Willkür spanischer Kolonisten, aber unter Oberhoheit des spanischen Königs, hatte es bereits im 16. Jh. gegeben (so durch Las Casas in der ‚Verapaz' im Bereich des heutigen Guatemala). Angesichts des Widerstandes der europäischen Siedler scheiterten sie ebenso wie andere frühere Unternehmungen dieser Art. 1604 wurde die Jesuitenprovinz Paraguay gegründet. Kurz danach kam es dort zum Aufbau der ersten Reduktionen. In der ersten Hälfte des 18. Jh. umfasste die Region zwischen dem Rio Paraná, dem Rio Uruguay und dem Rio Paraguay 30 Reduktionen mit bis zu 104 000 Bewohnern. Weitere Missionssiedlungen entstanden darüber hinaus im Tiefland des heutigen Bolivien und Peru. Im Jahr 1767 – als die Jesuiten aus Südamerika vertrieben wurden – lebten ca. 200 000 Indigene in den zu diesem Zeitpunkt noch bestehenden etwa 70 Indianersiedlungen.

Einzelne Dörfer (bzw. Landstädte) umfassten bis zu 8 000 oder mehr Einwohner. Auch hier bildeten prächtige Kirchen mit Glockenturm das Zentrum und überragten den Marktplatz sowie die einfachen – aus Stampferde errichteten und mit Strohdächern versehenen – Häuser der Indigenen [Text 251]. Die Kirchenarchitektur verband dabei Formen des europäischen Barocks mit lokaler

Bauweise und indianischem Dekor. Gezielt förderten die Jesuiten musische und handwerkliche Fähigkeiten ihrer Schützlinge. Die Missionierung erfolgte ausschließlich in der Muttersprache. Als eine der Folgen davon ist das Guaraní (in modernisierter Form) in Paraguay noch heute zweite Amtssprache neben dem Spanischen. Neben der Christianisierung (durch Predigt, kirchliche Feste und Schulunterricht) suchten die Jesuiten das materielle Wohl ihrer Gemeinden zu fördern und führten technische Neuerungen (wie Pflug, Zugtiere oder Mühlen) ein. In den Siedlungen lebten zumeist nur zwei Patres (als einzige Weiße). Sie waren mit der geistlichen und weltlichen Verwaltung betraut und wurden dabei von einem ausgewählten Kreis indigener Bewohner unterstützt.

Die *Wirtschafts- und Sozialverfassung* der Reduktionen verband traditionelle indianische Strukturen mit aus Europa eingeführten Sozialmustern. Sie ist als „ein Agrarkollektivismus" bezeichnet worden, „in dem aber das Privateigentum nicht gänzlich fehlte".[5] Der größte Teil des Bodens war Gemeindeland, und zu seiner Bewirtschaftung musste jeder Indianer zwei bis drei Tage wöchentlich arbeiten. Die Erträge dienten zur Bezahlung des königlichen Tributs, zum Unterhalt der Kirche und ihrer Einrichtungen sowie zur Versorgung von Waisen, Witwen, Alten und Kranken. Das – nicht vererbbare – Eigenland sicherte eine möglichst gleiche Versorgung der Familien. Regelmäßige Arbeit auf dem Gemeindeland wurde streng kontrolliert, wobei die Jesuiten jedoch stärker auf pädagogische Maßnahmen als auf Zwang setzten. Die schärfste Strafe war die Ausweisung aus der Reduktion.

Das Reduktionssystem der Jesuiten ist sehr *unterschiedlich beurteilt* worden. Als „heiliges Experiment", „christliche Alternative zu Kolonialismus und Marxismus" und Modell eines behutsamen Kulturwandels unter den Bedingungen spanischer Kolonialherrschaft hat es Bewunderung und Anerkennung erfahren. Für andere war es als klerikal-paternalistische Theokratie und eine Art „geistliches Konzentrationslager" Gegenstand scharfer Kritik. Bemerkenswert ist in jedem Fall, dass in den Reduktionen kein Fall einer Revolte gegen die Jesuiten bekannt ist. Angesichts der Zahlenverhältnisse – insgesamt etwa 60 Patres standen dort über 100000 teils waffengeübte Männer gegenüber – spricht dies für die innere Autorität der jesuitischen Geistlichen.

Das Ende des von seinen Gegnern sogenannten „Jesuitenstaates" in Paraguay kam von außen. Nicht nur den spanischen Siedlern, sondern auch der Kolonialregierung wurde die politische und wirtschaftliche Eigenständigkeit der Reduktionen zunehmend ein Dorn im Auge. Angesichts wachsender zentralistischer Tendenzen im nun herrschenden bürokratischen Staatsabsolutismus (sowie in Zeiten heftiger anti-jesuitischer Propaganda im aufgeklärten Europa) passte die relative Handelsautonomie der Jesuiten nicht mehr ins Bild. Unmittelbarer Auslöser des Konfliktes war der Vertrag von Madrid 1750. Dieser sah Korrekturen im Grenzverlauf zwischen den spanischen und portugiesischen Besitzungen in Amerika vor. Davon waren die Siedlungen der Guaraní-Indianer direkt betroffen. Als diese sich gegen drohende Umsiedlungen wehrten, griff die spanische Krone durch. Der Jesuiten-Orden wurde 1767 verboten, und seine Angehörigen in einer Nacht-und-Nebel-Aktion aus Spanien und den Kolonien ausgewiesen. In Portugiesisch-Amerika hatten sie dies Schicksal bereits 1759 (sowie in französischen Territorien 1764) erlitten. In Paraguay wurden die Reduktionsgebiete nun zur Besiedlung geöffnet, und die ehemaligen Reduktionsindianer im 19. Jh. vielfach zu Hörigen spanischer oder kreolischer Grundbesitzer.

Schutzdörfer für Indianer gab es im 17. und 18. Jh. auch in anderen Regionen, so in Brasilien, eingerichtet von Jesuiten und anderen Orden. Vergleichbare Einrichtungen für afroamerikanische Sklaven fehlten dort, wenngleich sich in den Fliehdörfern entlaufener schwarzer Sklaven (*quilombo*) ein Katholizismus eigener Prägung entwickeln konnte.

9.4 Am Vorabend der Unabhängigkeit

Bis zum Ende der spanischen (und portugiesischen) Kolonial-Ära spielte der *Protestantismus* auf dem südamerikanischen Festland kaum eine Rolle. Präsent war er dort eher als Feindbild (in Gestalt einer beachtlichen gegenreformatorischen Propaganda) als durch physische Präsenz. Zwar kam es auch zu kurzfristigen kolonialen Vorstößen (vor allem der kalvinistischen Holländer 1630–1654 im brasilianischen Pernambuco) sowie wiederholt zu Prozessen (und Todesurteilen) der Inquisition gegen gestrandete protestantische Seefahrer oder westeuropäische Korsaren. Zudem suchte eine strikte Bücherzensur das Eindringen protestantischer Ideen in Hispano-Amerika verhindern. An der Peripherie des spanischen Kolonialreiches jedoch, in der Karibik sowie einigen Enklaven auf dem benachbarten Festland, setzten sich seit Mitte des 17. Jh. westeuropäische protestantische Mächte fest. 1655 eroberten die Engländer Jamaika, und 1666 besetzten die Dänen die Jungferninseln. Die Niederländer etablierten sich in Holländisch-Guyana. Dort kam es zur Bildung protestantischer Kolonialkirchen sowie im späteren 18. Jh. zu Missionsaktivitäten deutscher Herrnhuter oder englischer Methodisten unter den afrikanischen Sklaven. Letzteres führte dort zur Bildung afrokaribischer Gemeinden.

In den Monarchien Spaniens und Portugals hatte Mitte des 18. Jh. der Geist des *aufgeklärten Absolutismus* Einzug gehalten. Das hatte unmittelbare Auswirkungen auch auf die jeweiligen Kolonien. In Spanien kam es unter König Karl III. (reg. 1759–1788) zu zahlreichen Reformen in Verwaltung, Handel und Wirtschaft. Treibende Kraft ähnlicher Veränderungen in Portugal war der Premierminister Marquis von Pombal, de facto Inhaber der Regierungsgewalt (reg. 1750–1777). Beide iberische Kronen suchten den Zugriff auf ihre Übersegebiete zu verstärken, um dortige Ressourcen besser auszubeuten. Beide Regierungen betrachteten dabei die Kolonialkirche als Hindernis auf diesem Weg. Die Vertreibung der Jesuiten aus den portugiesischen (1759) und spanischen (1767) Besitzungen (wozu 1764 auch die aus französischen Territorien hinzukam) war eine der Konsequenzen dieser Entwicklung. Bestimmendes staatskirchliches Konzept war dabei das des *Regalismus*: die Rechte der Krone gegenüber der Kirche wurden nicht mehr als Gewährung päpstlicher Privilegien verstanden, sondern als Ausdruck staatlicher Souveränität. In der Folge wurde die Kolonialkirche zunehmend staatlicher Kontrolle unterstellt, traditionelle Privilegien und Freiräume von Klerus und Orden abgebaut sowie die sprachliche Assimilierung der Indigenen (durch Verpflichtung der Geistlichen, auf Spanisch zu unterrichten) vorangetrieben. Die Inquisition wurde reformiert (und zugleich verstärkt als Instrument staatlicher Überwachung genutzt). Führende Positionen in der kirchlichen Hierarchie wurden zunehmend mit im Mutterland geborenen Spaniern (den sog. *peninsulares*) besetzt. Damit wurden unter Karl III. zugleich frühere Tendenzen zur Bildung einer kreolischen kirchlichen Führungsschicht umgekehrt.[6]

Vor allem letzteres war eine der Maßnahmen, die in den spanischen Kolonien auf scharfe Kritik stießen. Gegen die strukturelle *Benachteiligung der Kreolen* (also der in Amerika geborenen Spanier) wandte sich beispielsweise eine Eingabe der Stadt Mexico vom 5. Mai 1771 an König Karl III. Bemerkenswerterweise findet sich darin die Selbstbezeichnung als „Amerikaner". „Es ist nicht das erste Mal", so heißt es in dem Protestschreiben,

„dass Übelwollen und Vorurteil das Ansehen der Amerikaner angefochten haben und sie hinstellen wollen, als seien sie unwürdig für die Erlangung jeder Art von Ehrungen. Man führt diesen Krieg gegen uns seit der Entdeckung Amerikas. Bei den eingeborenen Indianern stellte man sogar ihre Vernunftbegabung in Frage. Mit nicht geringerer Ungerechtigkeit gibt man vor, dass wir, die wir von europäischen Eltern in diesem Lande geboren sind, kaum genügend Verstand besitzen, um Menschen zu sein […] Man schloss uns von den Bischofssitzen und anderen hohen geistlichen Würden und auf weltlichem Gebiet von den erstrangigen Ämtern in Heer, Verwaltung und Justiz aus" [Text 259].

Damit verband sich die Forderung, die im Mutterland geborenen Spanier in Mexiko als Ausländer zu behandeln. Die kreolische Oberschicht Hispanoamerikas hatte im Verlauf des 18. Jh. zunehmend ein eigenes Identitätsbewusstsein entwickelt. Ressentiments gegenüber neu eintreffenden – oft weniger gebildeten, aber höhere Positionen beanspruchenden – *peninsulares* verstärkten sich. Auch in Portugiesisch-Amerika bestimmte der Gegensatz zwischen ‚Portugiesen' und Brasilianern zunehmend den Gang der Dinge.

Wachsende Unzufriedenheit regte sich auch in anderen Gruppen der Kolonialgesellschaft. Die Anden waren im 18. Jh. von einer Vielzahl bäuerlicher Rebellionen erschüttert. Die größte Erhebung verbindet sich mit dem Namen *Tupac Amaru II.*, dessen revolutionäre Bewegung 1780/81 die spanische Herrschaft in weiten Teilen des heutigen Peru und angrenzenden Regionen erschütterte. Anführer war der Ketschua-Indianer (oder Mestize) José Gabriel Candorcanqui (1738–1781), der sich nach dem letzten, 1572 von den Spaniern in Cuzco enthaupteten legitimen Inka-Herrscher Tupac Amaru benannte. Seine nativistische Revolte richtete sich gegen verschärfte ökonomische und fiskalische Bedrückung (als Folge jüngster Reformen der spanischen Krone). Anfangs suchte er eine breite Allianz zwischen kreolischem Bürgertum, mestizischen Kleinbürgern und indianischen Bauern „gegen den [spanischen] Pharao, der uns verfolgt, peinigt und anfeindet" zu erreichen [Text 260]. Doch die unkontrollierten Aktionen seiner Bauernheere entwickelten eine eigene Dynamik, kreolische Unterstützer wandten sich ab. 1781 wurde Tupac Amaru II. zusammen mit seiner Familie in Cuzco – auf demselben Platz wie sein „Vorgänger" im 16. Jh. – hingerichtet. Sein Beispiel inspirierte jedoch auch noch spätere revolutionäre Bewegungen im Lateinamerika des 19. und 20. Jh.

Zu den Sprechern der kreolischen Elite zählten vielfach lokale Kleriker. Ein prominentes Beispiel bietet der Dominikaner *Servando Teresa de Mier* (1763–1827), dessen Predigt am Guadalupe-Fest vom 12.12.1794 in Mexiko – in Gegenwart des Erzbischofs und Vizekönigs – für einen Skandal sorgte. Mier erhielt daraufhin ein 10jähriges Predigtverbot und wurde in den Klosterarrest nach Spanien geschickt. Springender Punkt seiner Predigt war die Verbindung zweier Traditionen, die zur Formulierung einer eigenständigen – nicht-spanischen – kreolisch-christlichen Identität bedeutsam waren: die Überlieferung von der Erscheinung der Jungfrau von Guadalupe vor dem Indio Juan Diego [vgl. Kap. 6.3] und die Legende vom Wirken des Apostel Thomas in Altamerika lange vor Ankunft der Spanier. Nicht erst im Schatten der spanischen Conquista und Evangelisation seien das Evangelium und die Jungfrau von Guadalupe nach Mexiko gekommen. Vielmehr geschah dies, so der Prediger, „bereits vor 1750 Jahren", also schon in apostolischen Zeiten – genauso wie (gemäß iberischer Lokaltradition) die Jungfrau damals in Spanien auch dem Apostel Jakobus erschienen war [Text 262]. Man konnte also – so die Quintessenz – guter Christ und trotzdem gegen die Herrschaft der Spanier sein. Der politischen Emanzipation ging so die geschichtstheologische voraus.

Fußnoten zu Kapitel 9

1 DANIELS (2014), *Kongolese Christianities in the Americas*, 219; DUSSEL (1992), *Church in Latin America*, 75.
2 MEIER (2018), *Ränder*, 258.
3 TAVÁREZ (2017), *Indigenous Christianities*, 5(ff).
4 THIEMER-SACHSE/KUNZMANN (2004), *Guamán Poma de Ayala*, 820.
5 KONETZKE (1991), *Süd- und Mittelamerika* I, 273; vgl. GRÜNDER (1988), *„Jesuitenstaat"*, 10ff.
6 GONZÁLEZ/GONZÁLEZ (2007), *Christianity in Latin America*, 105–112.

Literatur zu Kapitel 9

9.1 (Die Kirche in der kolonialen Stadt)

PIETSCHMANN (1994), *Handbuch* I, 505–510; BURKHOLDER/JOHNSON (1994), *Colonial Latin America*, 113ff.285ff; KEEN (1996), *Latin America*, 120ff.148–152; GONZÁLEZ/GONZÁLEZ (2007), *Christianity in Latin America*, 74ff.86ff; KONETZKE (1991), *Süd- und Mittelamerika*, 283–333; MERRIM (1999), *Sor Juana Inés de la Cruz*; PRIEN (2007), *Lateinamerika*, 103–135.158–177; DUSSEL (1992), *Latin America*, 53–80; MÉRIDA (1994), *Kirche und Mission*, 376–399; TERRACIANO (2014), *Early Latin America*, 335–352; THOMAS (1994), *Das portugiesische Amerika*, 597–662.

9.2 (Indianische und mestizische Stimmen)

THIEMER-SACHSE/KUNZMANN (2004), *Guamán Poma de Ayala*; PRIEN (1978), *Geschichte*, 221–228; MEIER (2018), *Ränder*, 219ff.225–232; STEINER (1992), *Poma de Ayala*; HAMILTON (2009), *First New Chronicle and Good Government*; DILKE, C. (1978), *Letter to a King*; ADORNO (2000), *Writing and Resistance*; TAVÁREZ (2017), *Indigenous Christianities in Colonial Latin America*; FANE, D. (1996), *Converging Cultures*; NEBEL (2006), *Indigen-christliche Autoren im kolonialen Mexiko*, 142–161.

9.3 (Jesuitenreduktionen [1609–1768])

HARTMANN (1994), *Jesuitenstaat*; GRÜNDER (1988), *„Jesuitenstaat"*, 1–25; PRIEN (1978), *Geschichte*, 262–290; DUSSEL (1992), *Church in Latin America*, 351–362; MEIER (2018), *Ränder*, 234ff.313ff; MEIER (1998), *Chiquitos-Reduktionen*, 117–131; HOORNAERT (1982), *Brasilien*, 112–121.

9.4 (Am Vorabend der Unabhängigkeit)

BUISSON/SCHOTTELIUS (1980), *Unabhängigkeitsbewegungen*; PIETSCHMANN (1994), *Handbuch* I, 396–398.448ff; PRIEN (2007), *Lateinamerika*, 224–241 („Das Jahrhundert der Aufklärung"); BASTIAN (1995), *Protestantismus*, 89–102; MEIER (2018), *Ränder*, 311ff; GONZÁLEZ/GONZÁLEZ (2007), *Christianity in Latin America*, 109–114; PRIEN (1978), *Geschichte*, 369ff. (Tupac Amaru II); KEEN (1996), *Latin America*, 152–155; DELGADO (2002), *Kreolische Emanzipationsbestrebungen*, 315–328; CLOSSEY (2006), *Merchants, migrants, missionaries*, 41–58.

Kapitel 10: Afrika

10.1 Äthiopien: Zeit selbstgewählter Isolation

Im christlichen Äthiopien folgte auf die Vertreibung der Jesuiten durch Kaiser Fasilidas (seit 1632/33; s. Kap. 7.4) eine lange Phase der Selbstisolation vom Rest der Welt und insbesondere vom katholischen Europa. Neues politisches Zentrum des – in seiner territorialen Ausdehnung zunehmend schrumpfenden – Kaiserreichs wurde die Stadt Gondar. Ein zentrales Ziel des Herrschers war die Wiederherstellung der äthiopischen Orthodoxie in neuer und gleichwohl traditioneller Form. Kaiser Fasilidas ließ die seit dem *Jihad* des Gran zerstörte Kathedrale in Aksum wiederherstellen und in Gondar zahlreiche neue Kirchen errichten. Zum letzten Mal erlebte das Reich in den folgenden Jahren eine *Phase kultureller und intellektueller Blüte*. In Literatur, Architektur und religiöser Malerei entwickelte sich eine höfische Kultur, die sich von volkstümlichen Traditionen emanzipierte. Auch nach der Vertreibung der Portugiesen blieben fremde kulturelle Einflüsse weiterhin wirksam (etwa aus Portugiesisch-Indien, wie die Paläste in Gondar zeigen). Selbst Motive des deutschen Malers Albrecht Dürer fanden Eingang in die äthiopische Kunst. Ökonomisch blieb Gondar mit den Handelsrouten im Roten Meer und Niltal zunächst verbunden, obwohl sich die wichtige Hafenstadt Massawa (im heutigen Eritrea) inzwischen unter osmanischer Kontrolle befand. Letzter großer Herrscher der Gondar-Periode war Kaiser Iyasu I. (1682–1706). Nach ihm setzte eine Zeit der Desintegration ein, die das Land bis 1755 in einen Zustand völliger Anarchie führte.

Ausschlaggebend für diesen *Niedergang* waren vielfältige Gründe: Palastrevolutionen, Spannungen zwischen unterschiedlichen Volksgruppen, Invasion nomadischer Stämme, Vordringen der osmanischen Türken, Verlust des Zugangs zum Roten Meer. Die Desintegration wurde zusätzlich durch andauernde Auseinandersetzungen zwischen zwei rivalisierenden Klosterparteien beflügelt. In deren Zentrum stand eine christologische Debatte, ein Nachklang altkirchlicher Kontroversen über die göttliche und menschliche Natur Christi. Synodale Einigungsversuche führten zu entgegen gesetzten Resultaten. Erschwert wurden sie durch das fragile Gleichgewicht zwischen kaiserlicher Zentralgewalt, den Rechten des *Abuna* (des kirchlichen Oberhauptes) und den weithin autonomen Klöstern. Schließlich beschränkte sich die Kontrolle der äthiopischen Herrscher mehr oder minder auf die Region unmittelbar um Gondar. Als „Zeit der Richter" – als es „keinen König in Israel" gab – ist diese Epoche der Anarchie in Aufnahme biblischer Terminologie in die äthiopischen Annalen eingegangen. In das 19. Jh. trat Äthiopien, früher ein Schwergewicht im christlichen Afrika, äußerst geschwächt ein.

Rom gab niemals die Hoffnung auf Wiederherstellung seines Einflusses in Äthiopien auf. Mehrere Missionen scheiterten, darunter 1788 die Entsendung eines in Rom ausgebildeten und zum katholischen Bischof konsekrierten Äthiopiers. Auch vereinzelte Vorstöße von *protestantischer Seite* blieben erfolglos. Noch zu Zeiten des Fasilidas hielt sich um 1634 mit Peter Heyling ein deutscher Lutheraner zeitweilig als Lehrer, Arzt und Theologe am Kaiserhof in Gondar auf. Nachhaltiger war im protestantischen Europa die Wirkung von Hiob Ludolf (1624–1704), Begründer der Äthiopistik in Deutschland, der dabei eng mit einem emigrierten äthiopischen Gelehrten zusammenarbeitete. Ein Vorstoß des Herrnhuter Missionars Friedrich Hocker 1752 und 1761 von Kairo aus scheiterte ebenso wie zu Beginn des 19. Jh. verschiedene Initiativen der anglikanischen ‚Church Missionary Society' (CMS). Sie zielte dabei nicht auf eine Konversion, sondern die brüderliche Unterstützung der äthiopischen Christen ab. 1830 gelang es dem von der CMS entsandten Basler Missionar Samuel Gobat zwar, Gondar zu erreichen. Alle Bemühungen um eine dauerhafte Präsenz in Äthiopien blieben jedoch erfolglos, weshalb die CMS das Experiment schließlich beendete.

10.2 Regionale Entwicklungen

Äthiopien war kein Einzelfall. Auch in anderen Regionen Afrikas brach im Verlauf des 17. Jh. die Vorherrschaft der Portugiesen (und zugleich die Präsenz katholischer Missionare) ein. Um 1620 bestand noch das, was Adrian Hastings als ein sich über den ganzen Kontinent erstreckendes *Netzwerk afrikanischer christlicher Herrscher* bezeichnet hat.[1] In Äthiopien war dies, wie bereits erwähnt, Kaiser Susenyos (reg. 1606–1632). In Warri (im heutigen Nigeria) regierte mit dem „Olu" Sebastian (1597–1625) ein eifriger Förderer der Christianisierung seines kleinen Reiches. 1600 war er sogar zur Ausbildung als Priester nach Portugal entsandt worden. Er kehrte zwar nicht als konsekrierter Geistlicher zurück, wirkte aber noch in hohem Alter katechetisch unter seinen Landsleuten. In Mombasa (im heutigen Kenia) war es ein junger (und mit einer Portugiesin verheirateter) christlich getaufter Herrscher, Dom Jeronimo Chingulia, der um 1626 zum König erhoben wurde. Zuvor hatte er jahrelang in Goa eine Erziehung durch die dortigen Augustiner-Mönche erhalten.

Schon bald jedoch *änderte sich das Bild*. 1631 brach Chingulia mit dem Christentum, massakrierte die portugiesische Garnison in der Stadt und befahl seinen Untertanen die Konversion zum Islam. Auch etwa 150 afrikanische Christen fielen in Mombasa seiner Verfolgung zum Opfer. In Äthiopien endete 1632 mit der

Abdankung von Kaiser Susenyos (zugunsten seines Sohnes Fasilidas) die kurze katholische Zwischenphase in der Christentumsgeschichte des Landes. Im heutigen Zimbabwe vertrieb Changamire Dombo (reg. ca. 1660–1695) in den 1680er Jahren die Portugiesen (samt Missionaren) vom Hochplateau und gründete das Kriegerreich der Rozvi. 1698 schließlich fiel das – zwischenzeitlich von den Portugiesen wiedereroberte – Mombasa mit seinem strategisch wichtigen Hafen dauerhaft in die Hände der arabischen Omani. In Warri (im heutigen Nigeria) beklagte sich König Dom Domingos II. 1692 in einem Schreiben an den Präfekten der Kapuzinermission in São Tomé bitter über den gravierenden Priestermangel in seinem Reich. Katholische Missionare kamen nur noch sehr unregelmäßig ins Land. Deshalb stehe es – so der afrikanische Herrscher – schlecht „im Weinberg des Herrn" [Text 133]. Warri blieb aber eine isolierte Insel christlicher Präsenz in der Region.

Auch das einst bedeutende christliche *Kongo-Reich* lag in Trümmern [vgl. Karte 5]. Endlose Thronstreitigkeiten, die militärische Niederlage gegen die Portugiesen im benachbarten Angola (Schlacht von Abuila 1665) sowie die immer dramatischeren Auswirkungen des atlantischen Sklavenhandelns waren der Grund. Das Christentum hatte aber längst nicht nur am königlichen Hof, sondern auch in der Landbevölkerung Fuß gefasst. Prophetische Bewegungen wie die um den Hg. Antonius erfreuten sich zu Beginn des 18. Jh. großen Zulaufs. Dabei war „Antonius" in Wirklichkeit eine junge Frau, Doña Beatriz Kimpa Vita (1684–1706), die sich als Sprachrohr des populären Heiligen verstand [s. Abb. 15]. Sie propagierte die Restauration des alten christlichen Königtums durch Rückkehr in die verlassene Hauptstadt São Salvador sowie die Zerstörung der mittlerweile zum Fetisch degenerierten Kreuzessymbole. Jesus war für sie ein Kongolese; und nicht nur die Europäer, sondern auch die kongolesische Kirche hatte nun ihre eigenen Heiligen. Auch nach der Hinrichtung der Kimpa Vita 1706 durch den siegreichen Kongo-Herrscher Pedro IV. (reg. 1695–1718) bestand die antonianische Bewegung weiter. Es war dies ein Konflikt zwischen zwei Strömungen innerhalb des traditionellen kongolesischen Christentums, das in Resten bis ins frühe 19. Jh. weiter bestand. Pedro IV. gelang es zwar, die Einheit des Kongo-Reiches wiederherzustellen. Aber dies war fortan kaum mehr als eine Konföderation von Kleinstaaten, die nur durch das Symbol einer einzigen Monarchie zusammengehalten wurde.

Der Rückgang katholischer Missionsaktivitäten im Afrika des 18. Jh. war nicht nur eine Folge der schrumpfenden Kolonialpräsenz der Portugiesen. Bedingt war er auch durch interne Faktoren. So das hartnäckige Festhalten der portugiesischen Krone an überholten Padroado-Privilegien, weshalb sie den Zugang zu ihren Besitzungen nach Möglichkeit auch katholischen Missionaren aus anderen Ländern verwehrt. Auch die wachsende Intoleranz Roms gegenüber lokalen Christentumsvarianten, unter anderem eine Folge des Ritenstreits [s. Kap. 11.2], sowie der schwindende Missionsenthusiasmus in weiten Kreisen des katholischen Establishments spielten eine Rolle. Schließlich standen de facto nur noch Teile des heutigen Angolas und der Küstenregion Mosambiks unter portugiesischer Kontrolle. Auf der Mosambik-Insel – wichtige Zwischenstation auf dem Weg nach Goa – wurde jedoch noch im 18. Jh. eine prachtvolle Kirche erbaut, und goanesische Dominikaner unterrichteten in den Seminaren der Stadt afrikanische Schüler.

10.3 Protestantische Anfänge

Neben den Portugiesen etablierten sich gegen Ende des 17. Jh. an der *westafrikanischen Küste* auch andere europäische Länder. Um 1700 zählte man dort auf einer Strecke von ca. 400 km mehr als 30 Festungen verschiedener Nationen. Dazu gehörten die Portugiesen, Spanier, Franzosen, Holländer, Dänen, Schweden und Brandenburger, die einander vielfach ablösten und den gewinnbringenden Handel mit Sklaven (und anderen wertvollen „Waren") an sich zu reißen suchten.

Damit verbanden sich nun auch in den Besitzungen protestantischer Mächte die bescheidenen Anfänge eigener kolonialkirchlicher Strukturen. Dabei kam es im Verlauf des 18. Jh. wiederholt auch zum *Einsatz erster schwarzer Pfarrer*. Große Gestaltungsspielräume hatten diese afrikanischen Pastoren freilich nicht, und in der von ihnen erhaltenen Korrespondenz finden sich vielerlei Klagen über diskriminierende Behandlung durch die lokalen Siedler und Kolonialobrigkeit vor Ort. Aber diese Klagen waren doch eingezeichnet in einen bemerkenswert *weiten internationalen Horizont*, durch Berufung auf die als vorbildlich wahrgenommenen Verhältnisse in anderen Regionen und Missionsfeldern. So, wie bereits erwähnt, bei Jacobus Elisa Johannes Capitein (1717–1747) in der niederländischen Station Elmina (im heutigen Ghana), der auf die ungleich besseren Arbeitsbedingungen seiner indischen Kollegen im südindischen Tranquebar verweist [Text 141; Abb. 18]. Capitein, ein ehemaliger Sklave aus der Ethnie der Fante, hatte in Holland studiert, an der Universität Leiden promoviert und war 1742 als erster Afrikaner zum Pastor der Niederländisch-Reformierten Kirche ordiniert worden. Ein anderes Beispiel stellt Christian Jacob Protten „Africanus" (1715–1769) dar. Verheiratet war er mit der karibischen Mulattin, ehemaligen Sklavin und Evangelistin Rebecca Protten und wurde als dänisch-lutherischer Pastor u. a. in Christiansborg (Ghana) tätig [Text 142c+d; Abb. 17]. Philipp Quaque (ca. 1741–1816) hatte eine theologische Ausbildung in England erhalten. 1765 wurde er als erster Afrikaner zum Priester in der anglikanischen Kirche geweiht und wirkte lange Zeit im heutigen Ghana als „Missionar, Schulmeister und Katechet für die Neger an der Goldküste".

Wie erwähnt, waren es v. a. die Niederländer, die Mitte des 17. Jh. die Portugiesen in verschiedenen Küstenregionen als Kolonialherren ablösten. Zeitweilig gelang es ihnen sogar, sich in Luanda (Angola) festzusetzen. Zu einer dauerhaften – bis in die Gegenwart reichenden – kirchlichen Präsenz kam es in nennenswertem Umfang nur in der niederländischen Kap-Kolonie im *südlichen Afrika*. Kapstadt war 1652 von der niederländischen Ostindien-Kompanie ('Vereenigde Oost-Indische Compagnie', VOC) zunächst nur als Zwischenstation auf dem Weg nach Indien gegründet worden. Seit 1657 kam eine wachsende Zahl holländischer Kolonisten ins Land. Später fanden auch hugenottische Glaubensflüchtlinge aus Frankreich (seit 1688) und andere Europäer Aufnahme. Das kirchliche Monopol in der schrittweise expandierenden Kap-Kolonie lag bei der Niederländisch-Reformierten Kirche, die – ungleich stärker als im Mutterland – unter der Kontrolle der lokalen politischen Obrigkeit stand. Zu missionarischen Aktivitäten unter der indigenen Bevölkerung kam es kaum. Das änderte sich erst mit der Ankunft des deutschen Herrnhuters Georg Schmidt 1737, der unter den Khoikhoi (den früher sog. „Hottentotten") tätig wurde. Er stieß freilich bald auf Widerstand und musste bereits 1744 die Kolonie wieder verlassen [Text 142a+b]. Grund waren die Bedenken der Amsterdamer Zentrale (in Gestalt des „Amsterdamer Hirtenbriefs" von 1738), die in der pietistischen Herrnhuter Brüdergemeine eine aufrührerische Bewegung sah. Erst 1792 konnten Herrnhuter Missionare ihre Arbeit am Kap wieder aufnehmen.

10.4 Transatlantischer Sklavenhandel, Vision einer Rückkehr nach Afrika

Im 18. Jh. erreichte der transatlantische Sklavenhandel seinen Höhepunkt. In dieser Zeit wurden geschätzt ca. 6 133 000 Afrikaner in die Neue Welt verschleppt. Das waren mehr Opfer als in den Jahrhunderten davor und danach zusammengenommen. Für den Zeitraum 1450–1600 lauten die Zahlen 367 000, im 17. Jh. 1 868 000 und 3 330 000 im 19. Jh.[2] Sklaven kamen aus allen westlichen Küstenregionen Afrikas zwischen Senegambia und Angola (und teils auch aus Ostafrika und Madagaskar). Hauptliefergebiet war dabei die Kongo-Angola-Region mit ca. 40% aller über den Atlantik verfrachteten Sklaven. 42% der zwangsexportierten Afrikaner wurde in die Karibik verschleppt, 38% nach Brasilien und knapp 5% nach Nordamerika. Waren es anfangs v. a. die Portugiesen, so beteiligten sich seit dem 17. Jh. alle im Afrika-Geschäft tätigen europäischen Mächte am lukrativen Sklavenhandel. Dabei gab es ein – regional sehr unterschiedliches – Zusammenspiel zwischen europäischen Kaufleuten, regionalen (afrikanischen oder arabischen) Zwischenhändlern bzw. Sklavenjägern sowie afrikanischen Chiefs, die meist mit europäischen Waren bezahlt wurden [s. Karte 8].

Sklaverei an sich war im „alten" Afrika keineswegs unbekannt und existierte in vielen Formen. Nur hatte sie dort – etwa in Gestalt der Haussklaverei, die mit einer Integration in traditionelle Verwandtschaftsstrukturen verbunden sein konnte – zumeist einen ganz anderen Charakter als der von den Europäern zunehmend quasi-industriell betriebene Zwangsexport afrikanischen Humankapitals nach Übersee. Zudem heizte die steigende Nachfrage der Europäer nach Sklaven verstärkt intra-tribale Kriege an. Verheerend waren die Auswirkungen des Sklavenhandels insbesondere im Gebiet Angola/Kongo. Dies nicht nur wegen der überproportional hohen Zahl von Sklavenexporten aus dieser Region. Darüber hinaus gingen die Portugiesen hier auch selbst auf Sklavenjagd und stießen dabei weit ins Hinterland und in Nachbargebiete vor. Diese Raubzüge waren zugleich einer der Gründe für den Kollaps des christlichen Kongoreiches Mitte des 17. Jh.

Auch viele portugiesische Kleriker und Missionare besaßen Sklaven. Einige von ihnen nahmen selbst aktiv am Sklavenhandel in Angola und andernorts teil. Die einzige Reisemöglichkeit von und nach Angola war oft die auf einem Sklavenschiff. Es gab freilich auch *Stimmen des Protestes*, die mit dem Anschwellen des Sklavenhandels im 17. Jh. lauter wurden. So aufseiten der Kapuziner-Mönche (zumeist nicht-iberischer Nationalität), die im Kongo tätig waren und dabei möglichst unabhängig vom portugiesischen Padroado zu wirken suchten. Sie wurden 1685 bei der römischen Glaubenskongregation ‚Propaganda Fide' mit einem Memorandum gegen die Exzesse des Sklavenhandels vorstellig, das von dieser 1686 vollumfänglich gut geheißen wurde. Bereits 1684 war es dem schon an anderer Stelle erwähnten Lourenço da Silva – einem Afrobrasilianer kongolesischer Abstammung und Sprecher schwarzer Bruderschaften in Madrid und Lissabon – gelungen, in Rom bei der Kurie zu intervenieren und eine Verurteilung der „ewigen Sklaverei" schwarzer Christen zu erreichen [Text 255]. Diese Verurteilung durch die Kurie blieb freilich folgenlos. Sie wurde von den Regierungen Portugals und Spaniens – und einem Kirchensystem, das von diesen Regierungen abhängig war – einfach abgeblockt.

Ein eindrückliches Zeugnis von den Schrecken des transatlantischen Sklavenhandels liegt uns im Bericht eines ehemaligen Sklaven vor, des aus dem südöstlichen Nigeria stammenden *Olaudah Equiano* (1745–1797). Als Kind in Afrika gekapert, wurde er in die Karibik und nach Virginia deportiert und als Sklave an einen britischen Offizier verkauft. Er wechselte zweimal den Besitzer, kam schließlich nach London und erlangte dort 1766 die Freiheit. Über den Horror der Verschleppung auf dem Sklavenschiff schreibt er u. a.:

„Die Enge des Raumes und die Hitze zusammen mit der Menge [der eingepferchten Afrikaner] im Schiff, das so voll war, dass man sich kaum umdrehen konnte, erstickte uns beinahe. [...] Die Schreie der Frauen und das Stöhnen der Sterbenden machten das Ganze zu einem Bild eines nahezu unfassbaren Schreckens. [...] Als wir eines Tages ruhige See ... hatten, schafften es zwei meiner Landsmänner, die zusammengekettet waren, ... die Netze zu überwinden. Sie sprangen, den Tod einem solchen Leben in Elend vorziehend, in die See. Sofort folgte ein anderer ... ihrem Beispiel; und ich glaube, dass noch viele andere alsbald das Gleiche getan hätten, wenn sie nicht von der alarmierten Schiffsmannschaft davon abgehalten worden wären" [Text 146].

Bemerkenswert ist dieser 1789 veröffentlichte „Interessante Bericht des Lebens des Olaudah Equiano" nicht nur als eine der ersten gedruckten Autobiographien eines früheren afrikanischen Sklaven. Er wurde auch ein literarischer Erfolg und spielte in der Propaganda der frühen britischen Antisklaverei-Bewegung eine wichtige Rolle. Neun Auflagen erfuhr das Buch noch zu seinen Lebzeiten, bald folgten Übersetzungen auch in andere europäische Sprachen. 1759 anglikanisch getauft und religiös stark engagiert, wurde Equiano Führungspersönlichkeit in der afrikanischen Diaspora der englischen Hauptstadt [Abb. 16]. Er unterstützte Initiativen zur Rückkehr der „armen Schwarzen Londons" nach Afrika.

Remigrationsbestrebungen mehrten sich gegen Ende des 18. Jh. auch auf der anderen Seite des Atlantik, unter schwarzen Christen in der Karibik und den späteren USA. Dort hatte die „Große Erweckungs"-Bewegung auch unter afroamerikanischen Sklaven zu einer Welle von Bekehrungen geführt, oft gegen den Willen ihrer weißen Herren. Biblische Motive – wie das Exodus-Paradigma, die Rückkehr aus dem babylonischen Exil sowie insbesondere das an „Äthiopien" gerichtete Verheißungswort Psalm 68,31 – spielten dabei eine wichtige Rolle. So bezeichneten sich schwarze Gemeinden wie die 1783 in Jamaika von einem ehemaligen Sklaven gegründete ‚First Ethiopian Baptist Church' als „äthiopisch". 1780 wurde in Newport (Rhode Island) die erste Vereinigung freier Afroamerikaner im Bereich der heutigen USA gegründet. Sie zählte „das ernsthafte Verlangen einer Rückkehr nach Afrika" zu ihren Zielen.[3] Zu konkreten ersten Schritten kam es 1792 durch das Rücksiedlungsprojekt afroamerikanischer Remigranten in Sierra Leone [s. dazu Kap. 14.1; Karte 9+10].

Fußnoten zu Kapitel 10

1 HASTINGS (1994), *Church in Africa*, 127.
2 Zahlen nach: ILIFFE (1997), *Geschichte Afrikas*, 177.
3 CAMPBELL (2006), *Middle Passages*, 20.16 ff; vgl. MARTIN (2002), *African Mission Movement*, 56–72.

Literatur zu Kapitel 10

10.1 (Äthiopien: Zeit selbstgewählter Isolation)

HASTINGS (1994), *Church in Africa*, 87–129; HOCK (2005), *Christentum in Afrika*, 36–39; SANNEH (1983), *West African Christianity*, 39–52; HODKIN (1975), *Nigerian Perspectives*, 176 ff.188 f; BOXER (1991), *Portuguese Seaborne Empire*, 128–149 („Stagnation and Contraction in the East"); PAULAU/TAMCKE (2022), *Ethiopian Orthodox Christianity*, 122–142.

10.2 (Regionale Entwicklungen)

HASTINGS (1994), *Church in Africa*, 102–118; HOCK (2005), *Christentum in Afrika*, 44–46; THORNTON (1998), *Kongolese Saint Antony*; HASTINGS (1998), *Pedro IV of the Kongo*, 59–72.

10.3 (Protestantische Anfänge)

HASTINGS (1994), *Church in Africa*, 173–221; KPOBI (2005), *African Chaplains*, 155–170; BECK (1981), *Mission der Brüdergemeine*, 98–106; HOFMEYR/PILLAY (1994), *South Africa*, 8–35; ELPHICK/DAVENPORT (1997), *Christianity in South Africa*, 16–30.

10.4 (Transatlantischer Sklavenhandel, Vision einer Rückkehr nach Afrika)

ILIFFE (1995), *Geschichte Afrikas*, 172–213; MARX (2004), *Geschichte Afrikas*, 19–46; EVERETT (1998), *Geschichte der Sklaverei*, 56 ff; ZEUSKE (2013), *Sklaverei*; HASTINGS (1994), *Church in Africa*, 123–126.173–188; HOCK (2005), *Christentum in Afrika*, 34–39; GRAY (1990), *Black Christians*, 11–27; CAMPBELL (2006), *Middle Passages*, 15–39; MARTIN, S. D. (2002), *African Mission Movement*, 56–72; KONADU (2014), *Transatlantic Africa*; ADIELE (2017), *The Popes, the Catholic Church and the Transatlantic Enslavement*.

Kapitel 11: Asien

Die Christentumsgeschichte Asiens im 17. und 18. Jh. bietet ein sehr uneinheitliches Bild. Sie unterschied sich je nach soziokulturellem, politischem oder kolonialem Kontext. Neben Regionen mit einem erstaunlichen Wachstum waren die entstehenden christlichen Gemeinschaften andernorts heftiger Repression und Verfolgung ausgesetzt.

11.1 Japan: Das Ende des „Christlichen Jahrhunderts"

Um 1600 wird die Zahl der getauften Christen in Japan auf ca. 300 000 geschätzt. Der neue Glaube hatte nicht nur unter lokalen Feudalherren und Angehörigen der Nobilität Fuß gefasst. Er war auch unter der bäuerlichen Bevölkerung etwa auf der Südinsel Kyushu stark verbreitet. Regionen mit teils beachtlicher christlicher Präsenz gab es auch auf der Hauptinsel Honshu [s. Karte 12]. Die missionarischen Erfolge der früheren Jahrzehnte waren u. a. durch die politische Zersplitterung des Reiches erleichtert worden. Es gab eine Vielzahl rivalisierender Fürstentümer und keine zentrale Autorität, um fremden Nationen den Zutritt zum Inselreich zu verweigern. Handel mit den Portugiesen erschien vielen regionalen Herrschern (*daimyo*) als ebenso profitabel wie der Kontakt mit den Jesuiten, der wiederholt zu Konversionen führte. An ihrer neu gewonnenen christlichen Identität hielten die katholischen Lokalfürsten später vielfach auch unter dem Druck heftiger Verfolgungen fest.

Der Umschwung erfolgte unter drei Herrschern, die die Einigung des Landes unter einer Zentralgewalt vorantrieben. Unter *Shogun* Toyotomi Hideyoshi (reg. 1582–1598), dem zweiten dieser „Großen Einiger", kam es zu ersten – zunächst noch sporadischen – Christenverfolgungen. Überregionale Bekanntheit erlangte die Kreuzigung der 26 *Märtyrer von Nagasaki* im Jahr 1597, die in der katholischen Welt (in Mitteleuropa ebenso wie in Mexiko oder Peru) bald auch kultisch verehrt wurden [s. Abb. 8; Foto C05/06]. In der Folgezeit steigerten sich die antichristlichen Maßnahmen. Neben der Abwehr „fremder" Einflüsse dürften auch innenpolitische Motive eine Rolle gespielt haben, so die Sorge vor dem wachsenden Einfluss der christlicher *daimyo* (als Gefährdung der neuen Zentralgewalt). Die Missionare – zunehmend als fünfte Kolonne der iberischen Mächte verdächtigt – wurden ausgewiesen, das Christentum verboten und einheimische

Christen zur Apostasie gezwungen oder hingerichtet. Zwischen 1614 und 1636 wurde die christliche Kirche Japans in einer Welle grausamster Verfolgungen fast vollständig zerstört. 1638 kam es in Kyushu zu einem weit verbreiteten Bauernaufstand. Er begann wohl als sozialer Konflikt und endete als christlich inspirierte (bzw. mit christlichen Symbolen geführte) offene Rebellion. Nur mit allergrößter Mühe (und der Unterstützung durch holländische [!] Schiffsartillerie) gelang es der Zentralregierung, den Aufstand niederzuschlagen.

In der Folgezeit kapselte sich das fernöstliche Reich für die nächsten 200 Jahre fast vollständig von der Außenwelt ab. Bereits 1636 war ein „Edikt zur Schließung des Landes" erlassen worden [Text 23a]. Fortan waren alle Kontakte zu katholischen Nationen verboten. Kein Japaner durfte ins Ausland reisen oder von dort bei Androhung der Todesstrafe zurückkehren. Allein den protestantischen Niederländern wurde (als einzigen Europäern) 1641 die Einrichtung einer kleinen Handelsstation bei Nagasaki gestattet. Systematisch wurde Jagd auf eingeschmuggelte Priester gemacht, und die einheimische Bevölkerung einem rigorosen religiösen Überwachungs- und Denunziationssystem unterworfen. Durch einen „Eid der Abtrünnigkeit" und das Treten auf Heiligen- und Marienbilder als Tatbeweis hatten des Christentums Verdächtigte den Nachweis ihrer „Unschuld" oder vollzogener Apostasie zu erbringen [Text 23b; Abb. 9; Foto C08/09]. Diese Prozedur wurde regelmäßig wiederholt. Gleichwohl kam es immer wieder zur Entdeckung christlicher Gruppen und darauf folgender Massenexekutionen.

Trotz intensiver Überwachung und schwerster Verfolgungen vermochte eine christliche Minderheit im Untergrund bis ins 19. Jh. zu überleben. Äußerlich angepasst, wussten diese *„verborgenen Christen"* (*Senpuku Kirishitan,* früher meist als *Kakure Kirishitan* bezeichnet) ihren Glauben im Geheimen weiterzugeben. Sie feierten Gottesdienste in Verstecken in ihren Privathäusern. Laienchristen übernahmen priesterliche Funktionen. So ging die Taufe von Kindern und deren religiöse Unterweisung weiter. Die Bibel und andere liturgische Texte wurden mündlich weitergegeben, da gedruckte Werke von den Behörden konfisziert werden konnten. Gebete wurden vor einer Buddha-Statue gesprochen, auf deren Rückseite ein Kruzifix eingeritzt war, oder vor einer Statue der Kannon, einem heiligen buddhistischen Bild einer Frau mit Kind, das die „verborgenen Christen" als die Jungfrau Maria mit dem Jesuskind verehrten [s. Foto C11]. Ihre Gebete klangen wie buddhistische Gesänge, versetzt mit unübersetzten Wörtern aus dem Lateinischen, Portugiesischen und Spanischen. Als nach der erzwungenen „Öffnung" Japans Mitte des 19. Jh. erstmals wieder europäische Priester das Land betreten durften, traf der Franzose Bernard Petitjean 1865 bei Nagasaki eine Gemeinschaft von ca. 30 000 dieser Untergrund-Christen an [vgl. Abb. 30; Foto C17]. Das Vater Unser, Ave Maria, apostolische Glaubensbekenntnis und verschiedene Gebete in japanischer Sprache waren ihnen noch ganz vertraut [Text 59a; s. Kap. 13.4.1].

11.2 China: Akkomodationsstrategien und Ritenstreit

1552 war Franz Xaver auf einer Insel vor den Küsten Chinas verstorben, ohne sein letztes Ziel – Zugang zum chinesischen Kaiserreich – erreicht zu haben. Auch spätere Vorstöße seiner Ordensgenossen dorthin blieben zunächst erfolglos. Erst das Wirken des Italieners *Matteo Ricci* (1552–1610) markiert den Beginn einer längerfristigen Präsenz der Jesuiten im Reich der Mitte. 1583 erhielt Ricci zusammen mit seinem Landsmann Michele Ruggieri die Erlaubnis zum Aufenthalt in der südchinesischen Küstenregion. 1601 gelang es ihm dann, sich in Peking niederzulassen und Zutritt zum Kaiserhof zu erlangen. „Türöffner" waren dabei zunächst seine mathematischen, astronomischen und geographischen Kenntnisse sowie die wachsende Vertrautheit mit chinesischer Etikette. Insbesondere seine *mappamundo* (Weltkarte) – die China erstmal in globaler Perspektive zeigte – sorgte für ungeheures Aufsehen [Text 24a]. Auch in der Folgezeit sollten Jesuiten am kaiserlichen Hof in prominenter Position als Astronomen (wichtig zur Erstellung des Reichskalenders), Berater und Mittler westlichen Wissens tätig werden [s. Abb. 21+22; Foto B05–07].

Ricci ist der wohl wichtigste Repräsentant eines „*akkommodierenden*" Zugangs zu den Hochkulturen Asiens. Sein Vorgehen war von der Zielsetzung bestimmt, die gebildeten Klassen Chinas zu gewinnen. Gelehrtendisputationen, nicht aber öffentliche Predigt waren seine Methode. Als Referenzsystem dienten ihm dabei – im Unterschied zu den Jesuiten in Japan – nicht der als Götzendienst verworfene Buddhismus oder der volkstümliche Taoismus, sondern die konfuzianische Tradition. Dabei bezog er sich v. a. auf die konfuzianischen Klassiker, bei denen er (anders als im vorherrschenden Neokonfuzianismus seiner Zeit) einen monotheistischen Glauben vorzufinden meinte. Deren Übersetzung ins Lateinische zählte darum für Ricci ebenso zu seinen Aufgaben wie die Produktion theologischer Schriften in chinesischer Sprache. Unter diesen sollte v. a. seine Schrift „Die wahre Bedeutung [der Lehre] des Herrn des Himmels" (*Tianzhu shiyi*) von 1603 – ein in Dialogform gestalteter Katechismus – weite Verbreitung finden [Text 24c]. Ricci strebte dabei eine Synthese von natürlicher Philosophie, Konfuzianismus und christlichem Glauben an, analog der Verbindung von christlicher Theologie und Aristotelismus (als deren Vorstufe) bei Thomas von Aquin. Sich selbst kleidete er nach Art konfuzianischer Gelehrter.

Riccis Methode einer weitreichenden Akkomodation (bzw. kulturellen „Anpassung", gemäß 1 Kor 9,22) war in den eigenen Reihen keineswegs unumstritten. Zur großen Kontroverse kam es aber erst nach seinem Tod. Sie machte sich v. a. an zwei Punkten fest: der Bewertung der Zeremonien zu Ehren des Konfuzius (und der Ahnen) sowie der Frage einer angemessenen Wiedergabe des Gottesbegriffes im Chinesischen. Gegenüber dem „zivilen" (statt religiösem) Verständnis der Konfuziusriten, wie Ricci es vertreten hatte, wurde Einspruch laut, ebenso gegen seine theistische Interpretation des „Himmelskönigs" der konfuzianischen Texte. Unter dem Stichwort „*Ritenstreit*" ist diese mehr als ein Jahrhundert andauernde Kontroverse in die Geschichte eingegangen. Ihre Bedeutung liegt u. a. darin, dass hier eine lokale Auseinandersetzung gesamtkirchliche Bedeutung gewann. Denn nun meldeten sich nicht nur die in China rivalisierenden Orden (v. a. Jesuiten, Dominikaner, Franziskaner) zu Wort. Spätestens seit 1645 wurde auch Rom mit dem Streit befasst. Es äußerte sich mit einer Serie widersprüchlicher Stellungnahmen, an deren Ende das *definitive Verbot der chinesischen Riten* (und damit eines auf die kulturellen Traditionen Chinas bezogenen Kirchenmodells) durch Papst Benedikt XIV. in der Bulle ‚Ex quo singulari' von 1742 stand. Bereits 1704 hatte Papst Clemens XI. die Verwendung bestimmter chinesischer Termini (*tian, shangdi*) als Gottesbezeichnung sowie eine Teilnahme einheimischer Christen an Zeremonien zu Ehren des Konfuzius untersagt [Text 28]. Dies führte zum *Bruch zwischen Rom und Peking* (Beijing). Denn erst kurz zuvor hatte der chinesische Kaiser Kangxi (1654–1722) das Wirken der Jesuiten in seinem Reich gebilligt [Text 27]. Die Intervention des Papstes empfand er als Brüskierung. 1724 erfolgte ein offizieller Bann des Christentums. Die Missionare hatten das Reich der Mitte zu verlassen, die Zahl chinesischer Gläubiger nahm drastisch ab. Einzelne Gemeinden überlebten in Isolation.

Der Ritenstreit in China (und Indien, wo es analoge Kontroversen gab [vgl. Text 25]) hatte *weitreichende Auswirkungen*, sowohl in Asien wie in Europa. In China verfestigte er das Bild von der Unvereinbarkeit des Christentums als einer fremden Religion mit den kulturellen Traditionen des Landes. Erst 1939 hob Rom den obligatorischen Eid gegen die chinesischen Riten auf, zu dem seit 1742 alle Missionare in der Region verpflichtet waren. Im katholischen Europa schlugen die Kontroversen um die Vorgänge im fernen China hohe Wellen. Zunehmend stimulierten sie auch Debatten in der philosophischen Öffentlichkeit des Kontinents (Leibniz, Voltaire u. a.). Aufgeklärte Kritiker sahen in dem – einst von den Jesuiten idealisierend als vernunftgeleitetes Gemeinwesen beschriebenen – Reich der Mitte ein Gegenmodell zur feudalen Willkürherrschaft im alten Europa. Mit seiner uralten Zivilisation stellte China zudem überkommene kirchliche Weltbilder sowie die traditionelle biblische Chronologie in Frage.

11.3 Sri Lanka und Philippinen: Widerstand im kolonialen Kontext

Im Unterschied zu China und Japan kam es in anderen Regionen Asien zur Etablierung europäischer Kolonialherrschaft. So in den Küstenregionen Ceylons (Sri Lankas), wo sich seit Mitte des 17. Jh. die Holländer festgesetzt und zugleich das kirchliche Monopol des niederländischen Kalvinismus begründet hatten. Sie lösten die Portugiesen ab, die seit 1505 auf der Insel Fuß gefasst und dort den Katholizismus eingeführt hatten. Später kamen die Briten (1796–1948), mit denen zugleich die pralle Fülle des angelsächsischen Missionsprotestantismus Einzug hielt. Insofern könnte Sri Lanka als Musterbeispiel für die Parallelität von kolonialer und westlich-missionarischer Expansion gelten [vgl. Karte 11].

Zugleich aber veranschaulicht die Christentumsgeschichte des Landes auch die *Eigendynamik* einer einmal im kolonialen Kontext etablierten Christentumsvariante. Denn mit dem Ende der portugiesischen Herrschaft 1658 schien auch der insulare Katholizismus an sein Ende gekommen zu sein. Die Ausübung der „papistischen" Religion wurde unter Strafe gestellt, und in Massen fielen die katholischen Gläubigen zurück ins – sei es buddhistische oder hinduistische – „Heidentum" oder füllten die nun reformierten Kirchen. Schon bald jedoch konnte sich die *katholische Gemeinschaft im Untergrund* neu regenerieren. Zunehmend trat sie auch in der kolonialen Öffentlichkeit des Landes in Erscheinung. Eine wichtige Rolle spielten dabei goanesische Angehörige der Oratorianer-Kongregation wie Joseph Vaz (1651–1711). Anders als die portugiesischen Missionare konnten die indischen Priester unbemerkt die strikten Kontrollen der Holländer passieren. Im Unterschied zu den niederländischen Kolonialpastoren [Text 31a] waren sie mit der Sprache und den Lebensgewohnheiten der einheimischen Katholiken wohl vertraut. Es handelt sich also gleichsam um das frühe Beispiel einer innerasiatischen Solidaritätsaktion. Immer häufiger traten katholische Gläubige nun auch offensiv auf. Ihre Untergrundpriester, so die Klage einer holländischen Quelle,

„praktizierten ihre verführerischen religiösen Übungen tagsüber in aller Öffentlichkeit, mit Glockenläuten und Ausstellung ihrer Götzen- [bzw. Heiligen-] Bilder. Ja, sie taufen und trauen sogar die Menschen auf dem Land ... und hetzen sie dazu auf, die Doktrin und die Lehrer der Reformierten Religion offen zu lästern" [Text 32].

In katholischen Zentren wie Negombo [vgl. Foto E01–03] behinderten Demonstranten sogar die holländischen Prädikanten an der Ausübung ihrer Pflichten. Eine Dringlichkeitssitzung des zentralen Kirchenrates in Colombo vom 2.12.1751 lässt nur die Hilflosigkeit der kolonialkirchlichen Funktionäre erkennen. Bereits um die Mitte des 17. Jh. übertraf die Zahl der katholischen Gläubigen bei weitem die der Mitglieder der holländischen Kolonialkirche. Mit dem Ende der niederländischen Herrschaft auf der Insel 1796 kollabierte diese dann vollends [vgl. Kap. 12.1].

Ganz anders die Situation in den seit 1565 schrittweise von Spanien okkupierten *Philippinen*, heute das „katholischste Land Asiens". Die Evangelisierung – und weitgehend auch die sogenannte „Pazifizierung" – des Inselreichs lag in den Händen der verschiedenen Missionsorden, unter denen das Land 1594 aufgeteilt wurde [Text 21]. In der Folgezeit berichten die Chroniken von vielfältigen Konflikten: zwischen Kirche und Kolonialregierung, zwischen Altgläubigen und Christen, zwischen kirchlicher Hierarchie und Missionsorden, von Rivalitäten innerhalb der Missionsorden selbst sowie zwischen Säkular- und Ordensklerikern.

Was das einfache Kirchenvolk angeht, hat der Historiker Reinhard Wendt auf die ambivalente Funktion bzw. *„das antikolonialistische Potential"* der von den

Spaniern in den Philippinen eingeführten katholisch-iberischen Festkultur aufmerksam gemacht.

„Aus implantierten Katholizismus und einheimischen Traditionen war eine Marienfrömmigkeit mit einem beträchtlichen Anteil an Lokalkalorit entstanden, die einen festen Platz in Alltagsrealität und kulturellem Selbstverständnis mindestens der Bewohner Zentral-Luzons eingenommen hatte".

Diese iberisch-katholische Festkultur diente einerseits der Legitimation kolonialer Herrschaft. Zugleich aber fungierte sie zunehmend auch als Klammer zwischen den verschiedenen – bislang unverbundenen – Ethnien des Inselreiches, die in der *Fiesta Filipina* ein Forum des Austauschs und der Entwicklung übergreifender Identitäten entdeckten. Es waren insbesondere die spektakulären Passionsspiele, von denen vielfach eine *„latent systemsprengende Wirkung"* ausging. „Zuschauer und Teilnehmer mögen die römischen Soldaten mit den Kolonialherren gleichgesetzt und sich selbst mit Christus identifiziert haben, der unter der Last seines Kreuzes litt".[1] Der Höhepunkt dieser Entwicklung fällt zwar ins 19. Jh., an dessen Ende sich die Philippinen dann von spanischer Herrschaft befreiten. Ihre Anfänge reichen bereits in die frühere Kolonialzeit zurück.

11.4 Korea: selbstgegründete Märtyrerkirche (1784 ff)

Korea ist heute neben den Philippinen die asiatische Nation mit dem höchsten christlichen Bevölkerungsanteil (2015: 27,66 %). Dabei sind die Kirchen des Landes – zunächst die katholische, später (im ausgehenden 19. Jh.) die protestantischen – in einem Ausmaß das Ergebnis einer *Selbst-Christianisierung*, wie sie auch im asiatischen Kontext singulär ist. Dies gilt insbesondere für die Anfänge der katholischen Untergrundkirche im Jahr 1784. Frühere sporadische Begegnungen von Koreanern mit dem Christentum (in der Diaspora in China oder als Kriegsgefangene in Japan) waren ohne längerfristige Wirkung geblieben. Die Ereignisse des Jahres 1784 gehen zurück auf eine Initiative konfuzianischer Gelehrter Ende des 18. Jh. Diese waren in dem hermetisch abgeschotteten Korea mit der christlichen Lehre zunächst in Gestalt von jesuitischen Traktaten in chinesischer Sprache in Kontakt gekommen, die im Land seit längerem zirkulierten. Eine Gruppe dieser konfuzianischen *literati* suchte nun mehr über das „westliche Wissen" in Erfahrung zu bringen. Es gelang ihr, einen der Ihren – mit Namen Yi Seung-hun (andere Schreibweise: Seung-Hoon Lee) – 1783 als Mitglied der jährlichen Tributkommission von Korea nach Peking (Beijing) zu schicken, wo er von den dort tätigen franziskanischen Patres weitere Texte und Informationen erhielt. Er ließ sich in der „Nordkirche" taufen (mit Taufnamen „Peter"), kehrte 1784 nach Korea zurück, diskutierte die mitgebrachten Bücher mit seinen Kollegen, überzeugte und taufte sie, woraufhin diese nun ihrerseits die neue

Lehre weiterverbreiteten. Sie begannen mit der Produktion einer christlich-theologischen Literatur, zunächst in Chinesisch, später – eine folgenreiche Innovation – in Koreanisch. Trotz rasch einsetzender blutiger Verfolgung zählte die katholische Gemeinschaft 1794 bereits ca. 4000 Mitglieder. Dies alles geschah ca. fünfzig Jahre, bevor 1836 mit dem Franzosen Pierre Maubant der erste europäische Priester das Land betrat [vgl. Foto D10/12; B09/10].

Erhalten ist ein Brief von „Peter" Yi Seung-hun aus dem Jahr 1789 an die katholischen Patres in Beijing, der einen faszinierenden Einblick sowohl in die Selbstorganisation der entstehenden Kirche wie in die sie begleitende Unsicherheit über die Rechtmäßigkeit des eingeschlagenen Weges gibt. Viele Neuchristen, so sein Bericht, taufte er „nach dem Ritus, der bei meiner eigenen Taufe in Beijing befolgt worden war". Andere beauftragte er, ebenso zu verfahren. Auf einer Gemeindeversammlung 1786 wurde beschlossen,

„dass ich die Hlg. Messe zelebrieren und das Sakrament der Firmung erteilen sollte. Ich willigte nicht nur in ihre Bitte ein, sondern übertrug die Befugnis, die Hlg. Messe zu zelebrieren, auch auf zehn weitere Personen. Für diese Zeremonien folgte ich den in verschiedenen [von mir aus Beijing mitgebrachten] Büchern – Gebetbüchern und Stundenbüchern – gegebenen Anweisungen, indem ich gewisse Teile hinzufügte und andere wegließ. Als Gebete nahm ich einige aus unseren Gebetsbüchern" [Text 33a].

Zugleich bat Yi Seung-hun wiederholt um die Entsendung regulärer Priester nach Korea. Schließlich gelang es 1794 einem *chinesischen* Priester (James Zhou Wen-mo; auf koreanisch: Chu Mun-Mo), sich getarnt als Pferdehändler ins Land schmuggeln zu lassen. Er wirkte dort bis zu seiner Exekution 1801 im Verborgenen.

Die entstehende Untergrundkirche wuchs rasch. Sie verbreitete sich auch auf dem Land sowie unter einfachen Menschen ohne Bildung. Eine hervorgehobene Rolle spielten *Frauen*, die bereits um 1800 zwei Drittel aller Gemeindeglieder stellten. Spätere Prozessakten heben wiederholt die „Frauen in der Gemeinde" und ihre vielfältigen evangelisatorischen und sozialen Aktivitäten hervor. Besondere Bedeutung bei der raschen Ausbreitung kam insbesondere auch der Verwendung der einheimischen *Hangul*-Schrift (statt chinesischer Schriftzeichen) bei der Produktion religiöser Untergrund-Literatur zu. So sind „Die Hauptartikel der Lehre Gottes" (Chu-Gyo Yo-Ji) des 1801 als Märtyrer verstorbenen „Augustin" Jeong Yak-jong (Chóng Yak-jong) das erste christlich-theologische Werk in koreanischer Sprache. Sichtlich inspiriert von Matteo Riccis „Wahrer Lehre", setze es sich mit konfuzianischen, buddhistischen, taoistischen und schamanistischen Anschauungen auseinander [Text 33b]. Als grundlegender Katechismus der katholischen koreanischen Kirche sollte die Schrift mehr als ein Jahrhundert in Gebrauch bleiben.

1791 kam es zu ersten Martyrien [vgl. Foto D10–12]. Zentraler Anklagepunkt in dem vorangegangenen Prozess, dessen Akten in chinesischer Sprache erhalten sind, war der Vorwurf des Aufruhrs und der Verletzung religiöser Pflichten. So hatten die Angeklagten Opfer zu Ehren der Ahnen verweigert [Text 33c]. 1801 erließ die Königswitwe ein generelles Verbot des Katholizismus. Ausschlaggebend dafür waren, so zusammenfassend Sebastian und Kirsteen Kim in ihrer inzwischen klassischen Christentumsgeschichte Koreas, vor allem vier Vorwürfe: 1. Der christliche Glaube stellt Gott über König und Eltern; 2. der Glaube an ein Leben nach dem Tod führt zur Vernachlässigung sozialer Pflichten; 3. die Inklusion unterschiedlicher Klassen und Geschlechter in den christlichen Gemeinschaften bedroht das konfuzianische System; 4. die Ermutigung zölibatärer weiblicher Frömmigkeitsformen gefährdet die gesellschaftliche Reproduktion.[2] In der Folge kam es zu systematischen Christenverfolgungen, die teils mit äußerster Brutalität durchgeführt wurden. Die zahlreichen Martyrien des 19. Jh., als Folge sukzessiver Verfolgungswellen (1801, 1815, 1827, 1839, 1846), wurden von einheimischen Christen genau dokumentiert. Die meisten Opfer forderte die Verfolgung des Jahres 1866/67. Zu dieser Zeit zählte die katholische Gemeinschaft in allen Provinzen des Landes etwa 23 000 Gläubige.

11.5 Tranquebar 1706 und die Anfänge protestantischer Mission in Asien

Vom Beginn einer protestantischen Missionsarbeit im qualifizierten Sinn (statt bloßer kolonialkirchlicher Präsenz) kann man in Asien erst seit 1706 sprechen. Dies ist das Jahr, in dem in der dänischen Miet- und Mini-Kolonie Tranquebar (heute: Tharangambadi; s. Abb. 25) an der Südostküste Indiens die Deutschen Bartholomäus Ziegenbalg (1682–1719; Abb. 23) und Heinrich Plütschau (1677–1746) tätig wurden und zugleich die Periode der *Dänisch-Halle'schen Mission in Indien* einleiteten. Diese ist gekennzeichnet durch das Zusammenwirken unterschiedlicher Faktoren: so die Initiative des dänischen Königs Frederik IV. (1671–1730); die Bereitstellung geeigneten Personals durch den Halleschen Pietismus; eine am Seelenheil des Einzelnen orientierten Missionstheologie; sowie – als Konsequenz daraus – eine im protestantischen Bereich bislang singuläre Beschäftigung mit der regionalen Kultur, die auf die Entstehung einer einheimischen Kirche abzielte. Intensives Sprachstudium [Text 34], Bibelübersetzungen (u. a. erste vollständige Übersetzung des Neuen Testaments ins Tamilische), Religionsgespräche, eine darauf bezogene – und von der Halle'schen Zentrale wiederholt behinderte – Publizistik (wie die verweigerte Druckerlaubnis für Ziegenbalgs Schrift ‚Genealogie der Malabarischen Götter' [Text 36]) sowie vielfältige Konflikte mit der lokalen Kolonialobrigkeit waren Merkmale dieses Programms. Mit der Ordination des ersten indischen protestantischen Pfarrers Aaron 1733 [Text 38; Abb. 23] war ein wichtiges Etappenziel erreicht.

Die Anfänge in Tranquebar waren alles andere als einfach. Es gab erhebliche *Widerstände* seitens der europäischen Siedler. 1708/09 wurde Ziegenbalg sogar vom lokalen Kommandanten für mehrere Monate ins Gefängnis geworfen. Grund war sein Protest gegen die Behandlung getaufter Sklaven [Text 36]. 1707 entstand eine erste lutherische tamilische Gemeinde, Ausgangspunkt der heute noch bestehenden ‚Tamil Evangelical Lutheran Church' (TELC) Südindiens. Dabei war die Tranquebar-Mission von Anfang an *ökumenisch orientiert* und kooperierte recht bald mit anglikanischen Gesinnungsgenossen im benachbarten (und britisch beherrschten) Madras (heute Chennai). Derartige frühe Beispiele konfessionsübergreifender Kooperation waren nicht auf Südindien beschränkt. Vielmehr vollzog sich das Tranquebar-Experiment von Beginn an in einem *internationalen Kommunikationszusammenhang*. Denn die (seit 1710 kontinuierlich als „Halle'schen Berichte" gedruckten) Missionsreporte aus Tranquebar zirkulierten nicht nur in erweckten Kreisen Dänemarks, Deutschlands und auf dem europäischen Kontinent. Schon früh ins Englische übersetzt (als „The Propagation of the Gospel in the East", London 1709–1718), fanden sie Leser auch in Großbritannien und an der amerikanischen Ostküste. Der Puritaner Cotton Mather (1663–1728) aus Boston entwickelte daraufhin Ideen zu einer koordinierten protestantischen Weltmission. Beachtung fand das Tranquebar-Experiment aber etwa auch, wie bereits erwähnt, unter einheimischen Pastoren in Westafrika [Text 141].

In den Debatten der Tranquebar-Missionare mit den „Brahmanen" Südindiens finden sich viele Themen, die noch heute im *hindu-christlichen Dialog* aktuell sind. Ziegenbalg verwarf zwar den südindischen Hinduismus als Idolatrie, sah aber auch beachtliche Gemeinsamkeiten. Dazu zählte er den Glauben an einen Gott sowie an eine ausgleichende Gerechtigkeit nach dem Tod – eine Überzeugung, die er im Europa der Aufklärung angesichts zunehmender „Atheistereien" im Schwinden sah [Text 37]. In seinem vierten „Gespräch mit einem malabarischen Priester" heißt es:

„... Der Priester sagte: Es sind in der Welt viele Religionen und Sekten, wie denn allein schon unter uns Malabaren [d. h. Tamilen] nur 360 Sekten gefunden werden. [...] Weil nun Gott die Welt regiert, so können wir nichts anderes sagen, als dass solche Unterschiede der Religionen von Gott ... herkommen. Unterdessen weisen alle Religionen zur Seligkeit ... Hat jemand sich fest vorgenommen, die Seligkeit zu erlangen, so wird er sie wohl erlangen, er stehe in welcher Religion er wolle; nur aber geschieht es in einer Religion leichter als in der andern ... Hierauf wurde ihm dieses zur Antwort [gegeben]: Dass so mancherlei Religionen und so viele Sekten unter den Menschen auf der Welt gefunden werden, solches kommt nicht von Gott, wie ihr meint, sondern durch Verblendung des Satans [...] Sie fragten, ob wir ihre Religion nur in einigen oder in allen Punkten für falsch und irrig erkennen? Darauf wurde ihnen folgende Antwort gegeben: Es sind unter euch aus dem Lichte der Natur dennoch einige allgemeine Wahrheiten, die ihr teils in Büchern aufgeschrieben habt, teils aber untereinander mündlich redet; als wenn ihr saget, es sei nur ein Gott, solchen Gott müsse man erkennen, lieben, fürchten und anbeten, die Seele sei unsterblich, nach dieser Zeit gebe es ein anderes Leben, darinnen der Mensch entweder Belohnung oder Strafe empfange ..." [Text 35].

Als erste Etappe und „Anfang des protestantischen Christentums in Indien" ist die Tranquebar-Mission vielfach gewürdigt worden. Über den begrenzten Bereich der dänischen Kleinkolonie (die 1845 von den Briten übernommen wurde) hinaus wirkte sie im Bereich des heutigen Tamil Nadu. Ihr Erbe wurde im 19. Jh. von verschiedenen Missionen (wie der Leipziger Mission) und Kirchen Südindiens fortgeführt.

Fußnoten zu Kapitel 11

1 KIM/KIM (2015), *Korean Christianity*, 19–31.
2 KIM/KIM (2015), *Korean Christianity*, 32.

Literatur zu Kapitel 11

11.1 (Japan: Das Ende des „Christlichen Jahrhunderts")

MOFFETT (2005), *Christianity in Asia* II, 79–104; ROSS (1994), *Vision Betrayed*, 47 ff.67–117; COOPER (2004), *Japan*, 393–410; BOXER (1993), *Christian Century*, 308–400; YASUTAKA (2021), *Senpuku Kirishitan*; MORRIS (2018), *Christianity in Japan*.

11.2 (China: Akkomodationsstrategien und Ritenstreit)

MOFFETT (2005), *Christianity in Asia II*, 105–142; HSIA (2004), *Promise: China*, 375–392; ROSS (1994), *Vision Betrayed*, 118–154; MEIER (2018), *Ränder*, 95–120; MENEGON (2009), *Ancestors, Virgins and Friars*; MERKEL (1920), *Leibniz und die China-Mission*; MINAMIKI (1985), *Chinese Rites Controversy*; MUNGELLO (1994), The *Chinese Rites Controversy*; BAYS (2012), *New History*, 17–40.

11.3 (Sri Lanka und Philippinen: Widerstand im kolonialen Kontext)

MOFFETT (2005), *Christianity in Asia* II, 222–235.150–174; BOUDENS (1957), *Catholic Church in Ceylon*; KOSCHORKE (1998), *Catholic Underground Church in Ceylon*, 106–116; KOSCHORKE (2011), *Dutch Reformed Church in Colonial Ceylon*; PERERA (1942), *Joseph Vaz*; WENDT (1997), *Fiesta Filipina*; ILETO (1979), *Pasyon and Revolution*.

11.4 (Korea: selbstgegründete Märtyrerkirche [1784 ff])

MOFFETT (2005), *Christianity in Asia* II, 143–149.309–321; KIM/KIM (2015), *Korean Christianity*, 14–53; TRE 19 (1990), 615–620: „Korea II" (Won Yong Ji); DIAZ (1986), *A Korean Theology*; KIM (2014), *„Non-Missionary Beginnings"*, 73–98.

11.5 (Tranquebar 1706 und die Anfänge protestantischer Mission in Asien)

NEILL (1995), *India* II, 28–58; MOFFETT (2005), *Christianity in Asia* II, 236–250; GROSS/KUMARADOSS/LIEBAU (2006), *Beginning of Protestant Christianity* I–III; JEYARAJ (2012), *Transcontinental Communications*; CAÑIZARES-ESGUERRA/MARYKS/HSIA (2018), *Jesuits and Protestants in Asia*, 195–213.

106 Abbildungen zu Teil II: 17./18. Jahrhundert

Das Bild zeigt einen in Lumpen gekleideten, auf den Knien betenden Indio mit der Überschrift „Armer Indio" und der Unterschrift „Armer Jesus Christus". Der Inka identifiziert also den leidenden Indio mit dem Herrn. Der geschundene Indio ist der Leidenszeuge der Gründung der Kirche der Neuen Welt. Wie die den Löwen ausgelieferte hl. Barbara „wird unser bekehrter Indio von sechs Bestien gehetzt: der Drachen ist der ‚corregidor'; der Löwe der Kommendenbesitzer; der Tiger ist der Spanier der Rasthäuser, d. h. der Funktionär der Krone, dem die Rasthäuser unterstanden und der die indianischen Lastenträger mit roher Gewalt behandelte". Die Ratte links unten ist weniger eine Bestie als ein schädliches Tier; sie stellt den indianischen Kaziken dar, der sich den Spaniern unterworfen hat und deren Ausbeutungssystem stützt, und rechts die heuchlerische Katze, der Schreiber, eine Art „Zöllner" der Neuen Welt. In der Mitte rechts schließlich erscheint der Pater der ‚Doctrina' in der Gestalt eines Fuchses.

„Trotzdem, so viele Exzesse und Mißbräuche verwirren den engagierten und glühenden Glauben unseres Chronisten nicht. Die Graphik, die jene Kommentare abschließt, ist eine Botschaft der Hoffnung. Wir sind im Kapitel über die ‚doctrinas', und es handelt sich um die Predigt des ‚padre cura'. Er ist auf der Kanzel; aus seinem Mund kommen nur Wörter in quechua (schon nicht mehr auf spanisch), unter denen sich die Verwirklichung des Wunsches der vorletzten Graphik erraten läßt …: Evangelium und heilige Schrift. Die Eingeborenen zeigen nicht mehr Furcht und Beklemmung, im Gegenteil, die Hälfte des Bildes ist gefüllt von einer Versammlung von Männern und Frauen, nicht mehr in Lumpen, sondern mit richtig getragenen, sauberen Ponchos, in gesammelter Haltung. Zum Zeichen der Meditation haben einige die Augen geschlossen, andere blicken auf die Lippen des Paters, trinken seine quechua-Worte, andere zeigen Tränen, nicht mehr des Schmerzes, sondern der Rührung. Durch das Fenster der Kirche dringt ein Lichtstrahl ein, der auf die Versammlung gerichtet ist. In ihm fliegt eine Taube. Feuerflammen fallen herab. Der von Guaman nicht geschriebene Schluß ist offenkundig: wenn die Patres in den ‚Doctrinas' nur das Evangelium ohne spanische Beimischung gepredigt hätten, wäre es ein reines Pfingsten für die lateinamerikanische Kirche gewesen."

Abb. 10. Aus der Bilder-Chronik ‚Nueva corónica y buen gobierno' des Inka Poma de Ayala um 1614 (Erläuterung übernommen aus: PRIEN 1978, *Geschichte*, 222)

Abb. 11. Aus der Bilder-Chronik ‚Nueva corónica y buen gobierno' des Inka Poma de Ayala um 1614 (Erläuterung übernommen aus: PRIEN 1978, *Geschichte*, 228)

Abbildungen zu Teil II: 17./18. Jahrhundert **107**

Abb. 12. Cuzco (Peru), Plaza Mayor, mit Kathedrale [= Foto J01].

Abb. 13. Cuzco (Peru): „Abendmahl mit Meerschweinchen": Gemälde des christlich-mestizischen Künstlers Marcos Zapata (1710–1773), heute in der Kathedrale [= Foto J04].

Abb. 14. Mexiko: Sor Juana Inés de la Cruz (1648–1695), Nonne, Dichterin und Verfechterin des Rechts von Frauen auf Wissen und Bildung.

Abbildungen zu Teil II: 17./18. Jahrhundert **109**

Abb. 15. Kongo: Doña Beatriz Kimpa Vita (1684–1706), kongolesische Prophetin, Führerin der christlichen sozialrevolutionären Bewegung der Antonier, auch als afrikanische Jeanne d'Arc bezeichnet (Portrait 1710 von Bernardo da Gallo).

Abb. 16. Olaudah Equiano (ca. 1745–1797, bekannt auch als Gustavus Vassa), ehemaliger Sklave aus Benin (Nigeria): afrikanischer Christ, Publizist und Vorkämpfer der englischen Anti-Sklaverei-Bewegung.

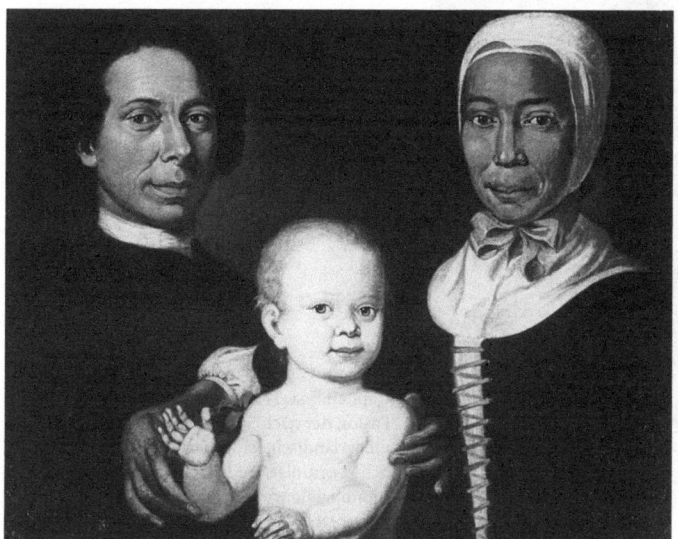

Abb. 17. Eine frühe transatlantische Ehe: Christian Jacob Protten „Africanus" (1715–1769), Herrnhuter Missionar und Linguist im heutigen Ghana; Rebecca Protten (1718–1780), ehemalige Sklavin und Evangelistin aus der Karibik; Heirat 1746 in Herrnhut; Tochter Anna Maria.

110 Abbildungen zu Teil II: 17./18. Jahrhundert

Abb. 18. Ghana: Elmina-Fort, Drehscheibe des transatlantischen Sklavenhandels, nacheinander in portugiesischem, niederländischem und britischem Kolonialbesitz [= Foto G14].

Abb. 19. Ghana: Jacobus Elisa Johannes Capitein (ca. 1717–1747), westafrikanischer Pastor, der nach Studium in Leiden in der niederländisch-reformierten Kirche zum Geistlichen ordiniert und als Kolonialpfarrer in Elmina tätig wurde (Portrait von Pieter Tanjé, zwischen 1742 und 1762).

Abbildungen zu Teil II: 17./18. Jahrhundert **111**

Abb. 20. Macao, ehemals portugiesische Kolonie: Fassade der St. Paul's-Kirche aus dem 17. Jh.

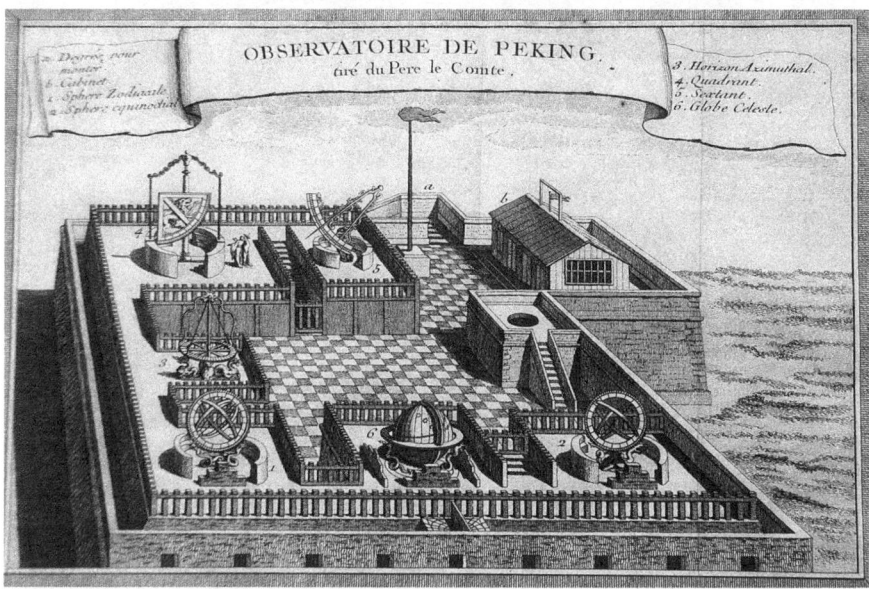

Abb. 21. Beijing (Peking): Astronomisches Observatorium, Darstellung durch den französischen Jesuiten Louis le Comte (1655–1728). Aufgrund ihrer astronomischen Kenntnisse erlangten Jesuiten großen Einfluss und hohe Positionen am kaiserlichen Hof [= Foto B08].

Abb. 22. China: Matteo Ricci, italienischer Jesuit (1552–1610), und Ly Paulos (Xu Guangqui), chinesischer Bürokrat, Mathematiker und von Ricci getaufter Konvertit (1562–1633), vor einem Altar (Druck aus Athanasius Kircher's *Monumentis* von 1669).

Abb. 23. Bartholomäus Ziegenbalg (1682–1719), ab 1706 der erste deutsche evangelische Missionar in Indien (Tranquebar). Er übersetzte die Bibel ins Tamilische, etablierte Schulen und gründete eine indisch-lutherische Gemeinde.

Abb. 24. Der tamilische Katechet Aaron (geb. Arumugun, 1698/99–1745), 1733 in Tranquebar als erster Inder zum protestantischen Pfarrer ordiniert.

Abb. 25. Tranquebar (Tharangambadi, Südindien), Ausgangspunkt der Dänisch-Halleschen Mission und protestantischer Präsenz in Indien. Bild: Fort Dansborg, Zentrum der dänischen „Mietkolonie".

III. 1800–1890

Kapitel 12: Das Ende des ersten Kolonialzeitalters und der Beginn des „protestantischen Jahrhunderts"

12.1 Kollaps der alten Kolonialsysteme (Iberoamerika, Afrika, Asien)

Um die Wende vom 18. zum 19. Jh. kollabierte die alte koloniale Ordnung [Karte 14]. Am dramatischsten waren die Veränderungen in *Mittel- und Südamerika*. Dort verloren Spanien und Portugal zwischen 1810 und 1825 ihren gesamten Kolonialbesitz auf dem Festland. Stattdessen bildeten sich zahlreiche unabhängige Nationalstaaten mit oft wechselnden Grenzen – Mexiko, die zentralamerikanischen Länder, Kolumbien, Peru, Bolivien, Paraguay, Uruguay, Argentinien und Chile. Restbestände spanischer Herrschaft hielten sich bis Ende des 19. Jh. nur noch an der Peripherie, also auf den Inseln der Karibik (Kuba, Puerto Rico) sowie im pazifischen Raum (Guam, die Philippinen). 1822 erklärte auch Brasilien seine Unabhängigkeit von Portugal. Damit verlor das iberische Land seinen einzigen Besitz in Amerika und zugleich sein wichtigstes Übersee-Gebiet.

In *Afrika und Asien* hatte der Niedergang des portugiesischen Kolonialreiches schon lange vorher eingesetzt. Um 1800 beschränkte sich die Präsenz der Portugiesen in Asien auf einige wenige Enklaven (Goa, Diu, Macao sowie ein Teil Timors im heutigen Indonesien). Auch der Schiffsverkehr zwischen Lissabon und Goa reduzierte sich auf wenige Fahrten jährlich. Aber auch das Kolonialreich der Niederländer – die die Portugiesen um 1650 in weiten Teilen Afrikas und Asiens als Kolonialherren abgelöst hatten – löste sich zunehmend auf. 1798 ging die hoch verschuldete ‚Niederländische Ostindien-Kompanie' (VOC) bankrott, und die holländischen Besitzungen entlang der afrikanischen Küste und in Südasien wurden – vorübergehend (Java) oder dauerhaft (südafrikanisches Kap, Ceylon [Sri Lanka], Malakka) – von den Briten übernommen.

Historiker sprechen vom Ende des ersten – iberisch dominierten – Kolonialzeitalters. Dafür waren unterschiedliche *Faktoren* maßgeblich. Ökonomische Rückständigkeit, Korruption und Ineffizienz der lokalen Kolonialverwaltungen, ‚Overstretching' beschränkter Ressourcen, wachsende Konkurrenz anderer europäischer Mächte (wie Großbritannien und Frankreich) im Atlantik sowie wachsende Autonomiebestrebungen in den amerikanischen Kolonien selbst waren solche Gründe. In Afrika und Asien hatte das portugiesische Imperium bereits um 1650 seinen Höhepunkt überschritten. Beschleunigt wurde dieser Prozess durch den Verlust maritimer Dominanz im Indischen Ozean an die Araber aus

Oman (und die Marathas aus Westindien). In der Folgezeit ging der portugiesische Einfluss dort ständig zurück. In Iberoamerika hatten die Aufklärung, der nordamerikanische Unabhängigkeitskrieg sowie die Französische Revolution freiheitliche Ideale und emanzipatorische Vorstellungen verbreitet. Vor allem in Kreisen der kreolischen Elite, also der in den Kolonien selbst geborenen weißen Siedler, verstärkten sich die Anfänge eines neuen – nunmehr „amerikanischen" – Eigenbewusstseins. Gravierend waren insbesondere die Auswirkungen der Napoleonischen Kriege. Portugal und Spanien wurden 1808 von den Franzosen besetzt. Damit verloren die Kolonien ihr imperiales Zentrum. In diesem Machtvakuum kam es seit 1810 in verschiedenen Regionen Hispano-Amerikas zur offenen Revolte. Und als die relative Autonomie, derer sich die spanischen Überseegebiete in dieser Übergangsphase erfreuten, nach der Restauration der alten Ordnung in Spanien bzw. auf dem Wiener Kongress 1814/15 wieder rückgängig gemacht werden sollte, beschleunigte dies den revolutionären Prozess und separatistische Tendenzen in Übersee nur noch weiter.

Schon zuvor hatten die *Niederlande* weite Teile ihres kolonialen Imperiums verloren. Denn nach der Besetzung des Mutterlandes 1796 durch französische Truppen übernahmen die Briten in Afrika und Asien zahlreiche holländische Besitzungen, um dem französischen Rivalen zuvorzukommen. Nach 1815 war das siegreiche Großbritannien zunächst die einzige Kolonialmacht, die diesen Namen verdiente. Was andere europäische Nationen noch an überseeischem Territorialbesitz behielten, besaßen sie nun von Englands Gnaden. Großbritannien selbst war lange Zeit weniger an formeller Kolonialherrschaft als vielmehr am ungehinderten Zugang zu überseeischen Märkten interessiert. Es begann die Ära des sog. Freihandelsimperialismus.

12.2 Tiefpunkt der katholischen Missionen (Asien, Afrika, Amerika)

Der Zerfall der alten Kolonialimperien hatte unmittelbare Auswirkungen auf die Christentumsgeschichte der betreffenden Regionen. Denn mit der kolonialen Herrschaft der Europäer lösten sich vielfach auch die etablierten kolonialkirchlichen Strukturen auf. In *Ceylon (Sri Lanka)* beispielsweise kollabierte mit dem Ende der holländischen Herrschaft auf der Insel 1796 auch die niederländisch-reformierte Kolonialkirche, die sich bereits zuvor in einem Prozess ständigen Niedergangs befunden hatte. Die holländischen Geistlichen verließen das Land; und in großer Zahl fielen die einheimischen Gläubigen zurück ins buddhistische oder hinduistische „Heidentum". „Die Religion Christi ist in keinem Zeitalter so in Unehre gefallen wie in letzter Zeit", musste etwa der englische Kaplan Claudius Buchanan um 1812 nach einer Reise durch die Insel feststellen [Text 40].

Vom Verfall waren aber in erster Linie die *katholischen Missionen* betroffen. Das Jahr 1815 markiert einen Tiefpunkt, von dem sie sich – global und lokal –

lange Zeit nicht erholen sollten. In *Europa* hatten die Französische Revolution sowie die napoleonische Neuordnung des Kontinents die Kirche des Ancien Regime zerschlagen. Durch die großen Säkularisationen seit dem ausgehenden 18. Jh. wurde die ökonomische Basis der katholischen Kirchenwesens und seiner missionierenden Orden zerstört. In Frankreich war der Klerus durch den revolutionären Terror der 1790er Jahre drastisch dezimiert, in Deutschland die geistlichen Fürstentümer seit 1803 aufgelöst und in Italien der Kirchenstaat 1798 erstmals von französischen Truppen besetzt. Im selben Jahr wurde auch die römische Missionszentrale – die 1622 gegründete ‚Propaganda Fide', die fast zwei Jahrhunderte lang die evangelisatorischen Aktivitäten der Kurie in Übersee gelenkt hatte – aufgehoben. 1808 kam es zur erneuten Besetzung des Kirchenstaates und zur Gefangennahme des Papstes durch die Franzosen. Der Wiener Kongress 1814/15 machte zwar zahlreiche Änderungen der napoleonischen Ära wieder rückgängig. Die Lage der katholischen Kirche blieb aber prekär.

Aber bereits lange zuvor war das katholische Missionswesen durch die *Aufhebung des Jesuitenordens* entscheidend geschwächt. Unter dem Druck der absolutistischen Regime im vorrevolutionären Frankreich und Spanien hatte Papst Clemens XIV. 1773 die Societas Jesu, den größten und erfolgreichsten Missionsorden der neueren Zeit, aufgelöst. Bereits zuvor waren die Jesuiten aus Portugal (1759), Frankreich (1764), Spanien (1767) und deren überseeischen Besitzungen vertrieben worden. Damit aber war das wichtigste Instrument katholischer Missionstätigkeit zerschlagen. Eine Folge dieser Entwicklung war, dass sich z. B. 1852 in Angola und Mosambik, den beiden Stützpfeilern des portugiesischen Padroado in *Afrika*, gerade noch 10 katholische Priester befanden.

In *China* war die christliche Religion seit den Tagen des Kaisers Yongzheng (reg. 1723–1735) als Folge des sog. Ritenstreites verboten. 1724 waren alle katholischen Missionare mit Ausnahme einiger Hofastronomen des Landes verwiesen worden. Ein kaiserliches Edikt des Jahres 1800 bestätigte das seit langem bestehende Verbot. 1811 und 1827 wurden zwei bzw. drei der vier berühmten, einst von den Jesuiten in Peking (Beijing) errichteten Kirchen zerstört. *Japan* war ohnehin seit Anfang des 17. Jh. ein „geschlossenes Land"; und in *Indien* beklagte der französische Geistliche Abbé J. A. Dubois (1770–1848), der viele Jahre als Missionar im Land tätig gewesen war, um 1815 den fast vollständigen Niedergang des Katholizismus auf dem Subkontinent wie folgt:

„Die christliche Religion katholischer Glaubensrichtung ist vor etwas mehr als dreihundert Jahren in Indien eingeführt worden, und zwar zur Zeit der portugiesischen Invasion [im 16. Jh.] [...] Der niedrige Stand, den die christliche Religion heute erreicht hat, und die Verachtung, der sie gegenwärtig ausgesetzt ist, können nicht mehr übertroffen werden. Es gibt ... zur Zeit in diesem Land nicht mehr als ein Drittel der Christen, die es hier noch vor achtzig Jahren gab, und ihre Zahl geht von Tag zu Tag durch ständigen Abfall zurück. Sie wird in kurzer Zeit auf Null schrumpfen; und wenn sich die Lage weiter so entwickelt, wird es, fürchte ich, in weniger als fünfzig Jahren keine Spuren des Christentums unter den Einheimischen mehr geben. Die christliche Religion, die früher Gegenstand der Gleichgültigkeit ... war, ist inzwischen – wage ich zu sagen – fast zu einem Gegenstand des Horrors geworden. Fest steht, dass während der letzten sechzig Jahre keine neuen Anhänger oder nur sehr wenige gewonnen wurden" [Text 39].

Dramatisch war die Situation insbesondere in *Iberoamerika*. Hier mehrten sich zu Beginn des 19. Jh. die Klagen über die sittliche Dekadenz und das niedrige Bildungsniveau des kolonialkirchlichen Klerus [z. B. Text 273]. Mit dem Ende der spanischen Herrschaft in den 1820er Jahren kam es dann zu einem Massenexodus loyalistischer Bischöfe und Priester. „Die Ordensgemeinschaften sind an vielen Orten nicht mehr vorhanden", beschrieb etwa ein europäischer Besucher um 1825 die Lage in Chile und der Plata-Region. „Wo sie noch existieren, tun sie dies in der Regel außerhalb jeder Observanz. ... Alle Franziskaner, die aus Spanien kamen, ... sind geflüchtet oder als Gefangene geblieben" [Text 269]. In Mexiko beispielsweise verminderte sich zwischen 1810 und 1834 die Zahl der Weltgeistlichen von 4 229 auf 2 282 und die der Religiosen von 3 112 auf 1 726. Am Ende des Unabhängigkeitsprozesses waren die meisten Bischofssitze in Lateinamerika unbesetzt, das Ordenswesen im Niedergang, eine große Anzahl von Priestern laisiert, hunderte kleinerer Klöster verschwunden sowie zahlreiche Seminare geschlossen.

12.3 Entwicklungen in der protestantischen Welt

Einen enormen Aufschwung hingegen erlebte im 19. Jh. die protestantische Missionsbewegung, die zuvor allenfalls regional eine begrenzte Rolle gespielt hatte. Für sie wurde dieses Jahrhundert zum „great century of missionary advance" (K. S. Latourette). In seinem Verlauf gelangte sie in zahlreiche Gebiete, die Europäern zuvor verschlossen waren, und gründete Gemeinden in Regionen, die früher auf keiner Karte verzeichnet waren. Die protestantische Missionsbewegung war keineswegs nur evangelisatorisch tätig, sondern trat vielerorts auch als Faktor der Modernisierung in Erscheinung. Missionare errichteten nicht nur Kapellen, sondern auch – oder oft noch zuerst – Schulen, Spitäler und Waisenhäuser. Sie studierten (und verschriftlichten) die regionalen Sprachen, übersetzten die Bibel und andere Texte, führten vielerorts die ersten Druckerpressen ein oder gaben Anstöße zur Entwicklung einer einheimischen Presse. Sie kritisierten soziale Missstände – wie die Praxis der Witwenverbrennung in Indien oder der Kindesaussetzung in Afrika – und waren ihrerseits mit dafür verantwortlich, in Europa das Bild des „wilden" Afrikaners zu festigen. Ohne den Faktor „Missionsschule" sind bestimmte Modernisierungsprozesse im Asien des 19. Jh. oder der antikoloniale Befreiungskampf afrikanischer Eliten im 20. Jh. nicht zu verstehen. Auch wo die entstehenden protestantischen Gemeinden gegenüber der katholischen Konkurrenz numerisch zurückblieben (wie in Indien oder China), gaben die protestantischen Missionen in den Augen der außerchristlichen Öffentlichkeit vielerorts den Ton an. Das zeigen etwa Revival-Bewegungen in unterschiedlichen Religionen Asiens Ende des 19. Jh., die sich – wie etwa in Sri Lanka der sog. ‚Protestant Buddhism' – vielfach am ebenso bekämpften wie imitierten Vorbild des Missionsprotestantismus orientierten.

Ausgangspunkt dieser neuen Etappe protestantischer Missionsgeschichte war nicht zufällig *Großbritannien*, das Mutterland der industriellen Revolution sowie Hegemonialmacht des frühen 19. Jh. Getragen wurde die Missionsbewegung zunächst von nonkonformistischen Kreisen außerhalb des kirchlichen Establishments. Hervorzuheben sind hier vor allem die Baptisten (seit 1792), Methodisten (seit 1813) und andere evangelikale Gruppierungen wie die anglikanisch-niederkirchliche ‚Church Missionary Society' (CMS, seit 1799), deren führende Vertreter zugleich auch prominent im Kampf gegen den Sklavenhandel engagiert waren. Einsatzfelder der CMS waren zunächst v. a. Westafrika und Indien und später zahlreiche andere Regionen in Asien, Afrika und Ozeanien. *Organisationsform* dieser frühen *Missionen* war die des Vereins, des freiwilligen Zusammenschlusses frommer Individuen; und Förderung der Mission galt nicht länger als Sache des kolonialen Staates, sondern primär des Engagements mündiger Bürger und frommer Laien. Dabei kooperierte man weithin über konfessionelle und nationale Grenzen hinweg. Gleiches gilt für die Missionsvereine auf dem *Kontinent* wie etwa die Basler Mission (gegr. 1815), deren deutsche oder schweizerische Zöglinge in Westafrika in englischen Diensten oder in Indonesien unter niederländischer Hoheit tätig wurden. Nicht diese oder jene konfessionelle Gestalt des Christentums zu verbreiten, sondern Christum selbst (und nicht „Luther, oder Calvin, oder Zwingli") zu verkünden sowie die „reine Lehre des Evangeliums" zu predigen, war das Ziel der Basler Sendboten. Dabei sahen sie ihr missionarisches Engagement als Teil einer globalen Bewegung und eingebettet in das „Wehen des Geistes Gottes über den ganzen Erdkreis", wie es im ersten Basler Aufruf aus dem Jahr 1815 heißt.

Dies Basler „Missionsinstitut" war hervorgegangen aus einem Kreis erweckter Christen im süddeutschen-schweizerischen Raum und wurde von einem Netz regionaler Hilfsvereine unterstützt. Aus einem dieser „Hilfsvereine" – zunächst bloße Zubringeranstalt für Basel – ging 1828 die Rheinische Missionsgesellschaft in Wuppertal-Elberfeld hervor. Andere Basler Hilfsvereine schlossen sich 1836 in Hamburg zur überkonfessionellen Norddeutschen Missionsgesellschaft zusammen. In einer späteren Phase kam es in Deutschland verstärkt auch zur Bildung kirchlich-konfessioneller Missionen wie 1847 zur Gründung der streng lutherischen Leipziger oder 1849 der Hermannsburger Mission. Aber auch quasi-private Initiativen wie das Ein-Mann-Missionsseminar des Berliner Pfarrers Johannes Jänicke, aus dem etwa der später berühmte China-Missionar Karl Gützlaff hervorging [Text 54], gehören zum Bild des frühen deutschen Missionsprotestantismus. Parallel zu diesen Entwicklungen kam es auch in anderen kontinentaleuropäischen Regionen zur Gründung protestantischer Gesellschaften. Verwiesen sei etwa auf die 1811 erfolgte Konstituierung der Pariser Mission (Société des Missions évangéliques de Paris) oder die Gründung entsprechender Gesellschaften in Dänemark (Det Danske Missionsselskab, 1821) und Norwegen (Det Norske Missionsselskab, 1842).

Zu einem dritten Zentrum protestantischer Weltmission entwickelten sich früh die *USA*. 1810 wurde in Boston der (zunächst überkonfessionelle und später kongregationalistische) ‚American Board of Commissioners for Foreign Missions' (ABCFM) gegründet, der bereits 1812 acht eigene Missionare nach Bengalen aussandte (wo diese allerdings umgehend von der britischen Kolonialadministration ausgewiesen wurden). Mit von der Partie waren drei Missionarsfrauen, die vor der Aussendung nach Übersee eigens für ihre Aufgabe als Lehrerinnen in der „Heiden"-Welt ordiniert worden waren. Generell spielten Frauen in der amerikanischen Missionsbewegung von Anfang an in unterschiedlichen Funktionen eine wichtige Rolle. 1855 war der ABCFM tätig in Afrika, in Europa, im Vorderen Orient, in Süd- und Nordost-Asien, im Pazifik sowie unter den einheimischen Indianern. Prominenter Vertreter des ABCFM wurde Rufus Anderson (1796–1880). Zeitgleich mit, aber unabhängig von Henry Venn (1796–1873) von der englischen anglikanischen CMS entwickelte er das Konzept der „Three Selves" – die Vision einer sich selbst ausbreitenden, selbst finanzierenden und selbst regierenden „einheimischen Kirche" als Ziel missionarischer Arbeit. Seit Mitte des Jahrhunderts wurde dieses Konzept zum Leitbild zahlreicher angelsächsischer Missionen.

1814 gründeten in den USA die Baptisten, 1819 die bischöflichen Methodisten, 1821 die Episkopalen, 1837 die Presbyterianer sowie im Verlauf der Zeit weitere amerikanische Denominationen ihre je eigenen Missionsgesellschaften. Presbyterianische und baptistische Missionare aus den USA wurden seit den 1850er Jahren insbesondere auch in Lateinamerika (Mexiko, Brasilien etc.) tätig. Besondere Bedeutung in der amerikanischen Missionsgeschichte des 19. Jh. kommt der Rolle *schwarzer Missionare* zu, die v. a. in Afrika als Evangelisten tätig wurden. Sie taten zunächst mehrheitlich im Auftrag weiß dominierter Missionsgesellschaften und seit den 1870er Jahren zunehmend als Abgesandte schwarzer Kirchen bzw. afroamerikanischer Gesellschaften aus den USA [s. unten Kap. 12.4].

12.4 Transkontinentale Migrationsströme, Anfänge afroamerikanischer Mission

Die westliche Missionsbewegung war aber nur *ein* Faktor neben anderen in der weltweiten Ausbreitung des Christentums im 19. Jh. Eine wichtige Rolle spielten auch die globalen Migrationsströme dieser Zeit. Sie führten vielerorts zu veränderten Religions- und Konfessionsgeographien – und darunter auch zu zahlreichen Beispielen erstmaliger protestantischer Präsenz in Regionen, wo diese zuvor nicht gegeben war. Das 19. Jh. sah sukzessive *Wellen europäischer Auswanderung nach Übersee*. Zwischen 1800 und 1925 verließ einer von fünf Europäern den alten Kontinent. Deutsche Emigranten gingen in die USA, nach Lateinamerika (v. a. Brasilien, Argentinien, Chile), in geringerer Zahl auch nach Südafrika sowie gegen Ende des Jahrhunderts in die neuen deutschen Kolonien. Irische Einwanderer flohen seit den 1840er Jahren vor den Hungerkatastrophen ihrer Heimat in die USA und stärkten dort das katholische Element. Umgekehrt führte etwa in Brasilien die 1824 einsetzende Einwanderung ganzer Dorfgemeinschaften aus Deutschland erstmals zu legaler protestantischer Präsenz und markiert eine wichtige erste Etappe konfessioneller Pluralisierung des zuvor offiziell rein katholischen Landes. Andere Spielarten des Protestantismus – wie die missionarischen Aktivitäten v. a. nordamerikanischer Kirchen seit Mitte des 19. Jh. sowie verschiedene pentekostale und neopentekostale Bewegungen Mitte bis Ende des 20. Jh. – spielten im südamerikanischen Staat erst später eine signifikante Rolle. Im Prozess der globalen Ausbreitung der Kirchen der Reformation kommt den transkontinentalen Auswandererbewegungen des 19. Jh. erhebliche Bedeutung zu.

Bisher weniger beachtet (und systematisch kaum erforscht), aber ebenfalls relevant war die – freiwillige oder erzwungene – *Migration indigener Christen innerhalb der kolonialen Welt* des 19. Jh. In zahlreichen britischen Überseebesitzungen und anderen Regionen des globalen Südens trat seit Mitte des Jahrhunderts das Institut der sogenannten ‚Indentured Labour' („Kontraktarbeiter" als billige Arbeitskräfte) an die Stelle der offiziell abgeschafften Sklaverei. Dies führte zu erhöhter Fluktuation und Zirkulation etwa indischer *coolies* innerhalb (und außerhalb) der Kolonien des britischen Empire. Dies hatte zugleich unterschiedliche Formen eines Religionsexportes zur Folge. Sie führte erstmals zu einer beachtlichen Hindu-Präsenz etwa in der Karibik, wo diese zuvor unbekannt war, andererseits aber auch zur Gründung tamilisch-christlicher Gemeinschaften in verschiedenen Regionen Südasiens oder Ostafrikas, wo zuvor keine westlichen Missionare tätig waren. Unter den ersten 350 indischen Immigranten des Jahres 1860 im südafrikanischen Natal etwa befanden sich bereits 50 Katholiken und 4 Protestanten. Im Lauf der Zeit nahm v. a. die Zahl der Protestanten (Methodisten, Anglikaner, Lutheraner) unter den indischen Einwanderern in Südafrika deutlich zu. Spontane Glaubensverbreitung durch christliche Migranten war auch etwa in den Teeplantagen Sri Lankas zu beobachten, wo britische Kolonisten von den Gottesdiensten ihrer aus Südindien importierten *coolies* überrascht wurden [Text 60].

Generell kann gerade im Asien des 19. Jh. die *Bedeutung ethnischer Diasporen* als Netzwerke einer auch nicht-missionarischen Ausbreitung des Christentums kaum überschätzt werden. In China beispielsweis hatten westliche Missionare vor 1842 überhaupt keinen (und danach nur eingeschränkten) offiziellen Zugang. Die Anfänge des chinesischen Protestantismus bildeten sich so in dem weiten Kranz chinesischer Diaspora-Gemeinschaften zwischen Thailand, Malakka und Indonesien. Von dort aus unternahmen Aktivisten wie der berühmte Evangelist Liang Fa [s. Abb. 27] seit den 1820er Jahren Vorstöße ins Reich der Mitte. Durch seine Traktate übte er erheblichen Einfluss auf die spätere indigene Massenbewegung der T'aiping aus [vgl. Text 61]. Auch in der Endphase der chinesischen Qing-Dynastie, gegen Ende des 19. Jh., bildete sich eine revolutionäre (und oft zugleich christliche) Intelligentsia zunächst vor allem in der chinesischen Auslandsdiaspora. Von dort trugen sie ihre Ideen in das Mutterland hinein – so Sun Yat-Sen, ein getaufter Christ und später erster Präsident des republikanischen Chinas.

Von großer Bedeutung im gegebenen Kontext sind die *Austauschbeziehungen schwarzer Christen innerhalb des sogenannten ‚Black Atlantic'* (bzw. auf beiden Seiten des atlantischen Ozeans). Transatlantische Netzwerke afroamerikanischer Christen spielten bereits im 17. und 18. Jh. eine wichtige Rolle, wie an anderer Stelle erörtert [s. Kap. 10.4]. Gegen Ende des 18. Jh. verstärkten sich die Remigrationsbestrebungen ehemaliger schwarzer Sklaven aus den USA. Diese führten 1792 in Sierra Leone – wie unten näher ausgeführt [s. Kap. 14.1] – zur Gründung einer Siedlung afroamerikanischer Heimkehrer sowie zur ersten von schwarzen Christen gegründeten und geleiteten protestantischen Kirche auf westafrikanischem Boden. Das frühe 19. Jh. sah dann die Anfänge *afroamerikanischer Missionsarbeit in Afrika*. Zunächst waren es v. a. einzelne schwarze Baptisten und Methodisten aus Jamaika oder der amerikanischen Ostküste, die – anfangs noch in Diensten weiß dominierter Gesellschaften – in Westafrika tätig wurden. Zunehmend mehrten sich aber auch unabhängige afroamerikanische Initiativen und die Gründung eigener schwarzer Missionsgesellschaften. So insbesondere seit den 1870er Jahren, als sich – nach dem amerikanischen Bürgerkrieg und dem enttäuschenden Ausgang der anschießenden „Rekonstruktions"-Periode – die Hoffnungen auf ein gleichberechtigtes Zusammenleben von Schwarz und Weiß in den USA zerschlugen. Nun richtete sich das Interesse in neuer Weise wieder auf Afrika. Hervorgehoben sei insbesondere das Beispiel der ‚African Methodist Episcopal Church' (AME), der ältesten und größten schwarzen Kirche der USA. 1816 in Philadelphia gegründet, breitete sie sich rasch unter der afroamerikanischen Bevölkerung in Nordamerika aus. Seit den 1870er Jahren hatte sie auch in Westafrika einen Ableger und erreichte wenig später Südafrika, wo sie 1896 mit einer lokalen schwarzen Kirche – der ‚äthiopischen Kirche' des früheren Methodistenpredigers Mangena Mokone – fusionierte [s. Abb. 36–37; Foto H11–12]. Damit etablierte sie sich dauerhaft als transatlantische Kirchengemeinschaft. Gegen Ende des 19. Jh. waren afroamerikanische Missionare im südlichen Afrika, Liberia, Sierra Leone, der Goldküste, Nigeria und Belgisch-Kongo tätig. Zahlenmäßig geringer und mit weit weniger Ressourcen ausgestattet als ihre weißen missionarischen Kollegen, übten sie dennoch einen beachtlichen Einfluss aus und stimulierten u. a. die sich gegen Ende des Jahrhunderts verstärkenden Unabhängigkeitsbestrebungen afrikanischer Christen.

Literatur zu Kapitel 12

12.1 (Kollaps der alten Kolonialsysteme)

REINHARD (1985), *Expansion* II, 203–258; REINHARD (1996), *Kolonialismus*, 97–132. 178 ff; GRÜNDER (1992), *Welteroberung*, 315–323; BOXER (1972), *Dutch Seaborn Empire*, 268–294; FIELDHOUSE (1991), *Kolonialreiche*, 11–136; JANSEN/OSTERHAMMEL (2013), *Dekolonisation*, 19 ff; WENDT (2007), *Globalisierung*, 177 ff; OSTERHAMMEL (2009), *Verwandlung der Welt*, 565–673.

12.2 (Tiefpunkt der katholischen Missionen)

JEDIN (^{R}1985), *Handbuch* VI/1, 3–105.229–247.615–649; GRÜNDER (1992), *Welteroberung*, 315–429; SCHMIDLIN (1925), *Katholische Missionsgeschichte*, 387 ff.

12.3 (Entwicklungen in der protestantischen Welt)

GENSICHEN (1976), *Missionsgeschichte*, 26–48; WARD (2017), *Missionsbewegung*, 235–270; RAUPP (1990), *Mission in Quellentexten*, 231–411; WARNECK (1880), *Missionsjahrhundert*; TYRELL (2004), *Weltmission*, 13–136; LATOURETTE (^{R}1980), *Expansion of Christianity* IV+V (1800–1914); WARD/STANLEY (2000), *Church Mission Society*; CHRIST-VON WEDEL/KUHN (2015), *Basler Mission*; ROBERT (1997), *American Women in Mission*.

12.4 (Transkontinentale Migrationsströme, Anfänge afroamerikanischer Mission)

OLTMER (2012), *Globale Migration* 45–78; CAMPBELL (1998), *Songs of Zion*; MARTIN (1989), *Black Baptists and African Missions*; MARTIN (2002), *African Mission Movement*, 57–72; WILLIAMS (1982), *Black Americans*, 3–85; RUSSEL (2000), *Jamaican Baptist Missions*.

Kapitel 13: Asien

13.1 Südasien: Mission als Faktor der Modernisierung
13.1.1 Neuanfang in Serampore (1800 ff)

In Asien verbinden sich die Anfänge dieser neuen Etappe der protestantischen Missionsgeschichte mit dem Namen *Serampore*. Serampore war eine kleine dänische Handelsniederlassung im indischen Bengalen. Hier ließen sich seit 1800 die baptistischen Pioniermissionare um William Carey nieder – und nicht im nur wenige Meilen entfernten, von den Briten beherrschten Kalkutta. Dies war eine Folge der missionsfeindlichen Einstellung der britischen Kolonialbehörden zu Beginn des 19. Jh., die sich nur schrittweise lockerte. In der Folge entwickelte sich Serampore zu einem missionarischen Zentrum von gesamtasiatischer Ausstrahlung.

William Carey (1761–1834), der Gründer der Serampore-Mission, entstammte einer Weberfamilie aus dem englischen Northampton. Ursprünglich ein Schuhmacher, bildete sich Carey als Autodidakt weiter und erlernte zahlreiche Sprachen – zunächst verschiedene klassische und lebende Sprachen Europas sowie später unterschiedliche indische Idiome. 1783 schloss sich Carey den Baptisten an. Berichte über die Südseereisen des James Cook (1728–79) weckten sein Interesse an der Welt außerhalb Europas und an den Millionen Menschen, die vom Evangelium noch nicht erreicht waren. Mit seinem Traktat „An Enquiry into the Obligations of Christians to use Means for the Conversion of Heathens" gab er 1792 den Anstoß zur Gründung der ‚Baptist Missionary Society'. 1793 brach er nach Indien auf. Er schlug sich zunächst in Kalkutta durch und zog 1800 nach Serampore weiter. Andere baptistische Aktivisten folgten.

Ziel war die Etablierung einer freiwilligen, von der kolonialen Obrigkeit unabhängigen und sich selbst versorgenden „Glaubensmission". Deren Merkmale waren intensives Sprachenstudium, Straßenpredigt (um die Masse der leseunkundigen Bevölkerung zu erreichen) und Religionsdispute (mit der brahmanischen Elite). Dies schloss die Übersetzung heiliger Schriften wie des Hindu-Epos *Ramayana* ein. Erfolge (im Sinn formeller Konversionen) stellten sich zunächst nur zögerlich ein. Serampores Bedeutung lag vor allem in der Vielfalt der von diesem Zentrum ausgehenden Impulse. Besondere Aufmerksamkeit galt der *Bibelübersetzung* sowie – eng damit verbunden – der Einrichtung einer *Druckerpresse*. Bis zum Jahr 1820 lag das Neue Testament in bengalischer Übersetzung sowie in Sanskrit, Oriya, Hindi, Marathi, Punjabi, Assamesisch und Gujurathi vor. Insgesamt wurden Teile der Bibel in vierzig Sprachen Indiens und der benachbarten Länder – wie der Malediven, Burma, Java und China – übersetzt. Für manche indische und ostasiatische Sprachen wurden in Serampore zum ersten Mal Drucktypen hergestellt. In einem Brief von William Ward, einem engen Mitarbeiter Carey's, von Ende 1811 findet sich folgende Schilderung:

„Wenn Du hereinkommst, siehst Du in einem kleinen Raum Deinen Cousin, der eine weiße Jacke trägt. Er liest oder schreibt und beaufsichtigt das Büro, das mehr als 170 Fuß lang ist. Es gibt da Inder, die die Hlg. Schrift in die verschiedenen Sprachen übersetzen oder Korrekturfahnen lesen. Du siehst, in Kästen sortiert, Drucktypen in Arabisch, Persisch, Nagari, Telugu, Panjabi, Bengali, Marathi, Chinesisch, Oriya, Burmesisch, Kanaresisch, Griechisch, Hebräisch und Englisch. Inder hinduistischen, muslimischen und christlichen Glaubens sind da beschäftigt. Sie übersetzen, korrigieren und verteilen. Die vier Männer neben mir ziehen die Blätter mit der Hlg. Schrift in den verschiedenen Sprachen ab; andere falten die Blätter und bringen sie in das große Lager; und sechs Muslime binden sie. Hinter dem Büro befinden sich die Behälter mit den verschiedenen Drucktypen, dahinter stellt eine Gruppe von Männern Tinte her, und an einem geräumigen, offenen, ummauerten runden Platz steht unsere Papiermühle, da wir unser Papier selbst herstellen." [Text 44]

Einen anderen Arbeitsschwerpunkt bildete *Erziehung*. 1818 wurde das *Serampore College* begründet, das bis heute besteht. Ziel war die „Ausbildung asiatischer Christen und anderer Jugendlicher in der östlichen Literatur und europäischen Wissenschaft" [Text 45]. Der Unterricht erfolgte primär in Sanskrit (sowie Arabisch und Persisch) sowie für bestimmte Schüler auch in Englisch. Zum Unterrichtsstoff zählten neben den „*Shastras* der Hindus" und der Bibel verschiedene naturwissenschaftliche und andere Disziplinen. Besucht wurde das College sowohl von christlichen wie Hindu-Studenten. 1827 erhielt das College das Recht zur Verleihung akademischer Grade.

Der weite *global-ökumenische Horizont*, in dem die Serampore-Pioniere ihre eigene Arbeit verorteten, ist bereits an der Vielzahl der Bibelübersetzungen ablesbar. Bereits 1806 fasste Carey zudem den Plan einer Weltmissionskonferenz, die erstmals 1810 – und damit hundert Jahre vor Edinburgh 1910 – am Kap der Guten Hoffnung stattfinden sollte. Eine solche „allgemeine Zusammenkunft von Vertretern aller christlichen Denominationen aus allen vier Weltteilen" sollte – so die unerfüllte Vision Careys – eine regelmäßige Veranstaltung werden und etwa alle zehn Jahre stattfinden [Text 46b].

13.1.2 Weitere Entwicklungen (1813 ff)

Die Baptisten blieben nicht die einzigen in Indien tätigen protestantischen Missionare. Trotz aller Behinderungen wurden bald auch *andere protestantischen Gesellschaften* auf dem Subkontinent aktiv. 1813 wurde British-Indien gegen den erbitterten Widerstand der – primär kommerziell interessierten – englischen ‚East India Company' (EIC) zunächst für britische Missionen geöffnet [Text 41]. Die mit einem staatlichen Monopol ausgestattete Gesellschaft vereinte weite Gebiete Indiens unter ihrer Kontrolle. 1833, bei der nächsten regulären Erneuerung dieses Freibriefs („Charter") für die EIC durch das britische Parlament, fiel auch diese Beschränkung, und Britisch-Indien stand nunmehr auch Missionaren anderer Nationalität offen. In der Folgezeit hielt die pralle Fülle des euroamerikanischen Missionsprotestantismus Einzug auf dem Subkontinent. Anglikaner, Methodisten, Baptisten, Presbyterianer, Kongregationalisten, Lutheraner und andere Denominationen schickten ihre Glaubensboten in das südasiatische Land, und dies zunehmend auch in unterschiedlichen nationalen Varianten (wie etwa die englischen und amerikanischen Methodisten oder die deutschen und skandinavischen Lutheraner).

1834 begann etwa die deutsch-schweizerische Basler Mission ihre Arbeit im indischen Mangalore. Schrittweise wurden nun auch katholische Ordensgemeinschaften – wie die 1814 vom Papst rekonstituierten, zahlenmäßig freilich stark dezimierten Jesuiten – wieder in Indien tätig. Zugleich wurde der organisatorische Wiederaufbau des indischen Katholizismus von der römischen Kurie eingeleitet. In den romfreien *Thomaschristen* Keralas sahen die protestantischen Missionare potentielle Verbündete und ein mögliches Instrument zur Evangelisierung ganz Indiens. Waren sie doch in ihren Augen frei von zahlreichen Irrtümern der katholischen Tradition [Text 46]. So suchten britische Anglikaner diese nicht „tyrannisch" zu vereinnahmen, sondern in „brüderlicher" Weise zu unterstützen. Dies geschah etwa durch den Druck und die Verbreitung einer Bibelübersetzung im einheimischen Malayalam sowie die Einrichtung eines eigenen theologischen College in Kottayam. Im Ganzen freilich unterschätzten die anglikanischen Missionare massiv die Unterschiede zwischen beiden kirchlichen Traditionen. Es kam zu Spannungen, und im Jahr 1836 beendete der syrisch-orthodoxe Metropolit diese frühe Phase einer Zusammenarbeit mit den Anglikanern.

Im benachbarten kolonialen *Ceylon (Sri Lanka)* waren unterschiedliche angelsächsische Missionen (Anglikaner, Methodisten, Baptisten sowie amerikanische Kongregationalisten) bereits seit den 1810er Jahren aktiv. In *Burma (Myanmar)* – das erst im Verlauf des 19. Jh. schrittweise britischer Herrschaft unterworfen wurde – kam es unter verschiedenen ethnischen Minoritäten zur Bildung größerer baptistischer Gemeinden. Ausgangspunkt war hier die Arbeit des amerikanischen Baptisten Adoniram Judson (1788–1850), der ursprünglich nach Indien aufgebrochen war, jedoch gleich nach seiner Ankunft in Kalkutta 1812 von den britischen Kolonialbehörden nach Burma (Myanmar) abgeschoben wurde. Dort wirkte er dann – im damals noch unabhängigen oberen Landesteil – als Pioniermissionar unten der Volksgruppe der Karen.

Der „große Aufstand" von 1857/58, später zur ersten nationalen Revolution verklärt, erschütterte die britische Herrschaft in Indien. Er führte zum Ende der

Englischen Ostindien-Kompanie. Britisch-Indien – ein Konglomerat von direkt beherrschten Territorien und begrenzt autonomen Fürstenstaaten – wurde nun Kronkolonie und „Juwel" im Imperium der Queen Victoria, die sich im Jahr 1877 zur Kaiserin von Indien ausrufen ließ. Religionspolitisch vertrat ihre Regierung die Linie *strikter Neutralität* gegenüber den verschiedenen Religionen des Landes. Die christlichen Gemeinschaften erlitten durch den Aufstand Rückschläge, wuchsen aber in der Folgezeit ständig weiter. Die Zahl der Katholiken um 1860 wird auf etwas über eine Million geschätzt. 1900 waren es ca. 1 920 000. Die entstehenden protestantischen Gemeinden waren naturgemäß kleiner. Sie erlebten aber in der Folgezeit ein dynamisches Wachstum: von ca. 139 000 um 1860 auf ca. 1 200 000 um 1900. Den orthodoxen bzw. thomaskirchlichen Gemeinschaften Indiens gehörten um 1900 ca. 650 000 Christen an.

13.1.3 Mission als Faktor der Modernisierung

Die protestantische Missionsbewegung führte nicht nur zur Gründung konfessionell getrennter (und zahlenmäßig überschaubarer) Missionsgemeinden. Sie war auf vielfältige Weise auch im öffentlichen Raum präsent durch ihre Publizistik, ihre sozialen (und sozialpolitischen) Aktivitäten, die Einführung (bzw. Nutzung) neuer Technologien sowie ihr Engagement im medizinischen und im Bildungsbereich. Vielfach wurden Missionare wahrgenommen als Pioniere und Multiplikatoren westlicher Modernität. Beispiel *Druckerpresse*: Sie gehörte zur Grundausstattung fast jeder größeren Missionsstation. Im Madras des frühen 19. Jh. etwa waren die meisten privat betriebenen Pressen im Besitz christlicher Missionare. Deren Techniken religiöser Publizistik inspirierte umgekehrt die Hindus, und Gründungen wie die der ‚Hindu Tract Society' folgten dem Vorbild der christlichen ‚Madras Religious Tract Society'. Fragen der Kaste, der Kinderheirat und anderer als „social evils" verurteilten Traditionen der Hindu-Gesellschaft waren nicht nur Gegenstand besorgter Beratungen auf Missionskonferenzen. Sie wurden auch zum Thema öffentlicher Kampagnen und Vorstöße an die Kolonialregierung. Das frühe Beispiel einer erfolgreichen Kampagne war der Kampf gegen „Sati", den Brauch der Witwenverbrennung, deren Abschaffung in Bengalen insbesondere auch der große Hindu-Reformer Ram Mohan Roy forderte. Im Jahr 1829 wurde diese Praxis verboten. *Medical Mission* – also der Betrieb von Spitälern und Dispensatorien, die Entsendung von Ärzten und die medizinische Ausbildung einheimischer Helfer – war von Anfang an ein zentraler Aspekt missionarischer Arbeit. Später wurde sie zum Markenzeichen insbesondere amerikanischer Gesellschaften.

Besonders weitreichend war der Einfluss der Missionen im *Bildungsbereich*. Nichtchristliche Herrscher – wie der burmesische König 1868 in Mandalay – forderten Missionare zum Bau von Schulen auf [Text 50]. In Britisch-Indien spielten christliche Colleges – wie das ‚Scottish Church College' in Kalkutta oder das ‚Wilson College in Bombay' – bei der Verbreitung westlicher Bildung eine wichtige Rolle. Die Absolventen dieser Colleges fanden gute Posten im staatlichen Verwaltungsdienst, aber auch als Richter, Rechtsanwälte, Lehrer und Professoren. Seit Mitte des Jahrhunderts waren die missionarischen Gründungen stärkerer Konkurrenz ausgesetzt, durch staatliche Institutionen wie die im Jahr 1857 etablierte Madras University sowie seit den 1880er Jahren zunehmend auch durch Schulgründungen der Theosophen. Gleichwohl behaupteten die Missionen ihre starke Position im Bildungssektor, und die indisch-christliche Gemeinschaft konnte sich rühmen, direkt nach der traditionellen Elite der Brahmanen und trotz ihrer heterogenen Zusammensetzung den höchsten Alphabetisierungsgrad insbesondere in Südindien aufzuweisen. Eine renommierte Einrichtung wie das ‚Madras Christian College' – 1837 für die oberen Hindu-Klassen gegründet – fungierte als Eliteschmiede nicht nur für die Mehrheit der Hindu-Studenten, sondern auch für künftige christliche Führungspersönlichkeiten wie den späteren ersten indischen Bischof V. S. Azariah (1874–1945).

Phänomenal waren gegen Ende des 19. Jh. insbesondere die Erfolge im Bereich der *weiblichen Bildung*. Indische Christinnen wiesen im südindischen Madras den höchsten Bildungsgrad auf. Ihre Führungsrolle im Bereich der *female education* zählte für indische Christen als Ausweis christlicher Progressivität. Über die Religionsgrenzen hinweg genoss eine christliche Persönlichkeit wie die aus einer Brahmanen-Familie stammende Erzieherin und Sozialaktivistin Pandita Ramabai (1858–1922) Respekt und Anerkennung. Nicht nur in christlichen Kreis galt sie als sichtbarer Beweis für die emanzipatorische Kraft des Christentums [vgl. Abb. 38].

13.1.4 Rezeption außerhalb der Missionskirchen, indigene Christentumsinterpretationen

Es zählt zu den Merkmalen der indischen Christentumsgeschichte, dass die Rezeption missionarischer Impulse vielfach außerhalb der missionskirchlichen Kanäle erfolgte. Ein frühes Beispiel stellt der bengalische Reformer *Raja Ram Mohan Roy* (1772–1833) dar. Er war einer der führenden Köpfe im kulturellen Leben Bengalens des frühen 19. Jh. und ist vielfach als „Vater des modernen Indiens" bezeichnet worden. Selbst zeit seines Lebens Hindu, hat er Jesus als den „vollkommenen Lehrer" bezeichnet und den von ihm verworfenen volkstümlichen Hinduismus u. a. im Licht der Ethik Christi und der Bergpredigt zu reformieren gesucht. „Die Gebote Jesu, des Führers zu Frieden und Glück", lautet der Titel einer von ihm im Jahr 1820 auf Bengali und Englisch veröffentlichten Schrift. Sie enthält Auszüge der ethischen (nicht aber dogmatischen) Passagen des Neuen Testaments [Text 51]. Das Angebot der Serampore-Missionare, Christ zu werden, lehnte er ab. Stattdessen begründete er mit dem ‚*Brahmo Samaj*' eine Bewegung, die im Hindu-Revival des 19. Jh. eine wichtige Rolle spielen sollte.

Umgekehrt fanden aber auch immer wieder Einzelne durch ihn den Weg zur Bibel (sowie später teils auch in die christliche Kirche).

Auch andere *Hindu-Reformbewegungen* waren in unterschiedlichem Maß sowohl von christlichen Impulsen wie vom Gegensatz zum Missionsprotestantismus bestimmt. Dazu zählen seit den 1870er Jahren Gruppen wie der in Bombay gegründete ‚Prarthana Samaj', die ‚Ramakrishna Mission' (mit ihrer Lehre, dass alle Religionen letztlich eins seien), militante Organisationen wie der ‚Arya Samaj', oder eine – seit ihrem Auftritt auf dem Weltparlament der Religionen 1893 in Chicago international bekannte – Persönlichkeit wie Swami Vivekananda (1863–1902). Als wandernder Mönch hatte er zuvor stets zwei Lieblingsbücher mit sich getragen: die Bhagavad Gita sowie einen Traktat über die „Nachahmung Christi". Das Christentum enthalte nichts Wertvolles – so seine Botschaft –, was sich nicht ebenso und besser auch im Hinduismus finde. Indische Christen ihrerseits sahen in den vielfältigen sozialen und religiösen Reformbewegungen gegen Ende des 19. Jh. das „Ferment" der christlichen Botschaft wirksam. Die Rückbesinnung auf die ethischen Dimensionen der Hindu-Tradition – so eine um 1900 auch von reformorientierten Hindus vielfach geäußerte Meinung – sei eine Folge der Auseinandersetzung mit der Botschaft Jesu.

Früh gab es unter indischen Christen eine *eigenständige Rezeption biblischer Impulse*. Krishna Mohan Banerjea (1813–1885) etwa, einer der ersten Konvertiten des schottischen Bildungspioniers Alexander Duff, stellte fest: „Having become Christians, we have not ceased to be Hindoos". Er verwies auf Parallelen zwischen dem Alten Testament und den Veden, den heiligen Schriften der Hindus. Ganz ähnlich bezeichnete A. S. Appasamy Pillai (1848–1926) die Rigveden, also den ältesten Teil der vier Veden, als „Antizipation" des Christentums. Stimmen wie diese hat Kaj Baago im Jahr 1969 als „Pioneers of Indigenous Christianity" bezeichnet[1] und eine systematische Sicherung und Erforschung ihrer literarischen Hinterlassenschaft in Gang gesetzt. Seit den 1860er Jahren gab es erste lokale Bestrebungen, christliche Gemeinschaften oder Kirchen frei von missionarischer Kontrolle zu gründen. Frühe Beispiele waren die ‚Hindu Church of the Lord Jesus Christ' (1858), die ‚Bengal Christian Association for the Promotion of Christian Truth' (1868) oder der ‚Bengal Christian Samaj' (1887). Überregionale Bedeutung erlangte seit dem Jahr 1886 das in Madras gestartete Projekt einer ‚National Church of India' [s. dazu Kap. 17.2].

Erfolge verzeichneten die Missionen nicht nur bei westlich gebildeten Indern. Seit den 1860er Jahren kam es in verschiedenen Regionen des Subkontinents, meist ganz unabhängig voneinander, vermehrt zum Übertritt ganzer ethnischer oder sozialer Gruppen insbesondere unter den *Dalits* (Angehörigen der niedrigsten Kasten). Solche *„Massenbekehrungen"* waren zwar an sich keine neue Erscheinung. Bereits im 16. Jh. hatte es ähnliche Bewegungen gegeben. Aber sie veränderten nun das soziale Profil insbesondere der entstehenden protestantischen Gemeinden, die bisher stärker auf das Prinzip der Einzelbekehrung gesetzt hatten. Bemerkenswerterweise waren diese Gruppen-Übertritte zumeist das Ergebnis lokaler nicht-missionarischer Initiativen. Bis zum Ausbruch des Ersten Weltkriegs hatten eine Million Dalits das Christentum angenommen. Solche Massen-Bewegungen fanden etwa im heutigen Andhra Pradesh, im Punjab, in Chota Nagpur oder in der Grenzregion zwischen Indien und China statt.

13.2 Nordostasien (China, Japan, Korea): Opiumhandel und Bibelschmuggel

China, Japan und Korea waren um 1800 für Europäer (und insbesondere für westliche Missionare) „verschlossene" Gebiete. Ebenfalls gemeinsam ist diesen drei Ländern, dass sie im Lauf des 19. Jh. gewaltsam für den Handel mit der Außenwelt „geöffnet" wurden – China seit 1842 zunächst durch die Briten, als Folge der Opiumkriege und des Systems der „Ungleichen Verträge" (mit massiven Souveränitätseinschränkungen für das Kaiserreich); Japan seit 1854/55 durch amerikanische Kanonenboote; und Korea seit dem Jahr 1876. In Korea waren es freilich nicht westliche Mächte, sondern der neu erwachte japanische Imperialismus, der die Öffnung dieser „abgeschotteten" Nation erzwang und das Land schließlich im Jahr 1910 auch formell okkupierte. Dabei entwickelten sich die in diesem Land entstehenden protestantischen Gemeinden in singulärer Weise zum Träger eines koreanischen Nationalbewusstseins.

13.2.1 China

In China existierten um 1800 nur noch Überreste der *früheren katholischen Gemeinden*. Während es um 1700 noch ca. 800 000 katholische Christen im Reich der Mitte gegeben hatte, dürfte ihre Zahl um 1800 auf ca. 187 000 zurückgegangen sein. Sie überlebten unter schwierigsten Bedingungen. 1800 erneuerte ein Edikt des Kaisers Jiaqing das seit dem frühen 18. Jh. bestehende Verbot des Christentums. Zwei schwere Verfolgungen im Jahr 1805 und 1811 beendeten zudem die seit 200 Jahren bestehende Präsenz katholischer Gelehrter am Kaiserhof. In der Folge nahmen die Repressionen weiter zu. Selbst Sprachunterricht für Ausländer wurde mit dem Tode bestraft.

Die *Anfänge protestantischer Präsenz* unter den Chinesen lagen darum zunächst weitgehend *außerhalb* des Reiches der Mitte. Da missionarische Aktivitäten in China selbst strikt verboten waren, plädierte der Brite Robert Morrison (1782–1834; Abb. 26), vielfach als Pionier der protestantischen China-Mission bezeichnet, für die Ausbildung von Laien-Evangelisten außerhalb des Landes – in dem breiten Gürtel chinesischer Auslandsgemeinden, der sich vom heutigen Thailand über Singapur und Malaysia bis hin zum indonesischen Archipel erstreckte. Im Jahr 1817 wurde ein solcher Stützpunkt in Malakka errichtet. Er entwickelte sich rasch zu einem Zentrum missionarischer Übersetzungs-, Presse-

und Bildungsaktivitäten. Auch der Deutsche Karl Gützlaff (1803–1851) erwarb seine chinesischen Sprachkenntnisse zunächst in den Diaspora-Gemeinden in Java, Singapur und Thailand, bevor er zwischen 1831 und 1833 seine berühmten Reisen entlang der chinesischen Küste unternahm [Text 54]. Dabei schmuggelte er, notgedrungen auf Opium-Booten, christliche Traktate ins Land. Die Gützlaff'sche Bibelübersetzung und insbesondere seine Übertragung von Teilen des Alten Testaments sollten später bei der Genese der revolutionären Taiping-Bewegung in China eine wichtige Rolle spielen [s. dazu unten Kap. 13.4.2].

Seit 1842 war westlichen Missionaren (als Folge des Ersten Opiumkriegs 1840–1842) erstmals der Aufenthalt in fünf sog. „Vertragshäfen" sowie in dem nun britisch gewordenen Hongkong gestattet [Text 55a]. Um das „herrliche Evangelium" auch im Landesinnern zu verbreiten, entwickelte Gützlaff das Projekt einer Evangelisierung des Riesenreiches durch einheimische Akteure. Zwar scheiterte das Projekt in der von ihm entwickelten Gestalt. Es gab aber in den 1860er Jahren den Anstoß für die Gründung der interkonfessionellen ‚China-Inland-Mission' durch den Briten T. Hudson Taylor, die sich – offen für Männer und Frauen unterschiedlicher Denomination und Nationalität – bis zum Ende des 19. Jh. zur größten protestantischen Missionsorganisation in China entwickelte. Um 1880 überstieg dabei die Zahl der chinesischen Evangelisten die der ausländischen Missionare. Der Zweite und der Dritte Opium-Krieg führten zu den Verträgen von Tianjin (1858) und Peking (Beijing) (1860) [Text 55b], die den Missionen beider Konfessionen freien Zugang auch ins Landesinnere ermöglichten. Zu trauriger Berühmtheit kam der Vertrag von Peking dadurch, dass durch eine Fälschung des als Übersetzer fungierenden französischen katholischen Missionars Abbé Delamarre eine Klausel mit zusätzlichen Sonderrechten in den chinesischen Text hineingeschmuggelt wurde. Die Auswirkungen der erzwungenen Öffnung waren ambivalent. Einerseits stieg nun die Zahl der in China tätigen protestantischen und katholischen Gesellschaften bzw. Orden sprunghaft an. Auf der anderen Seite führte das Prinzip der Exterritorialität, das die Missionare (und vielfach auch ihre einheimischen Schutzbefohlenen) der Rechtseinwirkung der chinesischen Behörden entzog, zu zahlreichen lokalen Konflikten. Vor allem aber blieben die *„Ungleichen Verträge"* bis heute als nationale Demütigung Chinas im kollektiven Gedächtnis haften. Insbesondere Frankreich nutzte das Instrument des „Katholikenprotektorats", um seine eigenen macht- und wirtschaftspolitischen Interessen im Land zu verfolgen.

Um 1860 gab es in China nur wenige getaufte Protestanten. Für das Jahr 1870 wird die Zahl der katholischen Christen mit 404 000 angegeben. Um 1900 dürfte die Zahl der Protestanten auf ca. 436 000 und die der Katholiken auf 1 200 000 angestiegen sein. In den katholischen Gemeinden, die ja lange im Untergrund überlebt hatten, übernahmen nach 1860 zunehmend wieder europäische Geistliche die Kontrolle. Das führte wiederholt zu Konflikten und Beschwerden einheimischer Christen, wie einige jüngst in den vatikanischen Archiven aufgefundene

Dokumente erneut zeigen.[2] Die etablierten protestantischen Missionen wurden neben ihrem evangelisatorischem Engagement v. a. auch im Bildungssektor und im sozialen Bereich aktiv. Über die Gründung von Gemeinden hinaus wirkten sie so in eine breite Öffentlichkeit hinein. Zahlreiche renommierte *Bildungseinrichtungen* entstanden seit den 1880er Jahren ursprünglich als missionarische Gründungen, vom St. John's College in Shanghai (gegr. 1879), der Shantung Christian University (gegr. 1904) bis zur Tsinghua-University in Peking (gegr. 1911) [s. Abb. 42; Foto B17] und anderen Institutionen eines multidisziplinären Wissenstransfers. Gleiches gilt für Gründung von Krankenhäusern und journalistische Unternehmungen. Eines der prominentesten säkularen chinesischen Journale in den 1880er Jahren namens *Wangua gongboa* etwa hatte sich aus missionarischer Publizistik entwickelt.

1895 erfuhr China mit der Niederlage im Ersten Japanisch-Chinesischen Krieg eine weitere nationale Demütigung. Die Rückständigkeit seiner politischen, ökonomischen und sozialen Strukturen war unübersehbar. Sie löste vielfältige *Reformbestrebungen* sowie heftige Auseinandersetzungen zwischen Reformbefürwortern und deren Gegnern am Kaiserhof und in der Öffentlichkeit aus. Im Jahr 1905 wurde das traditionelle konfuzianische Prüfungssystem abgeschafft. In großer Zahl strömten chinesische Studenten nun ins Ausland, etwa nach Tokio. Bereits zuvor hatte sich in der chinesischen Diaspora außerhalb des Kaiserreichs eine westlich gebildete Elite formiert, die zunehmend mit dem Christentum als Träger gesellschaftlicher Modernisierung sympathisierte. Sun Yat-sen beispielsweise, 1912 erster provisorischer Präsident des republikanischen Chinas, war getaufter Christ. Er war in den 1880er Jahren auf einer anglikanischen Schule in Hawaii erzogen worden und hatte sich danach, ebenso wie verschiedene seiner revolutionären Weggefährten, einer christlichen Kirche angeschlossen.

Der sogenannte *Boxeraufstand* der Jahre 1899/1901, der sich gegen die ausländischen Barbaren im Allgemeinen und das westliche Christentum im Besonderen richtete, war zwar eine xenophobe Gegenbewegung. Etwa 250 ausländische Missionare und 30 000 chinesische Christen fielen ihm zum Opfer. Zugleich beschleunigte er aber auch die Indigenisierung der protestantischen Kirchen des Landes. Es bildeten sich unabhängige christliche Gemeinschaften; und 1903 wurde in Shanghai eine ‚Chinese Christian Union' (*Jidutu hui*) unter chinesischer Führung ins Leben gerufen. Auf der ersten Weltmissionskonferenz in Edinburgh 1910 plädierte der chinesische Delegierte Cheng Ching Yi unter großer öffentlicher Aufmerksamkeit für eine vereinte chinesische Kirche, frei vom Denominationalismus der Missionare. Ein Jahr später (1911/12) stürzte die Qing-(Mandschu)-Dynastie, die das Reich der Mitte über 350 Jahre beherrscht hatte. In der Regierung des nun republikanischen China spielten Christen in verschiedenen Positionen eine wichtige Rolle.

13.2.2 Japan

Auch Japan zählte bis zur Mitte des 19. Jh. zu den „geschlossenen" Ländern. Erst ein amerikanisches Flottengeschwader erzwang seit 1853/54 die schrittweise Öffnung japanischer Häfen für den Handel (und als Zwischenstation auf der Seeroute von San Francisco nach Shanghai). Seit den 1870er Jahren suchte das Land der aufgehenden Sonne dann von sich aus den Anschluss an die westliche Welt. Dabei modernisierte es sich in einem atemberaubenden Tempo. Zu Beginn des 20. Jh. war Japan zum Modell asiatischer Progressivität avanciert, vielfach bewundert und imitiert von den Eliten anderer asiatischer Länder.

Vor dem Aufkreuzen amerikanischer Kanonenboote 1853/4 war allein den Niederländern als einziger europäischer Nation der Handel mit Japan gestattet, beschränkt auf einen einzigen Posten (Dejima) vor Nagasaki [s. Foto C12]. Schiffbrüchige wurden bei nächster Gelegenheit wieder abgeschoben, und die Einfuhr christlicher Bücher war strengstens untersagt. Noch im Jahr 1848 etwa musste ein gestrandeter amerikanischer Geschäftsmann seine Nicht-Zugehörigkeit zum Katholizismus dadurch unter Beweis stellen, dass er – so das für verdächtige Japaner übliche Testverfahren – auf ein Madonnen-Bild trat. Er überstand das anschließende Verhör beim Gouverneur von Nagasaki nur deshalb, weil der Dolmetscher die Auskünfte des Amerikaners über seine Religion nach Ausweis des erhaltenen Protokolls bewusst falsch übersetzte [Text 56a]. Auch nach den ersten Verträgen mit westlichen Mächten blieb das Verbot des Christentums zunächst bestehen. Amerikanische Missionare, die seit 1859 ins Land kamen, durften anfangs nur als Lehrer oder Ärzte in den Ausländervierteln der Hafenstädte tätig werden. Die „*verborgenen* Christen" Japans *(Sempuku Kirishitan bzw. Kakure Kirishitan),* die über zwei Jahrhunderte im Untergrund überlebt hatten und sich 1865 erstmals einem europäischen Priester zu erkennen gaben, wurden zunächst weiterhin verfolgt [s. dazu unten Kap. 13.4.1].

Eine grundsätzliche Änderung zeichnete sich erst als Folge der sogenannten *Meiji-Restauration* des Jahres 1868 ab. In einem Putsch wurde das Tokugawa-Shogunat – die feudale Militärregierung, die seit 1603 geherrscht hatte – entmachtet und der Kaiser als Herrscher des Landes restituiert. Fast 300 Jahre lang hatte er nur als machtloses Symbol nationaler Identität fungiert. Dabei ging es den Reformern keineswegs um eine Wiederherstellung des alten Systems, sondern um eine umfassenden *Neugestaltung Japans* zu einer Nation, die dem Westen gewachsen war. Das neue Schlagwort hieß „(Westliche) Zivilisation und Aufklärung". Japanische Delegationen reisten im Jahr 1871 nach Europa und in die USA, um die dortigen Rechts-, Staats-, Wirtschafts- und Erziehungssysteme zu studieren und moderne Technologien kennenzulernen. Sie kamen unter anderem mit der Erkenntnis zurück, dass Religionsfreiheit eine unverzichtbare Voraussetzung für die internationale Anerkennung Japans als „zivilisierter" Nation war. 1873 wurden die öffentlichen Tafeln mit dem Verbot des Christentums entfernt [Text 56d]. Formell aufgehoben wurde dieses aber erst mit der im Jahr 1889 promulgierten Meiji-Verfassung, die erstmals den Grundsatz der Religionsfreiheit festschrieb [Text 56e]. Zugleich aber sah das 1890 erlassene „Reskript über die Erziehung" die Kaiserverehrung als geistigen Mittelpunkt des modernen Japans an, die mit dem Staats-Shinto fest verflochten war.

Die Missionare, die seit dem Jahr 1859 sukzessiv einströmten, kamen aus verschiedenen Ländern. Bei den Katholiken waren es insbesondere Franzosen – darunter der Priester Bernard Petitjean (1829–1884), der 1865 erstmals den Untergrundkatholiken begegnet war [vgl. Kap. 13.4.1; Text 59a; Abb. 30; Foto C17]. Die protestantischen Pioniere kamen zunächst aus Amerika, später gefolgt von Missionaren anderer Nationalität. Im Jahr 1861 begann auch die russisch-orthodoxe Kirche eine Mission. 1873 waren insgesamt 53 protestantische, katholische und orthodoxe Missionare in Japan tätig.

Wichtiger aber waren die *Initiativen japanischer Konvertiten*. Von Anfang an war das japanische Christentum des 19. Jh. eine primär urbane Bewegung unter Studenten und Intellektuellen der oberen Mittelklasse. 30% der frühen protestantischen Christen kamen aus den Reihen der *Samurai* – der infolge der Meiji-Restauration entmachteten, aber immer noch einflussreichen Klasse des Krieger-Adels. Masahisa Uemura (1858–1925) gründete 1872 zusammen mit einigen heimlich getauften Mitstudenten (bzw. Mitschülern) in Yokohama die erste protestantische Gemeinde. Aus dem „Bund der Bekenner Jesu", einer christlichen Studentenverbindung in Sapporo (Hokkaido), kam Kanzo Uchimura (1861–1930), der später die japanische Nicht-Kirchen-Bewegung (*Mukyokai*) ins Leben rief [Text 78; Abb. 41]. Internationale Bekanntheit erlangte Niijima Jo (Joseph Neesima, 1843–1890), der im Jahr 1875 in Kyoto mit der *Doshisha* die größte der frühen christlichen Schulen gründete. Später erhielt die Doshisha den Status einer Universität [vgl. Abb. 31; Foto C15/16]. „Christianity as wave of the future" und als Kanal modernen Wissens, unerlässlich zur Überwindung überkommener Rückständigkeit – das war eine unter gebildeten Japanern weit verbreitete Vorstellung. Vereinzelt gab es sogar Überlegungen (etwa des einflussreichen Erziehungswissenschaftlers Fukuzawa Yukichi), das Christentum zur Nationalreligion zu erklären. Das Christentum verbreite „sich wie ein Grasfeuer, so dass es in Stadt und Land keinen Platz gibt, wo es nicht gepredigt wird", beklagte ein buddhistischer antichristlicher Traktat aus dem Jahr 1881 [Text 53]. Zu Beginn der 1890er Jahre war dann freilich eine nationalistische Gegenreaktion gegen die unkritische Übernahme westlicher Vorbilder zu beobachten, verbunden mit einem Wiederaufleben von Buddhismus und Shinto. Bei Protestanten wie bei Katholiken gingen die teils enormen Zuwachsraten der 1870er und 1880er Jahre deutlich zurück. Insgesamt blieben die japanischen Christen eine kleine, aber vielfach tonangebende Minderheit.

13.2.3 Korea

Die Geschichte des koreanischen Christentums ist in vielerlei Hinsicht singulär. Korea ist neben den Philippinen das asiatische Land mit dem höchsten christlichen Bevölkerungsanteil (Zensus 2005: 29,32 %). In seinen beiden Hauptzweigen, dem katholischen und dem protestantischen, war dies in hohem Maße das Ergebnis eines Prozesses der Selbst-Christianisierung.

Die Anfänge des *katholischen Christentums* gehen, wie bereits erörtert, auf das Jahr 1784 zurück [s. Kap. 11.4]. Es war eine Gruppe konfuzianischer Gelehrter, die – unzufrieden mit der politischen und kulturellen Situation des Landes – von sich aus Kontakt mit katholischen Geistlichen in Peking aufnahmen, daraufhin den christlichen Glauben annahmen, sich gegenseitig tauften und eine Untergrundkirche gründeten, die alsbald heftiger Verfolgung ausgesetzt war. Dies alles geschah etwa 50 Jahre bevor 1836 mit dem Franzosen Pierre Maubant der erste europäische Priester das Land betrat. Die zahlreichen Martyrien des 19. Jh., als Folge sukzessiver Verfolgungswellen (1801, 1815, 1827, 1839, 1846), wurden von einheimischen Christen genau dokumentiert. Die meisten Opfer forderte die Verfolgung des Jahres 1866/67. Zu dieser Zeit zählte die katholische Gemeinschaft in allen Provinzen des Landes in etwa 23 000 Gläubige.

Die Anfänge des *protestantischen Christentums* werden traditionellerweise auf die Tätigkeit amerikanischer Missionare seit dem Jahr 1884 zurückgeführt. Aber bereits zuvor hatten koreanische Christen, die außerhalb des Landes (in der Mandschurei oder in Japan) den neuen Glauben angenommen hatten, diesen nach Korea gebracht. So etwa der koreanische Pionierevangelist Suh Sang-Yun, der 1883 in seinem Heimatdorf Sorai eine erste Hauskirche gründete. Die ersten amerikanischen Missionare – der Arzt Dr. Horace Allen, der Presbyterianer Horace G. Underwood sowie der Methodist Henry G. Appenzeller – gewannen rasch Anerkennung durch ihre Initiativen im Gesundheits- und Erziehungswesen. Faktisch aufgehoben wurde das Verbot des Christentums erst in den frühen 1890er Jahren. Die Errichtung von Schulen (seit 1886 erstmals auch für Mädchen), von Krankenhäusern sowie die Verbreitung westlicher Medizin zählten zu wichtigen Tätigkeitsfeldern der Missionare. Zentral waren Bibelübersetzungen und die Produktion einer christlichen Literatur in Hangul, die eine breite Leserschaft erreichte. Schrittweise erweiterte sich auch das konfessionelle Spektrum missionarischer Arbeit, und neben Presbyterianern und Methodisten wurden auch andere Missionen im Land tätig.

Verbreitung fand das Christentum zunächst v. a. in Kreisen der urbanen Intelligenz und reformorientierter Kräfte. Diese sahen im protestantischen Christentum vielfach eine *modernisierende Kraft* und Voraussetzung auch sozialen Wandels. „The Protestant Jesus appeared to be more activist than Buddha, more progressive than Confucius, more powerful than the spirits of traditional religion and more modern than the Catholic Lord of Heaven".[3] Seit ca. 1900 überstieg die

Zahl protestantischer Christen die der Katholiken. Ein wesentlicher Faktor für das rasche Wachstum christlicher Gemeinden lag im sogenannten *Drei-Selbst-Prinzip*. Das war ein an sich älteres missionarisches Konzept, das auf die rasche Gründung von sich selbst finanzierenden, selbst ausbreitenden und selbst regierenden einheimischen Gemeinden abzielte. In Korea wurde es besonders zielstrebig befolgt. Seit 1891 war es zunächst bei den Presbyterianern und später bei anderen Denominationen (wie den Methodisten) offizielle Politik [Text 58b].

Seit dem Ende des ersten japanisch-chinesischen Krieges 1894/95 geriet Korea immer stärker unter *japanische Kontrolle*. 1905 wurde das Land zum japanischen Protektorat erklärt und 1910 auch formell annektiert. In der sich schrittweise formierenden Nationalbewegung spielten koreanische Christen von Anfang an eine überproportional wichtige Rolle. Dies geschah aufgrund des hohen Grades ihrer Selbstorganisation, ihrer internationalen Verbindungen und trotz des oft eher bremsenden Einflusses konservativer amerikanischer Missionare. Die formelle Annexion des Landes 1910 löste eine neue Welle des Widerstandes aus. Ein entscheidendes Datum nach Ende des Ersten Weltkrieges war die koreanische *Unabhängigkeitsbewegung vom 1. März 1919,* die die Japaner gewaltsam unterdrückten [s. Foto D15/17]. Ausgerufen wurde sie zeitgleich an verschiedenen Orten innerhalb und außerhalb des Landes, so im koreanischen YMCA in Tokio. Unterzeichnet wurde die Unabhängigkeitserklärung von 33 religiösen Führern, darunter 16 Protestanten [Text 80].

13.3 Philippinen, Vietnam, Indonesien

Die *Philippinen* unterstanden bis 1898 spanischer Herrschaft. Bei der Entwicklung eines philippinischen Nationalbewusstseins im 19. Jh. spielte der innerkatholische Konflikt zwischen den privilegierten spanischen Orden und dem niederen philippinischen Klerus eine wichtige Rolle. Die Spannungen verschärften sich seit den 1860er Jahren, als die 1768 vertriebenen Jesuiten in das Inselreich zurückkehrten und vielerorts ihre alten Gemeinden wieder übernahmen, die die zuvor von einheimischen Priestern geleitet worden waren. Jedes Eintreten für die Rechte des indigenen Klerus wurde dabei zunehmend als Kritik an der spanischen Herrschaft verstanden. 1872 kam es zu einer bewaffneten *Revolte*, in deren Folge auch drei prominente *einheimische Priester* zu Tode verurteilt wurden. Dies beflügelte eine neue Welle des Patriotismus und Antiklerikalismus, die sich vor allem gegen die spanische Hierarchie und die von Europäern dominierten Mönchsorden richtete. Mit dem Sturz der spanischen Herrschaft 1898 verband sich die Hoffnung auf eine philippinische Nationalkirche mit eigener Hierarchie. Als Rom die Ernennung philippinischer Bischöfe verweigerte, kam es 1902 zur Gründung der ‚Iglesia Filipina Independiente' (IFI), der zeitweilig ein Viertel der Inselbevölkerung angehörte [Text 79]. Unter der neuen amerikanischen Herrschaft (1902 bis 1946) kam auch eine Vielzahl protestantischer Missionen ins Land.

Im heutigen *Vietnam* gehen die katholischen Anfänge auf das 16. Jh. zurück. Um 1800 wird die Zahl der Katholiken dort auf ca. 300 000 geschätzt. Verbreitung fand der neue Glaube vor allem auch unter der bäuerlichen Bevölkerung, in Protest gegen eine konfuzianisch gebildete und kulturell an China orientierte Oberschicht. Im Lauf des 19. Jh. kam es jedoch zu heftigen Christenverfolgungen [s. Text 57]. Motiviert waren diese teilweise als Abwehrreaktionen gegen die wachsende Präsenz der Franzosen in der Region. Umgekehrt lösten diese Verfolgungen den Ruf französischer Missionare nach militärischem Schutz aus. 1859 fiel Saigon und das Mekong-Delta in die Hände der Franzosen. Seit 1884 war ganz Vietnam von Frankreich okkupiert. Zu Beginn des 20. Jh. formierte sich eine antikoloniale Nationalbewegung, in der zunehmend auch die lokale katholische Intelligenz aktiv wurde. 1909 wurden in Saigon drei katholische Priester als Rädelsführer verurteilt.

In den Küstenregionen *Indonesiens* wurde 1816 die Herrschaft der Niederländer (nach einem kurzen britischen Intermezzo) wieder hergestellt. Diese konnten das Inselreich freilich erst im Verlauf des 19. Jh. bzw. zu Beginn des 20. Jh. flächendeckend unter ihre Kontrolle bringen. Die ‚Niederländisch Reformierte Kirche' wurde reorganisiert und erhielt 1817 nahezu den Status einer kolonialen Staatskirche [Text 42]. Zugleich aber wurden weite Gebiete wie etwa die Insel Java gegen christliche Missionsaktivitäten abgeriegelt. Zu Massenkonversionen kam es, zunächst noch außerhalb der holländisch kontrollierten Territorien, unter den Minahasa in Nordsulawesi und insbesondere unter den Batak in den Bergregionen Nordsumatras. Dies führte dort zur Entstehung einer der größten Volkskirchen Asiens und der größten protestantischen Denomination Indonesiens, der ‚Christlich-Protestantische Batak-Kirche' (HKBP). Prägend wurde hier das Wirken des deutschen lutherischen Missionars Ingwer Nommensen (1834–1918).

13.4 Indigene Christentumsvarianten

Die westliche Missionsbewegung war nur ein Faktor unter anderen bei der Entstehung und Entwicklung asiatischer Christentümer. Christliche Kirchen und Gemeinschaften gab es dort längst, bevor europäische Ordensbrüder und Missionare den Kontinent betraten, und sie entstanden oder verbreiteten sich vielfach in Gebieten fernab jeglicher westlich-missionarischen Präsenz sowie nach dem Ende europäischer Kolonialherrschaft. Auch wo sie im kolonialen Kontext etabliert waren, entwickelten christliche Gemeinschaften in der Folgezeit immer wieder eine Eigendynamik, die sie von ihren kolonialen Anfängen schied. In jedem Fall waren es letztlich die einheimischen Akteure, die über die Annahme, Ablehnung, selektive Aneignung oder Modifikation der missionarischen Botschaft entschieden. Einige Beispiele vorkolonialer Präsenz (wie die indischen Thomaschristen) oder einer nicht-missionarischen Gründung (etwa in Korea) wurden im vorliegenden Buch bereits dargestellt [Kap. 2.4; 7.3; 11.4]. Zwei für das 19. Jh. besonders bemerkenswerte Paradigmen sollen im Folgenden beleuchtet werden.

13.4.1 Japans „Verborgene Christen" (*Sempuku Kirishitan/Kakure Kirishitan*)

Auch in Japan trafen die seit den 1860er Jahren wieder ins Land strömenden europäischen Missionare bzw. Priester auf eine seit langem bestehende Gemeinschaft einheimischer Christen: die *Sempuku Kirishitan* bzw. „verborgenen Christen", die im Untergrund 250 Jahre grausamster Verfolgung überlebt hatten, in vollständiger Isolation gegenüber dem Rest der christlichen Welt. Berühmt ist die Szene, die sich am 17. März 1865 in Nagasaki ereignete: In der für ausländische Residenten erbauten Kirche des französischen Priesters Bernard Petitjean gaben sich 15 Bewohner aus dem nahe gelegenen Dorf Urakami als Christen zu erkennen. „Wir alle haben dasselbe Herz wie Du", flüsterte ihm eine alte Frau zu und fragte ihn nach einer Marienstatue und der Feier des Weihnachtsfestes [Text 59a; vgl. Foto C17]. Nagasaki auf der Südinsel Kyushu war im 16. Jh. ein Zentrum der katholischen Mission gewesen. Dort traf Petitjean nun erst hunderte und später tausende „verborgene Christen" an. Insgesamt dürfte es zu dieser Zeit in der Umgebung von Nagasaki und auf den vorgelagerten Goto-Inseln noch in etwa 30 000 *Sempuku Kirishitan* gegeben haben.

Die *Sempuku Kirishitan* waren die Nachkommen japanischer Christen, die ihren Glauben „im Verborgenen" bewahrt und in der ihnen vertrauten Form von Generation zu Generation weitergegeben hatten. Sie feierten Gottesdienste in geheimen Räumen ihrer Privathäuser, gaben biblische Geschichten und Teile der Liturgie mündlich weiter – da der Besitz gedruckter Bücher zu gefährlich war und diese von den Behörden beschlagnahmt werden konnten – und waren nach der Vertreibung aller katholischen Kleriker im 17. Jh. zur Durchführung ihrer Feiern und Riten auf Laienführern angewiesen. Im Verlauf der Zeit nahm die Jungfrau Maria die Gestalt eines Bodhisattva (Maria Kannon), an und die Verehrung ihrer Märtyrer geschah in Gestalt der volkstümlichen Ahnenverehrung. Petitjean war bei seinen ersten Begegnungen mit diesen Untergrund-Christen von ihrer Kenntnis der katholischen Theologie beeindruckt: Sie wussten um die Trinität, den Sündenfall, die Inkarnation und die Zehn Gebote. Viele kannten das Vaterunser, das Ave Maria, das apostolische Glaubensbekenntnis, das Salve Regina sowie das Sakrament der Buße. Ihre religiöse Organisation bestand zu dieser Zeit im Wesentlichen aus zwei Ämtern: der des *Chokata* – eines Mannes, der lesen und schreiben konnte und die Gemeinde sowie die Sonntagsgebete leitete –, sowie des *Mizukata*, der die Taufen vollzog.

Später erhielt Petitjean von den *Sempuku Kirishitan* auch ein Exemplar ihres heiligen Buches, der Schrift *Tenchi Haijmari no Koto* („Anfang von Himmel und

Erde"), in der sich – durchsetzt von lateinischen und portugiesischen Lehnwörtern – der biblische Schöpfungsbericht mit buddhistischer Mythologie und diversen lokalen Traditionen verband. Ursprünglich mündlich überliefert, wurde diese Sammlung teils folkloristischer Erzählungen später schriftlich fixiert und gewann zunehmend auch an dogmatischer Bedeutung [Text 59b]. In der Forschung wird dieser Text als Versuch einer Christianisierung japanischer Traditionen und zugleich, so beispielsweise von der Anthropologin Christal Whelan, der „Japanisierung des Christentums" bezeichnet.

Im Jahr 1865 sorgte die Nachricht vom Wiederauftauchen der „verborgenen Christen" für großes Aufsehen. Aber bei weitem nicht alle *Sempuku Kirishitan* schlossen sich wieder der römisch-katholischen Kirche an und legten einige der von dieser als unorthodox kritisierten Praktiken ab. Andere konnten im Katholizismus der französischen Missionare nicht den Glauben ihrer Vorfahren wiedererkennen und lebten in eigenen Gemeinschaften weiter. Jahrhunderte der Isolation hatten ihren Glauben verändert und Verborgenheit zu einem integralen Bestandteil ihres Selbstverständnisses werden lassen. Noch heute gibt es v. a. auf den Soto-Inseln im Süden des Landes eigenständige Gemeinschaften „verborgener Christen", in der wissenschaftlichen Literatur als *Kakure Kirishitan* bezeichnet. Manche von ihnen haben inzwischen das Bewusstsein für ihre christlichen Ursprünge verloren.

Die verborgenen Christen von Urakami (heute ein Stadtteil von Nagasaki), die sich 1865 dem französischen Priester Petitjean zu erkennen gaben, waren danach weiterhin Verfolgungen ausgesetzt. Viele wurden in die Verbannung geschickt, von der sie erst im Jahr 1873 zurückkehrten. 1895 begannen sie mit dem Bau einer eigenen Kirche – der Urakami-Kathedrale – die 1910 vollendet wurde. Genau über dieser Kirche explodierte am 9. August 1945 die zweite Atombombe der Amerikaner und zerstörte sie fast vollständig [s. Foto C18/19].

13.4.2 China: Die Taiping-Bewegung

Unter ganz anderen Bedingungen entstand die Taiping-Bewegung im China des 19. Jh. Sie war eine *christlich inspirierte Massen-Bewegung* (1850–1864), gleichsam die chinesische Variante des deutschen Bauernkrieges, die die seit 1644 herrschende Qing-Dynastie zeitweilig an den Rand des Zusammenbruchs brachte. Entstanden war sie in den Unruhegebieten Südwestchinas, quasi in einem außerkolonialen Kontext, und stand anfangs nur in einem sehr indirekten Zusammenhang mit der westlichen Missionsbewegung. Hergestellt war diese Verbindung zunächst nur durch im Landesinnern zirkulierende christliche Traktate. Die Führung der Taiping verstand sich dezidiert als christlich, ließ – trotz aller synkretistischen Elemente – die biblische Botschaft unter Ausschluss aller anderen Lehren predigen, verfocht eine puritanische Ethik, suchte freundschaftlichen Kontakt zu den Missionaren, blieb aber unabhängig in Theologie und Handeln.

Ihre (schließlich von den westlichen Mächten unterstützte) Niederschlagung im Jahr 1864 forderte Millionen von Todesopfern.

Anführer war ein gewisser *Hong Xiuquan* (1814–1864), der seit 1837 eine Reihe von Visionen hatte [s. Abb. 28; Foto B14/16]. Unter dem Einfluss des Studiums der chinesischen Bibel – die er durch Traktate des chinesischen Konvertiten Liang Fa [s. Abb. 27] und später durch das Studium der Gützlaff'schen Bibelübersetzung kennengelernt hatte – begann er, diese Visionen als Offenbarungen des christlichen Gottes zu verstehen und im Lichte der alttestamentlichen Verheißungen zu deuten. Daraus leitete er für sich den Auftrag ab, wie einst Josua im Lande Kanaan die alten Götter Chinas zu stürzen und stattdessen ein „Himmlisches Königreich des Friedens" zu errichten. Die Kenntnis dieser Vision und ihrer Auslegung war für seine rasch wachsende Anhängerschaft ebenso obligatorisch wie die eines aus den Zehn Geboten, dem Vaterunser und anderen Gebeten bestehenden Katechismus, den – so ein zeitgenössischer Bericht – „jeder Rebell im Jahr 1854 besaß und der noch heute in unzähligen Händen ist" [Text 61 a+b]. Sich selbst bezeichnete Hong Xiuquan als jüngeren Bruder Jesu Christi. 1853 ließ er sich in Nanjing, dem „neuen Jerusalem", zum König ausrufen. Er proklamierte die Gleichheit aller Menschen, organisierte Staatsexamina auf Grundlage der Bibel und ließ die Übertretung des Dekalogs und andere Laster wie das Opiumrauchen mit der Todesstrafe ahnden. Europäische Besucher begrüßte Hong als „transozeanische Brüder", für sein China erstrebte er eine gleichberechtigte Stellung im Kreis der „christlichen" – also westlichen – „Nationen".

Wie christlich war die Taiping-Bewegung? Diese Frage wird heute wie schon damals kontrovers beantwortet. Eine Autorität wie der amerikanische Historiker John K. Fairbank hat sie als chinesische „Variante des alttestamentarischen protestantischen Christentums" bezeichnet. Der Sinologe Daniel H. Bays spricht von „China's first indigenous Christian movement".[4] Der chinesische Historiker Lee Chee Kong konstatiert: „The Taiping Movement started as a Christian-influenced movement with elements also from Chinese writings, but it ended as a revolutionary movement".[5] Missionare des 19. Jh. begrüßten sie anfangs als Zeichen für das weltweite Ausgießen des Heiligen Geistes und hofften auf ein neues China unter christlicher Führung. Später wurden ihre Stimmen immer kritischer – v. a. als die Bewegung in offene Rebellion umschlug. Chinesische Zeitgenossen und erbitterte Gegner wie der Hunanese Zeng Guofang werteten den Krieg zwischen den Taiping und der Qing-Dynastie als Konflikt zweier Zivilisationen, der konfuzianischen und christlichen (bzw. der „Religion der westlichen Barbaren"). Die Taiping selbst sahen sich vom christlichen Gott berufen und als Kinder „desselben himmlischen Vaters" wie ihre westlichen Besucher. Denn diese kannten ebenfalls – wie sie erfreut feststellten – die „himmlischen Gesetze" in Gestalt der Zehn Gebote [Text 61.d]. In jedem Fall aber lässt der Taiping-Monotheismus mit seinen egalitär-universalistischen Tendenzen erkennen, welche revolutionären Folgen eine auch nur partielle Rezeption biblischer Impulse in den sozialen Konflikten der Zeit und Erschütterungen einer jahrhundertealten hierarchischen Gesellschaftsordnung haben konnte.

Fußnoten zu Kapitel 13

1 BAAGO (1969), *Pioneers of Indigenous Christianity*.
2 BAYS (2012), *New History*, 52 f.
3 KIM/KIM (2015), *Korean Christianity*, 81.
4 FAIRBANK (1989), *China*, 82 ff; BAYS (2012), *New History*, 53.
5 FAIRBANK (1989), *China*, 82 ff; BAYS (2012), *New History*, 53; KONG (2001), *Taiping Rebellion*, 814 f.

Literatur zu Kapitel 13

13.1 (Südasien)

(Asien allgemein:) MOFFETT (2005), *Christianity in Asia* II; SUNQUIST (2001), *Dictionary of Asian Christianity*; KOSCHORKE (2018), *Asien*, 399–448. – (Südasien): FRYKENBERG (2013), *Christianity in India*, 169–418; NEILL (1985), *Christianity in India* II; BAAGO (1969), *Pioneers of Indigenous Christianity*; KOPF (1979), *Brahmo Samaj*; JENSZ (2022), *Missionaries and Modernity*.

13.2 (Nordostasien)

BAYS (2012), *New History*; BAYS (1996), *Christianity in China*; METZLER (1980), *Synoden in China, Japan und Korea*; MULLINS (2003), *Christianity in Japan*; IGLEHART (1960), *Japan*; THELLE (1987), *Buddhism and Christianity in Japan*; KIM/KIM (2015), *Korean Christianity*, 14–106; KIM (1996), *Modern Korean Nationalism*.

13.3 (Philippinen, Vietnam, Indonesien)

ANDERSON (1969), *Philippine Church History*; SCHUMACHER (1981), *Revolutionary Clergy*; ILETO (1979), *Pasyon and Revolution*; KEITH (2012), *Catholic Vietnam*; ARITONANG/STEENBRINK (2008), *Christianity in Indonesia*; MÜLLER-KRÜGER (1968), *Protestantismus in Indonesien*.

13.4 (Indigene Christentumsvarianten)

MOFFETT (2005), *Christianity in Asia* II, 502–504.298–300; WHELAN (1996), *Japans Hidden Christians*; YASUTAKA (2021), *Senpuku Kirishitan*; WAGNER (1982), *Taiping Rebellion*; SPENCE (1996), *God's Chinese Son*; KILCOURSE (2016), *Taiping Theology*; BAYS (2012), *New History*, 53–56.

Kapitel 14: Afrika

14.1 Westafrika: Sklavenemanzipation und transatlantische Rücksiedlungsprojekte

Auch in Westafrika markiert das frühe 19. Jh. eine Zäsur und den Beginn einer signifikanten protestantischen Präsenz. Anders aber als in Indien waren daran nicht nur zwei europäische Missionsgesellschaften – nämlich die anglikanische ‚Church Missionary Society' (CMS) sowie die schweizerisch-deutsche Basler Mission – beteiligt. Wichtig war hier – als dritter Faktor – insbesondere eine afroamerikanische Initiative: die Rückwanderungsbestrebungen ehemals afroamerikanischer Sklaven, die in der Neuen Welt Christen geworden waren und nun nach Afrika zurückkehrten. Zwei Schauplätze sind dabei ins Auge zu fassen: Sierra Leone und Liberia.

„Afrikanisches protestantisches Christentum war bereits um 1780 sehr wohl eine Realität. Der eine Ort jedoch, wo es nicht existierte, war Afrika"[1] – abgesehen von seiner punktuellen Präsenz in den bereits erwähnten Handelsstützpunkten verschiedener westeuropäischer Mächte (Niederländer, Briten, Dänen etc.) entlang der westafrikanischen Küste. Wohl aber existierte es in beachtlicher Zahl auf der *anderen Seite des Atlantiks*, und zwar in der Karibik sowie insbesondere in Nordamerika. In den englischen Kolonien an der nordamerikanischen Ostküste, dem Kerngebiet der späteren USA, gab es bereits zahlreiche afroamerikanische Sklaven oder Freigelassene, die den christlichen Glauben angenommen hatten. Von besonderer Bedeutung war dabei die sog. erste und zweite „Große Erweckungsbewegung" des 18. Jh., die sowohl Weiße wie Schwarze erfasst hatte. Sie führte u. a. zur Entstehung erster schwarzer Kirchen (wie der ‚First African Baptist Church', die 1788 in Savannah, Georgia, ins Leben gerufen wurde). Enthusiastische Frömmigkeit, Bibelgläubigkeit sowie Vertrauen in die Verheißungen des Gottes des Exodus, der einst Israel „aus dem Sklavenhaus Ägypten geführt" hatte, waren Merkmale dieses afroamerikanischen evangelikalen Christentums.

Im amerikanischen Unabhängigkeitskrieg (1776–1783) hatten die Briten die afroamerikanischen Sklaven auf ihre Seite zu ziehen versucht. Sie stellten schwarze Regimenter auf und versprachen denen Freiheit und Landbesitz, die sich gegen ihre amerikanischen Herren erhoben. Nach dem Sieg der Amerikaner hatten es die Briten dann mit einer beachtlichen Zahl schwarzer Truppen zu tun, die nicht lokal demobilisiert werden konnten. Diese fanden teilweise Aufnahme an anderen Orten, die noch unter britischer Kontrolle standen, wie der Karibik oder *Nova Scotia* (Neuschottland, im heutigen Kanada). Dort bildete sich so eine Gemeinschaft afroamerikanischer Christen – rechtlich frei, oft lesekundig, protestantisch, und mit der Bibel als „Charter ihrer Freiheit und Würde" in der Hand.[2]

Zu einem anderen Schwerpunkt afrikanischer Präsenz außerhalb Afrikas entwickelte sich *London*. Auch dort gab es bereits eine beachtliche Diaspora afrikanischer Immigranten. Zu ihr gehörten, neben dem schwarzen Proletariat der Stadt, auch prominente Persönlichkeiten wie der ursprünglich aus Nigeria stammenden Olaudah Equiano [s. Text 146; Abb. 16] oder Ottoba Gugoana, deren Publizistik in der entstehenden Anti-Sklaverei-Bewegung Englands große Beachtung fand. Der befreundete Granville Sharp, einer der Pioniere der frühen britischen abolitionistischen Bewegung, entwickelte daraufhin die Idee einer Rückführung der „schwarzen Armen Londons" nach Westafrika. Ein erstes Experiment dieser Art im Jahr 1787 scheiterte zwar grandios. Ein zweiter Vorstoß wenige Jahre später hingegen – diesmal zusammen mit afroamerikanischen Remigranten aus Neuschottland – war erfolgreich. 1792 erreichten 1131 schwarze Siedler von Halifax aus auf 15 Schiffen Freetown im westafrikanischen *Sierra Leone*.

Freetown, die „Stadt der Freiheit", war von Anfang an ein explizit christliches Projekt [s. Karte 10]. Bei der Ankunft auf dem Kontinent ihrer Vorfahren sangen die Heimkehrer das Lied „von Moses und dem Lamm". Bereits vor ihrer Einschiffung auf der anderen Seite des Atlantiks hatten sie sich in Gruppen aufgeteilt, jede mit einem eigenen Anführer, zumeist den Predigern ihrer jeweiligen christlichen Gemeinschaft. In Sierra Leone entstanden so rasch baptistische, methodistische und andere Gemeinden, jeweils unter afrikanischer Leitung. „Auf diese Weise", so der Missionshistoriker Andrew Walls, „wurde im November 1792 die erste protestantische Kirche im tropischen Afrika gegründet ... Es war eine fertige *afrikanische Kirche*, mit ihren eigenen Strukturen und Führung. Dies geschah etwa 20 Jahre, bevor ein [sc. europäischer] Missionar dort effektive Verantwortung übernahm und auch dann nur zeitweilig; Missionare kontrollierten niemals das Ganze".[3]

In der Folgezeit wurde insbesondere die anglikanische ‚Church Missionary Society' (CMS) in Sierra Leone tätig [Text 149]. Diese hatte sich, wie bereits erwähnt, einem doppelten Ziel verschrieben, der Evangelisation des Kontinents sowie dem Kampf gegen den Sklavenhandel. Missionarisches und abolitionistisches Interesse gingen dabei Hand in Hand. Führende Köpfe der Gesellschaft wie William Wilberforce [Text 145] waren zugleich als Lobbyisten im Kampf gegen den Sklavenhandel engagiert. 1807 hatte ihr Einsatz Erfolg: Das britische Parlament verbot den Sklavenhandel. Sierra Leone – 1808 zur britischen Kronkolonie erhoben – wurde zugleich ein Stützpunkt der britischen Marine, die nun etwa portugiesische Sklavenschiffe auf dem Weg von Nigeria nach Brasilien abfing [vgl. Text 148]. Die befreiten Insassen wurden nach Freetown geleitet und nahmen dort vielfach das Christentum an. Der wachsende Zustrom befreiter Sklaven aus verschiedenen Regionen Westafrikas veränderte zugleich das demographische Profil der Kolonie – eine wichtige Voraussetzung für ihre spätere Funktion als *Brückenkopf* bei der Evangelisation anderer Gebiete Westafrikas. Prominentes Beispiel ist *Samuel Ajayi Crowther* (ca. 1806/08–1891), später der erste schwarzafrikanische Bischof der Neuzeit. 1822 durch die Briten von einem abgefangenen portugiesischen Sklavenschiff befreit, wurde er in Freetown Christ und später im heutigen Nigeria missionarisch tätig [Text 150; zu Details s. Kap. 14.5; Abb. 34]. Die kirchliche Eigenständigkeit der in Sierra Leone entstandenen afrikanischen Gemeinden blieb lange Zeit erhalten. Afrikanische Methodisten dort suchten etwa egalitären Kontakt zu den Methodisten-Großbritanniens. Sie fühlten sich aber andererseits auch frei, die von diesen entsandten Prediger wieder zurückzuschicken.

Die enorme Bedeutung des Sierra-Leone-Experiments liegt v. a. in seinen *Fernwirkungen*. Schwarze Christen aus Sierra Leone, multilingual und mit Wurzeln in unterschiedlichen Regionen, sollten im weiteren Verlauf der Christianisierung Westafrikas eine kaum zu überschätzende Rolle spielen.

Liberia, ebenfalls als Hort der „Freiheit" gegründet, hat eine etwas andere Geschichte. 1822 hatte die staatlich unterstützte US-amerikanische Kolonisationsgesellschaft dort mit der Einrichtung von Siedlungen für ehemaligen Sklaven begonnen. 1847 erklärte die Republik ihre Unabhängigkeit, die von den europäischen Mächten auch in der Hochphase des Kolonialismus anerkannt wurde. Die massenhafte Einwanderung aus den USA führte zu Konflikten mit der lokalen Bevölkerung. Andererseits entwickelte sich Liberia bald zu einem Drehkreuz in den transatlantischen Netzwerken afrikanischer Intellektueller zwischen der Karibik und dem übrigen Westafrika. Schwarze Missionare und Kirchen aus den USA nutzten das „Land der Freiheit" schon früh als Sprungbrett für weitere Aktivitäten auf dem Kontinent [vgl. Text 151]. Von europäischen Beobachtern und konservativen Missionaren häufig belächelt, wurde Liberia von afrikanischen Christen vielfach als Emanzipationsprojekt wahrgenommen sowie als Ausweis der Befähigung der „schwarzen Rasse" zur Selbstregierung.

Seit den 1850er Jahren verstärkte sich der Zustrom westlicher Missionen nach Westafrika. In *Ghana* (Goldküste) waren seit 1832 die Basler und seit 1847 die Bremer Mission tätig, aus denen später die presbyterianischen Kirchen des Landes entstanden. Im heutigen *Nigeria* wurden – neben Anglikanern – bald auch Methodisten (1842), Presbyterianer (1845) und Baptisten (1850) aktiv. Katholiken traten in der zweiten Hälfte des 19. Jh. wieder verstärkt in Erscheinung. So die 1856 gegründete ‚Gesellschaft für afrikanische Mission', die 1865 erstmals Priester nach Lagos entsandte.

Hervorstechendes Merkmal protestantischer Missionstätigkeit in Westafrika und anderen Gebieten war die *Vielzahl der Bibelübersetzungen* in unterschiedlichen regionalen Sprachen. Gemeinsam mit ihren afrikanischen Kollegen übersetzten etwa in Ghana Johann Christaller und Johannes Zimmermann von der

Basler Mission Teile der Bibel erstmals in Twi und Ga, Jacob Friedrich Schön im heutigen Nigeria in Hausa und Igbo, Westlund in Kikongo, Johan Moffat ins südafrikanische Tswana oder V. Eugene Johnson in Chinanga. Bibelübersetzungen an sich waren in der Missionsgeschichte ja keineswegs etwas Neues. In evangelikal-erweckten Kreisen kam ihnen aber eine ungleich höhere Bedeutung und Dringlichkeit zu als in früheren Etappen. Entsprachen sie doch der urprotestantischen Überzeugung, dem Gottesvolk die Bibel jeweils in seiner eigenen Sprache in die Hand geben zu müssen. Zusammen mit Sprachstudien (oft verbunden mit der Einführung einer Druckerpresse) standen sie darum wiederholt am Anfang aller missionarischer Aktivitäten. Zugleich hatten sie enorme Auswirkungen auf traditionelle afrikanische Gesellschaften, da Schriftlichkeit vielfach erst mit den Bibelübersetzungen verbreitet wurde. Diese waren oft die erste (und lange Zeit auch die einzige) Literatur in der jeweiligen Volkssprache.

Zugleich entfalteten sie ein emanzipatorisches Potential, dessen sich viele der – zumeist eher konservativen – europäischen Missionare oft gar nicht bewusst waren. Darauf hat insbesondere der westafrikanisch-amerikanische Historiker Lamin Sanneh (†2019) verwiesen, der – selbst als Muslim in Gabun geboren – an renommierten Universitäten in Europa und den USA gelehrt hat. Er hebt hervor, dass die Missionare den entstehenden afrikanischen Gemeinschaften gerade in einem kolonialen Kontext mit der Bibelübersetzung ein Instrument an die Hand gaben, das ihnen in der Folgezeit eine eigenständige Entwicklung ermöglichte – auch ganz frei von missionarischer Kontrolle. Anders als etwa im Islam, wo der Koran nur in arabischer Sprache gültige Autorität ist, gehöre diese – sowohl sprachliche wie kulturelle – „Übersetzbarkeit" (*translatability*) zu den konstitutiven Merkmalen des Christentums, die zugleich immer neue Gestalten indigener Aneignung hervorbrachten. Lokale Gläubige konnten so im Verlauf der afrikanischen Christentumsgeschichte zu selbsternannten Vermittlern christlichen Glaubens und Bildung werden.

14.2 Südafrika: Schwarze Christen und weiße Siedler

Schon rein klimatisch stellte *Südafrika*, im Vergleich zu Westafrika, einen anderen kolonialen und missionarischen Kontext dar. Denn es ermöglichte eine frühere und intensivere europäische Besiedlung. Seit 1652 hatten sich die Holländer (zusammen mit ihrem kolonialkirchlichen Apparat, der Niederländisch-Reformierten Kirche) an der Südspitze des Kontinents etabliert. Im 19. Jh. wurde das Kap dann von den Briten übernommen – erst sporadisch (seit 1795) und seit 1806 dauerhaft. In einer Serie von Grenzkriegen mit den bantu-sprachigen Xhosa weiteten sie das von ihnen kontrollierte Territorium kontinuierlich aus. 1834 wurde im gesamten britischen Empire die Sklaverei verboten. Daraufhin verließen zahlreiche Buren (Siedler holländischen Ursprungs) die englisch beherrschte

Kapkolonie zwischen 1835 und 1848 in verschiedenen Auswanderungswellen – dem sog. „Großen Trek" –, was später zur Bildung zweier Buren-Republiken auf dem Gebiet des heutigen Südafrika führte (Transvaal, Oranje-Freistaat). Dabei kollidierten sie mit dem expandierenden Reich der Zulu und anderen Ethnien. Ende des 19. Jh. war das südliche Afrika ein Gebilde aus unterschiedlichen Staaten (mit zwei britischen und zwei burischen Kolonien, dazwischen einzelne noch unabhängige Territorien unter afrikanischer Herrschaft), bis 1910 die südafrikanische Union (aus Kap-Kolonie, Natal, Transvaal und Oranje-Freistaat) gebildet wurde [s. Karte 16]. 1884 wurde Südwestafrika (Namibia) zum deutschen „Schutzgebiet" erklärt.

Die – missionarisch weitestgehend abstinente – *Kirche der Buren* behielt auch unter britischer Herrschaft noch lange einen privilegierten Status. Dabei kam es im Lauf des 19. Jh. zu verschiedenen Spaltungen. 1792 nahmen die *Herrnhuter* (englisch: ‚Moravians') ihre Arbeit unter den (früher als „Hottentotten" bezeichneten) Khoikhoi der westlichen Kap-Region wieder auf. 1743 war ihr erster Missionar, der Deutsche Georg Schmidt, noch als Störenfried aus der holländischen Kolonie ausgewiesen worden. Die von ihm begründete kleine Gemeinschaft überlebte jedoch; und Magdalena, eine Khoikhoi-Konvertitin der ersten Stunde, zeigte den Neuankömmlingen 1792 stolz die Bibel, die sie fünfzig Jahre zuvor von Schmidt erhalten hatte. Seit 1799 kamen *britische Missionare* ins Land. So vor allem die – überkonfessionell und abolitionistisch ausgerichtete – ‚London Missionary Society' (LMS). Bald folgten Methodisten, Presbyterianer sowie (relativ spät) Anglikaner. Auch Missionen anderer Nationalität wurden im südlichen Afrika tätig. Aus *Deutschland* waren dies seit 1829 die Rheinische, seit 1834 die Berliner und seit 1854 die Hermannsburger Mission. Aus den USA kamen seit 1835 kongregationalistische sowie aus Norwegen seit 1844 lutherische Missionare. Vor allem die Lutheraner errichteten zahlreiche Stationen in Natal und Transvaal. In der zweiten Jahrhunderthälfte folgten weitere Missionen. Insbesondere die *Katholiken* holten nun deutlich auf und wurden in zahlreichen Gebieten (wie z. B. Lesotho) tätig. „Trotz vieler Rückschläge waren die Missionen so erfolgreich, dass die Zahl der christlichen Konvertiten im südlichen Afrika um 1860 bereits auf eine halbe Million geschätzt werden kann".[4] Seit den 1890er Jahren wurde Südafrika zum Hotspot unabhängiger *schwarzer Kirchen*, deren Zahl bis 1910 sprunghaft anstieg [vgl. Kap. 18.2]. Abspaltungen von den weiß dominierten Missionskirchen setzten aber bereits in den 1870er Jahren ein.

Im *Spannungsfeld* zwischen europäischen Kolonisten und afrikanischer Bevölkerung nahmen die verschiedenen Missionen unterschiedliche Positionen ein. Die Buren (bzw. „Afrikaan[d]er", so ihre Selbstbezeichnung seit dem 19. Jh.) suchten vielfach unter Bezug auf alttestamentliche Paradigmen ihre Ansprüche als „herrschende Rasse" zu begründen und sahen sich wie einst Israel unter den heidnischen Völkern Kanaans. Evangelikal und abolitionistisch eingestellte Briten hingegen betonten die Gleichheit aller Gläubigen. Sie setzten sich – wie der erste LMS-Missionar John Philipp (1775–1851) – anfangs durchaus mit Erfolg für die Rechte der Schwarzen in der Gesetzgebung der Kap-Kolonie ein. Beide Seiten argumentierten in der Sprache der christlichen Tradition, der dabei – so die Historikerin Elizabeth Elbourne – „*multiple Bedeutungen*" zukamen.[5] John Colenso, von 1853 bis 1883 anglikanischer Bischof von Natal, befürwortete zwar die „zivilisatorischen" Ziele des britischen Kolonialismus. Je länger je mehr wurde er aber zum scharfen Kritiker ihrer kolonialen Praxis. In der Kultur der Zulu sah er viele Parallelen zu Elementen des christlichen Glaubens und Lebens. So akzeptierte er zum Entsetzen seiner konservativen Kollegen schließlich auch Polygamisten als Konvertiten. Anstoß erregte er auch in Fragen der Auslegung der Bibel, deren Verbalinspiration er in Zweifel zog. Bemerkenswerterweise war dies u. a. eine Folge seiner intensiven Diskussionen mit seinen afrikanischen Gemeindemitgliedern. Schließlich wurde gegen ihn sogar ein Kirchenprozess unter dem Vorwurf der „Häresie" eröffnet, der erfolglos verlief. Diese Kontroverse fand international erhebliche Beachtung. Selbst buddhistische Bibelkritiker aus Sri Lanka beriefen sich für ihre Polemik in den 1870er Jahren auf den anglikanischen Bischof.

In den entstehenden Gemeinden wurden lange Zeit afrikanische Christen und europäische Siedler gemeinsam pastoral betreut. In der zweiten Hälfte des 19. Jh. hingegen kam es in verschiedenen Missionen vermehrt zur *Einführung separater Gottesdienste* für Schwarze und Weiße. Als innerkirchlicher Schritt auf dem Weg zur späteren Politik der „getrennten Entwicklung", die 1948 in das Apartheid-System mündete, ist diese Weichenstellung in jüngerer Zeit intensiv diskutiert worden.

Andererseits entwickelten sich zahlreiche Missionsstationen – mit ihren Schulen, Druckerpressen und oft ausgedehntem Landbesitz – zu ethnischen *Schmelztiegeln* und Orten eines intertribalen Ausgleichs. Ihre Bewohner gehörten oft unterschiedlichen ethnischen Gruppen an. Viele waren Flüchtlinge oder gesellschaftliche Außenseiter. Durch das Zusammenleben in der Missionssiedlung, gegenseitige Heirat und gemeinsame Ziele entwickelten sie eine neue – christliche – Identität und zugleich das Bewusstsein eines verbindenden Afrikaner-Seins. „Viele sahen sich nicht länger als Sotho oder Zulu, Qwabe oder Cele, sondern einfach als afrikanische Christen. Aus verunsicherten Ansammlungen disparater Individuen entstanden so selbstbewusste und wohlhabende Gemeinschaften mit Elite-Aspirationen".[6] Mit wachsendem Wohlstand nahm auch die Fähigkeit dieser *Kholwa*-Gemeinschaften (Kholwa = „Gläubige", schwarze Christen) zu, selbst ihre Bildung zu finanzieren, eigenständig zu evangelisieren sowie missionarische Autoritäten in Frage zu stellen. Auch die überregionalen Ströme von Arbeitsmigranten, die seit den 1870er Jahren durch die Diamanten- und Goldfunde in Kimberley sowie im Transvaal ausgelöst wurden, verstärkten die Auflösung traditioneller ethnischer Identitäten. Zugleich führten sie wiederholt zur spontanen Bildung schwarzer Gemeinden.

In den Missionssiedlungen entstanden auch die ersten von schwarzen Christen selbst herausgegebenen *Zeitschriften*. So 1870 in Lovedale (Kap-Provinz) der zweisprachige ‚Kaffir Express'/‚Isigidimi Sama-Xosa', der sich als Anbruch einer neuen Ära für die afrikanischen Christen feierte. Das Blatt erschien zwar nominell noch in missionarischer Verantwortung, wurde aber de facto v. a. von Mitgliedern der regionalen Xhosa-Elite verfasst. Ähnlich der 1889 in Pietermaritzburg gegründete ‚Inkanyiso yase Natal' (‚Erleuchter Natals'), der stolz darauf war, „das erste einheimische Journal in Natal und das zweite in Südafrika" zu sein. Anfangs noch unter missionarischem Dach erschienen, ging das Blatt bald auch formell in afrikanischen Besitz über. Sein Ziel war es, der Stimme der Afrikaner in der kolonialen Öffentlichkeit Natals Gehör zu verschaffen („to give publicity to our thoughts"). Zentraler Punkt war dabei die Einforderung der „*Gleichheit aller Gläubigen*", die einst von den Missionaren versprochen worden war, nun aber zunehmend durch eine restriktive koloniale Gesetzgebung bedroht wurde. Dabei fungierte das Journal als Sprachrohr der christlich-afrikanischen Bildungselite Natals, die sich hier – wie auch andernorts – zu organisieren begann. Sie gründete eigene Vereinigungen wie 1895 den ‚Natal Native Congress', einen regionalen Vorläufer des 1912 ins Leben gerufenen Afrikanischen National-Kongresses (ANC). In diesem Prozess nahmen schwarze Christen in unterschiedlichen Funktionen – wie John Dube, Solomon Kumalo, Martin Luthuli oder J. T. Jabavu [vgl. Text 166b] – eine führende Rolle ein.

14.3 Ost- und Zentralafrika:
David Livingstone und andere europäische „Entdecker"

Ost- und Zentralafrika wurden erst spät zum Ziel protestantischer Missionsaktivitäten. Diese Gebiete waren ja – abgesehen von den Küstenregionen – im Europa dieser Zeit auch weitgehend unbekannt. Das waren die berühmten (und sehr ausgedehnten) „weißen Flecken" auf der Landkarte damaligen geographischen Wissens. Bei ihrer Erforschung spielten einzelne „Pioniere" der modernen Missionsbewegung eine wichtige Rolle. So etwa die Schwaben *Johann Ludwig Krapf* (1810–1881) und *Johannes Rebmann* (1820–1876), die – kennzeichnend für den Geist ökumenischer Kooperation in dieser Frühphase – im Dienst der anglikanischen CMS tätig waren und von der kenianischen Küste aus eine Kette von Missionsstationen ins Landesinnere zu errichten suchten [Text 161]. 1848/49 bekamen sie als erste Europäer den Kilimandscharo und das Mount-Kenya-Massiv zu Gesicht. Einen Namen machten sie sich auch durch die erste Übersetzung des Neuen Testaments ins Kisuaheli sowie durch das Studium ostafrikanischer Sprachen.

Noch sehr viel weitreichender waren die Folgen der Entdeckungen des schottischen Missionars *David Livingstone* (1813–1873). Zwischen 1852 und 1856 durchquerte er als erster Europäer den afrikanischen Kontinent von West (Angola) nach Ost (Mosambik). Sein Bestseller „Missionary Travels and Researches" (1857) und andere Publikationen erweiterten nicht nur Europas Kenntnisse vom Inneren Afrikas enorm. Sie steigerten auch das Ansehen der protestantischen Missionsbewegung in der zuvor meist skeptischen britischen Öffentlichkeit.

Livingstone hatte es ursprünglich nach China gezogen. Es verschlug ihn jedoch 1841 nach Südafrika, das er jedoch – da „von Missionaren überbevölkert" – alsbald wieder verließ, um im heutigen Botswana in Diensten der Londoner Missionsgesellschaft (LMS) Pionierarbeit zu leisten. Zu den (wenigen) Konvertiten aus dieser Zeit gehörte der Häuptling der Bekuena namens Setschele, der sich nach langen Gesprächen taufen ließ. Zu den kuriosen Aspekten dieser Begegnung gehört, dass Setschele nun als eifriger Bibelleser mangels Bewegung alsbald „korpulent" wurde. Zu den tragischen Aspekten – bzw. zwangsläufigen Konsequenzen einer Konstellation, die auch im weiteren Verlauf der afrikanischen Christentumsgeschichte immer wieder zu Konflikten führte – zählen die Folgen des missionarischen Monogamie-Gebots in polygamen afrikanischen Gesellschaften: Setschele entließ nach seiner Taufe die Vielzahl seiner nun „überflüssigen Weiber", was eine Revolte gegen ihn auslöste [Text 162]. – Zwischen 1852 und 1856 unternahm Livingstone ausgedehnte Erkundungsreisen, um die Schiffbarkeit des Sambesi-Flusses zu erforschen. Bei der Gelegenheit entdeckte er u. a. die Victoria-Fälle im heutigen Simbabwe. Spätere Reisen führten ihn u. a. zum Chilwa-, Malawi-, Tanganyika-, Mweru und Bangweulu-See. Seine letzte Expedition startete er 1866 von Sansibar aus, um die Quellgebiete des Nils sowie des Kongo-Flusses ausfindig zu machen und zu kartieren. Dabei durchquerte er Gebiete des heutigen Mosambik, Malawi, Sambia, Tansania und Zaire. 1873 verstarb er, allein mit seinen afrikanischen Helfern, in einem abgelegenen Dorf im heutigen Sambia.

1857 hatte Livingstone die LMS verlassen und seine Arbeit in Diensten der Londoner ‚Royal Geographical Society' sowie der britischen Regierung fortgesetzt. Dieser Wechsel ist gelegentlich als Aufgabe seiner ursprünglich missionarischen Zielsetzung interpretiert worden, was jedoch nicht zutrifft. Livingstone war stets beides, Missionar *und* Entdecker. Seine Suche nach dem Verlauf der großen Flüsse Afrikas und ihrer Nutzung als Verkehrswege diente stets auch dem Ziel, die Ausbreitung des Christentums zu befördern und den Sklavenhandel zu bekämpfen. „*Christentum, Zivilisation und Handel*" („Christianity, Civilization and Commerce") lautete das entscheidende Schlagwort in den Debatten evangelikal-abolitionistischer Kreise, dem sich auch Livingstone verpflichtet wusste. Eine friedliche Durchdringung Afrikas zu ermöglichen und den „illegitimen" Handel (mit Sklaven) durch „legitimen" Handel (mit agrarischen Produkten) zu ersetzen, sah er als seine Aufgabe. Und je weiter er vordrang, umso stärker wurde er von Abscheu erfüllt sowohl vor den arabischen wie den portugiesischen Sklavenhändlern.

Geprägt war dieses Konzept von *Theoretikern der Antisklaverei-Bewegung* wie Thomas Fowell Buxton (1786–1845). Dieser hatte in seinem Werk „The African Slave Trade and its Remedy" von 1839 dafür plädiert, die gesellschaftlichen und wirtschaftlichen Strukturen Westafrikas grundlegend zu reformieren und so die Bewohner des Kontinents aus der Abhängigkeit vom Sklavenhandel zu befreien. Mehr Missionare *und* Schulmeister, Verbreitung von Bibel *und* Pflug – das war sein Rezept [Text 152a]. Statt Menschen sollte Afrika landwirtschaftliche Produkte (wie Palmöl, Palmkerne oder Baumwolle) exportieren, deren Nachfrage in Europa stetig anstieg. Dies werde – so das Kalkül – zu wachsendem Wohlstand bei den Afrikanern führen und den Sklavenhandel zunehmend unattraktiv machen.

Dass Livingstone mit der *Erschließung innerafrikanischer Verkehrswege* ungewollt auch den Sklavenhändlern neue Routen eröffnete, zählte zu seinen bittersten Erfahrungen. Dass er gleichzeitig dem kolonialen Vordringen Großbritanniens de facto den Weg bereitete, ist ein anderer Aspekt seines Wirkens. Selbst hat er sich v. a. als Freund der Afrikaner gesehen und weiße Herrschaft in Afrika abgelehnt. Der Nachwelt ist er als Person mit vielen Facetten in Erinnerung geblieben: als vorbildlicher protestantischer Missionar, bahnbrechender Forscher, Ikone des britischen Imperialismus sowie – seit den 1960er Jahren – auch als Patron des afrikanischen Nationalismus.[7] Nach seinem Tod wurde 1873 in Sansibar die anglikanische Kathedrale über den Resten des alten Sklavenmarktes errichtet, der erst sechs Monate zuvor geschlossen worden war – dies als Zeichen des Triumphes des Christentums über die Sklaverei, den Livingstone stets erstrebt hatte.

Mindestens vier neue britische *Missionen* in Afrika mit unterschiedlicher konfessioneller Ausrichtung verdanken ihr Entstehen Livingstone. Dazu zählt die anglikanische ‚Universities Mission to Central Africa' (UMCA), die in Sansibar, auf dem tansanischen Festland sowie in Malawi und Sambia tätig wurde. Auf römisch-katholischer Seite sind die Aktivitäten der Väter vom Hl. Geist (seit 1868) und Weißen Väter (seit 1878) im Bereich des heutigen Tansania hervorzuheben. Mit der kolonialen Aufteilung Afrikas 1884/85 änderte sich das Gesamtbild. So wurden in Deutsch-Ostafrika (Tansania) seit 1885 verschiedene deutsch-lutherische Missionen (wie die Leipziger und Berliner [Berlin I] Mission) tätig. Darunter war auch eine Neugründung wie die ‚Ev. Missionsgesellschaft für Deutsch-Ostafrika' (Berlin III), die sich durch besondere Nähe zum kolonialen Establishment auszeichnete.

Das Profil der in Ostafrika entstehenden *christlichen Gemeinden* war regional, ethnisch und sozial sehr unterschiedlich. Migrationsbewegungen spielten auch hier vielfach eine stimulierende Rolle. In Kenia z. B. waren es – ähnlich wie in Westafrika – Remigranten (hier jedoch nicht aus Amerika, sondern aus Indien), die den Kern der afrikanischen christlichen Gemeinschaften bildeten: 1864 kehrten die ersten freigelassenen bzw. freigekauften afrikanischen Sklaven aus dem indischen Subkontinent zurück. Aus den Reihen dieser zumeist gebildeten und vielsprachigen ‚Bombay-Afrikaner' rekrutierte sich auch späteres Führungspersonal.[8] Generell verdankte sich das Wachstum der christlichen Gemeinden vielfach *afrikanischen Initiativen*, die in der zeitgenössischen missionarischen Publizistik kaum oder keine Erwähnung finden. So z. B. das Engagement des jungen Tonga-Evangelisten David Kaunda, der 1905 erfolgreich unter dem als besonders gefährlich geltenden (und darum von den Missionaren gemiedenen) Stamm der Bemba wirkte. Bekannt wurde seine Geschichte erst später, da er Vater eines berühmteren Sohnes – von Kenneth Kaunda, dem ersten Präsidenten (1964–1991) des unabhängigen Sambia – wurde.[9]

14.4 Afrikanische christliche Herrscher: Madagaskar, Uganda, Äthiopien

Afrikanische Herrscher und Könige zählten vielfach zu den schärfsten Widersachern der europäischen Missionare. Andere luden die westlichen Glaubensboten von sich aus in ihr Territorium ein, wenngleich im Einzelnen aus recht unterschiedlichen Motiven. Dazu zählte der erhoffte Zugang zu westlicher Technologie (einschließlich Feuerwaffen), Medizin und moderner Bildung oder Dienste der Missionare als Sprachlehrer und Dolmetscher. Attraktiv war aber ebenso auch – in einer als willkürlich erfahrenen Welt – ihre Lehre von einem höchsten Gott, der ethisch konsistent ist und der überall (und nicht nur lokal) angebetet werden kann.

a. *Madagaskar* – bis 1895 ein unabhängiges Land – bietet das Beispiel unterschiedlicher Phasen im Verhältnis der lokalen Herrscher zu westlichen Missionaren. Hier war seit den 1820er Jahren die Londoner Missionsgesellschaft (LMS) aktiv, und zwar auf ausdrückliche *Einladung durch den König* des Merina-Reiches Radama I., der sich selbst als Modernisierer verstand. In einem Schreiben vom 29.10.1820 ersuchte er die LMS in London, „uns so viele Missionare wie möglich zu schicken ... wie auch verschiedene Handwerker, die sich auf Weberei, Tischlerei, Schreinerei und Spinnerei verstehen" [Text 163a]. Letztere kamen und waren zugleich vielfach als eine Art Entwicklungshelfer und Lehrer für die die junge Merina-Aristokratie tätig. Sie führten auch die Druckerpresse ein und verbreiteten so das inzwischen ins Malagasy übersetzte Neue Testament sowie andere christliche Texte in führenden Kreisen wie dem Militär. Mit dem Tod von König Radama I. im Jahr 1835 trat dann ein *abrupter Wechsel in der Religionspolitik* ein. Die neue Königin Ranavalona I. (reg. 1835–1861) verbot jegliche Missionstätigkeit und verfügte die Todesstrafe für alle, die weiterhin zum Gott der Christen beteten [Text 163b]. Die Bibel wurde in Madagaskar offensichtlich mehr und mehr als Buch verstanden, das Traditionen über die Vorfahren der Fremden enthielt. Damit gefährdete sie die Loyalität gegenüber dem madegassischen Königtum. Prophetische Bewegungen steigerten die Unruhe. In der

Folge kam es zu heftigen *Christenverfolgungen*. Die Zahl der Märtyrer betrug mindestens 200. Andere Gläubige versteckten sich an abgelegenen Orten oder flohen zu benachbarten Inseln. Im Untergrund erlebte die junge Kirche jedoch – ausschließlich unter einheimischer Leitung – ein erstaunliches Wachstum (von ca. 1 000 bis 2 000 Christen im Jahr 1835 auf ca. 7 000 bis 10 000 Im Jahr 1861). Selbst ein Sohn der Königin, Prinz Rakotand/Radama, ließ sich 1846 heimlich taufen.

Mit dem Tod der Königin 1861 kehrten britische Missionare und madegassische Glaubensflüchtlinge auf die Insel zurück, und die neue Herrscherin – Ranavalona II. – trat 1869 zusammen mit ihrem Prinzgemahl offiziell zum Christentum über. Die Taufe, durchgeführt von einem einheimischen Pastor, erfolgte in aller Öffentlichkeit vor dem Adel und den Granden der Merina-Gesellschaft. Die christliche Gemeinschaft erfuhr in der Folgezeit ein *explosives Wachstum*. Fest verankert war sie v. a. im Palast. Bereits 1869 bestanden den Angaben zufolge 468 kongregationalistische Gemeinden, mit 158 Pastoren, 935 Predigern und ca. 153 000 Gläubigen, bei einer Merina-Bevölkerung von ca. 800 000.[10] Weitere protestantische Missionen folgten. Die Katholiken kamen eher spät – nach früheren und letztlich erfolglosen Vorstößen einzelner Jesuiten und Lazaristen im 17. Jh. – und wurden v. a. in der Küstenregion tätig. Unter französischer Kolonialherrschaft (seit 1895) nahm ihre Zahl dann deutlich zu, wenngleich die neue Kolonialverwaltung zunehmend einen aggressiv-antiklerikalen Kurs einschlug.

b. Auch *Uganda* verzeichnete seit dem Ende des 19. Jh. ein enormes Kirchenwachstum. Auch hier war es der Herrscher des Landes – der *Kabaka* bzw. König von Buganda, dem Kerngebiet des späteren Uganda –, der in den 1870er Jahren christliche Missionare eingeladen hatte. Auch hier kam es bald zu Rückschlägen und einer heftigen Christenverfolgung, und auch hier setzte die neue Religion eine Eigendynamik in Gang, die zu einer „christlichen Revolution"[11] unter der aristokratischen Elite des Landes führte. Buganda, religiös und sozial in einer Umbruchssituation, war ein wohlhabender und machtpolitisch expansiver Staat sowie offen für äußere Einflüsse. 1840 kamen arabische Muslime aus Sansibar, 1877 anglikanische Missionare der CMS und 1879 die französischen katholischen Weißen Väter ins Land. 1879 fand am Königshof eine *Religionsdebatte* zwischen katholischen und protestantischen Missionaren statt, da der *Kabaka* – so ein zeitgenössischer Bericht – „mehr über die Unterschiede zwischen Protestanten und Katholiken erfahren" wollte [Text 164a]. König Mutesa (reg. 1856–1884) veranstaltete geradezu einen *Wettbewerb der rivalisierenden Religionen*, die er freilich zugleich stets seiner direkten Kontrolle zu unterstellen suchte. Seine Sympathien galten dabei zunächst dem Christentum als technologisch überlegener Kraft. 1875 kam es zu einer Verfolgung der Muslime. Zehn Jahre später – unter seinem Sohn und Nachfolger Mwanga (reg. 1884–1897) – traf es dann die Christen, und zwar sowohl Katholiken wie Protestanten. Die Standhaftigkeit und

Leidensbereitschaft der *ugandischen Märtyrer von 1885* [Text 164b] sorgte nicht nur in der internationalen missionarischen Öffentlichkeit für Aufsehen. Sie führte etwa auch zu einer Solidaritätsaktion indischer Christen, die eine Kollekte für ihre afrikanischen „Glaubensbrüder" veranstalteten und diese zusammen mit einem Unterstützungsbrief über die CMS nach Uganda schickten.

Aber bereits zuvor hatte das Christentum in Buganda tiefe Wurzeln geschlagen, und zwar insbesondere in Kreisen junger Aristokraten am Hof, der künftigen Elite des Landes, die sich alsbald mit dem Eifer von frisch Bekehrten an die Verbreitung ihres neuen Glaubens machte. Dabei bildete sich *eine protestantische und eine katholische Partei*, die zunehmend die Macht des traditionellen Königtums in Frage stellten und zugleich untereinander rivalisierten. 1888 führten Protestanten, Katholiken und Muslime in konzertierter Aktion einen erfolgreichen Staatsstreich durch und ersetzten König Mwanga durch einen gemeinsamen Kandidaten. Es folgten unruhige Zeiten und ein Bürgerkrieg mit wechselnden Konstellationen. Schließlich gelang Mwanga – nunmehr mit Hilfe der katholischen Partei – die Rückkehr, und in einem Staatsvertrag wurde 1889 ein Protestant zum Ersten Minister (*Katikiro*) bestimmt und die wichtigsten Staatsämter paritätisch zwischen Katholiken und Protestanten aufgeteilt. Auch Mwanga selbst ließ sich später taufen, sein Sohn und Nachfolger Daudi Chwa wurde eifriger Anglikaner. 1894 wurde Uganda britisches Protektorat. Die Massenbekehrungen zum Christentum hatten aber bereits längst vorher eingesetzt, sie setzen sich nun im kolonialen Kontext fort. Stand 2014 gehören ca. 82 % der Bevölkerung einer christlichen Kirche an. Nicht „als Folge der Eroberung, sondern als Einbau einer ‚modernen' Religion in die Konstruktion ihrer eigenen politischen und sozialen Strukturen" durch indigene Eliten seit den 1880er Jahren fand das Christentum Eingang in dem ostafrikanischen Land.[12]

c. Anders als die zum Christentum übergetretenen Monarchen Madagaskars und Ugandas standen die Herrscher *Äthiopiens* in einer langen Traditionslinie christlicher Fürsten, die ihrem Anspruch nach sogar bis zum biblischen König Salomo zurückreichte. Mitte des 19. Jh. ging in Äthiopien die Phase der politischen Desintegration und des Verfalls – in biblischer Terminologie beklagt als die „Zeit der Richter" – zu Ende. Ein neuer Herrscher – *Tewodros* (Theodor, reg. 1855–1868) – schaltete rivalisierende Regionalfürsten aus, restaurierte die kaiserliche Zentralgewalt und ließ sich zum König der Könige krönen. Sein Programm lautete, wie es ein ausländischer Beobachter formulierte, „Abessinien zu reformieren, den christlichen Glauben wieder herzustellen und Herr der Welt zu werden". Letzteres schloss sogar die Idee eines Kreuzzugs von Äthiopien aus zur Befreiung Jerusalems ein. Dieser Gedanke sollte auch in der Folgezeit immer wieder auftauchen. Auch wenn Tewodros mit seinen Plänen weitgehend scheiterte, leitete er doch einen Umschwung ein, der sich unter seinen Nachfolgern verstärkte. – *Yohannes IV.* (reg. 1871–1889) ist vielfach als einer der führenden

Architekten des modernen Äthiopien bezeichnet worden. Auch er war ständig in Kämpfe verwickelt und suchte die Einheit des Kaiserreiches so weit als möglich durch Ausschaltung europäischen Einflusses zu sichern. Gleichzeitig modernisierte er seine Armee durch Erwerb europäischer Waffen und verfolgte eine Politik territorialer Expansion. Nebeneffekt war die Zwangschristianisierung heidnischer Völker wie der Galla – teilweise allerdings in Gebieten, die früher einst christlich besiedelt gewesen waren. Interne Spaltungen in der orthodoxen Staatskirche suchte er 1878 durch Einberufung eines äthiopischen Konzils in Borumeda zu überwinden. Gegenstand des Streites waren alte dogmatische Kontroversen über die zwei Naturen Christi. Gestärkt wurde die Kirche auch durch die Entsendung neuer koptischer Bischöfe aus Ägypten.

Einen Höhepunkt erreichte die Restauration des christlichen Kaisertums Äthiopiens unter *Menelik II.,* der zunächst als König der Region Shoa (1866–1889) und von 1889–1913 als Herrscher des weiterhin expandierenden Gesamtreiches regierte [s. Karte 17; Foto F13–16]. Er war sowohl *Bewahrer* überkommener kirchlicher Traditionen wie *Modernisierer* des Landes. Telegraph, Telefon und Eisenbahn hielten nun Einzug, 1892 wurde Addis Ababa zur neuen Hauptstadt erklärt. 1895/96 versuchten die Italiener Äthiopien zu erobern und wurden *1896 bei Adwa* vernichtend geschlagen. Damit war es – auf dem Höhepunkt von europäischem Kolonialismus und Imperialismus – dem uralten christlichen Kaiserreich als einzigem Land Afrikas (neben Liberia) gelungen, seine politische Unabhängigkeit zu bewahren. Dieser Sieg sollte seine *Faszination unter der entstehenden schwarzen Elite* des gesamten Kontinents weiter steigern. Zumal diese politische Unabhängigkeit mit religiöser und kirchlicher Eigenständigkeit Hand in Hand ging. Zu westlichen Missionaren hielt Menelik durchaus freundlichen Kontakt. Er wies sie aber darauf hin, dass es in seinem Land nichts zu missionieren gebe, da die Äthiopier bereits Christen seien, und im Übrigen er sich für die Evangelisierung Afrikas zuständig fühle. Sie könnten ja stattdessen in Asien tätig werden. Außerdem hätten sie zuhause – also in Europa – noch genügend zu tun. So der Inhalt eines Briefes von Menelik an einen protestantischen Missionar, der 1896 auch in der schwarzen Presse Westafrikas abgedruckt wurde.[13] Dokumente wie diese lassen die wachsende Ausstrahlung *Äthiopiens als Symbol kirchlicher und politischer Eigenständigkeit* auf afrikanische Christen diesseits und jenseits des Atlantiks erkennen.

14.5 S. A. J. Crowther, erster schwarzafrikanischer Bischof, und die Kontroversen um das Ziel der „Drei Selbst"

Eine prägende Gestalt in den Debatten afrikanischer Christen im 19. Jh. war *Samuel Ajayi Crowther* (ca. 1806/08–1891; s. Abb. 34). Als „slave boy who became bishop" erlangte er rasch auch internationale Berühmtheit. Um 1806/08 in Osogun im heutigen Nigeria geboren, wurde er – wie bereits erwähnt – zusammen mit seiner Familie von Sklavenjägern gefangen, auf ein portugiesisches Sklavenschiff verschleppt, dort von der britischen Marine befreit und 1822 nach Sierra Leone verbracht. Er geriet dort in die Obhut von Missionaren der anglikanischen CMS, ließ sich taufen und wurde 1843 zum Priester geweiht [Text 150]. Er erlangte rasch Positionen von Einfluss und hoher Verantwortung. 1864 wurde er schließlich vom anglikanischen Erzbischof in Canterbury zum *ersten schwarzen Bischof der Neuzeit* konsekriert, zuständig für Britisch-Äquatorial-Westafrika – ein riesiges Kirchengebiet. Auch Queen Victoria zeigte sich von ihm beeindruckt.

Dies war ein Ereignis von historischer Tragweite und strahlte weit über den binnenkirchlichen Bereich hinaus. Crowther wurde zum *Symbol der Aufstiegshoffnungen* gebildeter Westafrikaner. Seine Erhebung zum Bischof galt auch als sichtbare Bestätigung des ‚Christianity-Civilisation'-Konzepts (Christentum als Vehikel zivilisatorischen Aufstiegs) und zugleich als anschaulicher Beweis für die Realisierbarkeit der *Vision einer afrikanischen Kirche*, die in der Lage ist, sich selbst zu regieren, selbst zu unterhalten und selbst auszubreiten. Letzteres waren die berühmten „*Drei Selbst*", wie sie insbesondere Henry Venn (1796–1873) – Protagonist und führender Theoretiker der CMS – formuliert hatte. In einem programmatischen Statement von 1851 hatte er es als das Ziel aller missionarischer Arbeit bezeichnet, sich selbst möglichst rasch überflüssig zu machen („Euthanasie der Mission") und die Verantwortung rasch in die Hände einer „einheimischen Kirche" zu legen. Hintergrund dieses Konzepts waren einerseits die emanzipatorischen Ideale insbesondere der frühen britischen Missionsbewegung, ebenso aber auch die hohe Mortalitätsrate europäischer Missionare im tropischen Afrika als „Grab des weißen Mannes". In Crowther – „von Gott erwählt", um seinem eigenen Volk das Evangelium zu bringen – fand diese Vision nun sichtbar ihre Erfüllung.

Die Nachricht von der Bischofsweihe Crowthers stimulierte auch in anderen „Missionsfeldern" rege Debatten. Unter *Berufung auf sein Beispiel* wurde auch in Indien, Sri Lanka, Neuseeland oder Ostafrika die Forderung nach einem „einheimischen Bischof" laut. In der Kolonialpresse Indiens führte diese Forderung teils zu heftigen Kontroversen. Umgekehrt verwies etwa in Südafrika der bereits erwähnte ‚Kaffir Express', eines der frühesten Beispiele eines schwarzen Journals in der Kap-Provinz, bereits in seiner ersten Ausgabe 1870 auf Crowther als Beispiel dafür, welche Fortschritte durch „Christentum und Bildung" erreicht werden können. Damit konterte das Blatt den Rassismus weißer Siedler, die den Afrikanern die Bildungsfähigkeit absprachen (und entsprechende Anstrengungen der Missionare kritisierten).

In den 1880er Jahren – und damit in Zeiten des aufziehenden Hochimperialismus – änderte sich vielerorts im kolonialen und kirchlichen Establishment die Stimmung, und Crowther wurde in Westafrika zunehmend kaltgestellt. Als er nach seinem Tod 1891 dann auch noch einen weißen (statt afrikanischen) Nachfolger erhielt, löste das in Lagos, in Ghana und Liberia heftige Proteste aus. Als Diskriminierung „aller Afrikaner" wurde dieser Schritt in der schwarzen Presse Westafrikas gegeißelt. Eine der Konsequenzen bestand in der Entstehung unabhängiger afrikanischer Kirchen, die in den 1890er Jahren einsetzte und sich in der Folgezeit beschleunigte [s. Kap. 18.2].

Fußnoten zu Kapitel 14

1 HASTINGS (1994), *Church in Africa*, 177.
2 HASTINGS (1994), *Church in Africa*, 176.
3 WALLS (2002), *Sierra Leone*, 48 (Hervorhebung KK).
4 MARX (2012), *Südafrika*, 71.
5 ELBOURNE (2002), *Blood Ground*, 5; vgl. WARD (2017), *Afrika*, 463.
6 ETHERINGTON (1970), *Melting Pots*, 600; ELPHICK (1997), *Equality of Believers*, 98; HASTINGS (1994), *Church in Africa*, 359 ff.
7 ROSS (2002), *David Livingstone*, 239 (ff).
8 HOCK (2005), *Christentum in Afrika*, 105; ISICHEI (1995), *Christianity in Africa*, 136 f.
9 ISICHEI (1995), *Christianity in Africa*, 141.
10 SUNDKLER/STEED (2000), *Church in Africa*, 497.
11 WARD (1998), *Ugandan Identities*, 161.
12 WARD (1998), *Ugandan Identities*, 169.
13 KOSCHORKE et al. (2016), *Discourses of Indigenous Christian Elites*, 325.

Literatur zu Kapitel 14

14.1 (Westafrika: Sklavenemanzipation und transatlantische Rücksiedlungsprojekte)

HOCK (2005), *Christentum in Afrika*, 57–85; WARD (2017), *Afrika*, 451–463; HASTINGS (1994), *Church in Africa*, 173–196; WALLS (2002), *Sierra Leone*, 45–56; SANNEH (1999), *Abolitionists Abroad*, 1–181; ISICHEI (1995), *Christianity in Africa*, 153–183; SUNDKLER/STEED (2000), *Church in Africa*, 169–277; BAUR (1994), *Christianity in Africa*, 110–153; SANNEH (1983), *West African Christianity*, 35–106; SANNEH (1989), *Translating the Message*.

14.2 (Südafrika: Schwarze Christen und weiße Siedler)

HOCK (2005), *Christentum in Afrika*, 87–103; WARD (2017), *Afrika*, 463–488; HASTINGS (1994), *Church in Africa*, 197–208; ELPHICK/DAVENPORT (1997), *Christianity in South Africa*; PILLAY/HOFMEYR (1991), *Perspectives*; VILLA-VICENSIO/GRASSOW (2009), *Colonisation of South Africa* I; MARX (2012), *Südafrika*; LESSING (2011), *Deutsche evangelische Kirche*; ELBOURNE (2002), *Blood Ground*; ELPHICK (2012), *Equality of Believers*.

14.3 (Ost- und Zentralafrika: David Livingstone und andere „Entdecker")

HASTINGS (1994), *Church in Africa*, 250–305; HOCK (2005), *Christentum in Afrika*, 104–113; WARD (2017), *Afrika*, 471–475; ISICHEI (1995), *Christianity in Africa*, 128–152. – SUNDKLER/STEED (2000), *Church in Africa*, 445–487.510–562; WALLS (1993), *Livingstone*, 140–152, ROSS (2002), *David Livingstone*.

14.4 (Afrikanische christliche Herrscher: Madagaskar, Uganda, Äthiopien)

SUNDKLER/STEED (2000), *Church in Africa*, 487–509; RAISON-JOURDE (1995), *Madagascan Churches*, 292–301; WARD (1998), *Ugandan Identities*, 158–170; HASTINGS (1994), *Church in Africa*, 371–384.464–475; HOCK (2005), *Christentum in Afrika*, 105–109; GRÜNDER (1992), *Welteroberung*, 536–550; KOSCHORKE (2019), ‚*Christian Patriot*', 169–172. – MARCUS (1995), *Menelik II*; HASTINGS (1994), *Church in Africa*, 222–241; HOCK (2005), *Christentum in Afrika*, 110–114.

14.5 (S. A. J. Crowther, erster schwarzafrikanischer Bischof)

HASTINGS (1994), *Church in Africa*, 293–298.343–357; HOCK (2005), *Christentum in Afrika*, 72–80; SANNEH (1999), *Crowther and the Opening of Nigeria*, 173–197; AJAYI (1965), *Making of a New Elite*; KOSCHORKE (2011), *Bischof Samuel Ajayi Crowther*, 315–324.

Kapitel 15: Lateinamerika

15.1 Unabhängigkeitskampf und Kirche (1804–1830)

Zwischen 1810 und 1825 verloren die iberischen Mächte ihren gesamten Kolonialbesitz auf dem amerikanischen Festland. In *Hispano-Amerika* hatte sich die kreolische Oberschicht, wie bereits diskutiert [s. Kap. 9.4], zunehmend vom spanischen Mutterland entfremdet. Ideen der europäischen Aufklärung, das Vorbild der Französischen (und nordamerikanischen) Revolution, wachsender Widerstand gegen forcierte Zentralisierungsbestrebungen der Krone sowie ein neues Selbstverständnis als „Amerikaner" beschleunigten diese Entwicklung. Als französische Truppen 1808 das spanische Mutterland besetzten, betrachteten sich die Kolonien als souverän mit dem Recht, sich selbst zu regieren. Die indianische Bevölkerung war kein Faktor beim Revolutionsausbruch. 1810 übernahmen die Kreolen in Venezuela, Buenos Aires, Bogotá und Chile unter Nutzung spanischer Institutionen die regionale Regierung und erklärten ihre Unabhängigkeit. 1810 begann der Freiheitskampf auch in Mexiko. In der Folge entwickelte sich die Erhebung gegen Spanien zu einer vielfach verworrenen Bewegung ohne leitende Zentrale und einheitliche Ziele. Neue Teilstaaten entstanden und lösten sich wieder auf. Die Schlacht von Ayacucho (in Peru) 1824 besiegelte die militärische Niederlage Spaniens. Restbestände spanischer Herrschaft existierten bis Ende des 19. Jh. nur noch an der Peripherie, auf den Inseln der Karibik (Kuba, Puerto Rico) sowie im Pazifik (Philippinen, Guam).

Anders verlief die Entwicklung in *Portugiesisch-Amerika*. Hier war es das portugiesische Königshaus, das 1808 auf der Flucht vor Napoleons Truppen nach Rio de Janeiro übersiedelte. Nach dem Sturz Napoleons kehrte König Johann VI. 1821 nach Lissabon zurück und überließ seinem Sohn Peter I. die Regierung Brasiliens. Dieser erklärte 1822 die Unabhängigkeit des Landes von Portugal und ließ sich zum Kaiser krönen. Das Kaiserreich Brasilien – ungleich stabiler als die ehemals von Spanien beherrschten Nachbarregionen – bestand bis 1889. Das erste lateinamerikanische Land jedoch, das seine Unabhängigkeit von europäischer Herrschaft erklärte, war die französische Kolonie *Haiti*. Getragen von einem Aufstand der Sklaven, wurde hier 1804 erstmals eine schwarze Republik ausgerufen.

Im Emanzipationsprozess Spanisch-Amerikas nahm die katholische Kirche keine einheitliche Stellung ein. Der hohe Klerus und die Bischöfe, die ja aus Spanien kamen, blieben der Krone treu, während der *niedere Klerus* – der zumeist aus Kreolen, Mestizen und vereinzelt auch aus Indios bestand – mehrheitlich die Sache der Revolution unterstützte. Priester wurden vielerorts zu Wortführern der Bewegung und führten auch den bewaffneten Kampf an. So in Mexiko die Kleriker Miguel Hidalgo [s. Abb. 32] und José María Morelos, die 1811 bzw. 1815 als Aufrührer hingerichtet wurden [Text 264a+b]. Im heutigen Kolumbien verfasste der Gemeindepriester Fernández de Soto Mayor einen politischen Katechismus, der den Kampf für die Unabhängigkeit als „gerecht und heilig" erklärte [Text 266]. Pläne zur Errichtung eines Denkmals für Las Casas, der als erster „gegen die Schrecken der Conquista kämpfte", wurden diskutiert [Text 265]. Auch die Jungfrau Maria – so die Predigten und Schriften zahlreicher Kleriker – stand auf der Seite ihrer „amerikanischen Kinder". Andere Revolutionäre wie der „Befreier Venezuelas" Simón Bolivar (1783–1830) waren liberale Freimaurer. Aber auch sie wussten die Symbole der Religion im Unabhängigkeitskampf zu nutzen [Text 264c].

Am Ende der revolutionären Periode war die Kirche weitgehend zerstört. Viele Bistümer waren vakant, da die dem König loyalen Bischöfe nach Spanien zurückkehrten. Neubesetzungen wurden blockiert. In Brasilien waren 1825 von sechs Bistümern nur noch zwei besetzt. Im spanischsprachigen Amerika erreichte die Zahl der Vakanzen 1829 einen Höhepunkt. Bei den jahrelangen kriegerischen Auseinandersetzungen hatten beide Konfliktparteien die Kirche kräftig zur Kasse gebeten. Dies stürzte sie in erhebliche finanzielle Schwierigkeiten. „Ordensgemeinschaften", so 1825 der Bericht des päpstlichen Gesandten Giovanni Muzi über die Verhältnisse in Chile und Argentinien, „sind an vielen Orten nicht mehr vorhanden; wo sie noch existieren, tun sie dies in der Regel außerhalb jeder Observanz". Zu beklagen, so derselbe Bericht, sei auch der kirchliche Kontrollverlust in der Öffentlichkeit. Denn infolge der Pressefreiheit seien nun viele verderbliche Schriften im Umlauf, „ohne dass der kirchliche Ordinarius dies verhindern kann" [Text 269]. Der massive Exodus von Ordenspriestern hatte zugleich vielerorts das Ende missionarischer Aktivitäten in zur Folge. In zahlreichen Diözesen kam auch die Ausbildung eines Priesternachwuchses jahrelang zum Erliegen.

Der Zusammenbruch kolonialkirchlicher Strukturen führte aber nicht zu einer neuen Unabhängigkeit der Kirche. Vielmehr brauchten die neuen kreolischen Herren die Kirche genauso als Herrschaftsinstrument wie die alten. Nach einer Phase teils anarchischer Verhältnisse ging das zuvor von den iberischen Kronen ausgeübte Patronatsrecht schließlich auf die Regierungen der neuen Nationalstaaten über.

15.2 Die katholische Kirche und die neuen Staaten (1830–1890)

Rom verweigerte den neuen Nationalstaaten Lateinamerikas lange Zeit die Anerkennung. Noch 1824 erließ Papst Leo XII. eine Enzyklika, in der er die Hispano-Amerikaner zum Gehorsam gegenüber dem spanischen König Ferdinand VII. aufrief, der vergeblich seine Autorität über die „rebellischen" Kolonien wiederherzustellen versuchte. In Mexiko (und anderen Regionen) wurde daraufhin die Forderung nach einer Nationalkirche unabhängig von Rom laut. Eine Änderung der kurialen Politik trat unter Papst Pius VIII. ein, der 1830 in Brasilien eine Nuntiatur einrichtete. Sein Nachfolger Gregor XVI. (1831–1846) begann die Unabhängigkeit der lateinamerikanischen Länder anzuerkennen. In den ersten fünf Jahren seines Pontifikats reorganisierte er zugleich die kirchliche Hierarchie in Mexiko, Argentinien, Chile, Uruguay und Peru. Unter Pius IX. (1846–1878) gelang der Kurie dann der Abschluss von *Konkordaten* mit verschiedenen Ländern (1851 mit Bolivien, 1852 mit Guatemala und Costa Rica, 1860 mit Haiti, 1861 Nicaragua und Honduras, 1862 mit El Salvador, Venezuela und Ecuador) [s. Text 270]. Das Konkordat mit Ecuador etwa sah die Anerkennung des Katholizismus als „der Religion der Republik Ecuador" vor, unter Ausschluss aller nicht-katholischen Kulte sowie sonst „einer von der Kirche verurteilten Gesellschaft". Bischöfe und Priester sollten fortan ungehindert mit Rom kommunizieren können und die „Erziehung der Jugend ... an öffentlichen und privaten Schulen in Allem der Lehre der katholischen Kirche entsprechen" [Text 270].

Der Abschluss eines Konkordats hing natürlich davon ab, ob in dem betreffenden Land ein konservatives (und eher kirchenfreundliches) oder liberales (und antiklerikales) Regime an der Macht war. Regierungen wechselten häufig. *Liberale und konservative Kräfte* befanden sich im Lateinamerika des 19. Jh. in einem *Dauerkonflikt*. In *Mexiko* etwa führten liberale Reformen unter Gómez Farías 1833/34 zur Auflösung aller von den Orden betriebenen Missionen, zur Aufhebung der „ewigen Gelübde" (für Nonnen und Mönche) sowie zur Abschaffung des obligatorischen Zehnten an die Kirche. Zugleich aber wurde auch das Patronatsrecht der (nunmehr nationalen statt kolonialen) Regierung über die katholische Kirche wieder hergestellt. Denn kirchliche Selbstbestimmung galt als Gefährdung der neu gewonnenen staatlichen Souveränität. 1852 kam es in Mexiko zu einer konservativen Revolte, erstmals in gemeinsamer Aktion von Militär und Klerus, und 1855 umgekehrt zu einer blutigen liberalen Revolution, nun mit dem Ziel einer völligen Trennung von Kirche und Staat. Im darauf folgenden Bürgerkrieg bemühten sich beide Konfliktparteien um ausländische Unterstützung. Mit Hilfe exilierter Konservativer intervenierten 1861/62 die Franzosen. Sie setzten den österreichischen Erzherzog Maximilian als Monarchen ein, der – 1864 zum Kaiser von Mexiko gekrönt – 1867 von den siegreichen Republikanern hingerichtet wurde. Nach seinem Sturz wurde die liberale Verfassung von 1857 wieder in Kraft gesetzt. Mit ihren strikt antiklerikalen Artikeln blieb sie bis 1910/11 (bzw. 1917) in Geltung.

Das Kaiserreich *Brasilien* bestand bis 1889. Hier verband sich die monarchische Regierungsform mit einer gemäßigt liberalen Religionspolitik. Der römische Katholizismus war zwar weiterhin Staatsreligion. Nicht-katholische Kulte durften aber in Gebäuden praktiziert werden, die von außen nicht als Kirchen erkennbar waren [Text 276b]. Die Orden erlebten einen qualitativen wie quantitativen Tiefstand. Einzelne Konvente wurden mangels Nachwuchses aufgelöst, der Besitz verfiel anschließend dem Staat. „Die staatliche Gesetzgebung zielte immer stärker auf die Auslöschung der Orden ab. Ausländische Mönche wurden in den traditionellen Orden nicht mehr zugelassen". Schließlich wurde 1855 die Aufnahme von Novizen bis zur Neuregelung durch eine Ordensreform verboten, die freilich nie zustande kam. Dramatisch war auch der Rückgang des Weltklerus, v. a. in Relation zur explodierenden Bevölkerungszahl. Diese stieg bis 1889 auf ca. 12–14 Mio. an und vervierfachte sich damit in etwa innerhalb eines Jahrhunderts. Kam Ende des 18. Jh. noch ein Priester auf ca. 1000 Einwohner, so betrug das Verhältnis gegen Ende des Kaiserreichs ca. 1 zu 17 000–20 000. Parallel zum Vordringen szientistischer und positivistischer Ideen verlor die Kirche auch an öffentlichem Renommee. „Die Oberschicht betrachtete ihren Unglauben geradezu als ein Privileg, als ein Zeichen ihrer kulturellen Überlegenheit".[1] Zugleich beraubte der Niedergang des einst von den Orden getragenen Schulwesens die Kirche ihrer geistigen Führungsschicht.

Trotz des Anschwellens eines aggressiven Liberalismus in der zweiten Hälfte des 19. Jh. – parallel zum Vordringen kapitalistischer Wirtschaftsformen – entwickelte sich in den meisten Ländern Lateinamerikas ein *modus vivendi* zwischen Staat und Kirche. Die liberale Ideologie als solche war Sache nur einer kleinen Elite. Die breite Masse des Volkes lebte meist weiterhin in traditionellen Formen katholischer Frömmigkeit, weitgehend unabhängig von kirchlichen Institutionen und durchsetzt mit zahlreichen synkretistischen Praktiken. Auf dem Land hatte sich das Alltagsleben mit der Unabhängigkeit meist kaum verändert. Trotz des massiven Priestermangels und (durch den Verlust ihres Grundbesitzes) ökonomisch geschwächt, überlebte die Kirche in der postkolonialen Ära weithin in überkommen Strukturen, jedoch ohne nennenswerte missionarische oder gesellschaftliche Ausstrahlung. Zentrales sozialethisches Problem in Brasilien etwa war die afroamerikanische Sklaverei. Sie wurde hier bis 1888 – und damit länger als in jedem anderen Staat auf dem Kontinent – aufrechterhalten. Die Abolitionsbewegung wurde von Liberalen, Freimaurern und einzelnen Humanisten getragen, kaum jedoch von kirchlichen Akteuren. Einzelne Orden und Bischöfe ließen ihre Sklaven zwar in den 1870er und 1880er Jahren frei. Zu einer grundsätzlichen Verurteilung der Sklaverei als ungerechter Institution durch die kirchliche Hierarchie kam es jedoch nicht.

15.3 Romanisierung des lateinamerikanischen Katholizismus

„Dem zerfallenden und dem Verderben zueilenden Katholizismus Brasiliens Hülfe [zu] bringen", war das Ziel des deutschen Franziskaner-Paters Wilhelm

Schürmann, der seit 1894 im nunmehr republikanischen Brasilien im Bundesstaat St. Catharina tätig war.[2] Hilfe erwartete er insbesondere vom verstärkten Zustrom europäischer Ordensgenossen. Seine Beschreibung der religiösen Verhältnisse vor Ort war dabei kaum weniger kritisch als die der ersten protestantischen Missionare aus den USA. Diese konnten im lateinamerikanischen Katholizismus oft kaum mehr als ein christlich übertünchtes Heidentum ausmachen.

Die vielerorts chaotischen Verhältnisse am Ende der Revolutionsepoche wurden zum Auslöser einer Gegenbewegung, die als Romanisierung des lateinamerikanischen Katholizismus bezeichnet worden ist. Denn die seit den 1830er Jahren einsetzende kirchliche Restauration war eng mit dem *wachsenden Einfluss Roms* verbunden. Durch das nun schrittweise ausgebaute System von Nuntiaturen war Rom sehr viel direkter auf dem Subkontinent vertreten, als dies in Zeiten der iberischen Kolonialherrschaft möglich gewesen war. In einer *Serie von Konkordaten* seit 1851 hatte Rom verschiedenen nationalen Regierungen zwar das Patronatsrecht zugestanden, sich aber bei der Besetzung von Bischofsstühlen die letzte Entscheidung vorbehalten. Unliebsamen liberalen Kandidaten wurde in der Folge die Zustimmung verweigert. Spätestens seit der Enzyklika ‚Quanta cura' und dem ‚Syllabus errorum' von 1864 hatte sich Papst Pius IX. (1846–1878) dem Kampf gegen alle „Irrtümer" des modernen Liberalismus wie der Forderung nach Religions- und Meinungsfreiheit, laizistischer Erziehung oder gegen das Prinzip der Volkssouveränität verschrieben. Diese Verlautbarung rief nicht nur in liberalen Kreisen Europas, sondern auch Lateinamerikas große Erregung hervor. Umgekehrt aber stieg dort die Zahl der Kirchenleute, die in einer engen – „ultramontanen" – Verbindung zum Papsttum die einzige Alternative zur Abhängigkeit der Kirche vom oligarchischen Staat sahen. In kolonialen Zeiten war der Papst ein wichtiges Symbol gewesen, aber weit entfernt. Nun wurde er zum direkten Bezugspunkt des eigenen „Kampfes" gegen liberale antiklerikale Regierungen.

Bereits 1859 war in Rom das *Collegium Pio Latinoamericanum* gegründet worden, in dem ganze Priestergenerationen ausgebildet wurden, die später als Bischöfe in den Kirchen des Subkontinents Führungspositionen übernahmen. Die Romanisierung von Kirche, Theologie und Frömmigkeitspraxis wurde verstärkt durch den seit Mitte des 19. Jh. anschwellenden Zustrom von Priestern und Kongregationen aus Italien und Frankreich. Am Ersten Vatikanischen Konzil 1869/70, einer globalen Versammlung des ultramontanen Katholizismus, nahmen (von insgesamt 770 Konzilsvätern) auch 30 Bischöfe aus Lateinamerika teil. Das ist ein signifikanter Unterschied zum Trienter Konzil 1545–1563, bei dem kein einziger Vertreter der Kirche aus der Neuen Welt zugegen war. Verstärkt wurde das ultramontane Element in Lateinamerika auch durch den Zuzug zahlreicher in den europäischen Kulturkämpfen der 1870er Jahre vertriebener Jesuiten und anderer Orden, insbesondere auch weiblicher Gemeinschaften. Ebenso wie andere dort nun vermehrt tätige europäische Priester hatten sie oft wenig Verständnis für den

Volkskatholizismus, dem sie vor Ort begegneten und in dem sie vielfach bloßen „Aberglauben" sehen konnten [Text 283 f]. In den 1870er Jahren verstärkte sich zudem der Zustrom europäischer Einwanderer auch aus nicht-iberischen katholischen Ländern (darunter Italiener, Polen, Deutsche). Der lateinamerikanische Katholizismus wurde sowohl europäischer als auch römischer.

Einen symbolischen Höhepunkt erreichte diese Entwicklung mit dem *Lateinamerikanischen Plenarkonzil von 1899* in Rom. Besucht von 53 der damals 104 lateinamerikanischen Hierarchen, geriet das Konzil zur Heerschau des lateinamerikanischen Katholizismus. Ziel war die religiöse Neubelebung des Kontinents und der dort lebenden „lateinischen Rasse" (sic). Diskutiert wurden u. a. neue Initiativen zur Indianermission, zur Einrichtung katholischer Universitäten sowie zum Umgang mit den protestantischen „Häretikern" [Text 282]. Gefördert wurde die Klerikalisierung des religiösen Lebens.[3] Zugleich wurde die nationale und überregionale Zusammenarbeit innerhalb der römischen Kirche Lateinamerikas gestärkt. Ort der Vorbereitung und Tagung war bezeichnenderweise der Vatikan.

15.4 Formen protestantischer Präsenz in Lateinamerika

In der Kolonialzeit war Protestanten der Zugang zu den spanischen und portugiesischen Besitzungen in Amerika verwehrt [vgl. Karte 7]. Einzelne Eindringlinge (etwa westeuropäische Korsaren) oder gestrandete Seeleute wurden von der Inquisition verfolgt. Die ersten Protestanten, die sich legal in Lateinamerika aufhielten, waren zu Beginn des 19. Jh. sog. Residenten, also ausländische Kaufleute, Schiffsbesatzungen oder Techniker, die dort temporär tätig waren und in sog. *Auslandsgemeinden* die Religion ihres Herkunftslandes praktizierten. 1819 wurde so in Rio de Janeiro die erste anglikanische Kirche Südamerikas errichtet. Zuvor hatten anglikanische Gottesdienste dort nur sporadisch an Bord britischer Schiffe vor der Küste stattfinden können [Text 276a]. Nach der Unabhängigkeit Brasiliens 1822 kam es in größerem Umfang zur Einwanderung protestantischer Siedler zunächst vorwiegend aus dem deutschsprachigen Raum. Gefördert von der Regierung – die eine kleinbäuerliche Landwirtschaft schaffen und zugleich die eigene brasilianische Bevölkerung „aufweißen" (sic!) wollte – trafen dort seit 1824 teilweise ganze Dorfgemeinschaften, zusammen mit ihrem Pfarrer, aus verschiedenen von Hungerkrisen getroffenen Regionen Deutschlands ein [Text 277]. Es entstanden so *Einwanderergemeinden*, vielfach gekennzeichnet durch die enge Verbindung von nationaler (hier: deutscher) und konfessioneller (hier: vor allem lutherischer) Identität. Später bildeten sich auch erste Kongregationen schottischer und nordamerikanischer Presbyterianer und Methodisten.

Eine frühe Etappe protestantischer Präsenz in Lateinamerika wird durch die überkonfessionellen Aktivitäten von *Bibelkolporteuren* markiert. Die Bibel in der

Volkssprache war dort seit den Verboten durch die tridentinische Kolonialkirche [vgl. Kap 7.2.] ein weitestgehend unbekanntes Buch, und ihre Verbreitung im 19. Jh. durchweg ein protestantisches Unternehmen. Dabei waren es noch vor den offiziellen Vertretern der britischen und amerikanischen Bibelgesellschaften oft Laien (Kaufleute, Ärzte, Marine-Angehörige), die die Bibeln mit großem Engagement (und wiederholt auch persönlichem Risiko) in verschiedenen Regionen verteilten. Liberale Kleriker und Offiziale konnten solche Aktionen als Beitrag zur Alphabetisierung und Modernisierung des Landes durchaus auch begrüßen. Im Volk zeigte man sich vielfach v. a. neugierig, „das kennenzulernen, was ihnen so lange vorenthalten war" [Text 278].

Auch wo staatlich geduldet (und teilweise sogar gefördert), hatten Protestanten im zivilen Leben vielfach einen schweren Stand. Gemischtkonfessionelle Ehen waren ein Tabu. Selbst im liberalen Mexiko war Eheschließung über Konfessionen hinweg oft nur um den Preis demütigender Rituale möglich. So im Fall des deutschen Kaufmanns August Haas, der 1843 erst nach vollzogener Konversion seine Angebetete aus einer führenden Familie heiraten durfte.

„Er musste sich zuerst von dem *Cura* [Priester] in Ausübung der Pflichten und Vorschriften der katholischen Kirche unterrichten lassen, im Büßergewand gekleidet an die verschlossene Kirchentür pochen, auf die Frage von innen, wer draußen stände, die Antwort geben: ‚Ein armer verlorener Sünder, der bittet, in den Schoß der allein selig machenden Religion wieder aufgenommen zu werden' u. a. m." Vor der Hochzeit „musste der arme Haas noch mit einem Wachslicht in feierlicher Prozession in den Straßen umherziehen und eine Generalbeichte ablegen" [Text 281].

Seit den 1870er Jahren kam es zu verstärkter europäischer *Einwanderung* nicht nur in die USA, sondern auch nach Lateinamerika. Es waren dort v. a. die sog. ABC-Staaten (Argentinien, Brasilien, Chile), die Migranten aus der Alten Welt anzogen. Sie kamen mehrheitlich aus traditionell katholischen Ländern (wie Italien, Spanien), daneben aber in beachtlicher Zahl auch aus protestantischen Regionen. Ebenfalls seit den 1870ern ist ein rasches Vordringen des *angelsächsischen Missionsprotestantismus* in Südamerika zu beobachten. Sein Ziel war es, die „Segnungen der Bildung und des Christentums zu verbreiten und Missionsschulen und christliche Missionsstationen zu errichten und zu unterhalten" (so 1873 die US-amerikanischen Methodisten). Er führte zur Gründung eigener konfessioneller Gemeinden unter der ehemals katholischen Bevölkerung (wie 1861 in Rio de Janeiro [Text 279]) und seit ca. 1880 verstärkt zur Gründung eines Netzes von Schulen, Gymnasien, Waisenhäusern und Kliniken in den wichtigsten Städten. Träger waren zunächst v. a. die klassischen US-amerikanischen Denominationen (Presbyterianer, Methodisten, Episkopale). Nach dem amerikanischen Sezessionskrieg kamen diverse freikirchliche Gruppen hinzu. Die Presbyterianer etwa wurden seit 1856 in Kolumbien, 1859 in Brasilien, 1872 in Mexiko und 1882 in Guatemala aktiv. Die Methodisten gingen 1873 nach Mexiko, 1886 nach

Brasilien, 1890 auf die Antillen und gegen Ende des Jahrhunderts auch nach Costa Rica, Panama und Bolivien. Trotz seiner punktuellen Verbreitung blieb der Protestantismus in den lateinamerikanischen Gesellschaften des 19. Jh. zunächst eine marginale Größe. Als „Zivilisationsprotestantismus"[4] und Träger eines demokratischen Gesellschaftsmodells übte er aber erhebliche längerfristige Wirkungen aus.

Fußnoten zu Kapitel 15

1 PRIEN (1978), *Geschichte*, 427.
2 MEIER (1993), *„Katholizismus Brasiliens Hülfe bringen"*, 3–24 (Zitat S. 12).
3 So DUSSEL (1992), *Church in Latin America*, 195.
4 BASTIAN (1995), *Protestantismus*, 135.

Literatur zu Kapitel 15

15.1 (Unabhängigkeitskampf und Kirche [1804–1830])

PRIEN (2007), *Lateinamerika*, 245–276; PRIEN (1978), *Geschichte*, 368–400; DUSSEL (1992), *Church in Latin America*, 81–104; BUISSON/SCHOTTELIUS (1980), *Unabhängigkeitsbewegungen*; GONZÁLEZ/GONZÁLEZ (2008), *Christianity in Latin America*, 131–159; DREHER (2017), *Lateinamerika*, 489–497; KEEN (1996), *Latin America*, 160–179.

15.2 (Die katholische Kirche und die neuen Staaten [1830–1890])

DREHER (2017), *Lateinamerika*, 489–514; PRIEN (2007), *Lateinamerika*, 245–276; PRIEN (1978), *Geschichte*, 368–400; GONZÁLEZ/GONZÁLEZ (2008), *Christianity in Latin America*, 131–159; DUSSEL (1992), *Church in Latin America*, 105–115; KLAIBER (1992), *Peru*, 1–58.

15.3 (Romanisierung des lateinamerikanischen Katholizismus)

PRIEN (1978), *Geschichte*, 368–400; PRIEN (2007), *Lateinamerika*, 286–313; DREHER (2017), *Lateinamerika*, 510–513; DUSSEL (1992), *Church in Latin America*, 105–116; KLAIBER (1988), *Peru*, 45–47.68ff; MEIER (2018), *Studien*, 190–217.

15.4 (Formen protestantischer Präsenz in Lateinamerika)

BASTIAN (1995), *Protestantismus*, 103–157; PRIEN (1978), *Geschichte*, 420–422.422–511; PRIEN (2007), *Lateinamerika*, 245–313; DUSSEL (1992), *Church in Latin America*, 313–350; GONZÁLEZ/GONZÁLEZ (2008), *Christianity in Latin America*, 184–205; DREHER (1978), *Kirche und Deutschtum*; SPLIESGART (2006), *„Verbrasilianerung"*.

Abb. 26. China: Robert Morrison (1782–1834), erster protestantischer Missionar in China (und der chinesischen Diaspora) und sein Team (Li Shigong, Chaen Laoyi) bei der Übersetzung der Bibel ins Chinesische (Bild von ca. 1828)

Abb. 27. Liang Fa (1789–1855), erster chinesischer protestantischer Pfarrer und Evangelist, der wesentlich den Druck und die Verbreitung der Morrison'schen Bibelübersetzung vorantrieb. Seine eigenen Bibeltraktate beeinflussten den späteren Führer der Taiping-Bewegung Hong Xiuquan (s. Abb. 28).

Abbildungen zu Teil III: 1800–1890 **169**

Abb. 28. Hong Xiuquan (1814–1864), Führer und „Himmlischer König" der christlich-inspirierten sozialrevolutionären Taiping-Massenbewegung (1850–1864).

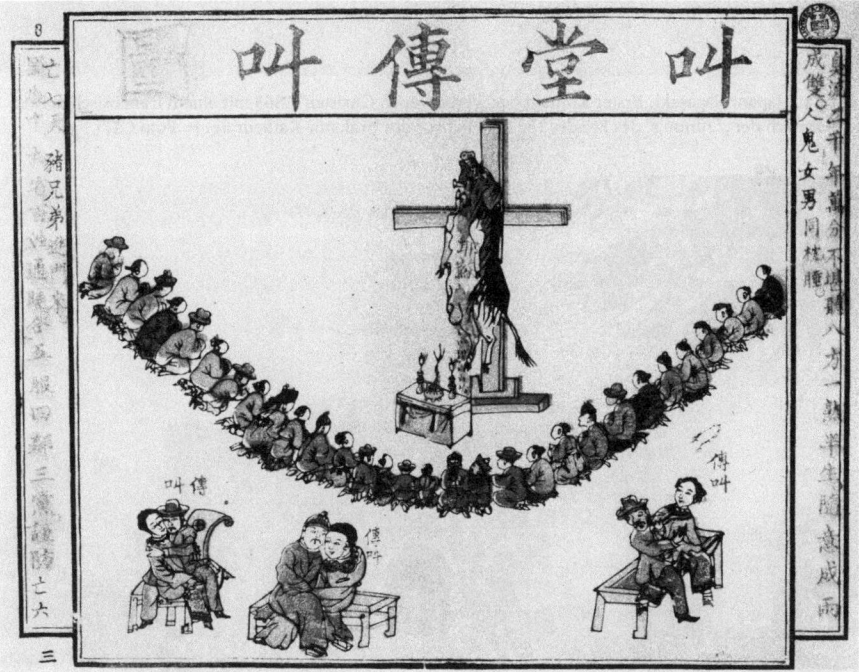

Abb. 29. China: Antichristliche Karikatur (vor 1891), die die Anbetung eines gekreuzigten Schweines und Sittenlosigkeit der Europäer zeigt.

170 Abbildungen zu Teil III: 1800–1890

Abb. 30. Japan/Nagasaki: Erster Kontakt der „Verborgenen Christen" 1865 mit einem französischen Missionar nach der „Öffnung" des Landes 1854 (Relief vor der Urakami-Kathedrale) [= Foto C17].

Abb. 31. Japan: Eingang zur Doshisha-Universität, die 1875 als Englisch-Schule vom protestantischen Pädagogen Niijima Jo (Joseph Hardy Neesima; 1843–1890) gegründet wurde [= Foto C15].

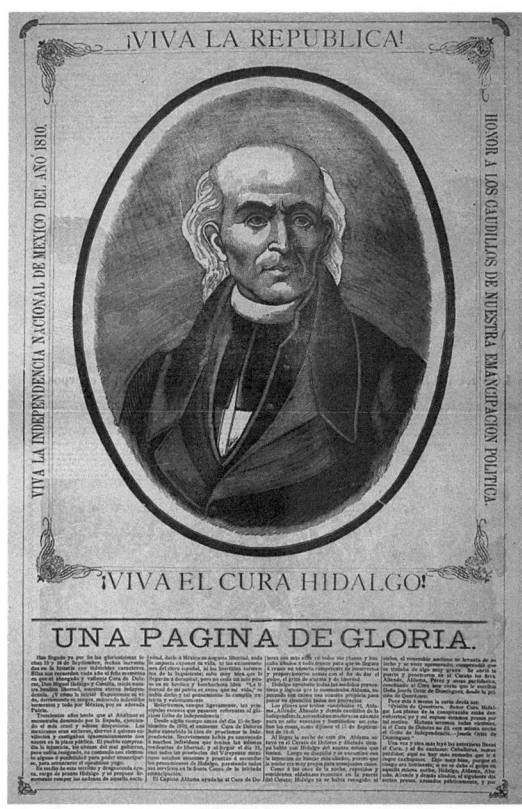

Abb. 32. Miguel Hidalgo (1753–1811), mexikanischer Priester, Gelehrter und einer der Wegbereiter der mexikanischen Unabhängigkeit.

Abb. 33. Offizielles Medaillon der britischen Anti-Sklaverei-Gesellschaft (seit Ende 18. Jh.), die stark von evangelikalen Kräften innerhalb der Missionsbewegung getragen wurde. Das Medaillon wurde 1795 von Josia Wedwood entworfen.

Mexiko: Hodalgo: Revolution.

Abb. 34. Samuel Ajayi Crowther (c. 1806/08–1891), erster schwarzafrikanischer Bischof der Neuzeit (im britisch-kolonialen Westafrika) und Symbol der Aufstiegsbestrebungen afrikanischer Eliten auf dem gesamten Kontinent.

Abb. 35. Äthiopien: Der Sieg der Äthiopier 1896 bei Adwa 1896 über eine italienische Invasionsarmee war ein Ereignis von panafrikanischer Bedeutung und beflügelte Emanzipationsbestrebungen schwarzer Christen auf beiden Seiten des Atlantiks [= Foto F16].

Abb. 36. Südafrika: Mangena Maake Mokone (1851–1931), ehemals methodistischer Prediger, gründete 1892 mit der ‚Ethiopian Church' eine der ersten und erfolgreichsten unabhängigen afrikanischen Kirchen im südlichen Afrika.

Abb. 37. Schwarze transatlantische Kirchengemeinschaft (1896): Bischof Henry Turner (von der nordamerikanischen ‚African Methodist Epicopal Church' [AME]) begrüßt James Dwane (Pretoria) als Vertreter der „Äthiopischen Kirche" Südafrikas und deren Aufnahme in die AME-Gemeinschaft.

IV. 1890–1945

Kapitel 16: Kirchen und Missionen im Zeitalter des Hochimperialismus

16.1 Wachsende koloniale Rivalitäten

Gegen Ende des 19. Jh. beschleunigte sich der Rhythmus kolonialer Neuerwerbungen in Afrika und Asien dramatisch. Europäische Mächte erwarben (bzw. unterwarfen) zwischen 1884 und 1914 größere Übersee-Gebiete als in den vorangegangenen 75 Jahren. Das subsaharische *Afrika* – noch zu Beginn des 19. Jh. den Europäern in seinem Inneren weitestgehend unbekannt – wurde auf der Berliner Kongo-Konferenz 1884/85 de facto aufgeteilt. Die rivalisierenden Kolonialmächte steckten dabei ihre teils auf der Landkarte mit dem Lineal gezogenen *claims* ab. Die effektive Inbesitznahme des Kontinents war um 1900 weitgehend abgeschlossen [Karte 16]. Frei von europäischer Kolonialherrschaft blieben nur zwei Länder: das christliche Kaiserreich Äthiopien – das 1896 erfolgreich italienische Invasoren vertrieben hatte – sowie die 1847 (als Heimstätte afroamerikanischer Rückkehrer aus den USA) gegründete unabhängige Republik Liberia.

In *Asien* arrondierten die europäischen Mächte ihren jeweiligen Kolonialbesitz. Großbritannien annektierte 1885 auch Oberburma und rundete so seine Besitzungen auf dem Subkontinent ab. Ebenfalls in den 1880er Jahren bildete Frankreich seine ‚Indochinesische Union', bestehend aus dem heutigen Laos, Kambodscha und Vietnam. In Indonesien weiteten die Niederlande ihre Herrschaft schrittweise über das ganze Inselreich aus (wo sie zuvor oft nur die Küstenregionen kontrollierten). Zwischen diesen Kolonialblöcken bildeten sich Pufferzonen mit nominell eigenständigen Ländern, die aber de facto starken Souveränitätsbeschränkungen unterlagen. So Siam (Thailand) zwischen Britisch-Indien und Französisch-Indochina sowie Persien (Iran) zwischen dem britischen Empire und dem in Zentralasien expandierenden Russland. China blieb zwar nominell unabhängig und ungeteilt. Westliche Mächte steckten dort aber seit den 1890er Jahren in einem System ungleicher Verträge eigene Einflusssphären und Zonen wirtschaftlicher Ausbeutung ab. An einer „Strafexpedition" nach dem sog. Boxer-Aufstand nahmen dort 1900 insgesamt acht Nationen teil, neben England und Frankreich auch Deutschland, Italien, Österreich-Ungarn, Russland, die USA sowie (als aufstrebende asiatische Macht) Japan.

Im kolonial nicht beherrschten *Lateinamerika* nahm gegen Ende des 19. Jh. der ökonomische Einfluss der USA ständig zu. In den 1840er Jahren hatten sie bereits weite Teile Mexikos annektiert. Im amerikanisch-spanischen Krieg vertrieben die US-Amerikaner 1898 die Spanier aus ihren letzten Besitzungen in der Karibik (Kuba, Puerto Rico) und im Pazifik (Philippinen, Guam) und traten nun selbst in den Kreis der Kolonialmächte ein. Lateinamerika wurde aber auch das Ziel erneuter europäischer Begierden. Der deutsche Kolonialideologe Ferdinand Fabri etwa trat in den 1880er Jahren nicht nur (erfolgreich) für die Gründung deutscher Kolonien in Afrika ein, sondern (erfolglos) auch in Brasilien (mit den dort lebenden deutschen Siedlern als imperialer Vorhut). Die Franzosen scheiterten mit dem kurzlebigen Versuch, in Mexiko in Gestalt des Habsburger Erzherzogs Maximilian als mexikanischem Kaiser einen europäischen Statthalter zu installieren. Letzterer wurde von der legitimen Regierung des Landes gefangen genommen und 1867 hingerichtet.

Neue Kolonialmächte traten auf den Plan. In der Karibik und im Pazifik waren dies, wie erwähnt, die USA, und in Afrika u. a. Belgien. Der belgische ‚Kongo-Freistaat' freilich war keine staatliche Kolonie, sondern von 1885 bis 1908 „Privatbesitz" von König Leopold II., mit einem höchst effektiven – und selbst für damalige Verhältnisse ungewöhnlich grausamen – System der Zwangsarbeit und Ausbeutung. Deutschland und Italien waren Nachzügler im kolonialen Geschäft. Italien wurde 1896 aus Äthiopien vertrieben, setzte sich aber in Libyen sowie im ostafrikanischen Eritrea und Somaliland fest. Deutschland erwarb (bzw. erzwang die Abtretung von) Besitzungen in Westafrika (Togo, Kamerun), Ostafrika (v. a. im Bereich des heutigen Tansania), Südwestafrika (Namibia), China (das „Pachtgebiet" Kiautschou) sowie einzelne Territorien und Inseln in der Südsee (wie Neuguinea, Samoa). Die deutsche Kolonialzeit war zum Glück nur kurz (1884–1919), aber umso fataler durch den Völkermord an den Herero und Nama (1904–1908) im heutigen Namibia.

Diese neue Phase europäisch-westlicher Dominanz ist als *Hochimperialismus* bezeichnet worden. In verschiedenen Definitionen dieses Begriffs werden unterschiedliche Merkmale betont. Dazu zählt der Übergang von informeller zu formeller Herrschaft in Übersee; wachsende technologische Überlegenheit der Europäer infolge fortgeschrittener Industrialisierung; die Suche nach überseeischen Rohstoffquellen, Absatzmärkten und Siedlungsgebieten; Eskalation internationaler Rivalitäten, Kompensationsprinzip (Interessenausgleich auf Kosten machtloser Dritter), kolonialer Besitz als Faustpfand für Tauschgeschäfte. So „überließ" beispielsweise Deutschland England 1890 das freie Sultanat Sansibar (im Austausch für Helgoland). Viele Gebiete in Asien oder Afrika wurden nur deshalb besetzt (oder reklamiert), um kolonialen Rivalen dort den Zugang zu verwehren. Insgesamt sahen die letzten Dezennien des 19. Jh. so den Übergang vom bisherigen (britisch dominierten) Freihandelsimperialismus zu (multinationaler) Kolonialkonkurrenz.

Begleitet wurde die koloniale Expansion Europas vielerorts von einem ansteigenden *Rassismus und Sozialdarwinismus*. Die Chinesen etwa galten im 16.

und 17. Jh. in den Augen vieler europäischer Besucher noch als „Weiße". Erst im 18. und beschleunigt dann im 19. Jh. wurden sie, wie der Historiker Walter Demel („Wie die Chinesen gelb wurden") gezeigt hat, als „gelb" angesehen. Damit wurden sie zugleich in eine nach Farben abgestufte Hierarchie von „Rassen" unterschiedlicher Wertigkeit (Weiß – Gelb – Braun – Rot – Schwarz etc.) einsortiert, die zugleich der Legitimation kolonialer Raubzüge diente. Entschiedener Vorkämpfer des britischen Imperialismus war etwa der englische Kapitalist Cecil Rhodes, nach dem das heutige Simbabwe bis zur Unabhängigkeit im Jahr 1980 seinen Namen als „(Süd-)Rhodesien" erhielt. Gott, so Rhodes, habe sich „die englischsprachige Rasse offensichtlich zu seinem auserwählten Werkzeug geformt". „Ich behaupte, dass wir die erste Rasse in der Welt sind und dass es für die Menschheit umso besser ist, je größere Teile der Welt wir bewohnen" [Text 167a].

16.2 Neue missionarische Akteure

Im letzten Quartal des 19. Jh. stieg die Zahl der protestantischen und katholischen Missionare im globalen Süden sprunghaft an. Allein die Zahl der deutschen protestantischen Missionare verdreifachte sich seit Mitte der 1870er Jahre bis zum Ende des Jahrhunderts. Insgesamt gab die (dritte) Weltmissionskonferenz in New York im Jahr 1900 die Zahl der protestantischen Missionare weltweit mit 15 460 an, was sowohl „Ordinierte wie Laien" sowie Angehörige „beiderlei Geschlechts" einschloss. Letztere Angabe ist besonders bemerkenswert. Denn eigene Gesellschaften für weibliches Missionspersonal mit spezifischen Aufgaben (v. a. im Unterricht für einheimische Frauen etwa in Indien oder China) gehörten zu den Merkmalen insbesondere der amerikanischen Missionsbewegung. Enorm war auch die Zunahme katholischer Missionsaktivitäten Ende des 19. Jh. in verschiedenen Kontinenten [cf. Text 175–180]. Allein in Afrika beispielsweise dürften um 1910 etwa 10 000 westliche Missionare und Ordensangehörige tätig gewesen sein, davon über 4 000 Protestanten und ca. 6 000 Katholiken.

Neben den traditionellen wurden auch zahlreiche *neue Missionsgesellschaften* und *Kongregationen* in Übersee aktiv, darunter solche, die erst als Folge der kolonialen Situation gegründet worden waren. In Deutschland etwa – das 1884 in den Kreis der Kolonialmächte eingetreten war – entstanden zwischen 1886 und 1896 zehn neue kleinere Missionen wie die „Deutsch-Ostafrikanische Evangelische Missionsgesellschaft" in Berlin (1886). Anders als die frühere protestantische Missionsbewegung, die – wie die deutsch-schweizerische Basler Mission und die britische ‚Church Missionary Society' (CMS) – eng über konfessionelle und nationale Grenzen hinweg kooperiert hatte, folgten diese Propagandisten einer deutschen *Kolonialmission* dem Grundsatz ‚Deutsche Männer in deutsche Kolonien'. Das brachte ihnen von Traditionalisten wie Gustav Warneck (1834–1910), dem *spiritus rector* der deutschen Mission, den Vorwurf des „furor teutonicus" ein. Es folgten lebhafte Kontroversen über den „*nationalen*" *oder* „*internationalen Charakter* der Mission". Letzterer wurde von der Mehrheit protestantischer Missionsvertreter auf der Deutschen Missionskonferenz 1885 bekräftigt.[1] Ähnliche Debatten zwischen kolonialmissionarischen Neugründungen und ökumenisch orientierten Gesellschaften gab es auch in anderen Kontexten.

„Warum ist das 19. Jh. ein Missionsjahrhundert?", lautet der Titel einer Schrift, die der eben erwähnte Gustav Warneck im Jahr 1880 – also noch vor der hochimperialistischen Phase des europäischen Kolonialismus – veröffentlichte. Er verweist u. a. auf den gesteigerten Missionsenthusiasmus an der Heimatfront, die „geographischen Entdeckungen" des 19. Jh., den „Colonialbesitz der protestantischen Staaten", die protestantisch inspirierte „Antiklaverei"-Bewegung des frühen 19. Jh. sowie „die Erleichterung des Weltverkehrs durch die Erfindung der neuen Communicationsmittel". In der Tat ist die *Kategorie des „Weltverkehrs"* – in der Terminologie des 19. Jh. das Äquivalent zum heutigen Begriff der „Globalisierung" – ein entscheidender Faktor auch bei der Analyse religiöser Dynamiken dieser Zeit. Denn eine Fülle technologischer Neuerungen – wie Eisenbahn, Dampfschifffahrt, Telegraphie und Tropenmedizin – oder die Eröffnung des Suez-Kanals 1869 hatten den Nachrichtenaustausch sowie die Reisezeiten zwischen verschiedenen Weltgegenden drastisch verkürzt. Zugleich erleichterten sie Missionaren massiv den Zugang zu einst schwer erreichbaren Regionen.

Umgekehrt aber veränderte die gesteigerte Mobilität seit den 1890er Jahren zunehmend auch das Profil missionarischer Arbeit in Übersee. Denn zuvor waren die langjährig in einer bestimmten Region tätigen Missionare meist bestens mit den örtlichen Gegebenheiten vertraut und oft Teil des lokalen Milieus geworden. Nun aber traf eine *neue Generation* missionarischer *newcomer* in rascher Folge in den kolonialen Hafenstädten ein. Sie begaben sich – vielfach noch bevor sie ihre Missionsgemeinden aufsuchten – erst einmal in die Klubs der Europäer, wo sie dann über die „Unzuverlässigkeit" der „Eingeborenen" informiert wurden. So eine wiederholte Klage etwa indischer Christen um 1900. Zugleich ermöglichten die verbesserten Kommunikationsmittel einen stärkeren Zugriff der jeweiligen kolonialen oder missionarischen Zentralen auf Entwicklungen in Übersee. Freiräume für lokale Experimente wurden dort somit enger. Umgekehrt aber war Kommunikation stets auch ein wechselseitiger Vorgang. Denn nun drangen Nachrichten aus den sogenannten „Missionsfeldern" und den entstehenden Kirchen in Übersee verstärkt auch nach Europa oder in die USA. Sie lösten dort teils kontroverse Debatten aus.

Höhepunkt der protestantischen Missionsbewegung des 19. Jh. wurde die (vierte) *Weltmissionskonferenz in Edinburgh 1910*. Mit ihren 1215 Delegierten aus zahlreichen westlichen Ländern und überseeischen Missionsgebieten wurde sie zu einer Heerschau des weltweiten Protestantismus. Zugleich markierte sie eine neue Etappe innerchristlicher Globalisierung. Denn sie verband erstmals zahlreiche Kirchen und Missionen, die zuvor konfessionell und geographisch getrennt waren (und teils erstmals auf den „Missionsfeldern" miteinander in Kontakt gerieten). Der Optimismus der Edinburgher Konferenz – die die „Evangelisierung der Welt in einer Generation" anstrebte – ist vielfach als Ausdruck eines christlichen Triumphalismus gewertet worden. Zugleich aber waren die Diskussionen bestimmt vom „Erwachen großer Nationen" in Asien (und Afrika), von denen es in den Augen der Konferenz offen schien, ob sie einen Weg mit oder ohne Christus gehen würden [Text 70]. In ganz neuer Weise sahen sich Kirchen und Missionen des Westens so vor einigende Herausforderungen durch Entwicklungen in der außereuropäischen Welt gestellt.

16.3 Indigene Gegenbewegungen

In zahlreichen Regionen Asiens und Afrikas formierte sich seit den 1880er und 1890er Jahren Widerstand gegen die europäische Herrschaft. Zunächst weitestgehend unabhängig voneinander bildeten sich in unterschiedlichen kolonialen Kontexten die *Anfänge nationalistischer Bewegungen*. In Indien etwa wurde 1885 der ‚Indische Nationalkongress' (INC) gegründet, zunächst eher eine Honoratiorenversammlung als die nationalrevolutionäre Bewegung späterer Jahre. Die „Segnungen" der britischen Herrschaft wurden durchaus begrüßt, aber verstärkte Partizipation einheimischer Eliten angemahnt [Text 63b]. Seit 1905 verschärfte sich der Ton. Nun stand die Forderung nach ‚*swaraj*' (Selbstregierung) auf der Tagesordnung. Der Sieg Japans über Russland 1904/05 – also einer „orientalischen" Nation über eine europäische Großmacht, und dies auf dem Höhepunkt des westlichen Imperialismus – beflügelte nationalistische (und zunehmend auch pan-asiatische) Bestrebungen auf dem ganzen Kontinent [Text 65].

Vielerorts war dieses „nationale Erwachen" von einem *Revival der traditionellen Religionen* begleitet. Zumeist ging dabei der religiöse Nationalismus dem politischen voraus. „Der ganze Charakter des Buddhismus", so meldete sich um 1899 ein missionarischer Beobachter aus dem Süden Sri Lankas, „hat sich in den letzten Jahren geändert. Während vor einiger Zeit die Masse der Menschen nichts über den Buddhismus wusste ..., ist der jetzige Buddhismus eine weit verbreitete Kraft, die sich dem Christentum widersetzt" [Text 64b]. Im gleichen Jahr beschreibt die im nord-srilankanischen Jaffna erscheinende Zeitschrift ‚The Hindu Organ' dieses Revival als gesamtasiatisches Phänomen:

„Überall im Osten findet gegenwärtig eine Renaissance von [asiatischer] Überlieferung statt; und es wird daran gearbeitet, den Ruhm der orientalischen Religionen dem Vergessen ... zu entreißen. In Indien, Burma, Siam [Thailand], Annam [Vietnam], Japan und sogar in China ist das Bedürfnis nach religiöser und moralischer Erziehung stark zu spüren" [Text 62].

Verbunden mit dem Wiedererstarken der alten Religionen war eine enge Verquickung von religiöser und nationaler Identität. Buddhist zu sein galt nun etwa unter Singhalesen im kolonialen Sri Lanka als Ausweis „patriotischer" Gesinnung. Ein indischer Nationalist hatte zugleich Hindu zu sein etc. Umgekehrt wurde das missionarische Christentum (bzw. die Zugehörigkeit zu einer Missionskirche) nun zunehmend als *„denationalisierend"* kritisiert. Und es war in Antwort auf diese Herausforderung, dass unter asiatischen Christen aus unterschiedlichen missionarischen (oder kulturellen) Kontexten Debatten über eine *„nationale Gestalt"* und „einheimische Form" des von den Missionaren eingeführten Christentums begannen.

Seit Ende des 19. Jh. häuften sich – zunächst spontan und wenig koordiniert – in verschiedenen Regionen *Asiens* entsprechende *Indigenisierungs-Bestrebungen*. Sie machten sich an unterschiedlichen Merkmalen des kirchlichen und religiösen Lebens fest. „Indigenous leadership", also die Forderung lokaler Christen nach kirchlichen Führungspositionen, wurde in den protestantischen Missionskirchen des Kontinents schon seit längerem lebhaft diskutiert. Im anglikanischen Kontext machte sich dies u. a. an den Kontroversen um einen „einheimischen Bischof" fest. Dabei verwiesen etwa indische Christen schon früh auch auf Beispiele aus Afrika (wie den schwarzen Bischof Crowther), das in dieser Hinsicht als Vorbild galt. Unterschiedliche Experimente einer kulturellen Indigenisierung des missionskirchlichen Christentums (in Liturgie, Musik, Architektur, Namensgebung etc., später auch mit ersten christlichen Ashrams) verstärkten sich seit 1900. Sehr früh wurde Kritik am importierten Konfessionalismus (bzw. „Sektierertum) der Missionare laut, mit dem Ergebnis lokaler ökumenischer Initiativen und *nationalkirchlicher Experimente* [Text 66–69]. In Madras (heute Chennai) etwa wurde 1886 eine ‚National Church of India' gegründet. Sie verfolgte das Ziel, alle indischen Christen unbeschadet ihrer konfessionellen Zugehörigkeit schrittweise in *einer* Kirche unter einheimischer Leitung zusammenzuführen [Text 77; zu Details s. Kap. 17.2]. In Japan gründete Kanzi Uchimura 1901 die bis heute bestehende ‚Nicht-Kirche'-Bewegung, die sich als christliche Alternative zu westlichen Kirchenmodellen verstand [Text 78; vgl. Abb. 41]. Auch im katholischen Asien verstärkten sich von Rom unabhängige Bestrebungen. Wichtigstes Beispiel ist die 1902 in den Philippinen ausgerufene ‚Iglesia Filipina Independiente', der anfangs ca. 20 % bis 25 % der Inselbevölkerung angehörten.

In *Afrika* artikulierten sich die Emanzipationsbestrebungen schwarzer Christen v. a. durch die Gründung missionsunabhängiger Kirchen unter afrikanischer Führung. Die frühen 1890er Jahre sahen zeitgleich, aber unabhängig voneinander, im Westen und Süden des Kontinents eine ganze Welle der Etablierung solcher ‚Afrikanisch-unabhängiger Kirchen' (AIC's). Manche waren von kurzer, andere von langer Dauer [Text 170–171; ausführlicher dazu s. Kap. 18.2]. Enorme Bedeutung gewannen sie vor allem auch als Vorstufe zum späteren explosiven Kirchenwachstum im subsaharischen Afrika der postkolonialen Ära. In einer ersten Phase orientierten sich diese AIC's noch stark an den liturgischen oder Bekenntnis-Traditionen ihrer jeweiligen Mutterkirchen (z. B. Anglikaner, Methodisten oder Baptisten), von denen sie sich getrennt hatten. In einer zweiten Welle bildeten sich vielfältige lokale prophetische Bewegungen unter Leitung charismatischer Führungspersönlichkeiten [Text 172–173]. Gründer afrikanischer Kirchen wie Mojola Agbebi (1860–1917) im heutigen Nigeria gelten als Pioniere des afrikanischen Nationalismus [Text 170d].

Independentistische und nationalkirchliche Bestrebungen gab es auch unter den Protestanten *Lateinamerikas,* wie die unten näher erörterte Panama-Konferenz von 1916 registriert. „Wohl in keinem anderen Gebiet außer Japan", so heißt es dort in einem Bericht, „haben [US-amerikanische] Missionare eine so starke nationalistische Stimmung angetroffen wie in einigen lateinamerikanischen Ländern". Dies gelte insbesondere für die von Nordamerikanern gegründeten „evangelischen Kirchen in Brasilien, Chile, Puerto Rico und Mexiko". Separatistische Gemeinschaften – wie die 1903 in Brasilien gegründete ,Iglesia Presbiteriana Independiente' oder die 1897 in Mexiko gebildete ,Iglesia Evangélica Independiente' – erfreuten sich großen Zulaufs. Gerade in Mexiko genieße das Ziel einer überkonfessionellen nationalen Kirche, frei von nordamerikanischem Einfluss, große Sympathien [Text 287].

16.4 Vielzahl transregionaler und transkontinentaler Netzwerke

Edinburgh 1910 war nicht nur Kulminationspunkt der protestantischen Missionsbewegung des 19. Jh. Die Konferenz gilt auch als *Geburtsstunde der modernen Ökumene-Bewegung* des 20. Jh. in den protestantischen Kirchen der westlichen Welt. Sie war direkter oder indirekter Ausgangspunkt verschiedener Stränge der organisierten Ökumene (wie des ,Internationalen Missionsrats' oder der Bewegung ,Faith and Order'), die 1948 zur Gründung des Weltkirchenrates in Amsterdam (sowie zu dessen weiteren Entwicklung) führten. Edinburgh etablierte ein kommunikatives Netzwerk, das für vielfältige Zwecke genutzt wurde. Nach Ausbruch des Ersten Weltkriegs waren es etwa die internationalen Teilnehmer dieser Versammlung, an die sich führende deutsche Theologen und Kirchenvertreter 1914 mit ihrer Erklärung zur Kriegsschuldfrage wandten.

In der bisherigen Forschung ist viel zu wenig berücksichtigt worden, in welchem Ausmaß Edinburgh auf *Entwicklungen und Kontroversen in Übersee* reagierte. Es war ja das „Erwachen großer Nationen" in Asien [und Afrika], das in den Augen der Konferenz ein vereintes Handeln der *gesamten* Christenheit („*der* [Singular!] Kirche in den christlichen Ländern") so überaus dringlich machte [Text 70b+a]. Die detaillierten Berichte aus Übersee – sowohl von Missionaren wie einheimischen Kirchenführern – spielten in den Beratungen eine große Rolle. „Ich habe es immer wieder sagen gehört", berichtete etwa der anglikanische Bischof aus Bombay, „dass allein wir ausländischen Missionare die indischen Christen von der [kirchlichen] Einheit fernhalten" [Text 69b]. Und der chinesische Delegierte Cheng Ching Yi teilte der Versammlung mit: Euer Denominationalismus interessiert uns nicht. Wir chinesische Christen „lieben Einheit und nationales Leben".[2] Das Thema kirchliche Einheit und die Entwicklung nationaler (statt konfessioneller) Organisationsstrukturen spielten darum sowohl in Edinburgh selbst wie insbesondere in den asiatischen Fortsetzungskonferenzen der Jahre 1912/13 eine bestimmende Rolle [Text 71]. Diese lösten einen Indigenisierungsschub in den protestantischen Missionskirchen des Kontinents aus und leiteten eine dynamische Phase der asiatischen Ökumene-Bewegung ein.

Neben (und außerhalb) der verschiedenen missionarischen Kommunikationskanäle im Umfeld der Edinburgh-Ökumene spielte aber auch eine Vielzahl überregionaler (und teils transkontinentaler) *indigen-christlicher Netzwerke* eine beachtliche Rolle. Sie erweitern unser Bild christlicher Internationalität zu Beginn des 20. Jh. erheblich. 1906 etwa kam es, auf indische Einladung hin, zum Besuch einer Delegation japanischer Christen in Indien. Daraus entwickelte sich eine Vielzahl gegenseitiger Kontakte sowie die Anfänge eines christlichen Panasianismus. Eigene Assoziationen indischer Christen verbanden diese zugleich mit der indisch-christlichen Diaspora in Südasien, Südafrika, Großbritannien und den USA. Nicht nur durch die missionarische Presse, sondern zunehmend auch durch eigene Journale standen etwa asiatische und afrikanische Christen in Verbindung. Dies führte zum verstärkten Austausch von Informationen und beeinflusste lokale Diskussionen. Ethnische Diasporen bzw. freiwillige (oder durch ökonomische Not erzwungene) Migration war zudem ein wesentlicher Faktor bei der nicht-missionarischen Ausbreitung des Christentums in unterschiedlichen Regionen der kolonialen Welt um die Wende vom 19. zum 20. Jh.

Eine besondere Erscheinung im christlichen Asien um 1900 war das Aufkommen *indigener Missionsgesellschaften*. 1905 etwa wurde in Serampore eine ‚Nationale Missionsgesellschaft' indischer Christen gegründet. Sie folgte dem Motto „Indian men, Indian money, Indian leadership" und wurde innerhalb und außerhalb des Landes tätig. Dass Asien nur „durch seine eigenen Söhne" (und Töchter) evangelisiert werden könne – China durch Chinesen, Japan durch Japaner, Indien durch Inder etc. –, war die Überzeugung einer großen Konferenz 1907 in Tokio. Es war dies die erste ökumenische Versammlung in Asien mit einer Mehrheit asiatischer Delegierter. Diese Debatten standen zugleich im Zusammenhang der Diskussionen um das Ziel der „Drei Selbst" [s. dazu Kap. 17.2]. Im Emanzipationsprozess asiatischer Kirchen schien dabei das Ziel der „Selbst-Ausbreitung" am schnellsten erreichbar.

Eine autonome (nicht westlich-missionarische) Ausbreitung des Evangeliums war auch das Ziel jener breitgefächerten Bewegung schwarzer Christen auf *beiden* Seiten des Atlantiks, die gemeinhin als *Äthiopismus* bezeichnet wird [zu

Details s. Kap. 18.2]. Vielfach war sie mit den Anfängen eines christlichen Pan-Afrikanismus verbunden. Der Äthiopismus hat eine längere bis gegen Ende des 18. Jh. zurückreichende Vorgeschichte und erreichte seinen Höhepunkt zu Beginn des 20. Jh. Neben biblischen Verheißungen (wie Ps 68,31 oder Apg 10) diente dabei zunehmend das nicht-kolonisierte christliche Äthiopien – Symbol kirchlicher *und* politischer Unabhängigkeit – als Referenzpunkt. Diese Bewegung führte nicht nur im Verlauf des 19. Jh. zur Entsendung afroamerikanischer Missionare nach Afrika sowie zu innerafrikanischen Missionsaktivitäten. Seit den 1890er Jahren mehrten sich auch die Fälle *transkontinentaler schwarzer Kirchenbildungen* im sog. ‚Black Atlantic'. Prominentestes Beispiel ist die bereits früher erwähnte ‚African Methodist Episcopal Church' (AME). 1816 in Philaldelphia (USA) gegründet, fusionierte sie 1896 in Südafrika mit der dort erst kurz zuvor etablierten ‚Ethiopian Church' des ehemaligen Methodisten-Predigers Mangena Mokone [s. Abb. 36+37; Foto H09–12] Ein anderes instruktives Paradigma stellt die ‚African Orthodox Church dar'. 1921 als eine von vielen schwarzen Kirchen in New York ins Leben gerufen, hatte sie bereits drei Jahre später (1924) Ableger in Südafrika und bald darauf (seit 1929) auch in Ostafrika [vgl. Text 174]. Zustande kamen diese transatlantischen Verbindungen übrigens anfangs durch die afroamerikanische Presse.[3]

1906 gilt meist als Ausgangsdatum des nordamerikanischen *Pentekostalismus* (Azusa-Street-Revival, initiiert vom afroamerikanischen Prediger William Seymour). Die frühe Pfingstbewegung wurde rasch zu einem transnationalen Phänomen. Zeitgleich aber (und teilweise bereits früher) kam es auch in anderen Regionen – wie Korea, Indien, Südafrika, Chile oder Brasilien – zu innerchristlichen Revivals, teils in lockerer Verbindung mit der Azusa-Bewegung, teils aber auch ganz unabhängig davon. Pentekostale Migranten und Missionare stellten Verbindungen zwischen den Bewegungen in verschiedenen Erdteilen her.

Die Bedeutung *des Lateinamerikanischen Plenarkonzils 1899* in Rom für den lateinamerikanischen Katholizismus wurde bereits hervorgehoben [s. Kap. 15.3]. Es beschleunigte nicht nur die sog. Romanisierung, sondern stärkte auch die nationale und überregionale Zusammenarbeit innerhalb der römischen Kirche Mittel- und Südamerikas. Protestantisches Gegenbild – und zugleich auch Pendant zur Edinburgh-Konferenz 1910 – war in gewisser Weise der „*Kongress über christliche Arbeit in Lateinamerika" 1916 in Panamá*, der die Kooperation zwischen den dort tätigen protestantischen Denominationen (insbesondere US-amerikanischen Ursprungs) zu koordinieren suchte. Lateinamerika mit seinen damals 80 Millionen Einwohnern wurde trotz seiner nominell katholischen Bevölkerung zum offenen Missionsgebiet erklärt. Der Schwerpunkt der Beratungen lag auf Themen der Sozialarbeit und Propagierung einer evangelischen Ethik [vgl. Text 287].

16.5 Der Erste Weltkrieg als Zäsur und das Ende des ‚Christianity-Civilization'-Modells

Die Hoffnungen der missionarischen Gemeinschaft am Vorabend des Ersten Weltkriegs waren hoch. Die Weltmissionskonferenz Edinburgh 1910 sah sich, wie erwähnt, an einem „Wendepunkt" der Menschheitsgeschichte [Text 70b]. Sie erwartete die Evangelisierung der Welt noch „in unserer Generation". Diese Erwartung schien keineswegs so völlig unrealistisch, wie sich dies im Nachhinein darstellt. 1911 stürzte etwa in China die seit Jahrhunderten regierende Ching-Dynastie; und der erste (provisorische) Präsident der neuen Republik – Sun-Yatsen – war ein getaufter Christ.

Dann aber kam der Erste Weltkrieg (1914–1918) und mit ihm die *moralische Katastrophe* des westlichen Christentums. Der „große Krieg" – wie er im englischen Sprachraum lange Zeit hieß – fand keineswegs nur auf Schauplätzen in Europa oder Nahost statt. Direkt betroffen waren auch die Kolonien und andere Länder im globalen Süden. Asiaten und Afrikaner wurden als Soldaten auf den Schlachtfeldern Europas eingesetzt oder zu Hundertausenden als Arbeitskräfte zwangsrekrutiert. Allein Indien stellte ca. 1,5 Millionen Mann an Soldaten und Arbeitskräften. Bei der Eroberung der deutschen Kolonien in Afrika durch Briten und Franzosen kämpften afrikanische Kolonialtruppen auf beiden Seiten. Nachrichten von den Horror-Ereignissen im fernen Europa – allein die Schlacht um Verdun forderte 1916 auf Seiten der Franzosen ca. 275 000 und der Deutschen 250 000 Todesopfer – erreichten rasch auch eine irritierte Öffentlichkeit in Asien oder Afrika. In ganz anderer Weise noch als frühere europäische Konflikte war der Erste Weltkrieg auch in Übersee ein Medienereignis.

„Isn't Germany a Christian country?", fragten 1915 entgeistert afrikanische Christen im heutigen Malawi. „Haben die bösen Geister die Herzen der [sc. europäischen] Könige besetzt?" Aus Sri Lanka berichtete 1916 ein katholischer Priester von einer Busfahrt, bei der ihn ein buddhistischer Mönch unter höhnischem Beifall der Umstehenden fragte: „Wenn alle Europäer Christen sind, warum kämpfen sie dann gegeneinander?" Auch sonst war der Krieg Dauerthema der buddhistischen Propaganda im Land – als Beweis für das „vollständige Versagen des Christentums in Europa" (Anagarika Dharmapala). Ebenfalls in Sri Lanka erfahren wir 1916 umgekehrt von einer Sammelaktion singhalesischer Katholiken für ihre Glaubensgenossen im fernen Belgien, die Opfer der „deutschen Grausamkeiten" geworden seien. Früher gingen solche Spenden von Europa nach Übersee. Nun flossen sie in entgegengesetzte Richtung.[4]

Zu den unmittelbaren Auswirkungen des Krieges zählte u. a. die drastische *Verminderung missionarischer Präsenz*. In britischen oder französischen Kolonien tätige deutsche Missionare wurden umgehend interniert. Generell war der Missionsbestrieb durch den reduzierten Nachschub humaner und materieller Ressourcen massiv eingeschränkt. Einheimische Gemeinden waren nun oft auf sich allein gestellt. Das beschleunigte einerseits die ohnehin seit Edinburgh verstärkte Tendenz zu lokaler Autonomie. Zugleich erfuhren *missionsunabhängige Bewegungen* vielerorts ein sprunghaftes Wachstum. Dazu zählten auch Gruppen wie die 1917 in China inmitten der Kriegswirren gegründete (und stark expandierende) ‚True Jesus Church' (*Zhen Yesu jiaohui*), die sich fast xenophob vom missionarischen Christentum abgrenzte. Afrikanische christliche Propheten wie William Wade Harris (Liberia) und Garrick Sokari Braide (Westafrika) erklärten den Krieg zum Strafgericht Gottes für die Sünden der Europäer [cf. Text 173]. Einzelne Kleriker gingen in den bewaffneten Widerstand gegen die Kolonialherrschaft. So 1914 im heutigen Malawi John Chilembwe (ca. 1870–1915), schwarzer Baptisten-Pfarrer, afrikanischer Nationalist und später als einer der Gründungsväter des Landes verehrt [Text 172c].

In zahlreichen Kolonien und Regionen Asiens und Afrikas kam es zum Aufschwung nationalistischer Bewegungen. Für die Zeit nach dem Krieg wurde – so in Britisch-Indien oder Französisch-Indochina – ein höheres Maß an politischer Partizipation eingefordert. Beflügelt wurden diese Hoffnungen durch die ‚*Vierzehn Punkte*' des amerikanischen Präsidenten *Woodrow Wilson*, der 1918 das Selbstbestimmungsrecht der Völker zum Grundpfeiler einer gerechten Nachkriegsordnung erklärt hatte. Dass dies Prinzip nun bei den Friedensverhandlungen in Versailles 1919 den kolonisierten Völkern der außereuropäischen Welt verweigert wurde, war eine weitere schwerwiegende Desillusionierung. Viele asiatische Nationalisten wandten sich nun vom Modell der westlichen – und „christlichen" – Demokratie ab und sozialistischen Alternativen zu. So beispielsweise der Vietnamese Nguyen Ai Quoc, später bekannt als Ho Chi Minh. Denn seit der *russischen Oktoberrevolution* von 1917 – die zur Zerstörung der russisch-orthodoxen Kirche und der Verfolgung Hunderttausender Gläubiger geführt hatte – stand nun eine gesellschaftliche Alternative im Raum. In vielen Regionen Asiens wurde die sowjetische Revolution zum Modell der Zukunft.

Verheerende Auswirkungen hatte der Krieg insbesondere auch im zerfallenden osmanischen Reich. Hier kam es zum *Genozid an den armenischen Christen*, der zwischen 1914 und 1918 mindestens eine Million Todesopfer forderte (und von der Türkei bis zum Zeitpunkt des Verfassens dieser Zeilen geleugnet wird). Betroffen waren auch die Angehörigen anderer christlicher Gemeinschaften v. a. im Grenzgebiet zu Russland. Hierzu gehörten Mitglieder der Assyrischen („Nestorianer"), der Chaldäischen und der Syrisch-Orthodoxen Kirche („Jakobiten") mitsamt deren Unierten.

Von einer „extrem dünnen" zivilisatorischen Kruste des europäischen Christentums („exceeding thinness of ... European Christendom") sprach 1916 im westafrikanischen Sierra Leone der Kommentator eines schwarzen Journals angesichts der Erfahrungen des „europäischen Kriegs".[5] Es ist dies eine Analyse ganz ähnlich der des Schweizer Pfarrers Karl Barth, der sich zeitgleich – und Tausende Kilometer entfernt vom Kulturoptimismus und der Kriegsbegeisterung seiner liberalen theologischen Lehrer distanziert hatte. Im Kontext der Christentumsgeschichte Afrikas und Asiens hatte das *Ende des ‚Christianity-Civilization'-Modells* weitreichende Folgen. Denn die Wahrnehmung des Christentums als emanzipatorischer Kraft und „Leiter beim Aufstieg zur Zivilisation", die kulturelle Differenzen zu überbrücken vermag und Ethnien in unterschiedlichen Entwicklungsstadien den Weg zu Partizipation und Egalität öffnet, war ja einer der entscheidenden Gründe für die Attraktivität der missionarischen Botschaft in Zeiten kolonialer Dominanz gewesen. Dies Fundament war nun entscheidend geschwächt. Zugleich verstärkte sich auch in missionarischen Kreisen die Einsicht, die Predigt des Evangeliums von dessen westlich-europäischen Gestalt zu unterscheiden.

Fußnoten zu Kapitel 16

1 RAUPP (1910), *Mission in Quellentexten*, 418 ff. 412–435.
2 Dokument 108 in: KOSCHORKE et al. (2016), *Discourses of Indigenous Christian Elites*, 124.
3 BURLACIOIU (2015), *„Within three years"*.
4 KOSCHORKE (2019), *Erste Weltkrieg als moralische Katastrophe*, 123–142 (dort Einzelnachweise); vgl. LUDWIG (2003), *Erste Weltkrieg als Einschnitt*; LIEBAU (2010), *World in World Wars*.
5 Dokument 264 in: KOSCHORKE et al. (2016), *Discourses of Indigenous Christian Elites*, 289.

Literatur zu Kapitel 16

16.1 (Wachsende koloniale Rivalitäten)

GRÜNDER (2003), *Expansion*, 154–177; REINHARD (1990), *Expansion* IV, 36–85; REINHARD (1996), *Kolonialismus*, 213 ff. 229–279; FIELDHOUSE (1965), *Kolonialreiche* 175 ff; OSTERHAMMEL (1995), *Kolonialismus*; DEMEL (1993), *Rassentheorien*; VAN LAAK (2005), *Über alles in der Welt*; VON ALBERTINI (^{2}1985), *Kolonialherrschaft*.

16.2 (Neue missionarische Akteure)

GENSICHEN (1976), *Missionsgeschichte*, 42 ff; RAUPP (1990), *Mission in Quellentexten*, 412–434; WARNECK (1880), *Missionsjahrhundert*; GRÜNDER (1982), *Deutscher Imperialismus*; GRÜNDER (1992), *Welteroberung*, 368 ff. 387 ff. 519–567; LESSING et al. (2011), *Deutsche Evangelische Kirche;* WARD (2017), *Missionsbewegung*, 235–270; TYRELL (2004), *Weltmission*, 13–136; STANLEY (2009), *Edinburgh 1910*.

16.3+4 (Indigene Gegenbewegungen/transregionale und transkontinentale Netzwerke)

KOSCHORKE (2018), *Christliche Internationalismen um 1910*, 261–282; KOSCHORKE (2019), *„Christian Patriot"*, 211–270; LUDWIG (2002), *African Independent Churches*, 259–272; ELPHICK (2012), *Equality of Believers*; THOMAS (1979), *Christian Indians and Indian Nationalism*, 78 ff.146 ff; AHN (2014), *Korea as an Early Missionary Center*, 99–110; CAMPBELL (1998), *Songs of Zion*; MARTIN (1989), *Black Baptist and African Missions*; ENGEL (2015), *African American Missionaries*; BURLACIOIU (2015), *„Within three years"* (zur ‚African Orthodox Church'); STANLEY (2009); *Edinburgh 1910*; KOSCHORKE (2012), *Edinburgh 1910 als Relaisstation*, 273–284; WEBER (1966), *Asia and the Ecumenical Movement*; PRIEN (1978), *Geschichte*, 798 ff (Panama-Kongress 1916); LUDWIG (2000), *Tambaram*; ANDERSON (2014), *Pfingstliche Geschichtsschreibung*, 135–159.

16.5 (Der Erste Weltkrieg als Zäsur

GRESCHAT (2014), *Erste Weltkrieg und die Christenheit*; KOSCHORKE (2019), *Erste Weltkrieg als moralische Katastrophe*, 123–142; LUDWIG (2003), *Erste Weltkrieg als Einschnitt*; LUDWIG (2020), *First World War as a Turning Point*; LIEBAU (2010), *World in World Wars*; NEGEL/PINGGÉRA (2016), *Urkatastrophe*; HOFMANN (2006), *Armenien*.

Kapitel 17: Asien

17.1 Religiöse Nationalismen und kirchliche Indigenisierungsbestrebungen

Gegen Ende des 19. Jh. erlebte Asien ein *Revival der traditionellen Religionen* des Kontinents. Im kolonialen Ceylon (Sri Lanka) etwa hatte sich der Buddhismus um die Mitte des 19. Jh. in einer Phase scheinbar unaufhaltsamen Niedergangs befunden. Prominente Anhänger erwarteten gar sein Aussterben in naher Zukunft. Zu einer Revitalisierung kam es durch eine Serie christlich-buddhistischer Streitgespräche in den 1870er Jahren [Text 52]. Beschleunigt wurde der Aufschwung durch die öffentliche Konversion des amerikanischen Theosophen H. S. Olcott 1880 in Colombo. In der Folge entwickelte sich das, was in der Fachdiskussion als ‚Protestant Buddhism' bezeichnet wird – als eine „moderne" Form des Buddhismus, in *Protest* gegen und zugleich in *Imitation* von Formen und Inhalten des Missionsprotestantismus. Die rationalen Elemente der buddhistischen Lehre wurden nun betont, das Laienelement gestärkt, ein buddhistischer „Katechismus" propagiert sowie ‚Young Men *Buddhist* Associations' (YMBA's, anstelle YMCA's) organisiert. Selbst ‚buddhistische Sonntagsschulen' wurden eingerichtet [vgl. Text 64].

Analog die Situation auch in Indien. Hervorstechendes Merkmal der jüngeren Entwicklung – so dort ein missionarischer Beobachter anfangs des 20. Jh. – sei „der ständige Vormarsch der alten Religionen ... Hinduismus, Islam, Buddhismus, Jainismus und Zoroastrianismus erwachten mit einem Schlag zu neuem Leben". Ihre Propaganda-Techniken seien dabei „fast ohne Ausnahme den [christlichen] Missionen entliehen". Alles „Orientalische" werde nun glorifiziert und alles „Westliche" verworfen [Text 63c]. Vergleichbare Beobachtungen gab es auch in anderen asiatischen Ländern, so in Burma, Thailand, Vietnam, Japan und China [Text 62]. Beschleunigt wurde diese Entwicklung durch den russisch-japanischen Krieg 1904/05, der bis in die letzten Winkel Bengalens „sogar von abgelegenen Dorfbewohnern" aufmerksam verfolgt wurde [Text 65]. Wahrgenommen wurde er als Sieg einer „orientalischen" Nation über das „christliche" Zarenreich (und seine Religion). Er beflügelte nationalistische und pan-asiatische Bewegungen auf dem ganzen Kontinent. „Asia is one" – so der Schlachtruf, der nun in zahlreichen Regionen zu vernehmen war.

Religiöse und nationale Identität wurden dabei vielfach aufs engste verquickt. Hindu-Sein galt nun bei vielen gebildeten Indern als Ausweis patriotischer Gesinnung; und national gesonnene Singhalesen (oder Chinesen) gaben sich betont als Anhänger des Buddhismus (oder des Konfuzianismus) zu erkennen. Umgekehrt wurde der *Vorwurf der „Denationalisierung"* nun mit wachsender Schärfe gegenüber den Missionskirchen (und insbesondere ihren einheimischen Mitgliedern) erhoben. Damit sahen sich die – geographisch zerstreuten und konfessionell zersplitterten – christlichen Gemeinschaften in unterschiedlichen kulturellen Kontexten Asiens erstmals mit einer gemeinsamen Herausforderung konfrontiert. Dies löste seit der Jahrhundertwende vielfältige Debatten und die Suche nach einer „einheimischen Form" und „nationalen Gestalt" des Christentums aus.

Im Einzelnen machte sich diese – zeitgleich oder zeitversetzt in verschiedenen Regionen zu beobachtende – *christliche Indigenisierungs-Bewegung* an unterschiedlichen Merkmalen fest. Dazu zählten zunächst v. a. kulturelle Ausdrucksformen (wie Experimente in Liturgie, kirchlicher Musik und Architektur, Sprache, Kleidung, Namensgebung etc.); die Rede von einem „orientalischen Christus", der vom Westen „okkupiert" worden sei; oder – im indischen Kontext – frühe Vorläufer der christlichen Ashram-Bewegung [Text 66–67]. Bemerkenswert ist dort auch die veränderte Wahrnehmung der Thomaschristen. Früher oft als rückständig belächelt, wurden sie nun zunehmend als Repräsentanten eines ursprünglichen, vor-kolonialen und „einheimischen" Christentums idealisiert.

Besonderer Streitpunkt war schon früh die Frage indigener Leitungsstrukturen und insbesondere die eines *„einheimischen Episkopats"*. „Es wurde allgemein festgestellt", so 1899 die Klage eines indisch-christlichen Journals, „dass Indien im Blick auf das Bischofsamt besonders rückständig ist. Bis jetzt ist noch kein Einheimischer in unserer [anglikanischen] Kirche zum Bischof geweiht worden" [Text 67]. Dabei gebe es durchaus entsprechende Vorbilder, wie ein Blick nach Westafrika und die dort tätigen schwarzen (Assistenz-)Bischöfe zeige. „Wann wird Indien seine eigenen Bischöfe haben?", kommentiert darum 1898 ein anderes indisch-christliches Journal (der in Madras/Chennai erscheinende ‚Christian Patriot') entsprechende Zeitungsberichte. Derartige Forderungen wurden zwar schon seit den 1870er Jahren diskutiert, und zwar im Rahmen der Debatten über die *„Drei Selbst" („Three Selves")*. Dies war ursprünglich ein missionarisches Konzept, das auf die Gründung einer sich „selbst" regierenden, finanzierenden und ausbreitenden „einheimischen Kirche" als Zweck aller missionarischer Arbeit abzielte. Gegen Ende des 19. Jh. wurden diese Forderungen von den Missionaren immer aus Neue hinausgeschoben („Die Zeit ist noch nicht reif"). Nun aber gewannen sie durch den Verweis auf das afrikanische Beispiel erneute Dringlichkeit. Und als umgekehrt 1912 mit *V. S. Azariah (1874–1945; Abb. 39)* – einem der indischen Delegierten auf der Weltmissionskonferenz Edinburgh 1910 – der erste asiatische Christ zum Bischof in der anglikanischen Kirche geweiht wurde, wusste ihn der eben erwähnte ‚Christian Patriot' in eine Reihe zu stellen mit „seinem großen afrikanischen Vorgänger Bischof [S. A.] Crowther" [s. Abb. 34].

17.2 Ökumene als Protestbewegung, nationalkirchliche Bestrebungen

Der Bereich, wo der „fremde", ausländische Charakter des protestantischen Missionschristentums am direktesten sichtbar war, war seine konfessionelle Zersplitterung. Vor allen in den großen Städten gab es zunehmend eine Vielzahl konkurrierender Missionskirchen, die den Ausweis ihres ausländischen Ursprungs ja teils bereits im Namen mit sich trugen. Denn warum sollte ein „indischer" Christ der (anglikanischen) ‚Church of England' oder der (lutherischen) ‚Dänischen Mission' angehören? 1813 war erst den britischen Missionen und seit 1833 auch den Gesellschaften anderer Länder die Arbeit im kolonialen Indien gestattet worden. Nicht nur in bestimmten Regionen, sondern teils sogar in einzelnen Familien traf so die pralle Fülle des Missionsprotestantismus – anglikanisch, presbyterianisch, methodistisch, lutherisch etc. – aufeinander, und dies teils sogar in seinen unterschiedlichen nationalen Varianten. Sonntags – so die Klage eines indischen Christen auf einer Missionskonferenz – müssten seine Familienangehörigen dann jeweils in verschiedene Kirchen gehen.

„Wir hoffen auf eine Zeit", so eine indisch-christliche Zeitschrift im Jahr 1897, „in der die bedauerlichen sektiererischen Differenzen [sc. der Missionare] ... abgelöst werden durch ein freieres Wachstum ... des spirituellen Lebens [sc. im christlichen Indien] ... Wir warnen nicht nur vor der Mission der Engländer [Anglikaner] und Römer [Katholiken], sondern auch vor den schottischen, deutschen und amerikanischen Missionen" [Text 69a]. Aus dieser Haltung entsprangen vielfältige Initiativen, die die Entwicklung eines „indischen" Christentums in einem „nationalen" Kontext (statt konfessioneller Trennung) zum Ziel hatten. Die 1886 in Madras (Chennai) von Mitgliedern der südindischen protestantischen Elite gegründete ‚National Church of India' wurde bereits erwähnt. Sie war zwar nicht die erste unabhängige Kirchengründung im protestantischen Indien [vgl. dazu Kap. 13.1.4], wohl aber die erste mit einem „nationalen" Anspruch. Darum suchte sie schrittweise „alle" indischen Christen unabhängig von ihrer Denomination zu vereinen [Text 77]. Auch wenn sie dieses Ziel nicht erreichte, folgten doch vielfältige Initiativen mit ähnlicher Zielsetzung. So die 1905 an historischem Ort (Serampore) ins Leben gerufene ‚National Missionary Society of India' (NMS). Allein schon als überkonfessioneller Zusammenschluss indischer Christen aus unterschiedlichen Landesteilen und emanzipatorischer Akt war sie – neben ihren evangelisatorischen Aktivitäten innerhalb und außerhalb Indiens – von großer Bedeutung. Derartige Unternehmungen verstärkten auch innerhalb der protestantischen Missionskirchen den Zwang zu transkonfessioneller Kooperation.

Analoge Bestrebungen und *nationalkirchliche Bewegungen* gab es auch in anderen asiatischen Ländern. In *China* intensivierte sich nach dem sog. Boxeraufstand 1899/1900 die Suche chinesischer Christen nach Formen kirchlicher Selbständigkeit außerhalb missionarischer Kontrolle. 1906 wurde eine Föderation missionsunabhängiger Kirchen unter dem Namen ‚Chinese Christian Independent Church' (*Zhongguo Jidujiao zilihui*) gebildet, die bis 1924 auf 330 Mitgliedsgemeinden in verschiedenen Landesteilen anwuchs. In *Japan* ging das rapide Wachstum der protestantischen Gemeinschaft seit den 1880er Jahren ohnehin wesentlich auf das Engagement gebildeter Laienaktivisten (meist mit Samurai-Hintergrund) zurück. Kanzo Uchimuras 1901 gegründete (und bis heute bestehende) ‚Nicht-Kirche'-Bewegung (*Mukyôkai*) war Ausdruck des Bestrebens, als Christ keiner missionsgeleiteten und konfessionell bestimmten kirchlichen Organisation anzugehören [Text 78; Abb. 41]. Missionsunabhängige Bestrebungen formierten sich auch in *Burma*, früh bereits im kolonialen *Sri Lanka* [Text 76], sowie in anderen Ländern. Als prominentestes Beispiel im katholischen Asien ist die ‚Iglesia Filipina Independiente' hervorzuheben. 1902 gegründet, im Nachklang zum antispanischen Befreiungskampf der *Philippinen*, umfasste sie zeitweilig bis zu 25 % der Bevölkerung des Inselreiches. Sie ist bis heute die größte nicht römisch-katholische Kirche des Landes [Text 79].

Eines der erstaunlichsten Phänomene im christlichen Asien Anfang des 20. Jh. ist die Vielzahl *indigener Missionsinitiativen*. Sie standen meist im Zusammenhang der Debatten um die „Drei-Selbst", also die Zielsetzung einer sich selbst regierenden, finanzierenden und ausbreitenden „einheimischen Kirche". Ursprünglich ein missionarisches Konzept (formuliert von Pionieren wie dem Briten Henry Venn [1796–1873] und dem US-Amerikaner Rufus Anderson [1796–1880]), mutierte die Formel – angesichts missionarischer Partizipationsverweigerung – Ende des 19. Jh. zunehmend zum emanzipatorischen Slogan indigen-christlicher Eliten. Das Handlungsfeld, wo sich diese Formel am schnellsten umsetzen ließ, war das Postulat der „Selbstausbreitung". Für Indien wurde das Beispiel der 1905 ins Leben gerufenen ‚National Missionary Society' bereits erwähnt. Diese war ihrerseits inspiriert vom Vorbild der ‚Jaffna Student Foreign Missionary Society', 1900 von srilankanischen Christen gegründet, die alsbald eigene Missionare zu Tamilen in Südindien und Südafrika schickte. Auf der Tokio-Konferenz 1907 der ‚Student World Christian Federation' (der ersten christlichen Konferenz in Asien mit einer Mehrheit asiatischer Delegierter) unterstrichen die japanischen Vertreter die „Verpflichtung der japanischen Christen für die Evangelisierung von Formosa [Taiwan], Korea, der Mandschurei und Nord-China".[1] Die erst kurz zuvor gegründeten protestantischen Kirchen Koreas entsandten bereits 1910 eigene Evangelisten zu Landsleuten in der koreanischen Diaspora in Sibirien, der Mandschurei, Japan, Hawaii, Kalifornien und Mexiko. Zugleich verstärkten sich auch direkte Kontakte zwischen den asiatischen Kirchen. 1906 kam es etwa in Indien, auf indische Einladung hin, zum Besuch einer japanischen Delegation. Er fand große Beachtung und stärkte die „brüderlichen Bande" zwischen den Christen beider Nationen.

Die enorme Bedeutung der Weltmissionskonferenz von *Edinburgh 1910* – sowohl als Höhepunkt der protestantischen Missionsbewegung des 19. Jh. wie als

Ausgangspunkt der westlichen Ökumene-Bewegung des 20. Jh. – wurde bereits angesprochen [s. Kap. 16.4]. Sie reagierte in bislang singulärer Form auf Entwicklungen und Kontroversen in den überseeischen Kirchen sowie auf das „Erwachen großer Nationen" in Asien (und Afrika) [Text 70b]. Die Zahl der asiatischen Delegierten in Edinburgh war zwar sehr begrenzt (18). Ihnen wurden aber im Programm der Konferenz prominente Plätze zugewiesen. Später nahmen sie in ihren Heimatkirchen wichtige Führungspositionen ein – so etwa V. S. Azariah (1974–1945) in Indien, Cheng Jingyi (1881–1939) in China oder Harada Tasuku (1863–1940) in Japan.

Impulse der entstehenden asiatischen Ökumene-Bewegung wurden in Edinburgh aufgenommen und verstärkend nach Asien zurückgegeben. So zunächst v. a. in Gestalt der 21 *Fortsetzungskonferenzen*, die 1912/13 in sieben asiatischen Ländern stattfanden. Themen waren – so auf der nationalen China-Konferenz im März 1913 in Shanghai – die Förderung der „Einheit der Kirche Christi in China", die Entwicklung eines „einheimischen Charakters" der Kirchen, Selbstverwaltung der Gemeinden sowie die Förderung „chinesischer christlicher Führung". Betont wurde die notwendige „Freiheit der Entwicklung in Form und Organisation", um „natürliche Ausdrucksformen der spirituellen Neigungen der chinesischen Christen zu entwickeln" [Text 71].

Konkrete Folge der asiatischen Fortsetzungskonferenzen war jeweils die Bildung von ‚Nationalen *Missions*-Räten' (nun in einem nationalen statt konfessionellen Rahmen), aus denen später (seit 1923) ‚Nationale *Christen*-Räte' (NCC) hervorgingen. Dies war etwa in Indien mit der Bestimmung verbunden, dass die Hälfte der Sitze einheimischen Mitgliedern vorzubehalten sei. Damit waren Grundstrukturen einer konfessionsübergreifenden Selbstorganisation der asiatischen Kirchen gelegt. Nach dem Krieg erreichte diese Selbstorganisation mit der Gründung der – aus dem Zusammenschluss unterschiedlicher Missionskirchen hervorgegangenen – ‚Church of South India' (CSI) im Jahr 1947 einen ersten Höhepunkt. Insgesamt erreichte die asiatische Ökumene-Bewegung, verglichen mit der westlichen Welt, eine ungleich höhere Dynamik. Anders als für die Kirchen Europas – so ihre prominenten Repräsentanten – sei die Ökumene für asiatische Christen eine „Überlebensnotwendigkeit".

17.3 Entwicklungen im katholischen Asien

Während Edinburgh 1910 einen ersten Höhepunkt innerprotestantischer Globalisierung markierte und in Asien das sich seit 1923 formierende Netzwerk nationaler Missions- bzw. Christenräte (nach früheren regionalen Missionskonferenzen in Madras 1902 und Shanghai 1907) eine verstärkte Kooperation protestantischer Kirchen auf dem Kontinent einleitete, fielen im katholischen Asien wichtige *Zentralisierungsprozesse* in das Pontifikat von Papst Leo XIII. (1878–1903). Im Jahr

1886 wurde in Indien erstmals eine einheitliche kirchliche Hierarchie etabliert, unter Einschluss der weiterhin dem portugiesischem *Patroado* unterstehenden Erzdiözese Goa. Daneben wurden sechs neue Erzdiözesen sowie weitere Diözesen geschaffen, die nun direkt der ‚Propaganda Fide' in Rom unterstellt wurden [Text 73]. Damit wurden der jahrzehntelange sog. Propaganda-Padroado-Konflikt – zwischen römischer Zentrale und dem auf seinen traditionellen Patronats-Rechten beharrenden Portugal [vgl. Text 8] – im Prinzip beendet und resultierende lokale Schismen entschärft. In Japan kam es 1891 zur Einrichtung einer ordentlichen kirchlichen Hierarchie, mit einem Metropoliten in Tokio und drei Suffragan-Bischöfen. Korea wurde dabei zunächst der japanischen Provinz zugewiesen, dann aber 1894 abgetrennt und der chinesischen Region zugeordnet. In China fanden 1880 erstmals fünf Regionalsynoden statt. Seit 1891 residierte in Peking (Beijing) ein Vertreter des Apostolischen Stuhls.

1919 erließ Papst Benedikt XV. (1914–1922) die *Missionsenzyklika ‚Maximum illud'*. Als Konsequenz aus den traurigen Erfahrungen des Ersten Weltkriegs unterstrich er darin die „absolute Notwendigkeit" der Ausbildung eines indigenen Klerus und Errichtung eines *einheimischen Episkopats*. Erste Schritte erfolgten unter seinem Nachfolger Pius XI. (1922–1939). Dieser spendete 1926 sechs chinesischen Priestern im Petersdom die Bischofsweihe [Text 74]. 1940 gab es in China bereits zwanzig einheimische Bischöfe. 1927 kam es auch zur Konsekration des ersten japanischen Bischofs. Bereits 1924 war in Shanghai das erste (und bislang letzte) *chinesische Nationalkonzil* abgehalten worden. Ein solches Plenarkonzil für China war zwar seit den 1890er Jahren immer wieder erörtert worden. Bislang aber war es am Widerspruch Frankreichs gescheitert, das sich auf sein als Teil der „Ungleichen Verträge" Mitte des 19. Jh. erworbenes Missionsprotektorat berief. Eigenständigkeit der Mission gegenüber quasi-kolonialer Abhängigkeit, das Verhältnis von einheimischen und ausländischen Priestern sowie die schrittweise Übertragung von Führungspositionen in chinesische Hände waren wichtige Themen des Nationalkonzils, das zugleich aber noch stark von europäischer Dominanz geprägt war.

Eine andere bedeutende Frage wurde jedoch bei den Konzilsberatungen geflissentlich – „wie ein Wespennest" – ausgeklammert: die alte Kontroverse um die *„chinesischen Riten"*. Dabei hatte deren Verbot durch Papst Benedikt XIV. im Jahr 1742 [Text 28] die Entwicklung eines kulturell angepassten chinesischen Katholizismus maßgeblich behindert. Zwar wurde der damals vom Papst für Missionare verfügte (und seit 1895 auch für einheimische Priester verpflichtende) sogenannte Riteneid 1924 in Shanghai nochmals formell bestätigt. 1939 aber wurde er von Rom *offiziell aufgehoben*. Denn, so die Begründung der ‚Propaganda Fide' in ihrer an die chinesische Kirche gerichteten Instruktion *Plane compertum est* vom 8.12.1939: „Mit dem Wandel der Sitten und des Denkens im Lauf der Jahrhunderte haben [diese Zeremonien] nur noch gesellschaftliche [sc. und keine religiöse] Bedeutung (civilem tantum significationem) und bringen die Ehrfurcht gegenüber den Ahnen, die Liebe zum Vaterland oder die Höflichkeit gegenüber den Nachbarn zum Ausdruck" [Text 75]. Eine 300jährige Serie kirchlicher Verlautbarungen zur Frage der chinesischen Riten fand damit – inmitten der Wirren des unerklärten japanisch-chinesischen Krieges – ihren Abschluss. Vorangegangen waren 1936 und 1935 ähnliche auf Japan und die Mandschurei bezogene Erklärungen, die ebenfalls den zivilen Charakter der Konfuzius- und Ahnenverehrung hervorhoben.

17.4 Zwischen den Weltkriegen

Der Stimmungsumschwung, den der Erste Weltkrieg als moralische Katastrophe Europas und des europäischen Christentums in der asiatischen Öffentlichkeit auslöste, wurde bereits erwähnt. Verschärft wurde der Prestigeverlust des Westens durch die Enttäuschung über die ‚Vierzehn Punkte' des amerikanischen Präsidenten Woodrow Wilson von 1918. Denn das dort verheißene Selbstbestimmungsrecht der Völker als Prinzip einer gerechten Nachkriegsordnung wurde den kolonisierten Nationen Asiens und Afrikas verweigert. Vor allem in *China* gab es heftige Proteste gegen den Vertrag von Versailles von 1919. Sie richteten sich zunehmend auch gegen die Missionare als „Agenten des Imperialismus und Kapitalismus". Diese sog. *„antichristliche Bewegung"* fand Zulauf v. a. unter Studenten und Intellektuellen [Text 81]. Sie verlief in verschiedenen Wellen und erreichte 1924/1925 (und dann erneut 1927) einen Höhepunkt. Streitpunkte waren u. a. die Exterritorialität missionarischer Einrichtungen sowie die chinesische Kontrolle der Missionsschulen. Das betraf v. a. protestantische Bildungseinrichtungen in den Städten. Die Katholiken hingegen waren eher auf dem Land präsent.

Ganz anders war die Situation in *Korea*. Hier entwickelte sich die rasch expandierende protestantische Gemeinschaft früh zum *Träger eines koreanischen Nationalbewusstseins*. Korea war seit 1905 japanisches Protektorat und wurde 1910 formell von Japan okkupiert. Christliche Gruppen spielten in der Unabhängigkeitsbewegung des Landes von Anfang an eine bestimmende Rolle. Am 1.3.1919 wurde in Seoul, begleitet von landesweiten Demonstrationen, eine *Unabhängigkeitserklärung* des koreanischen Volkes verlesen. Von den 33 Unterzeichnern waren 16 koreanische Kirchenführer. Zeitgleich fanden auch in Pjöngjang auf kirchlichem Gelände große Protestversammlungen statt, geleitet von presbyterianischen und methodistischen Pfarrern [Text 80a]. Bereits zuvor war im Februar 1919 im koreanischen YMCA in Tokio die Unabhängigkeit des Landes ausgerufen worden. Durch christliche Netzwerke breitete sich die Bewegung rasch aus. Koreanische Protestanten nutzten auch ihre internationalen Verbindungen, um etwa die amerikanische Öffentlichkeit für die nationale Sache zu gewinnen.

Die japanischen Besatzer schlugen die Unabhängigkeitsbewegung grausam nieder. Im Dorf Cheamri etwa wurden am 15.4.1919 „alle erwachsenen männliche Christen" und andere Aktivisten in der Dorfkirche zusammengetrieben. Anschließend setzten die Soldaten die Kirche in Brand [Text 80b; Abb. 43; Foto D15–17]. Es folgten Phasen einer weniger brutalen Kolonial- und „Kulturpolitik", die später wiederum – v. a. nach der Einführung obligatorischer Shinto-Zeremonien im Jahr 1925 bzw. 1937 – von verstärkter Repression abgelöst wurden. Viele christliche Patrioten flüchteten ins Ausland. Präsident der provisorischen Exilregierung wurde mit Rhee Syng-man ein Protestant. In jedem Fall wurde die christliche Bewegung in Korea, anders etwa als in China, als Alliierter (und nicht Gegner) nationaler Bestrebungen wahrgenommen. Dies dürfte zugleich ein wesentlicher Faktor ihres späteren explosiven Wachstums geworden sein.

In *Japan* selbst zählten die Kirchen in den 1920er Jahren nur eine kleine Zahl getaufter Mitglieder. Ungleich größer war der Kreis von Sympathisanten. In Politik und Gesellschaft verschärften sich seit Ende der 1920er Jahre zunehmend militaristische Tendenzen, mit wachsendem Anpassungsdruck auch auf die christliche Gemeinschaft. Eine entschiedene Stimme des Protestes aus christlicher Perspektive kam von Toyohiko *Kagawa* (1888–1960), prominent als Sozialaktivist, Evangelist und Pazifist. 1928 zählte er zu den Mitbegründern der ‚Nationalen Anti-Kriegs-Liga'. 1940 wurde er verhaftet, da er sich in China für die japanische Invasion entschuldigt hatte. Evangelisation und Sozialreform gehörten für ihn eng zusammen. Denn nur eine große Zahl von Gläubigen könne eine moralische, soziale und politische Transformation des nationalen Lebens in Gang setzen. Mit Eintritt Japans in den Krieg (1937 gegen China und 1941 gegen die USA sowie deren Alliierte) verschärfte die Regierung auch die Kontrolle religiöser Organisationen. Unter Druck schlossen sich so 1941 34 protestantische Denominationen zur ‚Vereinigten Kirche Christi in Japan' (*Nihon Kirisuto Kyôdan*) zusammen [Text 84]. Sie musste sich auch sonst den nationalen Gesetzen anpassen. Nach 1945 bestand der *Kyôdan* weiter, freilich in veränderter Form.

In den von Japan *okkupierten Gebieten* waren die christlichen Gemeinschaften teils schwerer Verfolgung ausgesetzt. So im bereits 1895 annektierten *Taiwan* [Text 85] oder in den Philippinen und Indonesien, wo die Japaner seit 1941/42 vorrückten. Andernorts wurden einheimische Christen zur Kollaboration gezwungen oder japanische Kleriker in „zivilisierender" Mission eingesetzt. In den *Philippinen* – der asiatischen Nation mit der höchsten Zahl von Katholiken – war bereits 1935 der schrittweise Übergang von amerikanischer Kolonialherrschaft zu politischer Unabhängigkeit eingeleitet worden. In den mehrheitlich protestantischen Kirchen *Indonesiens* wurden in den 1930er Jahren die Verbindungen mit der holländischen Kolonialverwaltung gelockert und die Gründung autonomer Regionalkirchen vorangetrieben.

1938 fand im südindischen *Tambaram* (in der Nähe von Madras/Chennai) eine große internationale *Missionskonferenz* statt – gleichsam eine christliche Mini-UNO am Vorabend des Zweiten Weltkriegs [vgl. Abb. 44]. Nicht nur die Wahl des Tagungsortes ließ die gewachsene Bedeutung Asiens in der globalen protestantischen Ökumene erkennen. Auch stammte erstmals eine knappe Mehrheit der Delegierten aus den sog. ‚Jungen Kirchen' der außereuropäischen Welt, die ihre eigenen Themen und Perspektiven in die Debatten einzubringen suchten. Bereits im Vorfeld der Konferenz meldete sich eine Gruppe kritischer indischer Christen energisch zum Tagungsthema – dem Verhältnis von Christentum und Kultur – zu Wort [Text 83a]. Afrikaner suchten spezifisch afrikanische Anliegen (wie das biblische Recht der Polygamie) auf die Tagesordnung zu setzen. Zugleich nutzten sie die Konferenz zu direkten Kontakten mit asiatischen Kirchenführern [Text 185] sowie – so der südafrikanische Pfarrer S. S. Tema – auch zu Gesprächen mit Mahatma Gandhi. Solche Erfahrungen veränderten zugleich die Wahrnehmung der eigenen Heimatkirchen. Die südafrikanische Frauenvertreterin Mina Soga und der spätere ANC-Politiker Albert Luthuli [s. Abb. 51] etwa kehrten zurück als entschiedene Kritiker der Verhältnisse in ihrem Land.

Der indische Bischof V. S. Azariah (1874–1945; Abb. 39) zeigte sich vor allem „durch den ökumenischen Charakter der Versammlung" außerordentlich beeindruckt. „Die christliche Gemeinschaft, die Rassen-, Sprach- und Religionsbarrieren überwindet, hat mich sehr inspiriert. Bei der Weihnachtsfeier sah ich die weißen, schwarzen und Bantu-Delegierten aus Südafrika, die chinesischen und japanischen, die burmesischen und die indischen, die französischen und die deutschen Delegierten vor den Symbolen unserer Erlösung nebeneinander niederknien. Wo sonst wäre so etwas möglich außer am Fuße des Kreuzes?" [Text 83b].

Fußnote zu Kapitel 17

1 KOSCHORKE (2014), *Polycentric Structures*, 15–28 (Zitat S. 25).

Literatur zu Kapitel 17

17.1 (Religiöse Nationalismen und kirchliche Indigenisierungsbestrebungen)

GOMBRICH/OBEYESEKERE (1988), *Buddhism Transformed*, 202–241 („Protestant Buddhism"); BECKERLEGGE (2008), *Religious Reform Movements*; THOMAS (1979), *Christian Indians and Indian Nationalism*, 85 ff.159 ff; KOSCHORKE (2019), „*Christian Patriot*", 96–112.

17.2 (Ökumene als Protestbewegung, nationalkirchliche Bestrebungen)

WEBER (1966), *Asia and the Ecumenical Movement*; THOMAS (1979), *Christian Indians and Indian Nationalism*, 66 ff.78 ff.146 ff; STANLEY (2009), *Edinburgh 1910*, 91–166; 303 ff; KOSCHORKE (2012), *Edinburgh 1910 als Relaisstation*, 273–284; KOSCHORKE (2019), „*Christian Patriot*", 211–249; SONNTAG, (2018), *Christian Patriotism and Japanese Expansionism*, 285–298

17.3 (Entwicklungen im katholischen Asien)

METZLER (1980), *Synoden in China, Japan und Korea*, 181–225; MINAMIKI (1985), *Chinese Rites Controversy*, 183–204; PHAN (2018), *Asien*, 421 ff.

17.4 (Zwischen den Weltkriegen)

HARPER (2000), *Bishop V. S. Azariah*, 138–366; BAYS (2012), *New History*, 107–112; BAYS (1996), *Christianity in China*, 307–337; KIM/KIM (2015), *Korean Christianity*, 107–156; IGLEHART (1960), *Japan*, 164–257; DRUMMOND (1971), *Christianity in Japan*, 220–269.320–326.352–359; SONNTAG (2018), *Christian Patriotism and Japanese Expansionism*, 285–298; ARITONANG/STEENBRINK (2008), *Christianity in Indonesia*, 175 ff; LUDWIG (2000), *Tambaram*, 26–78. 86–196.311 ff.

Kapitel 18: Afrika

18.1 Die christlichen Missionen und der „Wettlauf um Afrika"

Im letzten Quartal des 19. Jh. verschärfte sich der Wettlauf rivalisierender europäischer Mächte nach Afrika („scramble for Africa"). Auf der *Berliner Kongo-Konferenz 1884/85* einigten sich die Kolonialmächte auf Grundsätze zur Teilung des Kontinents, die bis ca. 1900 faktisch vollzogen war. Statt einer Vielzahl afrikanischer Kleinstaaten oder Siedlungsgebiete bestimmten fortan nur noch sieben Farben – die der kolonialen Briten, Franzosen, Portugiesen, Spanier sowie neu auch der Deutschen, Italiener und Belgier – die politische Landkarte Afrikas. „Weiß" (und damit frei von europäischer Kolonialherrschaft) blieb nur das christliche Kaiserreich Äthiopien sowie die von afroamerikanischen Remigranten gegründete Republik Liberia [s. Karte 16]. In Deutschland hatten Kolonialpropagandisten wie Friedrich Fabri bereits Ende der 1870er Jahre eine imperiale Expansion nach englischem Vorbild und „ein neues Indien" unter deutscher Herrschaft in Afrika gefordert [Text 167d]. Mit der Etablierung seiner „Schutzgebiete" in Togo, Kamerun, Deutsch-Südwest-Afrika (Namibia) und Deutsch-Ostafrika (im Bereich des heutigen Tansania, Ruanda und Burundi) seit 1884 erlangte das 1871 ausgerufene Deutsche Reich nun ebenfalls seinen „Platz unter der Sonne" des Kolonialismus.

Durch die meist willkürlich gezogenen Kolonialgrenzen entstanden neue territoriale Einheiten, Ursache für zahlreiche Konflikte noch Jahrzehnte später in postkolonialen Zeiten. Bestehende Siedlungsgebiete wurden oft auseinandergerissen, umgekehrt unterschiedliche ethnische Gruppen zu Völkern amalgamiert und Stammeszugehörigkeiten von der Kolonialverwaltung eigenmächtig festgelegt. Koloniale Herrschaftsausübung erfolgte vielfach nicht direkt, sondern – schon aus Gründen der Kostenersparnis – durch ein System „indirekter Herrschaft". So im britisch kontrollierten Nigeria, wo die lokale Regierung weitgehend einheimischen Autoritäten – sowohl traditionellen wie erfundenen – überlassen wurde. Dies konnte etwa im Norden des Landes zum Machtzuwachs muslimischer Emire (lokaler Herrscher) auch über bis dato nicht-islamisierte Ethnien führen.

Mit dem Erwerb eigener Kolonien entstand im Deutschen Reich neu auch der Typ der *Kolonialmission*. So die 1886 in Berlin etablierte ‚Deutsch-Ostafrikanische Evangelische Missionsgesellschaft' (Berlin III). Sie suchte dem „deutschen

Missionar" die Möglichkeit zu bieten, „dort zu wirken, wo sein Vaterland neue Wurzeln zu schlagen beginnt. Nicht mehr wird ein fremdes, allen deutschen Bestrebungen feindlich gegenüberstehendes Land abernten, was deutscher Fleiß und deutsche Arbeit gesät" [Text 167d]. Die Mehrheit der deutschen protestantischen Gesellschaften betonte demgegenüber wie in den Jahrzehnten zuvor den *„internationalen Charakter* der Mission" [Text 167e]. Generell hatten sich die verschiedenen Kolonialmächte in der Kongo-Akte von 1885 verpflichtet, in ihren Territorien jeweils auch Missionare anderer Nationalität zuzulassen.

Dabei wurden aber Missionen aus dem eigenen Land auch weiterhin vielfach als nützliche Helfer beim Aufbau und der Festigung kolonialer Herrschaft betrachtet. Oft verhielten sie sich auch entsprechend. Dies insbesondere dort, wo konfessionelle und nationale Identitäten eng miteinander verquickt waren. Über jeder französischen Missionsstation im heutigen Kongo-Brazzaville etwa wehte die Trikolore. „Das Kreuz", also den katholischen Glauben, „und den Namen Frankreichs" zu verbreiten war das Ziel. Bis zur offiziellen Besitzergreifung durch die französische Regierung sollte so „die Ehre der französischen Flagge" aufrechterhalten werden. Zugleich ging es darum, im Wettlauf der Missionen die Protestanten (und britischen Kolonialrivalen) fernzuhalten.[1] Andernorts erfuhren protestantische Akteure Förderung durch die Kolonialmacht. In portugiesischen Territorien (wie Mosambik) wurde den katholischen Missionen der „Charakter nationaler Institutionen" zugebilligt [Text 167g]. Zugleich wurden sie im Vergleich zu protestantischen Unternehmungen massiv privilegiert.

Im Einzelnen stellt sich das *Verhältnis* der verschiedenen Missionen *zu den kolonialen Autoritäten* sehr unterschiedlich dar. Es rangierte von serviler Unterwürfigkeit bis zu Misstrauen und offenem Widerspruch. Ein entscheidender Unterschied lag dabei in der Frage, ob die betreffende Mission schon vor Beginn der Kolonialherrschaft längere Zeit im Land tätig gewesen war oder nicht. Wo sie bereits eine tiefere Verbindung mit der lokalen Bevölkerung aufgebaut hatte, konnte sie – wie im Fall der schottischen Blantyre-Mission im heutigen Malawi – zum scharfen Kritiker kolonialer Ausbeutung werden. In anderen Fällen blieb es beim Protest gegen einzelne Missstände (wie Brandweinhandel, betrügerisches Kreditwesen, Zwangsmassnahmen etc.), der jedoch die grundsätzliche Begrüßung der „Segnungen" europäischer Herrschaft nicht in Frage stellte. Die Aufforderung zu kolonialstaatlicher Intervention konnte sowohl aus missionarischem Eigeninteresse wie aus humanitären Motiven erfolgen – etwa zum Schutz lokaler Ethnien vor dem unkontrollierten Eindringen europäischer Abenteurer (wie in Uganda). Ein wichtiger Faktor war zudem der Wechsel kolonialstaatlicher Religionspolitik. Der verschärfte antiklerikale Kurs Frankreichs seit 1905 etwa schränkte zugleich die Tätigkeit katholischer Orden in französischen Territorien (wie Madagaskar) deutlich ein.

Unterschiedlich wie das Verhältnis zum kolonialen Staat waren auch die Motive und Zielsetzungen missionarischer Akteure. Briten wie Franzosen bemühten gerne das *Zivilisierungsparadigma*. Dies konnte freilich entgegengesetzte Wirkungen auslösen. Denn einerseits diente es vielfach nur zur Legitimation kolonialer Okkupation und Unterdrückung indigenen Widerstands. Andererseits aber enthielt es – im Unterschied zum grassierenden Sozialdarwinismus zahlreicher europäischer Siedler, die etwa in Südafrika missionarische Bildungsbemühungen für Schwarze für überflüssig erklärten – einen *emanzipatorischen Aspekt*. Denn es eröffnete die Perspektive eines „Aufstiegs auf der Leiter" zivilisatorischen Fortschritts. Auf eben diese – später vielfach verweigerte – Aufstiegsperspektive sollten sich in der Folgezeit afrikanische Bildungseliten vehement berufen. „Dass der Afrikaner im Stande ist", so etwa 1890 der Leiter der anglikanischen ‚Church Missionary Society', „sich das Christentum anzueignen und seine Stelle *unter den ersten Völkern* einzunehmen, halte ich für eine unbestreitbare Tatsache. Wir müssen nur daran denken, was Europa zu Beginn unserer Ära war", also in Zeiten des vorchristlichen Heidentums und horrender Barbarei. „Die zu lösende Aufgabe und die Vorbedingungen derselben waren [damals] in Europa ziemlich dieselbe, wie wir sie heute in Afrika finden" [Text 167b]. Die Überwindung zivilisatorischer Differenzen unter den Völkern der südlichen Hemisphäre galt also auch als ein zentrales Ziel missionarischer Arbeit.

Die deutsche Kolonialherrschaft war nur von kurzer Dauer (von 1884 bis 1914/19). Ihre Auswirkungen freilich waren höchst fatal. 1904/07 kam es in Deutsch-Südwest-Afrika (heute Namibia) zu dem, was als erster Genozid des 20. Jh. bezeichnet worden ist: die – mit dem Ziel der „Vernichtung" geführte – Niederschlagung des *Aufstands der Herero und Nama*. Sie forderte ca. 50 000 bis 70 000 Menschenleben. Zuvor hatten dort tätige Rheinische Missionare den Aufbau deutscher Herrschaft unterstützt. Andererseits verwiesen sie auf den sozialen und ökonomischen Hintergrund des Aufstandes, weshalb sie in der Kolonialpresse als „Feinde" der deutschen Kolonisten attackiert wurden: „Die Mission ist schwarz geworden und steht dem Weißen in den Schutzgebieten feindlich gegenüber" [Text 168a]. Nach Niederschlagung des Aufstands 1907 kam es zu Massenübertritten der sozial entwurzelten und kulturell desorientierten Afrikaner in die Missionskirchen. Boten diese doch den einzigen sozialen Rahmen, der ihnen gewisse Möglichkeiten gesellschaftlicher Reorganisation offenhielt.

18.2 Die Entstehung unabhängiger afrikanischer Kirchen

Seit den 1890er Jahren kam es – zunächst spontan und unabhängig voneinander – im westlichen und südlichen Afrika zur Bildung missionsunabhängiger Kirchen unter schwarzer Leitung. Dies geschah in Reaktion auf den wachsenden Paternalismus (und zunehmend auch Rassismus) in Teilen der missionarischen Gemeinschaft und veränderte langfristig das Profil des afrikanischen Christentums. Die Bildung dieser ‚African Independent (oder Initiated) Churches'

(AIC's) vollzog sich in Wellen. Während sich die schwarzen Kirchen der ersten Welle v. a. durch ihr afrikanisches Führungspersonal von den ehemaligen weißen Mutterkirchen unterschieden, ansonsten aber deren Bekenntnis und Liturgie oft noch weitgehend beibehielten, wurde eine zweite Welle – etwa seit 1910 – vor allem von charismatischen Persönlichkeiten getragen, die durch das Land zogen, tauften und eine wachsende Anhängerschaft sammelten. In dieser zweiten Phase wurden auch sehr viel stärker Elemente traditioneller afrikanischer Religiosität – wie Visionen, Gebetsheilungen oder Tanz – aufgenommen. Zugleich wurden Fetische verbrannt und die Bibel gelehrt.

Auslöser der ersten Welle in Westafrika waren die Kontroversen um die *Entmachtung von S. A. Crowther* (ca. 1806/08–1891). Der erste schwarze Bischof der Neuzeit – Symbol der Aufstiegshoffnungen westlich gebildeter Eliten auf dem ganzen Kontinent – war, wie bereits erwähnt, gegen Ende seines Lebens zwar nicht formell abgesetzt, wohl aber in seinen Befugnissen immer stärker eingeschränkt worden [s. Kap. 14.5; Text 150.160]. Vor allem aber erhielt er 1891 statt eines schwarzen einen weißen Nachfolger, was in den britischen Besitzungen entlang der westafrikanischen Küste heftige Proteste auslöste. Crowthers Entmachtung wurde als Angriff auf die Rechte „*aller Afrikaner*" verstanden – so die wütende Reaktion in der schwarzen Presse Westafrikas, die sich mehrheitlich in den Händen einheimischer Christen befand. In der Folge bildeten sich vielfältige missionsunabhängige Kirchen (wie 1901 die ‚African Church' von Mojola Agbebi [1860–1917; Text 170d]), die sich bald auch vernetzten oder – so 1913 die ‚African Communion of Independent Churches' – überregionale Strukturen ausbildeten.

Zeitgleich kam es in Südafrika zu einer Spaltung innerhalb der methodistischen Missionskirche. Grund war die Diskriminierung einheimischer Kleriker wie des Mangena Mokone (1851–1931), der 1892 in Pretoria die ‚*Ethiopian Church*' gründete [Abb. 36]. Dies war keineswegs die erste schwarze Kirche Südafrikas, wohl aber die erste, die sich „äthiopisch" benannte. Darin wurde sie zum Vorbild für zahlreiche weitere missionsunabhängige Kirchengründungen. In den folgenden Jahren entwickelte sich Südafrika zum – von Missionaren und Kolonialbehörden misstrauisch beäugten – Hotspot des Äthiopismus. „Sie gehen umher und predigen die Doktrin der Gleichberechtigung" [Text 171c]. Zulauf fanden sie bei westlich gebildeten Afrikanern ebenso wie unter Arbeitsmigranten, die von weit her zu den Minenfeldern und entstehenden industriellen Zentren des Landes strömten. 1896 schloss sich Mokones ‚Ethiopian Church' der afroamerikanischen (1816 in Philaldelphia gegründeten) ‚African Methodist Episcopal Church' (AME) an, wodurch diese noch stärker als zuvor zu einer transatlantischen Bewegung wurde [Abb. 37]. Weitere transatlantische Kirchengründungen schwarzer Christen (wie 1921 ff die der ‚African Orthodox Church') folgten [cf. Text 174].

Der Bezug auf *Äthiopien als Symbol der Erlösung* für schwarze Menschen hat eine lange Vorgeschichte. Er findet sich bereits Ende des 18. Jh. in den afroamerikanischen Gemeinschaften der Karibik und südlichen USA und geht u. a. auf bestimmte Bibelstellen zurück. Dabei kommt der Verheißung in Psalm 68,32 („Äthiopien wird seine Hände ausstrecken zu Gott", nach der englischen King-James-Bibel) eine besondere Bedeutung zu. Seit den 1880er Jahren spielte dieser *„äthiopische Diskurs"* auch in den emanzipatorischen Debatten afrikanischer Christen eine zunehmend wichtige Rolle [Text 171b]. Er verstärkte sich nochmals massiv nach 1896, als das christliche Äthiopien auf dem Höhepunkt des europäischen Kolonialismus die italienischen Invasoren zurückschlug [Abb. 35; Foto F15/16; Karte 16+17]. Äthiopien – schwarz, christlich, frei – galt fortan als Symbol kirchlicher *und* politischer Unabhängigkeit. In den Ohren afrikanischer Christen hatte der Name vielfach denselben magischen Klang wie „Jerusalem". Äthiopisten artikulierten zunehmend auch politische Forderungen („Afrika den Afrikanern" [Text 171a]), unterstützten eigenständige – innerafrikanische wie transatlantische – Evangelisationsaktivitäten [cf. Text 170a] und waren eng mit den Anfängen eines christlichen Panafrikanismus verbunden. Äthiopistische Strömungen artikulierten sich aber auch innerhalb der etablierten Missionskirchen.

Die *zweite Welle* des afrikanischen Independentismus ging aus einer *charismatischen Erneuerung* hervor. In deren Mittelpunkt standen oft Persönlichkeiten, die eine Reputation als Propheten genossen. Neben Visionen spielten auch Krankenheilungen durch Gebet eine wichtige Rolle. Die Bewegung war in sich sehr heterogen, verbreitete sich aber vielerorts ungleich schneller als die Missionskirchen. Dabei war die Gründung eigener Kirchen oft zunächst gar nicht geplant und erfolgte erst in einer späteren Phase oder in Gebieten ohne westlich-missionarische Präsenz.

William Wadé Harris (1865–1929) aus Liberia beispielsweise – aufgewachsen bei einem methodistischen Pfarrer und zeitweilig Lehrer in einer anglikanischen Schule – gilt als der wohl erfolgreichste Evangelist Westafrikas. 1910 erfuhr er im Gefängnis eine „Berufung" zum Propheten durch den Erzengel Gabriel. Nach seiner Freilassung legte er europäische Kleidung ab und zog in weißer Robe als Bußprediger durch die Elfenbeinküste und Teile Ghanas. Aufgrund seines Rufes als Wundertäter strömten ihm die Mengen zu. Zwischen 1912 und 1914 taufte er innerhalb weniger Monate zwischen 100 000 und 120 000 Menschen. Er predigte seinen Hörern die Zehn Gebote, schärfte die Sonntagsheiligung ein und rief zur Zerstörung der Idole auf. Andere traditionelle Lebensformen wie die Polygamie hingegen wurden nicht verdammt. Die frisch Getauften wurden ermahnt, sich den Missionskirchen ihrer jeweiligen Heimatgebiete anzuschließen (was sowohl bei Katholiken wie Methodisten einen beachtlichen Zustrom auslöste). In anderen Regionen jedoch bildeten sich rasch auch eigene „harristische" Gemeinden, die in der Folgezeit ein enormes Wachstum erfuhren.

In Nigeria war es *Garrick Sokari Braide* (ca. 1885–1918), der seit ca. 1912 Massenkonversionen auslöste [Text 173]. Tätig als anglikanischer Evangelist, erwarb er sich bald einen Ruf als begnadeter Wunderheiler und Prophet. Er bekämpfte die traditionale Religion, ließ deren Kultgegenstände verbrennen und forderte die herkömmlichen „Regendoktoren" zum Wettkampf heraus, die er durch Anrufung des christlichen Gottes besiegte. Seine Anhänger feierten ihn darum als „zweiten Eliah". Um 1915 kam es zum Bruch mit der anglikanischen Missionskirche. Zahlreiche Gemeinden im Niger-Delta folgten Braide. Auch die britischen Kolonialbehörden schritten gegen ihn ein. Einer der Vorwürfe bezog sich auf den Rückgang der Steuern auf importierten Alkohol, den er mit seinen Kampagnen bekämpft hatte. Anhänger von Braide gründeten 1916 mit der ‚Christ Army Church' eine neue Denomination, die u. a. die Polygamie billigte. Später zerfiel seine Bewegung in verschiedene Fraktionen, die bis heute im Südosten Nigerias (sowie als internationalisierte Gemeinschaft) fortbestehen.

In Südafrika wurde *Isaiah Shembe* (ca. 1865–1935) zum Gründer der *Ibandla lamaNazaretha*, der größten von Afrikanern initiierten Kirche seiner Zeit. Shembe – der 1906 in der ‚African Native Baptist Church' getauft worden war – startete seine religiöse Karriere um 1910 als Wanderevangelist und sog. Glaubensheiler [Text 172]. Innerhalb von zehn Jahren sammelte er in Natal eine große Gefolgschaft, mit Dutzenden über die Provinz verstreuten Gemeinden. Zentrum wurde die „heilige" Stadt *eKuphakemeni* auf einem Gebiet, das frei von weißer Kontrolle war. Die ‚Shembe Kirche' erreichte schließlich eine Mitgliederzahl von über einer Million, bevor sie in den 1980er Jahren in rivalisierende Gruppen zerfiel.

Singulär in verschiedener Hinsicht ist die Geschichte der *Kimbanguisten-Kirche* in Belgisch-Kongo (Zaire) [Text 206]. Sie geht zurück auf die nur einjährige öffentliche Wirksamkeit von *Simon Kimbangu* (1899–1951). Durch ein spirituelles Berufungserlebnis wusste er sich von Jesus Christus persönlich beauftragt, sein Werk fortzusetzen. Wegen „Störung der öffentlichen Ordnung" und Gefährdung der kolonialen Ökonomie wurde er am 3. Oktober 1921 von einem belgischen Militärgericht zum Tode verurteilt, anschließend aber zu lebenslanger Haftstrafe „begnadigt". Seine Bewegung lebte im Untergrund weiter und verbreitete sich in Zeiten der (erst 1958 offiziell beendeten) Verfolgung nicht nur über das gesamte Territorium Belgisch-Kongos, sondern auch in verschiedenen Nachbarländern. Von etwa 100 000 im Jahr 1959 wuchs die Zahl der Mitglieder aktuell auf mehrere Millionen an. Auch hier kam es nach dem Tode Kimbangus 1951 zu verschiedenen Spaltungen. Als erste afrikanisch-unabhängige Kirche wurde die *Église des Jésus Christ sur la terre par le prophète Simon Kimbangu* 1959 in den Weltkirchenrat aufgenommen. Anfang der 2000er Jahre freilich wurde ihre Mitgliedschaft suspendiert (und 2021 definitiv beendet).

Von besonderer Bedeutung waren auch die ab den 1920er Jahren entstandenen sog. *Aladura*-Kirchen. *Aladura* ist ein Yoruba-Wort und bedeutet Gebet. Die mit diesem Sammelbegriff bezeichneten Gebetsgruppen bzw. Kirchen (wie die in den 1920ern von den Anglikanern abgespaltene ‚Christ Apostolic Church') verbreiteten sich erst in Nigeria und seit den 1970er Jahren verstärkt in der internationalen afrikanischen Diaspora. Unterschiedliche Kontakte bestanden dabei auch zur zeitgenössischen US-amerikanischen Pfingstbewegung. Afrikanische Historiker heben die eigenen Wurzeln der frühen unabhängigen afrikanischen Kirchen hervor.

18.3 Themen der Zwanziger und Dreißiger Jahre

Das Ende des Ersten Weltkriegs brachte kein Ende der europäischen *Kolonialherrschaft* in Afrika. Vielmehr wurde sie unter anderem Namen und der Ägide des 1919 gegründeten ‚Völkerbundes' – als sogenannte (A-,) B- und C-Mandate – fortgesetzt. Allerdings wurden nun bestimmte Mindeststandards für „akzeptable Herrschaft" festgelegt. Die ehemals deutschen Kolonien wurden aufgeteilt und gingen teils an Frankreich und England (Kamerun, Togo, Tanganjika) oder an Belgien (Ruanda, Burundi). Namibia, das frühere Deutsch-Südwestafrika, wurde zum Mandatsgebiet Südafrikas erklärt. Dieses Land hatte 1910 als Südafrikanische Union einen semi-autonomen Status innerhalb des britischen Empire erlangt.

Missionsgeschichtlich waren die 1920er und 1930er Jahre erstmals wieder durch katholische Dominanz („*Catholic breakthrough*") gekennzeichnet.[2] Die protestantischen Missionen – geschwächt durch die ökonomischen Folgen des Ersten Weltkriegs, schwindende Unterstützung aus den Heimatländern sowie das Anschwellen independentistischer Bewegungen innerhalb der etablierten Missionskirchen – verloren ihre bislang vorherrschende Stellung, die sie als Pioniere der Evangelisierung des Kontinents im 19. Jh. erlangt hatten. Umgekehrt wirkte sich die neue Missionspolitik der Päpste (Benedikt XV. [1914–1922] und Pius XI. [1922–1939]; s. Kap. 17.3) wie in Asien so nun auch in Afrika förderlich aus. Eine wachsende Zahl katholischer Missionare strömte auf den Kontinent. Dies geschah sowohl durch die Entsendung neuer – zuvor in Afrika nicht tätiger – Kongregationen und Orden wie durch verstärkte Aktivitäten der dort bereits etablierten Gesellschaften (wie der Kapuziner, Jesuiten oder Weißen Väter). Verstärkt wurden nun auch im Katholizismus Anstrengungen zur Bildung eines indigenen Klerus unternommen. 1931 etwa erfolgte in Basutoland die erste Weihe eines Afrikaners zum Priester [Text 179]. 1939 wurde mit Joseph Kiwanuka in Uganda der erste katholische afrikanische Bischof der Neuzeit geweiht (er wirkte bis 1966, zum Schluss als Erzbischof von Rubaga). Dies geschah ein Dreivierteljahrhundert nach der Konsekration des Anglikaners S. A. Crowther 1864 zum ersten schwarzen Bischof Afrikas in der Neuzeit.

Ein wichtiger Faktor des katholischen Erfolgs war das neue Engagement im *Schulwesen*. Zwar blieben die Protestanten im Bereich der höheren Bildung weiterhin tonangebend, mit Institutionen wie Lovedale in Südafrika, dem Hope-Waddel-Institute in Nigeria oder dem Achimota College in Ghana [Text 181c

u. 186; Foto G18]. Im Bereich des elementaren und mittleren Schulwesens aber schlossen die Katholiken schrittweise zur protestantischen Konkurrenz auf und legten so die Grundlage für späteres Wachstum. Frühere schlichte (meist von einem Katecheten geleitete) „Buschschulen" wurden in den 1920er Jahren verstärkt in Grundschulen mit einem Lehrer und ehemalige Ausbildungsstätten für Katecheten in Lehrerseminare umgewandelt [cf. Text 179]. Nach dem Aufbau der Grundschulen begann man dann – in der Regel kolonialstaatlich gefördert – mit der Einrichtung von Mittelschulen. Eine erste katholische Universität wurde 1945 in Lesotho errichtet, 1949 eine weitere in Kinshasa (Kongo). Seit Beginn des Jahrhunderts gab es zudem erste Beispiele moderner Schulgründungen durch Afrikaner. So 1900 die *Ohlange High School* in Durban, gegründet von John Dube (1871–1946), Pastorensohn und später Präsident des (Süd-)Afrikanischen Nationalkongresses. Inspiriert war sie vom Vorbild des *Tuskegee College* in den USA, einer afroamerikanischen Initiative, wo Schüler in christlichem Geist und einer Ethik harter Arbeit ausgebildet wurden.

1912 wurde in Südafrika der Vorläufer des späteren Afrikanischen Nationalkongresses (ANC) gegründet. Wesentlich getragen wurde er von der schwarzen christlichen Bildungselite des Landes. Zu den weniger bekannten Aktivitäten des ANC zählten zeitweilige Bestrebungen zur Etablierung einer konfessionsübergreifenden *Nationalkirche* in Südafrika. Überwindung der von den Missionaren importieren Konfessionsgrenzen war in den 1920er Jahren auch sonst Thema diverser lokaler Basis-Initiativen. So forderte 1920 eine Konferenz südafrikanischer Christen, „dass sich alle Einheimischen vereinigen und eine nationale einheimische Kirche gründen sollten" [Text 182].

Nicht nur die verschiedenen Missionskirchen erfuhren in den Zwischenkriegsjahren ein beachtliches Wachstum. So gab es in Afrika 1910 rund 10 Millionen Christen, 1930 etwa 16 Millionen und 1950 ca. 34 Millionen.[3] Auch der *Islam* breitete sich unter europäischer Kolonialherrschaft im Inneren des Kontinents weiter aus – teilweise direkt gefördert durch das System der ‚indirekten Herrschaft', das lokalen *Chiefs* weitreichende Rechte übertrug. In französischen Territorien war es zudem oft auch die antiklerikale Einstellung lokaler Kolonialbeamter, die das weitere Vordringen der Religion des Propheten begünstigte. Sogenannte traditionelle afrikanische Religionen und Kulte waren vielerorts auf dem Rückzug. Zugleich entbrannte in den Missionsgemeinden häufig ein Streit um die – christliche – Geltung bestimmter Traditionen, die von früheren Missionaren als heidnisch oder inhuman verworfen worden waren, von afrikanischen Christen aber als Teil ihres kulturellen Erbes verteidigt wurden. Dazu zählten bestimmte Initiationsriten, Praktiken wie das kultische Bier-Trinken, der Brautpreis oder – so eine im kolonialen Kenia der 1920/30er Jahre erbittert geführte Kontroverse – der verbreitete Brauch weiblicher Beschneidung (bzw. Genitalverstümmelung). Diese Debatte führte auch zu Abspaltungen von der anglikanischen Kirche.

Eine andere zwischen Missionaren und afrikanischen Christen umstrittene Tradition war die der *Polygamie*. Von den frühen Missionaren verworfen – als im Widerspruch zu dem im Neuen Testament geoffenbarten Gotteswillen stehend –, wurde sie von afrikanischen Christen später vielfach in neuer Weise verteidigt. Dies nach der Lektüre des (inzwischen ebenfalls von den Missionaren übersetzten) Alten Testaments, wo von gesalbten Königen wie David oder Salomo die Rede ist, die ein Gott wohlgefälliges Leben führten und gleichwohl viele Frauen hatten. Die biblische Überlieferung unterstützte also die afrikanische – polygame – Lebensordnung, während die Monogamie zunehmend in Verdacht geriet, „nur Sitte des weißen Mannes" zu sein. Zahlreiche Gründungen unabhängiger Kirchen machten sich genau an zwei Streitfragen fest: der Frage afrikanischer Führung („indigenous leadership") sowie der Geltung der Polygamie. Dass dieses Problem aber auch in etablierten Kreisen virulent war, zeigt die Vorgeschichte der Weltmissionskonferenz 1938 im südindischen Tambaram, an der auch eine Delegation westafrikanischer Christen teilnahm [s. Kap. 17.4]. Führender Kopf war der presbyterianische Pfarrer Christian Goncalves Kwami Baëta (1908–1994) aus dem heutigen Ghana [s. Abb. 53]. Er reiste nach Tambaram mit der Absicht, der dortigen ökumenischen Versammlung eben diese Frage – nach dem biblischen Recht der Polygamie – vorzulegen. Zuvor hatte er sich in einer mehrwöchigen Tour entlang der Goldküste mit Vertretern anderer christlicher Gemeinden abgestimmt. Der Vorstoß der westafrikanischen Delegation in Tambaram zur Ehefrage blieb zwar erfolglos. Als frühe afrikanische Initiative in der globalen Ökumene aber bleibt er höchst bemerkenswert.[4]

1935 überfiel das faschistische Italien erneut – nach der schmählichen Niederlage 1896 – *Äthiopien*. Die italienischen Besatzer gingen mit äußerster Brutalität vor, konnten aber den Widerstand lokaler Guerillas nicht wirksam unterdrücken. Die Invasion löste eine Welle internationaler Solidarität mit Äthiopien aus, nicht nur auf dem afrikanischen Kontinent, sondern auch in Indien und anderen asiatischen Ländern. In den USA weigerten sich afroamerikanische Hafenarbeiter, italienische Schiffe zu entladen. Papst Pius XI. – der während der Kampfhandlungen auf jegliche moralische Verurteilung verzichtete – erfuhr dafür in der westafrikanischen Presse scharfe Kritik [Text 183]. 1941 vertrieben britische Truppen und einheimischer Widerstand die Italiener aus dem Land – ein Vorgeschmack auf den Prozess der Dekolonisierung im Afrika der 1960er Jahre.

18.4 Christliche Eliten und die politische Unabhängigkeitsbewegung

„Der Zweite Weltkrieg", so der Afrika-Historiker Christoph Marx, „vollendete, was der Erste begonnen hatte: die Delegitimierung der Kolonialherrschaft".[5] In den folgenden politischen Emanzipationsprozessen spielten christliche Bildungseliten vor allem in den britisch beherrschten Territorien Äquatorialafrikas vielfach eine führende Rolle.

Bereits früh jedoch wurden etwa in Südafrika Formen moderner Selbstorganisation vor allem von gebildeten afrikanischen Christen genutzt. So der 1900 gegründete ‚Natal Native Congress' oder der 1912 etablierte Vorläufer des südafrikanischen Nationalkongresses, des seit 1923 so benannten ‚African National Congress' (ANC). Zu den Pionieren und Führern des ANC zählte beispielsweise von 1912 bis 1917 der bereits erwähnte John Dube, Gründungsmitglied und Sohn eines kongregationalistischen Pastors, oder später Albert Luthuli (1898–1967), Sohn eines methodistischen Laienpredigers, südafrikanischer Teilnehmer an der Weltmissionskonferenz Tambaram 1938 und von 1952–1967 Präsident des ANC [s. Abb. 51]. In Nyasaland (heute Malawi) war es im Ersten Weltkrieg mit John Chilembwe (1871–1915) ein baptistischer Prediger, der zum Anführer eines (niedergeschlagenen) ersten antikolonialen Aufstands im Jahr 1915 wurde. Noch heute wird er in Malawi mit einem jährlichen Gedenktag als „Held der Unabhängigkeit" geehrt. Im Blick auf Westafrika stellte der nigerianische Historiker E. A. Ayandele bereits 1966 fest, dass hier die Kirche und die schwarze Presse bereits gegen Ende des 19. Jh. zur „Wiege" eines sich in gebildeten Kreisen rasch entwickelnden Nationalbewusstseins wurden.[6] Als einflussreichster Vertreter des nigerianischen Nationalismus in den 1920er und frühen 1930er Jahren beispielsweise kann Herbert Macaulay (1864–1967) gelten: Er war Absolvent einer Missionsschule, Enkel des berühmten schwarzen Bischofs S. A. Crowther sowie Bruder des Mitbegründers einer missionsunabhängigen schwarzen Kirche.

Es war unter anderem der Neuzeit-Historiker Horst Gründer, der auf die *prägende Bedeutung der Missionsschulen* bei der Formierung einer antikolonialen Elite hingewiesen hat, die die afrikanischen Länder dann in den 1950er (Ghana 1957) und v. a. 1960er Jahren in die Unabhängigkeit führten. Persönlichkeiten wie Nmamdi Azikiwe (1904–96), erster Präsident Nigerias (reg. 1963–1966), Kwame Nkruhmah (1909–1972), Führer des unabhängigen Ghana (reg. 1957–1966), Julius K. Nyere (1922–1999), erster Präsident Tansanias (reg. 1964–1985), oder Hastings Kamazu Banda (ca. 1898/1907–1997), von 1964 bis1994 zunächst Premierminister und dann Präsident Malawis, waren jeweils Absolventen (oder Lehrer) an protestantischen bzw. katholischen Missionsschulen oder anderen christlichen Bildungseinrichtungen. Die Missionare der Vorkriegs- und Nachkriegszeit waren zwar zumeist konservativ und warnten vor verfrühter Unabhängigkeit. Aber es wirkte nun das, was Gründer als die *„Dialektik der Christianisierung"* bezeichnet.

„Zentrale Einrichtung in diesem Prozess politisch-sozialen Wandels war die Missionsschule ... Gegen den ausgesprochenen Willen vieler Missionare und Missionsleitungen, die eine allzu frühe Emanzipation ablehnten, sind die Missionsschulen letztlich zu *Katalysatoren nationaler Emanzipation* und des sozialen Fortschritts geworden" ... „Die Lehre des Christentums und die missionarische Schulerziehung besassen nicht nur eine systemimmanente Bedeutung, in dem sie sich als nützlich für das persönliche Fortkommen … erwiesen, sondern zugleich eine systemüberwindende Funktion, indem sie die Voraussetzungen für den nationalen Emanzipationskampf bereitstellten Denn die Opposition der kolonisierten Völker und der aufkeimende nationale Protest artikulierte sich zunächst unter Christen und resultierten aus den Lehren der christlichen Botschaft". „Das Christentum respektive die Mission schuf somit ganz wesentliche Voraussetzungen für ein intertribales, politisch verbindendes rassisches Eigenbewusstsein. … Vor allem war es die Lehre der Bibel, die eine wichtige Voraussetzung für die Begründung der Ablösung des Kolonialismus schuf. Die Bibel diente als ‚Handbuch' bzw. die christliche Lehre als Legitimationsgerüst für den Unabhängigkeitskampf. … Die Bibel, in der nicht nur etwas von ‚Gehorsam gegenüber der Obrigkeit' stand, sondern auch etwas von Brüderlichkeit, Humanität und sozialer Gerechtigkeit, wurde zur geistigen Waffe in den Händen derer, denen ihre weißen Interpreten politischen Gehorsam und soziale Anpassung hatten aufzwingen wollen".[7]

Afrikanische Christen spielten auch in der sich seit Beginn des 20. Jh. formierenden *panafrikanischen Bewegung* vielfach eine prominente Rolle. Der ‚Erste Pan-Afrikanische Kongress' 1900 in London etwa wurde vom afroamerikanischen AME-Bischof Alexander Walters eröffnet. Zu seinen afrikanischen Teilnehmern zählte der anglikanische (Assistenz-)Bischof James Johnson aus Nigeria. Auch am ‚First Universal Races Congress' 1911 in London waren christliche Aktivisten aus Nigeria führend beteiligt.[8] Die Entwicklung eines politischen Panafrikanismus verlief streckenweise parallel zur Bildung einer „schwarzen Ökumene" durch die Kooperation neu entstandener afrikanischer und afroamerikanischer Kirchen.

Fußnoten zu Kapitel 18

1 GRÜNDER (1992), *Welteroberung*, 527 f.
2 HASTINGS (1994), *Church in Africa*, 559.
3 ILIFFE (1997), *Geschichte Afrikas*, 303.
4 LUDWIG (2000), *Tambaram*, 26 ff.31 ff.
5 MARX (2004), *Geschichte Afrikas*, 248.
6 AYANDELE (1966), *Missionary Impact*, 175; vgl. AJAYI (1965), *Making of a New Elite*.
7 GRÜNDER (1992), *Welteroberung*, 580.582.584 f.
8 LANGLEY (1973), *Pan-Africanism*, 27–40.

Literatur zu Kapitel 18

18.1 (Die christlichen Missionen und der „Scramble for Africa")

REINHARD (1990), *Expansion IV*, 36–77; GRÜNDER (1992), *Welteroberung*, 519–550; HASTINGS (1994), *Church in Africa*, 397–492; HOCK (2005), *Christentum in Afrika*, 126–132; WARD (2017), *Afrika*, 478–480; LESSING et al. (2011), *Deutsche evangelische Kirche*.

18.2 (Die Entstehung unabhängiger afrikanischer Kirchen)

HASTINGS (1994), *Church in Africa*, 505 ff. 513 ff.527–531.534–539; HOCK (2005), *Christentum in Afrika*, 145–47. 165 f. 168; KALU (2005), *African Christianity*, 280 ff; AKINADE (2018), *Afrikanisches Christentum*, 466–475; LUDWIG (1992), *Kirche im kolonialen Kontext*; LUDWIG (1993), *Elijah II*, 296–317; KITZHOFF, *African Independent Churches*; CAMPBELL (1998), *Songs of Zion*; ENGEL (2015), *African American Missionaries*; SIMON (2022), *Abschied des Kimbanguismus*.

18.3 (Themen der Zwanziger und Dreißiger Jahre)

HOCK (2005), *Christentum in Afrika*, 132–140. 151 ff.187 f; HASTINGS (1994), *Church in Africa*, 540 ff.559 ff; ILIFFE (1997), *Geschichte Afrikas*, 298–308; MARX (2004), *Geschichte Afrikas*, 204–218; LUDWIG (2000), *Tambaram*, 36–46.52–69; NTAGELI/HODGETTS (2011), *More than one Wife*.

18.4 (Christliche Eliten und die politische Unabhängigkeitsbewegung)

GRÜNDER (1992), *Welteroberung*, 568–594; GROHS (1967), *Stufen afrikanischer Emanzipation*, passim; ELPHICK (2012), *Equality of Believers*; LANGLEY (1973), *Pan-Africanism*.

Kapitel 19: Lateinamerika

19.1 Die Lage um 1900

Das Jahr 1900 sah ein neues Lateinamerika, das mit den Republiken in der Anfangsphase der Unabhängigkeit kaum noch etwas zu tun hatte. Aufs Ganze gesehen hatten sich die liberalen Eliten (bzw. nationalen Oligarchien) mit ihren Forderungen – wie der Trennung von Kirche und Staat, Religionsfreiheit, laizistischem Erziehungswesen etc. – durchgesetzt. Parolen wie die von „Fortschritt" und „Wissenschaftlichkeit" bestimmten die Debatten. Die römisch-katholische Kirche befand sich in der Defensive und führte Rückzugsgefechte um die Wahrung früherer Privilegien. Zugleich war sie stark mit sich selbst befasst und bestrebt, ihre Stellung in der neuen politischen und gesellschaftlichen Ordnung zu bestimmen.

Dabei wurden die bestehenden – und sich rasch verändernden – sozialen Verhältnisse kaum in Frage gestellt. Im letzten Drittel des 19. Jh. und frühen 20. Jh. waren verschiedene lateinamerikanische Staaten zu einer exportorientierten Wirtschaft übergegangen. Viele Regierungen betrachteten es als den einfachsten und schnellsten Weg zum Wohlstand ihrer Nationen, die Bodenschätze und natürlichen Ressourcen auszubeuten und zu exportieren. Das Hauptgewicht lag dabei jeweils meist auf bestimmten Gütern. Argentinien exportierte Rindfleisch, Zentralamerika Bananen, Kuba Zucker, Chile Kupfer und Nitrate, Brasilien Kautschuk und Kaffee, Bolivien Zinn. Kurzfristig führte dies zu einem begrenzten ökonomischen Aufschwung, von dem vor allem die herrschenden Oligarchien (meist Landbesitzer) profitierten. Zugleich verstärkte sich so die neokoloniale Abhängigkeit vom Weltmarkt bzw. den wichtigsten ausländischen Handelspartnern. Diese kamen zunächst noch vorwiegend aus Westeuropa (und insbesondere Großbritannien) sowie später zunehmend aus den USA.

Das System der exportorientierten Wirtschaft funktionierte bis zur Weltwirtschaftskrise 1929/30. Der große Crash hatte dann verheerende Auswirkungen auf Lateinamerika, mit Effekten, die sich von Land zu Land unterschieden. Er löste politische Instabilität, Militärputsche und soziale Unruhen aus. Zugleich leitete er in unterschiedlichem Ausmaß einen Industrialisierungsprozess zur Produktion vorher importierter Güter ein. Bereits vor diesem Industrialisierungsschub war es vielerorts zu einem dramatischen Bevölkerungszuwachs gekommen, der die sozialen Probleme verschärfte. Zählte Lateinamerika um 1880 noch ca. 50 Millionen Einwohner, so dürfte deren Zahl um 1930 bei knapp 100 Millionen gelegen haben. Verstärkte Immigration und Urbanisierung begleiteten diese Entwicklung. So wuchs etwa die Bevölkerung von Buenos Aires zwischen 1880 und 1910 von 300 000 auf 1,2 Millionen an. Insgesamt verlief der gesellschaftliche Wandel auf dem Land und in den Städten höchst unterschiedlich.

Um 1930 änderte sich vielerorts das Verhältnis von Kirche und Staat. „Nach Jahren des Widerstands gegen, und Verfolgung durch, liberale Staaten konnte die katholische Kirche nun Beziehungen einer Allianz, Harmonie oder zumindest Tolerierung (vielleicht mit der einzigen Ausnahme der 15jährigen Periode in Mexiko) mit populistischen Staaten aufbauen".[1]

19.2 Regionale Profile: Brasilien, Mexiko, Kuba

In *Brasilien* kam es 1889 zu einem Militärputsch. Kaiser Pedro II. (reg. 1840–1889) wurde gestürzt und die *Republik* ausgerufen. Getragen wurde diese von einer Allianz von Liberalen, Freimaurern und Positivisten. Die neue Verfassung von 1891 sah die Trennung von Staat und Kirche, Einführung der Zivilehe, Säkularisierung der Friedhöfe sowie eine Reihe antiklerikaler Maßnahmen vor. Die Protestanten begrüßten die neu gewonnenen Freiheiten. Die katholischen Bischöfe protestierten gegen den Verlust bisheriger Vorrechte.

Die folgende Entwicklung war durch vielfältige Versuche des katholischen Episkopats gekennzeichnet, zwar nicht den verlorenen Status als privilegierte Staatskirche wiederzuerlangen, wohl aber in neuer Weise Einfluss und Sichtbarkeit in der Öffentlichkeit zu gewinnen. Diesem Ziel dienten unterschiedliche Aktivitäten im Bildungswesen (wie die Gründung einer Katholischen Universität), Einrichtung linientreuer Priesterseminare, Zeitungsgründungen, Massenveranstaltungen (wie Eucharistische Kongresse oder nationale Pilgerwallfahrten) sowie ein starker Ausbau der kirchlichen Infrastruktur. Die Zahl der Bistümer etwa wurde von 1891 bis 1920 von 12 auf 58 gesteigert und im 19. Jh. geschlossene Kirchen und Konvente wurden wieder eröffnet. Dabei verband sich dieser ultramontan ausgerichtete Restaurationskatholizismus zunehmend mit einem im Ersten Weltkrieg gewachsenen brasilianischen Patriotismus. Brasilien, so Kardinal Dom Leme, eine der prägenden Figuren der 1920er und 1930er Jahre, sei die „größte katholische Nation der Welt" und „wesenhaft" katholisch. Der katholischen Kirche zwar nicht als Staats-, wohl aber als *„Nationalkirche" der Brasilianer* gebühre darum eine hervorgehobene Stellung. 1931 wurde die Jungfrau von Aparecida zur Patronin Brasiliens ausgerufen. Auch die Errichtung der berühmten Christus-Statue *Cristo Redentor* auf dem Gipfel des Corcovado in Rio de Janeiro fällt in dieses Jahr.

An strukturellen Defiziten wie dem massiven Priestermangel änderte sich nur wenig. Europäische Ordensangehörige, die seit den 1890er Jahren wieder verstärkt ins Land strömten, ließen es oft an Sensibilität für lokale Christentumstraditionen und Frömmigkeitsformen vermissen [vgl. Text 284]. Mit einem Militärputsch endete 1930 auch die sog. Erste (oder Alte) brasilianische Republik (1889–1930). Die folgende Präsidentschaft und Diktatur von Getúlio Vargas (reg. 1930–1945 sowie 1950–1954) sah eine neue Allianz von katholischer Kirche und Staat im Zeichen eines antikommunistischen Nationalismus. Diese Allianz ist von lateinamerikanischen Historikern mit einem zweiten „Kolonial-Pakt" verglichen bzw. als Erneuerung des kolonialen „Christenheit (*Christendom*)"-Modells – gekennzeichnet durch die enge Verquickung von kirchlicher und staatlicher Gewalt – bezeichnet worden.

Zur schärfsten Konfrontation zwischen katholischer Kirche und liberal-revolutionären Kräften kam es in *Mexiko*. Die mexikanische Revolution 1910–1920 führte seit 1914 auch zu einem Feldzug gegen die „Religion" als Hort der „Unwissenheit". Im Namen des „Lichtes der Wissenschaft" wurde dabei der Katholizismus bekämpft, um „die Vertreter der Maya-Rasse vor Finsternis und Vertierung" zu bewahren. Begleitet wurde dieser Feldzug von Akten fanatischer Gewalt wie Priestermorden, Kirchenschändungen, Vergewaltigung von Nonnen und Plünderungen. *1917* wurde eine *neue Verfassung* beschlossen, die frühere antiklerikale Artikel nochmals verschärfte. Sie sah die Verstaatlichung aller kirchlichen Immobilien, Verbot religiöser Orden und Gelübde, Aufhebung des Wahlrechts des Klerus, Beschränkung der Zahl der Priester (einer pro 15 000 Einwohner), Ausschluss ausländischer Geistlicher, Laikalisierung des Schulwesens sowie ein Verbot von Appellationen an Rom vor.

Angesichts der Widerstände im Volk wurden die kirchenfeindlichen Maßnahmen vorübergehend gelockert, 1926 aber wieder drastisch verschärft. Dies löste den *Aufstand der Cristeros* („Christuskämpfer") mit zahlreichen Opfern aus, der bis 1929 andauerte und von den Regierungstruppen trotz drückender Überlegenheit lange Zeit nicht beendet werden konnte. Die *Cristeros* waren katholische Bauernmilizen im zentralen und westlichen Hochland, denen sich u. a. auch frühere Anhänger des Sozialrevolutionärs Emiliano Zapata (1879–1919) anschlossen. Wichtiges Motiv war die Enttäuschung über die nur sehr schleppend durchgeführte Agrarreform und Eingriffe der Zentralgewalt in das kommunale Leben. Zugleich aber kämpften die *Cristeros* im Namen der Jungfrau von Guadelupe und der katholischen Religion. Diese Männer, so der Bericht eines am Aufstand Beteiligten,

„haben nicht darauf geachtet, dass die Regierung sehr viele Soldaten hatte, sehr viele Waffen, sehr viel Geld; ... Sie achteten hingegen auf die Verteidigung ihres Gottes, ihrer Religion, ihrer Mutter, die die Hlg. Kirche ist ... Diese Männer ... zogen in die Schlachtfelder, um Gott, Unseren Herrn, zu suchen. Die Bäche, die Berge, die Bergwälder, die Hügel sind Zeugen dafür, dass jene Männer zu Gott, Unseren Herrn, unter dem Heiligen Namen ‚Viva Cristo Rey' sprachen, aber auch ‚Viva la Santísima Virgen de Guadalupe', ‚Viva México' ..."
[Text 291b]

1929 wurden erstmals wieder Messen gefeiert. Innerhalb der mexikanischen Kirche kam es jedoch zu Spannungen zwischen den Vertretern der Hierarchie und ehemaligen *Cristeros*, die sich durch das taktierende Verhalten der Bischöfe und des Vatikans verraten fühlten. 1934–1937 flackerte der Kirchenkampf wieder auf. Auslöser war die Einführung der antireligiösen sozialistischen Erziehung in den Schulen. Seit 1938 entwickelte sich ein *modus vivendi*. Im Wesentlichen verzichtete der Staat auf Anwendung der Bestimmungen von 1917 und die Kirche auf politische Einflussnahme. Dieser Kompromiss hielt bis 1992. In diesem Jahr wurde die Beziehung zwischen Kirche und Staat durch eine umfassende Verfassungsreform neu geregelt. Daraufhin nahmen der Vatikan und Mexiko diplomatische Beziehungen auf.

Kuba unterscheidet sich von anderen lateinamerikanischen Ländern schon dadurch, dass es bis 1898 spanische Kolonie war. Die Befreiung von spanischer Herrschaft bedeutete dann freilich nur die Auslieferung an den nordamerikanischen Imperialismus, auch wenn das Land seit 1902 als Republik nominell unabhängig wurde. Mit den alten Kolonialherren verließen 1898 auch zahlreiche katholische Geistliche das Land. Da die katholische Kirche als Bollwerk des Royalismus und Konservatismus galt, hatte sich unter den Kubanern eine antiklerikale Stimmung weit verbreitet. In der neuen Verfassung von 1901 wurde die Trennung von Kirche und Staat festgelegt. Der erste Präsident des republikanischen Kuba war mit Tomás Estrada Palma (reg. 1902–1906) ein Protestant. Zuvor hatte sich in den USA unter ausgewanderten Kubanern eine protestantische Diaspora gebildet. So entstanden 1866 in New York die ‚Iglesia de Santiago Apóstol' sowie v. a. in Florida weitere kubanische protestantische Gemeinden. Deren Mitglieder zeichneten sich während der Zeit des kubanischen Unabhängigkeitskampfes 1868 bis 1898 durch ausgeprägten Patriotismus aus. Mit der Unabhängigkeit Kubas setzte eine Rückkehr der Emigranten in ihre Heimat ein. Die Protestanten bildeten nun Zellen, von denen aus sich der Protestantismus auf Kuba ausbreitete [Text 285]. Nach dem Exodus spanischer Kleriker 1898 litt der kubanische Katholizismus unter massivem Priestermangel. Ein Aufschwung setzte hier, wie in anderen Ländern Lateinamerikas, mit der 1928 ins Leben gerufenen ‚Katholischen Aktion' ein.

19.3 Weltwirtschaftskrise und Soziale Frage

Für die Exportwirtschaften Lateinamerikas bedeutete die Weltwirtschaftskrise der frühen Dreißiger Jahre eine Katastrophe. Die Rohstoffpreise brachen weltweit zusammen (in Brasilien etwa fiel der Kaffeepreis um 50 %); Kosten für importierte Industrieerzeugnisse stiegen umgekehrt an. Die Arbeitslosigkeit und soziale Spannungen verschärften sich. In dieser Situation ist eine langsame Öffnung der katholischen Kirche für soziale Fragen zu beobachten. Zuvor hatte die

Sozialenzyklika *Rerum Novarum* 1891 von Papst Leo XIII. – die einen dritten Weg zwischen Liberalismus und Sozialismus formuliert hatte – im lateinamerikanischen Katholizismus jahrzehntelang kaum Beachtung gefunden. Einzelne sozial sensible Bischöfe sahen sich vielmehr der Repression nationaler Oligarchien ausgesetzt.

Bei den zögerlichen Anfängen eines lateinamerikanischen Sozialkatholizismus in den 1930er Jahren kam der ‚Katholischen Aktion' (*Acción Católica*) eine wichtige Bedeutung zu. Dies war eine Organisation katholischer Laien, deren Aufgabe es war, in enger Anbindung an die Bischöfe am Aufbau einer an christlich-katholischen Prinzipien orientierten Gesellschaft mitzuarbeiten. Durch Ausbildung und Aktivierung kirchlich loyaler Laien wollte die Kirche den Priestermangel abmildern. Zugleich suchte sie so in unterschiedliche gesellschaftliche Gruppen hineinzuwirken (anstatt nur mit den aristokratischen Eliten zu kooperieren). Verbunden damit waren Bestrebungen zur Bildung katholischer Gewerkschaften, Genossenschaften, Jugendgruppen und Wohlfahrtseinrichtungen. Dabei verlief die Entwicklung in den einzelnen Ländern sehr unterschiedlich. Während die ‚Katholische Aktion' etwa in Brasilien, Mexiko oder Argentinien zeitweise zu einer Massenorganisation heranwuchs, kam es in anderen Ländern nicht zu einer flächendeckenden Bewegung.

Bedeutung erlangte die ‚Katholische Aktion' auch dadurch, dass hier spätere Führungspersönlichkeiten der lateinamerikanischen Befreiungstheologie Erfahrungen sammelten. Dazu zählen Dom Hélder Câmara (1909–1999), der spätere Erzbischof von Olinda und Recife (Brasilien); der peruanische Priester Gustavo Gutiérrez (*1928), oft als „Vater der Befreiungstheologie" bezeichnet; oder der einflussreiche chilenische Jesuit Alberto Hurtado (1901–1952). Letzterer unterstrich 1947 in einem Papst Pius XII. überreichten Memorandum die Notwendigkeit, sich der Realität von Industrialisierung, Urbanisierung, Immigration und Proletarisierung der Arbeiterschaft zu stellen. Die um sich greifenden sozialen Unruhen seien nicht einfach auf kommunistische Agitation oder die Wirkung protestantischer Propaganda zurückzuführen. Vielmehr müsse die lateinamerikanische Kirche – und insbesondere ihre Führung – aus ihrem Konservatismus aufgerüttelt werden. „Nirgends ist auch nur ein Versuch zu sehen, die Lehren aus der Sozialenzyklika [von 1891] in die Tat umzusetzen; selbst die Verbreitung ihrer Lehren wird mit äußerster ‚Vorsicht' betrieben, um sich von den herrschenden Klassen nicht zu entfremden". Anders etwa die Protestanten. „Wo die Priester fehlen, gehen die Protestanten von Haus zu Haus, predigen das Evangelium und praktizieren die Nächstenliebe" [Text 295].

19.4 Konfessionelle Pluralisierung, neue Religionen

Um 1920 war es dem *Protestantismus* gelungen, sich – wenn auch als kleine Minderheit – fest auf dem Kontinent zu etablieren. Bereits zuvor hatte die Entwicklung regionaler und überregionaler organisatorischer Strukturen eingesetzt. In den Gebieten europäischer Immigration kam es zum synodalen Zusammenschluss von *Einwanderergemeinden*. In Brasilien etwa bildeten sich zwischen 1886 und 1912 vier regionale Synoden deutsch-evangelischer Einwanderergemeinden. In Chile kam es 1906 zu einem nationalen und im La Plata-Raum 1899/1900 mit der Gründung der ‚Deutsch-Evangelischen La Plata-Synode' zu einem übernationalen Zusammenschluss (für Argentinien, Uruguay und Paraguay). Auch die verschiedenen aus der Tätigkeit v. a. des nordamerikanischen *Missionsprotestantismus* hervorgegangenen Denominationen (wie Methodisten, Presbyterianer oder Baptisten) hatten ihre Jahreskonferenzen, Synoden, Konvente und regelmäßige Versammlungen. Aktiv waren sie insbesondere im Schulwesen, wo sie sich vielerorts als progressive Alternative sowohl zu den römisch-katholischen wie liberal-positivistischen Bildungseinrichtungen präsentierten. Gesellschaftlicher Wandel sollte durch Erneuerung des Einzelnen erreicht werden. Mit dem Panama-Kongress von 1916 verstärkten sich zugleich die Ansätze zur Bildung kontinentaler Organisationsformen und der Entwicklung eines gesamt-lateinamerikanischen protestantischen Bewusstseins. Deutsche Einwanderergemeinden hingegen pflegten vielfach weiterhin eine enge Symbiose von evangelischer Identität und Deutschtum. Dabei blieben sie vom heraufziehenden Kirchenkampf im Ursprungsland nicht unberührt. So kam es 1934 in Südbrasilien zur Bildung eines nationalsozialistischen Flügels unter der lokalen Pfarrerschaft [Text 289].

Schnell wachsende Kraft innerhalb des protestantischen Spektrums wurden die *Pfingstgemeinden*. Deren stürmische Ausbreitung seit 1930 dürfte auch als Reaktion auf die Weltwirtschaftskrise zu werten sein. Ihre polyzentrischen Anfänge gehen zurück auf den Beginn des 20. Jh. So zunächst in Chile (1909) und Brasilien (1911) [Text 286], und zwar teils in lockerer Verbindung mit, teils aber auch ganz unabhängig vom Azusa-Revival des Jahres 1906 in den USA. Entstanden waren die ersten Gemeinden zumeist durch Spaltung innerhalb der „historischen" protestantischen Kirchen (wie Methodisten, Baptisten oder Kongregationalisten). Getragen wurde die frühe Pfingstbewegung v. a. von unteren – verarmten und wenig gebildeten – Schichten in kleineren Städten und ländlichen Gebieten. Nach zwei oder drei Generationen fand sie dann zunehmend Eingang auch in der Mittelklasse. Kennzeichnend waren emotionale Gottesdienste, die Erfahrung der Geisttaufe, teils auch Glossolalie („Reden in Zungen"), Führung durch Laien sowie vielfach eine hervorgehobene Rolle von Frauen bei der Gründung neuer Gemeinden. Migration und hohe Mobilität waren ebenso bestimmende Merkmale wie der Drang zur Weitergabe des Glaubens. Es bildete sich bald eine verwirrende Vielzahl unabhängiger Kongregationen.

Das traditionelle religiöse Monopol des Katholizismus wurde nicht nur durch den vordringenden Protestantismus zunehmend in Frage gestellt. Die gegen Ende des 19. Jh. anschwellenden Migrationsströme aus unterschiedlichen Weltregionen (auch außerhalb Europas) brachten zugleich unterschiedliche religiöse Traditionen auf den Kontinent. Zusammen mit chinesischen „Kulis" und japanischen Einwanderern kamen etwa Buddhisten, Konfuzianer und Shintoisten. Muslime und indische Hindus gelangten aus den britischen Kolonien Asiens in die Karibik. Aus dem ottomanischen Reich suchten orientalische Christen und Moslems in Südamerika eine neue Heimat.

Es waren aber natürlich vor allem auch die vielfältigen *Mischformen zwischen populärem Katholizismus und afrikanischem Erbe* der einstigen schwarzen Sklaven, die das Bild wachsender religiöser Pluralisierung bestimmten. In Brasilien etwa war es die afro-brasilianische Religion des *Candomblé* oder in Kuba der Kult der *Santería* („Weg der Heiligen"), die katholische Volksfrömmigkeit mit traditionell-afrikanischer Religiosität (etwa der Yoruba aus dem heutigen Nigeria) verbanden. Elemente beider Religionen – wie die katholischen Heiligen und die Gottheiten (*Orishas*) des Yoruba-Pantheon – konnten dabei einander bereichern, ohne einfach ineinander aufzugehen. Sie koexistierten weithin in parallelen und miteinander verschränkten Formen [vgl. Foto K02–06]. – Neben solchen Mischformen, die sich über einen längeren Zeitraum entwickelt hatten, kam es in den 1920er Jahren auch zu synkretistischen *Neugründungen*. So in Brasilien die „neue" Religion des *Umbanda*, die zunächst von und für Angehörige der weißen urbanen Mittelschicht ins Leben gerufen wurde. Später gewann sie Anhänger in allen Bevölkerungsgruppen. Umbanda verbindet Elemente des (weißen) Spiritismus (in der Tradition von Alan Kardec), der (schwarzen) afrobrasilianischen Kulte (Candomblé, Macumba), indianischer Religiosität sowie des Christentums. Im Zentrum steht der Glaube an eine Welt geistiger Wesen: Gottheiten, mythische Gestalten sowie die Seelen der Verstorbenen. Diese inkarnieren sich im Kult in eingeweihten Medien und ermöglichen so eine Kommunikation mit der Welt der Menschen. Die Ausübung der Umbanda-Religion erfolgte zunächst unter dem Deckmantel des Spiritismus, erst 1934 wurde sie gesetzlich erlaubt. Mit ihrem Zusammenschluss zur Föderation der „União Espírita da Umbanda do Brasil" im Jahr 1939 war die neue Religion endgültig etabliert [Text 288].

Andernorts konnte sich etwa in Kreisen der schwarzen ‚Bruderschaften' aus einzelnen Elementen der katholischen Liturgie und Praxis eine eigene Festkultur entwickeln. 1941 beschrieb ein europäischer Besucher in der brasilianischen Stadt Salvador Bahia die mit großem Pomp gefeierte Zeremonie der „Kirchenwaschung" (*lavagem do Senhor de Bomfim*). Diese war ursprünglich vielleicht eine einfache Putzaktion gewesen, die sich inzwischen zu einem Volksfest mit beeindruckenden Prozessionen gewandelt hatte. Die schwarzen Christen, so erklärend ein Priester zu dem europäischen Besucher, „sind hier sehr fromm. Aber sie sind es auf ihre Art" [Text 293].

In Jamaika bildete sich unter der schwarzen Bevölkerung in den 1930er Jahren mit den *Rastafari* eine alttestamentlich inspirierte religiöse und soziale Bewegung. Sie steht im weiteren Zusammenhang des sog. Äthiopismus – der auf Äthiopien als Symbol politischer *und* religiöser Befreiung blickte – und erkannte den äthiopischen Herrscher Haile Selassie als wiedergekehrten Messias an. Ein Besuch des äthiopischen Kaisers 1966 in Jamaika führte zum Ansturm von 100 000 Anhängern auf den Flughafen. Viele Rastafari erwarteten Befreiung aus „Babylon" – dem korrupten westlichen System der Unterdrückung – und Rückkehr nach Afrika [vgl. Foto L06–15].

Fußnote zu Kapitel 19

1 DUSSEL (1992), *Church in Latin America*, 150.

Literatur zu Kapitel 19

19.1 (Die Lage um 1900)

STRASSNER (2018), *Christentum in Lateinamerika*, 510–522; GONZÁLEZ/GONZÁLEZ (2008), *Christianity in Latin America*, 160 ff; DUSSEL (1992), *Church in Latin America*, 117–138. 139–152; TOBLER/BERNECKER (1996), *Handbuch* III, 8 ff.87 ff.265 ff.487 ff. 1059 ff.

19.2 (Regionale Profile: Brasilien, Mexiko, Kuba)

PRIEN (1978), *Geschichte*, 541–573 (Brasilien). 720–741 (Mexiko). 995–1006 (Kuba); PRIEN (2007), *Lateinamerika*, 348–353.362–368; TOBLER/BERNECKER (1996), *Handbuch* III, 257–315 (Mexiko). 483–503 (Kuba). 1049–1096 (Brasilien); STRASSNER (2018), *Christentum in Lateinamerika*, 518 ff; TSCHUY (1978), *Kubanischer Protestantismus*; DUSSEL (1992), *Church in Latin America*, 222 ff. (‚Christero' Bewegung); MEYER (2013), *La Cristiada*.

19.3 (Weltwirtschaftskrise und Soziale Frage)

STRASSNER (2018), *Christentum in Lateinamerika*, 513 ff.518–523; DUSSEL (1992), *Church in Latin America*, 139–152; TOBLER/BERNECKER (1996), *Handbuch III*, 8–73. 291–309.1073–1088.

19.4 (Konfessionelle Pluralisierung, neue Religionen)

(a) Protestantismus: PRIEN (2007), *Lateinamerika*, 319–332; PRIEN (1978), *Geschichte*, 528–541; BASTIAN (1995), *Protestantismus*, 130–205; DREHER (1978), *Kirche und Deutschtum*, 84–102. – (b) Pfingstbewegung: GONZÁLEZ/GONZÁLEZ (2008), *Christianity in Latin America*, 270–296; PRIEN (1978), *Geschichte*, 857–875; BASTIAN (1995), *Protestantismus*, 160 ff; FRESTON, P. (1995), *Pentecostalism in Brazil*, 119 ff; RIVERA-PAGÁN (2008), *Pentecostal Transformation*, 190–210; ANDERSON (2004), *Pentecostalism*, 63 ff. – (c) Neue Religionen: GONZÁLEZ/GONZÁLEZ (2008), *Christianity in Latin America*, 180 ff; SCHARF DA SILVA (2017), *Umbanda*; BARSCH (2003), *Rastafari*.

Abb. 38. Indien: Pandita Ramabai (Saravasti) (1858–1922), indische Sozialreformerin, christliche Bildungsaktivistin und Gründerin der ‚Pandita Rambai Mukti Mission' (Bild auf indischer Briefmarke von 1989).

Abb. 39. Indien: V. S. Azariah (1874–1945), Evangelist, erster indischer Bischof in der anglikanischen Kirche, Pionier der asiatischen Ökumene-Bewegung.

Abb. 40. Indien: Lilivathi Singh (1868–1909), Publizistin, College-Professorin und christliche Bildungspionierin, die sich v. a. für die Rechte indischer Frauen auf Bildung einsetzte.

Abb. 41. Japan: Kanzo Uchimura (1861–1930), Autor, christlicher Evangelist und Gründer der ‚Nicht-Kirche-Bewegung' (Mukyokai) im Japan der Meiji- und Taisho-Periode.

Abbildungen zu Teil IV: 1890–1945 **221**

Abb. 42. China: Tsinghua-Universität in Beijing, 1911 von US-amerikanischen Missionaren gegründet, heute eine der führenden Universitäten Chinas [= Foto B16].

Abb. 43. Korea: Das Cheamri-Massaker von 1919, begangen von japanischen Soldaten an christlichen Dorfbewohnern [= Foto D15].

Abb. 44. Gruppenfoto der Weltmissionskonferenz 1938 im indischen Tambaram (Nähe von Madras/Chennai). Dies war die erste ökumenische Versammlung mit einer Mehrheit von Delegierten aus Asien, Afrika und Lateinamerika.

V. 1945–1990

Kapitel 20: Postkoloniale Ordnung und kirchliche Emanzipationsbewegungen

20.1 Ende des Zweiten Weltkriegs, Wellen der Dekolonisierung

Mit der Kapitulation Deutschlands am 8. Mai 1945 und Japans am 2. September 1945 endete der Zweite Weltkrieg. Er hatte eine ungeheure Zahl von Opfern gefordert – zwischen 50 und 70 Millionen Menschen, stärker noch unter der Zivilbevölkerung als unter den Soldaten. Das Ausmaß der Zerstörung war beispiellos in der modernen Geschichte. Zu den Opfern zählten in Europa auch sechs Millionen systematisch ermordeter Juden. Etwa 60 Staaten auf der ganzen Erde waren direkt oder indirekt an den Kampfhandlungen beteiligt. Dazu gehörten auch die westlichen Kolonien in Asien und Afrika, u. a. durch die Entsendung von Truppenkontingenten auf die Schlachtfelder Europas. Die Erfahrungen des Krieges verstärkten dortige Unabhängigkeitsbestrebungen [cf. Text 192]. In Ostasien und im Pazifik hatten die Japaner – neben Teilen Chinas (seit 1931 bzw. 1937) und dem bereits 1910 okkupierten Korea – seit 1941 weite Gebiete des französischen (Vietnam, Laos, Kambodscha), englischen (Hongkong, Singapore, Burma, Malaya), niederländischen (Indonesien), australischen (Neuguinea) und amerikanischen (Philippinen) Kolonialimperiums besetzt bzw. unter ihre Kontrolle gebracht – mit unterschiedlichen Folgen für die dortigen christlichen Gemeinschaften. Vielerorts wurden sie von den Japanern als Fünfte Kolonne des Westens verdächtigt und scharfen Repressionen ausgesetzt [Text 85]. Zahlreiche lateinamerikanische Staaten, die im Ersten Weltkrieg noch neutral geblieben waren, erklärten nun Deutschland (bzw. den verbündeten Achsenmächten) den Krieg. In der Sowjetunion verschaffte der „große vaterländische Krieg" gegen die deutschen Aggressoren der zuvor brutalst verfolgten russisch-orthodoxen Kirche eine Atempause. Nach 1945 verschärften sich jedoch die Repressionen gegen Christen und Kirchen im sowjetischen Machtbereich wieder, nun neu auch in Osteuropa. Harte Verfolgung traf Gläubige (und Mönche) aber auch in anderen religiösen Kontexten unter kommunistischer Herrschaft, so in der mehrheitlich buddhistischen Mongolei.

Als direkte Folge des Zweiten Weltkriegs änderte sich die politische Weltkarte. Zwischen 1945 und 1975 löste sich die westliche Kolonialherrschaft in fast allen Gebieten des globalen Südens auf. Dass das Verschwinden der europäischen Kolonialherren aus weiten Teilen Asiens und Afrikas nicht zugleich auch das Ende der aus der westlichen Mission hervorgegangenen Kirchen bedeutete, sondern dass christliche Gemeinschaften dort in der Folgezeit teilweise sogar ein explosives Wachstum erfuhren, zählt zu den hervorstechenden Merkmalen der Christentumsgeschichte des 20. Jh. Der Prozess der *Dekolonisierung vollzog sich in Wellen*. Zunächst stand *Asien* im Zentrum des Geschehens. 1946 wurden die Philippinen unabhängig (von den USA), 1947 Indien und Pakistan (von Großbritannien), ebenso wie 1948 Ceylon (Sri Lanka) und Burma (Myanmar), sowie 1949 dann Indonesien. Dieses Land hatte zwar bereits 1945 seine Unabhängigkeit erklärt, die aber erst 1949 von der niederländischen Kolonialmacht anerkannt wurde. Ähnlich die Situation in Vietnam, wo die früheren französischen Kolonialherren 1954 gewaltsam vertrieben wurden – mit dem Ergebnis einer Teilung des Landes. In Laos und Kambodscha war die französische Herrschaft bereits 1953 beendet. Mit der Unabhängigkeit Malayas (Kerngebiet des späteren Malaysia) im Jahre 1957 war die Dekolonisierung Asiens im Wesentlichen abgeschlossen.

1960 wurde dann zum „Jahr *Afrikas*". In diesem Jahr erlangten zwölf französische Kolonien im subsaharischen Afrika die Unabhängigkeit sowie die Giganten Nigeria (zuvor britisch beherrscht) und Belgisch-Kongo. In der Folgezeit setzte sich diese Entwicklung mit rasanter Geschwindigkeit fort. Ende der 1960er Jahre war der Kontinent im Wesentlichen frei von westlicher Kolonialherrschaft – abgesehen von den portugiesischen Besitzungen (v. a. Angola und Mosambik), die 1975 die Unabhängigkeit erlangten, sowie dem von einem weißen Minderheitsregime beherrschten Südrhodesien (Zimbabwe) und Südafrika (wo das Apartheits-Regime erst 1990 bzw. 1994 endete).

Die Staaten *Mittel- und Südamerikas* auf dem Festland hatten zwar bereits in den 1820er Jahren ihre politische Unabhängigkeit von Spanien und Portugal erlangt. Ende des 19. Jh. verschwanden dann auch noch die letzten Reste spanischer Kolonialpräsenz aus den insularen Randzonen (Kuba, Puerto Rico) Zugleich aber waren die neuen Nationen des Kontinents wachsendem wirtschaftlichen, politischen (und teilweise auch militärischen) Druck der USA ausgesetzt. In der Zeit nach dem Zweiten Weltkrieg markiert die weithin als Fanal wahrgenommene kubanische Revolution von 1959 eine wichtige Zäsur. Mit dem Sieg der Sandinisten in Nicaragua 1979 etablierte sich dann ein revolutionäres Regime erstmals auch auf dem lateinamerikanischen Festland. Heftige Auseinandersetzungen zwischen konservativen und sozialrevolutionären Kräften bestimmten die Situation im Lateinamerika der 1970er und 1980er Jahre.

20.2 Neue Allianzen, Zusammenschluss als „Dritte Welt"

In der Folge des Zweiten Weltkriegs bildeten sich neue Machtblöcke und zugleich Strukturen einer bipolaren Weltordnung, die die Nachkriegszeit bis zum Wendejahr 1989/90 bestimmen sollten. Auf der einen Seite stand die – später sogenannte – „Erste Welt" als Gemeinschaft liberal-kapitalistischer Staaten unter Führung der USA. Sie umfasste die Mitglieder der 1949 gegründeten NATO (in Europa und im Nordatlantik), verschiedene Länder in Asien und im Pazifik mit militärischer Präsenz der USA (wie Japan, Südkorea, Taiwan, Thailand oder den Philippinen) sowie weitere verbündete Staaten (wie Australien). Ihr gegenüber stand – als „Zweite Welt" – das von der Sowjetunion geführte Lager sozialistisch regierter Länder, zusammengefügt im 1955 gegründeten ‚Warschauer Pakt'. In Ostasien gehörte neben der Äußeren Mongolei zeitweilig auch das 1949 kommunistisch gewordene China zu dieser Allianz, bis zum Bruch Chinas mit der Sowjetunion in den 1960er Jahren.

Eine dritte Gruppe bestand aus den neuen Staaten Asiens und Afrikas, die sich gerade erst aus kolonialer Fremdherrschaft befreit hatten und als „Blockfreie" einen *dritten Weg* zwischen den rivalisierenden Machtblöcken einzuschlagen suchten. Gleichwohl aber hatten sie sich stets in diesem Spannungsfeld zu positionieren. Eine wichtige erste Etappe markierte dabei die Konferenz der „Blockfreien" 1955 im indonesischen Bandung. An ihr nahmen 29 asiatische und afrikanische Nationen teil. Mit dem fortschreitenden Prozess der Dekolonisierung in den 1960er Jahren verbreitete sich auch die *Selbstbezeichnung als „Dritte Welt"*, als Sammelbegriff politisch, ökonomisch und kulturell heterogener Staaten. Im Einzelnen hat dieser Begriff in der Folgezeit sehr unterschiedliche Definitionen erfahren. Charakteristische Merkmale waren dabei der Verweis auf die gemeinsame koloniale Vergangenheit; der Kampf gegen „neokoloniale" Abhängigkeiten und imperialistische Ausbeutung; Armut, wirtschaftliche Rückständigkeit bzw. – in dependenztheoretischer Lesart – von den Zentren der kapitalistischen Welt produzierte „Unterentwicklung"; sowie der Stolz auf das eigene kulturelle Erbe. „Nie wieder hat der ‚Süden'", so der Historiker Jürgen Osterhammel im Jahr 1995, „den ‚Westen' derart tiefscharf und breitenwirksam herausgefordert wie in den nun schon klassischen anti-imperialistischen Lehren und Polemiken der Kampfperiode", unter Verweis auf Gandhi, Nehru, Mao Zedong. Ho Chi Minh, Frantz Fanon, Kwame Nkrumah und Leopold S. Senghor. Die einzige Ausnahme, die Osterhammel dabei nennt, ist – neben der „Ökonomie der ‚Dependenz'" – bemerkenswerterweise die im Lateinamerika der 1970er und 1980er Jahre formulierte „Theologie der Befreiung".[1] In jedem Fall spielte der Bezug auf die Kategorie ‚Dritte Welt' auch im Selbstverständnis und den Debatten lateinamerikanischer, asiatischer und afrikanischer Theologinnen und Theologen seit den 1970er Jahren eine bestimmende Rolle. So wurde 1976 in Daressalam die ‚Ecumenical Association of Third World Theologians' (EATWOT) gegründet – als transkontinentale und überkonfessionelle Platform kritischer Christinnen und Christen aus dem globalen Süden. Sie löste ihrerseits teils intensive Debatten in kirchlichen und akademischen Kreisen Europas aus.[2]

20.3 Formen kirchlicher und theologischer Emanzipation

Der Prozess der politischen Dekolonisierung verstärkte Emanzipationsbestrebungen auch in den aus westlicher Mission hervorgegangenen sog. „historischen" Kirchen, die dort allerdings teilweise schon deutlich früher eingesetzt hatten. Verwiesen sei auf den kirchlichen Independentismus im Afrika des frühen 20. Jh. sowie auf zeitgleiche nationalkirchliche Bestrebungen im Asien dieser Jahre [s. Kap. 18.2 und 17.2]. Nicht zufällig erlebte die *asiatische Ökumene-Bewegung* dann 1947 – also im Jahr der politischen Unabhängigkeit Indiens – mit der Gründung der ‚Church of South India' (CSI) einen neuen Höhepunkt. Als erster Zusammenschluss weltweit von Kirchen der episkopalen, presbyterialen und kongregationalistischen Tradition (und damit als Zeichen der Überwindung des importierten westlichen Denominationalismus) fand die CSI in der globalen Ökumene große Beachtung: Dies geschah zudem bereits ein Jahr *vor* der Gründung des Ökumenischen Rates bzw. Weltkirchenrates 1948 in Amsterdam. Mit Cherakarottu Korula Jacob als erstem Moderator stand ein Inder an der Spitze der CSI.

Im benachbarten Sri Lanka wurde 1948 – dem Jahr der Unabhängigkeit dieses Landes – mit Lakdasa de Mel (1902–1976) erstmals ein einheimischer Priester zum anglikanischen Bischof geweiht. Als Bischof der neugegründeten Diözese Kurunagala im singhalesischen Kernland (seit 1950) sowie später als anglikanischer ‚Metropolit von Indien, Pakistan, Burma und Ceylon' (seit 1962) gehörte er zu den profiliertesten christlichen Führungspersönlichkeiten im Asien der Nachkriegszeit. Die neue Kathedrale in Kurunagala wurde 1956 in Aufnahme singhalesischer Baustile errichtet. Inspiriert war sie von früheren Beispielen indigener Sakralarchitektur in Sri Lanka. Sie diente dann ihrerseits als Modell für kirchliche Bauten wie die anglikanische Kathedrale in Colombo [vgl. Abb. 48+47; Foto E-22/23] in den folgenden Jahren.

Im Einzelnen verlief die Übertragung von Führungspositionen an einheimische Christen in den verschiedenen Missionskirchen in unterschiedlichem Tempo. Parallel zum politischen Emanzipationsprozess erlangten zahlreiche afrikanische Kirchen in den frühen 1960er Jahren die volle Autonomie. Zugleich bildeten (bzw. verstärkten) sich in verschiedenen Ländern übergreifende *nationale Organisationsstrukturen*, in Gestalt der teils schon seit den 1920er Jahren bestehenden Nationalen Christenräte. Seit den 1960er Jahren kam es verstärkt auch zu kontinentalen Zusammenschlüssen. So wurde 1959 in Kuala Lumpur (Malaysia) die Vorläuferorganisation der später so benannten ‚Christian Conference of Asia' (CCA) gegründet. Sie beeinflusste zugleich in Afrika die Bildung der ‚All Africa Conference of Churches' (CCAA) im Jahr 1963. An der Gründungsveranstaltung in Kampala (Uganda) waren etwa 100 – mehrheitlich protestantische sowie orthodoxe, katholische und auch unabhängige – Kirchen aus 42 Ländern vertreten [Text 197]. Die Konferenz forderte die Kirchen des Kontinents auf, „von ganzem Herzen am Aufbau der afrikanischen Nation mitzuwirken". 1966 folgte die Bildung der Pazifischen Kirchenkonferenz, 1973 die des ‚Middle East Council of Churches' (MECC) und im gleichen Jahr auch die der Karibischen Kirchenkonferenz (CCC). Seit 1982 arbeitete der Lateinamerikanische Kirchenrat (CLAI) in enger Kooperation mit den katholischen Ortskirchen. Die römisch-katholische Kirche hatte sich zunächst allenfalls punktuell an Projekten interkonfessioneller Kooperation beteiligt. Mit dem Zweiten Vatikanischen Konzil (1962–1965) verbesserte sich auch in Übersee das ökumenische Klima beträchtlich.

Protest gegen die Dominanz westlicher akademischer Theologie und die Entwicklung *eigener* – auf den asiatischen, afrikanischen oder lateinamerikanischen Kontext bezogener – *Theologiemodelle* sind ein weiteres übergreifendes Merkmal vielfältiger Entwicklungen in der Phase der Dekolonisierung nach 1945. Diese im Einzelnen sehr heterogenen Ansätze waren lange Zeit primär am „Indigenisierungs-" bzw. „Inkulturations"-Paradigma orientiert. Es galt also, das jeweils eigene kulturelle Erbe mit dem – von den Missionaren, so der Vorwurf, nur in einer „westlichen Gestalt" übermittelten – Evangelium zu verbinden. Theologen in Afrika diskutierten Ansätze zu einer „afrikanischen Theologie" [vgl. Text 206–211]. Sie suchten (und suchen) beispielsweise die Zentralität der Ahnenverehrung in der afrikanischen Tradition in Beziehung zum biblischen Gottesglauben zu setzen. Eine neue Etappe markierte die Entwicklung *„kontextueller" Theologie-Entwürfe* seit Beginn der 1970er Jahre. Sie basierte auf der Einsicht, dass der Bezug auf traditionelle Kulturen (wie den Konfuzianismus) etwa im revolutionären China oder den modernen Transformationsgesellschaften Ostasiens weithin irrelevant geworden war. Neben kulturellen Elementen seien darum bei der Analyse des „Kontextes" ebenso (oder stärker noch) auch sozioökonomische Faktoren, technologische Entwicklungen sowie Prozesse der Säkularisierung zu berücksichtigen. So das 1972 vom taiwanesischen Pädagogen Shoki Coe formulierte Konzept der „Kontextualisierung", das vor allem als Leitbild theologischer Ausbildung in der Dritten Welt durch den Ökumenischen Rat der Kirchen weite Verbreitung fand [Text 100].

Die lateinamerikanische Befreiungstheologie der 1970er und 1980er Jahre schließlich suchte eine sozialwissenschaftliche Analyse von Strukturen der Unterdrückung mit der Aufforderung zu engagiertem Handeln und einer bevorzugenden „Option für die Armen" zu verbinden [Text 303–305; s. Kap. 23.3]. Obwohl intensiv sowohl innerhalb wie außerhalb Lateinamerikas rezipiert, stellte sie doch keineswegs das einzige Modell befreiungstheologischer Reflexion dar. In Korea beispielsweise entwickelte sich in den Zeiten diktatorischer Militärherrschaft in den 1970er Jahren mit der ‚Minjung-Theologie' ein sehr eigenständiges, aber gleichwohl auf befreiendes Handeln ausgerichtetes Theologie-Modell [Text 101]. Andere asiatische Stimmen (wie beispielsweise der srilankanische Jesuit Aloysius Pieris) unterstrichen ebenso wie die lateinamerikanische Befreiungstheologie die Notwendigkeit gesellschaftlichen Engagements. Sie kritisierten aber heftigst deren ungenügende Berücksichtigung des religiösen Elements bzw.

der „befreienden" (neben der versklavenden) „Dimension" unterschiedlicher (auch nicht-christlicher) religiöser Traditionen [Text 102].

Ausdruck emanzipatorischer Bestrebungen waren auch vielfältige Ansätze zu einer *neuen Historiographie.* Anstelle der traditionellen Missionsgeschichte – die im Regelfall die Initiativen und Aktivitäten westlicher Missionare ins Zentrum der Darstellung rückte – entstanden vielfältige Projekte, um die Genese und Formation außereuropäischer Christentümer im Kontext der jeweiligen Gesellschaften und Kulturen zu beschreiben. Besondere Beachtung fanden dabei die Initiativen einheimischer Akteure. Bahnbrechend in Indien beispielsweise war eine Studie von Kaj Baago aus dem Jahr 1969 zu den dortigen „Pioniers of Indigenous Christianity" im 19. Jh. Sie stimulierte zugleich den Aufbau einer entsprechenden Infrastruktur und von Archiven. Analoge Zielsetzungen verfolgte, zusammen mit einem stark befreiungstheologischen Ansatz und auf gesamtkontinentaler Ebene, die 1972 gegründete lateinamerikanische Kirchengeschichts-Kommission (*Comisión de Estudios de Historia de la Iglesia de América Latina*/CEHILA). Und die bereits erwähnte EATWOT gründete 1983 eine ‚History Group' mit dem Auftrag, Studien zur „Geschichte der Kirchen in der Dritten Welt" aus der Perspektive der kolonisierten Völker und marginalisierter Gruppen zu verfassen. Ziel war zugleich die Förderung des „gegenseitigen Verständnisses der Kirchen in den Ländern der Dritten Welt".[3] Von diesem Projekt wiederum gingen Impulse auch auf die sich seit den 1990er Jahren zunächst v. a. im anglophonen Sprachraum etablierenden ‚World Christianity Studies' aus.

Auch hier ist daran zu erinnern, dass es vielfältige Ansätze zu einer indigenchristlichen Historiographie bereits lange vor dem Ende des Kolonialzeitalters gab. Ende des 19. Jh. etwa verfassten zwei westafrikanische Pastoren – Carl Reindorf (1834–1917) aus dem heutigen Ghana und Samuel Johnson (1846–1901) aus dem heutigen Nigeria – ausführliche Geschichten ihrer jeweiligen Heimatregionen, geschrieben aus der Perspektive einheimischer Bevölkerungsgruppen und unter breiter Verwendung mündlicher Quellen.[4] Im Peru des frühen 17. Jh. war der bereits an anderer Stelle erwähnte Guamán Poma de Ayala Autor einer Weltchronik, die die Geschichte der abendländischen Christenheit sowie der Inkaherrscher Perus bis zur Ankunft der Spanier parallelisierte. Anschließend beschrieb er detailliert und mit reicher Illustration die frühe Kolonialgesellschaft – unter scharfer Kritik der kolonialkirchlichen Wirklichkeit, bei gleichzeitiger Würdigung des indianischen Christentums [Kap. 9.2; Text 249; Abb. 10/11].

20.4 Wachsende Bedeutung der Südkirchen in der globalen Ökumene

Die Weltmissionskonferenz im indischen *Tambaram* 1938 hatte bereits – erstmals bei einer ökumenischen Versammlung – eine Mehrheit der Delegierten aus dem globalen Süden gesehen [Text 83.185]. Als es dann 1948 in *Amsterdam* zur

Gründung des – bereits vor dem Krieg geplanten – ‚Ökumenischen Rates der Kirchen' (ÖRK, englisch WCC) als globalem Zusammenschluss von (zunächst) 145 protestantischen und orthodoxen Kirchen aus 44 Ländern kam, zählten auch 27 asiatische Kirchen zu den Gründungsmitgliedern. Deren Delegierte – wie der zu einem der sechs Präsidenten des ÖRK gewählte Chinese T. C. Chao – nahmen teils prominente Funktionen ein. Gleichwohl zeigten sie sich frustriert über das langsame Tempo der Unionsbestrebungen bei den Westkirchen. Die ein Jahr zuvor vollzogene südindische Kirchenunion (CSI) [Text 87a] hatte eine ungleich höhere Dynamik ausgelöst.

1961 fand die dritte Vollversammlung des ÖRK im indischen Neu-Delhi statt. Damit fungierte erstmals ein nicht-westliches Land als Gastgeber. Neben Neuzugängen aus dem Ostblock (wie der russisch-orthodoxen Kirche) sah die Veranstaltung beachtlichen Zuwachs aus den neuen Nationen des Südens. Von den 23 neuen Mitgliedskirchen kamen 18 aus Ländern der nun auch offiziell sogenannten Dritten Welt: elf aus Afrika, fünf aus Asien sowie zwei pentekostale Kirchen aus Lateinamerika (Chile). Auch die Thematik der Konferenz war weitgehend von den revolutionären Veränderungen der Zeit sowie den Problemen des „raschen technischen und sozialen Umbruchs" bestimmt. Daneben gewannen, gerade in einem asiatischen Umfeld, Fragen des interreligiösen Dialogs neue Bedeutung: Christus; *das* Licht oder *ein* „Licht der Welt"? – eine kontrovers diskutierte Frage.

Dritte-Welt-Themen bestimmten auch sonst zunehmend die Agenda des ÖRK. 1966 wurde in Genf eine „Weltkonferenz für Kirche und Gesellschaft" einberufen. Kontrovers diskutiert wurden dabei Fragen einer „Theologie der Revolution" sowie das Problem eines Widerstandrechtes bzw. möglicher Gewalt gegen Unrechtssysteme. 1968 eröffnete der ÖRK einen Studienprozess zum Thema „Die Kirche und die Armen", mit Fokus auf dessen globalen sozioökonomischen Rahmenbedingungen. Die vierte Vollversammlung des ÖRK 1968 in Uppsala stand unter dem Motto: „Siehe, ich mache alles neu". Fragen der Einheit der Kirche wurden dabei in Beziehung gesetzt zur Erneuerung bzw. Einheit der globalen menschlichen Gesellschaft. Die Kirche, so der Anspruch der Konferenz, „wagt es, von sich selbst als dem Zeichen der zukünftigen Einheit der Menschheit zu sprechen". Evangelikale Kritiker sahen darin eine „Horizontalisierung des Evangeliums". Diese Kritik war einer der Ausgangspunkte des sich in der Folgezeit verschärfenden Konflikts zwischen „Ökumenikern" und evangelikalen Stimmen innerhalb des globalen Protestantismus.

In der katholischen Welt markierte das *Zweite Vatikanische Konzil (1962– 1965)* eine tiefgreifende Zäsur. Es war das „universalste" aller Konzile in der Geschichte der katholischen Kirche bzw. – so der brasilianische Theologe Oscar Beozzo – überhaupt das „erste Konzil, das aufgrund der Zusammensetzung seiner Mitglieder universal genannt werden kann; denn es kamen Repräsentanten der Kirchen aller fünf Kontinente zusammen".[5] Der europäische Episkopat stellte nur noch knapp die Hälfte aller Teilnehmer. Aus beiden Amerikas kamen 956 Bischöfe (davon 601 aus Lateinamerika und 243 aus Brasilien), aus Asien über 300 sowie aus Afrika knapp 279. In seiner Vorbereitung freilich war das Konzil noch so gut wie ausschließlich ein rein europäisches Unternehmen. Im Prozess seiner Rezeption setzte es dann teils dramatische Änderungen in Gang. So befeuerte es in Lateinamerika die Diskussionen um die Befreiungstheologie und das soziale Engagement der Kirche, die in Kap 23.3 ausführlicher erörtert werden. In Afrika traf die vom Konzil beschlossene Liturgiereform (mit stärkerer Berücksichtigung der jeweiligen Muttersprache) auf den Durst der neuen Staaten nach kultureller Afrikanisierung. In Asien beflügelte es zahlreiche Experimente interreligiöser (und interkonfessioneller) Kooperation sowie neue Formen kommunitären Lebens und gottesdienstlicher Gestaltung.

1969/70 hatte der ÖKR als Zeichen der Solidarität zwischen den Kirchen in Nord und Süd ein *Antirassismus-Programm* gestartet. Er etablierte einen Fonds, um afrikanische Christen (insbesondere im Apartheid-Staat Südafrika) in ihrem Kampf um wirtschaftliche, soziale und politische Gerechtigkeit zu unterstützen. Dieser Schritt löste heftige Debatten in den Kirchen Mitteleuropas aus, bis hin zu Austrittsdrohungen aus dem ÖRK. Überhaupt ist dies ein Merkmal der 1960er Jahre und folgender Jahrzehnte, dass Entwicklungen im globalen Süden *zunehmend Rückwirkungen auch auf die Kirchen Europas* hatten – und umgekehrt. 1973 schlugen afrikanische Kirchen auf der Weltmissionskonferenz in Bangkok ein *Moratorium* (zeitweiliges Aussetzen) für den Transfer von Geld und die Aussendung von Missionaren aus dem Norden in den Süden vor. In der Folge änderten sich die Strukturen zahlreicher europäischer Missionsgesellschaften, die – wie etwa die ‚Vereinigte Evangelische Mission' (VEM; zuvor Rheinische Mission, in Wuppertal) oder die Basler Mission (Basel) – ihre Missionsseminare schlossen. Stattdessen wandelten sie sich nun, zusammen mit ihren früheren Missionsgründungen, in partnerschaftliche Organisationen um.

Die lateinamerikanische Befreiungstheologie fand, wie bereits erwähnt, enormes Interesse in kirchlichen Kreisen und bei sozialen Aktivisten auch anderer Kontinente, darunter – konfessionsübergreifend – in Westeuropa. Ihre Publizistik wurde vielfach übersetzt und fand ein breites Publikum. In den 1980er Jahren stieg etwa in verschiedenen Ländern Mitteleuropas die Zahl der kirchlichen Häuser sprunghaft an, die nach dem Befreiungstheologen und Erzbischof von San Salvador (in El Salvador) Óscar Romero (1917–1980) benannt wurden. Dieser war 1980 von Schergen der dortigen Militärdiktatur ermordet worden, während er am Altar die Messe zelebrierte [vgl. Abb. 55]. Umgekehrt gewannen Vertreter des kirchlichen und politischen Widerstandes in Europa neue Bedeutung und Aktualität auch in Übersee. So inspirierte Dietrich Bonhoeffer (1906–1945), lange Zeit als „Vaterlandsverräter" auch in konservativen kirchlichen Kreisen seines Heimatlandes verpönt, den Widerstand christlicher Aktivisten in Asien (v. a. Korea) und insbesondere in Ländern wie Südafrika oder Brasilien, deren diktatorische Regime sich christlich zu legitimieren suchten. Beide, Romero wie Bonhoeffer, finden sich vereint in einer Galerie der „Märtyrer des 20. Jahrhunderts", die 1998 am Westportal der Westminster-Abbey in London errichtet wurde. Andere dort gewürdigte „Blutzeugen" sind u. a. Martin Luther King (†1968, aus den USA), Pater Maximilian Kolbe (†1941, aus Nazi-Deutschland) oder der chinesische Christ Wang Zhiming, der 1973 ein Opfer der Verfolgungen in der chinesischen „Kulturrevolution" wurde. Diese Namen aus der globalen Ökumene stehen für eine transkontinentale Erinnerungskultur des Christlichen, deren Entwicklung sich seit den 1970er Jahren beschleunigt hat.

20.5 Neue Akteure und Bewegungen

Ein neuer Akteur auf der Bühne des Weltchristentums in der Nachkriegszeit wurde die – in sich sehr vielgestaltige – *Pfingstbewegung*. Noch in den 1950er Jahren vielerorts bloße Randerscheinung, durchlief sie in der Folgezeit eine dynamische Entwicklung und gewann seit den 1970er Jahren insbesondere in Lateinamerika und Afrika sprunghaft an Bedeutung. Seit den 1980er Jahren wurde sie etwa in Brasilien zur stärksten Kraft im protestantischen Lager [s. Kap. 23.4]. Global fand das enorme Wachstum pentekostaler und neopentekostaler Gruppen und Gemeinschaften vor allem im Süden statt. In den 1990er Jahren bildeten diese verstärkt auch transnationale Netzwerke. Die polyzentrischen Anfänge der Pfingstbewegung gehen bereits auf das erste Jahrzehnt des 20. Jh. zurück. Sie standen dabei teils in Verbindung mit nordamerikanischen Zentren (wie dem Azusa-Street-Revival 1906 in einer schwarzen Kirche in Los Angeles) oder entwickelten sich zunächst ganz unabhängig davon (so in Indien, Korea oder Chile). Das folgende Wachstum verlief regional sehr unterschiedlich. Unterschiedlich intensiv war dabei auch der Austausch mit anderen independentistischen Gruppen (wie den älteren ‚African Independent Churches' in Afrika) oder – so in Lateinamerika – die Aufnahme von Elementen katholischer Volksreligiosität.

Innerhalb des protestantischen Spektrums gab es stets auch *ökumene-kritische Stimmen*. In Lateinamerika verweigerten verschiedene fundamentalistische Kirchen nordamerikanischen Ursprungs den Beitritt zum 1948 gegründeten ÖRK. In den 1960er Jahren verstärkte sich der Widerstand konservativ-evangelikaler Kreise gegen das als „Politisierung" beklagte Menschenrechtsengagement des Weltkirchenrats. Dies war einer der Faktoren, der 1974 in Lausanne auf dem ‚Internationalen Kongress für Weltevangelisation' zur Gründung der *Lausanner Bewegung* als weltweitem Zusammenschluss evangelikaler Gruppen führte. Zu den Teilnehmern zählten auch Vertretern aus zahlreichen Ländern des globalen Südens. Kernforderung war der prioritäre Einsatz für die Weltmission (anstelle sozialpolitischer Aktivitäten). Auf dem zweiten Weltkongress der Bewegung 1989 in Manila wurde freilich neben der Aufgabe der Evangelisation zugleich auch die soziale Verpflichtung der Christen betont.

Fußnoten zu Kapitel 20

1 OSTERHAMMEL (1995), *Kolonialismus*, 119.
2 COLLET (1990), *EATWOT*, 315–334: „Rezeption der EATWOT-Theologie in Europa".
3 BAAGO (1969), *Pioneers of Indigenous Christianity*; RGG[4] II, 989–995 („Dritte Welt": W. Gern/G. Collet)/RGG[4] II, 84 f („CEHILA": E. Dussel); VISCHER (1983), *History of the Church in the Third World*, 131 f.
4 JENKINS (1998), *African Pastors*.
5 BEOZZO (2002), *Zweites Vatikanisches Konzil*, 219.

Literatur zu Kapitel 20

20.1 (Ende des Zweiten Weltkriegs, Wellen der Dekolonisierung)

REINHARD (1988), *Expansion* III, 187–204; JANSEN/OSTERHAMMEL (2013), *Dekolonisation*; ANSPRENGER ([4]1981), *Auflösung der Kolonialreiche;* HOLLAND (1985), *Decolonization;* WENDT (2007), *Globalisierung*, 315–388; IRIYE/OSTERHAMMEL (2013), *Geschichte der Welt* VII, 101–107; OSTERHAMMEL (1995), *Kolonialismus*, 119–124.

20.2+3 (Neue Allianzen, Zusammenschluss als „Dritte Welt" / Formen kirchlicher und theologischer Emanzipation)

COLLET (1990), *EATWOT*; RGG[4] II (1999), 989–993: „Dritte Welt" (W. Gern); 993–995: „Dritte-Welt-Theologie" (G. Collet); 1052–1054: „EATWOT" (E. Kamphausen); BAAGO (1969), *Pioneers of Indigenous Christianity*; FRIELING (1992), *Ökumenischer Gedanke*, 71–117; HASTINGS (1979), *African Christianity*; VISCHER (1983), *History of the Church in the Third World*; JENKINS (1998), *African Pastors*.

20.4 (Wachsende Bedeutung der Südkirchen in der globalen Ökumene)

WEBER (1966), *Asia and the Ecumenical Movement*, 179–187.220–248; FRIELING (1992), *Ökumenischer Gedanke*, 78–99; FEY ([3]1993), *Ecumenical Movement* II, 1–26.93 ff.171 ff. 373 ff.411 ff; BRIGGS/ODUYOYE/TSETIS (2004), *Ecumenical Movement* III; PHAN (2002), *Vatican II in Asia*, 243–258; BEOZZO (2002), *Zweites Vatikanische Konzil*, 203–218; MEYER-HERWARTZ (1979), *Rezeption des Antirassismus-Programms*; BESIER/BOYENS/LINDEMANN (1999), *Ökumenische Bewegung*, 155–185.

20.5 (Neue Akteure und Bewegungen)

HOLLENWEGER (1997), *Charismatisch-pfingstliches Christentum*; ANDERSON (2004), *Pentecostalism*; HAUSTEIN/MALTESE (2014), *Handbuch;* SUARSANA (2010), *Christentum 2.0?*; CORTEN/MARSHALL-FRATANI (2001), *Between Babel and Pentecost*; KALU (2005), *African Christianity*, 388–409; MILLER/YAMORI (2007), *Global Pentecostalism*.

Kapitel 21: Asien: Die 1950er Jahre

21.1 Christen als Minderheit im Prozess des nationalen Aufbaus

Bis Ende der 1950er Jahre erlangten fast alle asiatischen Länder die Unabhängigkeit von westlicher Kolonialherrschaft [s. Kap. 20.1]. Zentral auf der Tagesordnung stand nun der Aufbau der neuen Nationen. Die christlichen Gemeinschaften des Kontinents sahen sich herausgefordert, ihre Rolle als religiöse Minderheiten in diesem Prozess des ‚Nation Building' neu zu definieren. Dies geschah im Einzelnen unter sehr unterschiedlichen Rahmenbedingungen.

Auf dem indischen Subkontinent kam es 1947 zur gewaltsamen Teilung zwischen dem (mehrheitlich hinduistischen) Indien und dem (ganz überwiegend muslimischen) Pakistan. Während sich *Pakistan* 1956 zur ersten islamischen Republik der Welt ausrief und den Islam zur Staatsreligion erklärte, definierte sich *Indien* als säkularer Staat und schrieb in seiner Verfassung von 1950 den Grundsatz der Religionsfreiheit fest. Zugleich aber sah sich die christliche Gemeinschaft des Landes angesichts eines sich verstärkenden Hindu-Nationalismus zunehmenden Repressalien sowie der Einschränkung ihrer missionarischen Aktivitäten und ökumenischer Kontakte ausgesetzt [Text 87b+c]. Als Ausdruck einer neuen Gestalt des Christlichen im unabhängigen Indien verstand sich die bereits erwähnte Südindische Kirchen-Union (CSI) von 1947 [Text 87a], die importierte westliche Konfessionalismen zu überwinden suchte. Sie inspirierte analoge Unionsprojekte auch in Nordindien und anderen asiatischen Ländern. – Das benachbarte *Sri Lanka* (Ceylon) wiederum, 1948 unabhängig geworden, erlebte seit 1956 (und verstärkt dann in den 1960er Jahren) ein Anschwellen des buddhistischen Nationalismus. Der politischen Emanzipation sollte nun, so seine Anhänger, auch die kulturelle Befreiung von westlicher Dominanz folgen und der Buddhismus der singhalesischen Bevölkerungsmehrheit „einen hervorgehobenen Platz" im nationalen Leben erhalten. In der Folge wurde u. a. das Singhalesische zur einzigen offiziellen Sprache erklärt (Ausgangspunkt späterer blutiger Konflikte mit den Tamilen), die v. a. katholischen Privatschulen 1960/61 entschädigungslos verstaatlicht [Text 93] oder der traditionelle Mond-Kalender (mit dem Poya-Fest als Feiertag) anstelle der westlichen Sieben-Tage-Woche 1967 vorübergehend wieder eingeführt.

In *Indonesien* bot die Staatsphilosophie des *Pancasila* den christlichen Kirchen konstitutionell einen eigenen Lebensraum. 1945 vom späteren Präsidenten Sukarno erstmals formuliert und anschließend in der Verfassung verankert, benannten diese „fünf Säulen" als Grundprinzipien des nationalen Zusammenlebens: den Glauben an einen Gott, Humanismus, Einheit des Landes, Volkssouveränität; sowie soziale Gerechtigkeit [Text 88]. Mit dem Prinzip der „All-Einen göttlichen Herrschaft" genossen damit im mehrheitlich islamischen Inselreich fünf Religionen (Islam, Protestantismus, Katholizismus, Hinduismus, Buddhismus) offizielle Anerkennung. Glaubensformen ohne schriftliche Überlieferungen oder nicht-religiösen Überzeugungen hingegen wurde diese Anerkennung verweigert. 1950 schlossen sich die meisten protestantischen Kirchen, die – konzentriert in einzelnen Regionen – ca. 7% der Gesamtbevölkerung repräsentierten (Katholiken ca. 3%), zum ‚Rat der Kirchen in Indonesien' (DGI) zusammen. Eingebunden in das *Pancasila*-System, gewannen sie seit der Unabhängigkeit des Landes deutlicher als zuvor ein indonesisches Gesicht. Zugleich waren ihre Stellungnahmen zu gesellschaftlichen Fragen oft vom Willen zur Loyalität gegenüber der Regierung und Mehrheitsgesellschaft gekennzeichnet. 1965 fand ein Putschversuch linker Militärs statt, der rasch niedergeschlagen wurde. Daraufhin wurde die kommunistische Partei aufgelöst und Tausende ihrer Mitglieder verhaftet. Im ideologischen Vakuum, das auf den Putsch folgte, kam es zu Masseneintritten in die christlichen Kirchen [Text 97].

In *Japan* hatte die Niederlage des Landes 1945 den Kollaps des alten Systems zur Folge. Der Tenno (Kaiser) wurde entmythologisiert, die Trennung von Religion und Staat verkündet sowie eine demokratische Verfassung erlassen. Unmittelbare Konsequenz – so der japanische Theologe Yagi Seiichi – waren „eine negative Beurteilung alles Traditionellen und eine fast vorbehaltslose Ergebenheit gegenüber der westlichen Kultur einschließlich des Christentums ... Die Zahl der Christen und die Einwirkung der Christen auf das geistige Leben in Japan nahmen in bemerkenswerter Weise zu".[1] Deutsche Theologen – wie Karl Barth, Emil Brunner, Paul Tillich – erfuhren in der Folge eine beachtliche Rezeption. Ende der 1960er kam es dann zu einer Gegenbewegung und unterschiedlichen Bestrebungen, sich aus der „Gefangenschaft der deutschen Theologie" wieder zu „befreien". – Ungleich früher als andere gesellschaftliche oder politischen Kräfte des Landes sprachen japanische Christen 1946 von einer „Schuld" und „Verantwortung" Japans für die Ereignisse des Zweiten Weltkriegs. Es gelte nun, „ein neues Japan auf der Grundlage des Kreuzes Christi aufzubauen" [Text 89]. 1967 verabschiedete die ‚Vereinigte Kirche Christi' eine Erklärung, die vielfach als Analogie zum „Stuttgarter Schuldbekenntnis" der Evangelischen Kirche Deutschlands im Jahr 1945 bezeichnet worden ist.

In *Korea* endete mit dem Zweiten Weltkrieg zugleich auch die lange (seit 1910 bestehende) Periode japanischer Okkupation. Christen im Süden begrüßten die neue Religionsfreiheit und träumten von einer Umformung des Landes in eine christliche Nation. Obwohl landesweit zunächst nur eine kleine Minderheit (von ca. 2–3%), waren sie doch unter gebildeten Koreanern stark vertreten. So waren die Führer der Übergangsregierung im Süden (um Rhee Syng-man, den späteren Präsidenten Südkoreas) alle Christen. Der Schwerpunkt des koreanischen Christentums (mit ca. 18% der Bevölkerung) lag freilich im – seit 1945 sowjetisch besetzten – Norden. Noch vor der Teilung des Landes 1948 setzte eine massive Fluchtbewegung koreanischer Christen von Nord nach Süd ein, womit sich das Profil der dortigen Gemeinden entscheidend veränderte. Der Koreakrieg 1950–1953 führte zu erneuten Verwüstungen und verstärkte die anti-kommunistische Einstellung der Kirchen im Süden. In den 1960er Jahren begann dann eine Phase beispiellosen Kirchenwachstums. Die Zahl der Christen stieg von ca. 600 000 im Jahr 1950 und 1 140 000 (1960) auf 2 200 000 (1970) sowie 7 180 627 (1980; für dieses Jahr liegen erstmals regierungsamtliche Zahlen vor) [Text 96]. Die forcierte Industrialisierung seit den 1960er Jahren führte zu wachsenden sozialen Spannungen und gleichzeitig zu gestiegenem gesellschaftlichem Engagement südkoreanischer Christen. In den 1970er Jahren bildete sich daraufhin mit der Minjung-Theologie eine spezifisch koreanische Form der Befreiungstheologie [Text 101; s. Kap. 21.4].

Die *Philippinen,* die asiatische Nation mit dem höchsten katholischen Bevölkerungsanteil (2000 ca. 84%) erlangten 1946 die Unabhängigkeit von den USA. Im Zweiten Weltkrieg als Schlachtfeld zwischen Japanern und Amerikanern schwer verwüstet, galten die Anstrengungen der jungen Republik zunächst v. a. dem Wiederaufbau des Landes und seiner Infrastruktur. Die katholische Mehrheits- sowie die älteren („ökumenischen") protestantischen Minderheits-Kirchen spielten dabei im Erziehungs- und Gesundheitswesen eine wichtige Rolle. – In einem ganz anderen regionalen und kolonialen Kontext gewann der *Libanon* – zuvor französisches ‚Mandatsgebiet' – bereits 1943 seine Souveränität. Im Jahr 1956 wurde der Anteil der Christen im Libanon mit 54% der Bevölkerung angegeben. Durch Verteilung der höchsten Staatsämter auf verschiedene Konfessionen suchte das politische System die Machtbalance zwischen den Religionsgemeinschaften des Landes zu sichern. So muss nach der (wiederholt aktualisierten) Verfassung von 1943 das Staatsoberhaupt ein maronitischer Christ und der Regierungschef sunnitischer Muslim sein.

21.2 Statusverlust und Verfolgungen im kommunistischen Machtbereich

1949 wurde in *China* die Volksrepublik ausgerufen. Den neuen kommunistischen Machthabern ging es zunächst weniger um die Auslöschung als die Kontrolle über die christlichen Kirchen. Gleichwohl setzten bald massive Repressionen ein. Sie verschärften sich mit Beginn des Korea-Kriegs (1950–1953), in dem chinesische Verbände amerikanischen Truppen gegenüberstanden. Euroamerikanische Missionare wurde 1951 des Landes verwiesen [Text 90c] und alle „imperialistischen Verbindungen" zwischen den Kirchen Chinas und dem Westen gekappt.

Bereits 1949 hatten sich „patriotische" chinesische Christen in einem „Manifest" von den „alten" Missionen in Übersee losgesagt [Text 90b]. 1954 wurde das später sog. „Three-Self Patriotic Movement" gegründet, das die verschiedenen protestantischen Gemeinschaften unter Kontrolle der kommunistischen Partei zusammenzufassen suchte [Text 90d]. Dissidente Gruppen (bzw. nicht registrierte „Hauskirchen") wirkten im Untergrund weiter. Auch im katholischen Kontext standen sich seit 1958 eine staatlich anerkannte – aber von Rom verworfene – „patriotische" Organisation auf der einen und die Untergrund-Kirche romtreuer Katholiken auf der anderen Seite gegenüber.

Für alle Christen jedoch – ob Katholiken, Protestanten oder indigene Gemeinschaften, ob „patriotisch" vereint oder in den Untergrund verdrängt – folgte eine Periode des Schreckens. Die zwei Dezennien von Ende der 1950er bis Ende der 1970er Jahre sind als die „dunkelste Zeit" in der neueren Geschichte des chinesischen Christentums bezeichnet worden. Während des sog. „Großen Sprungs nach vorne" (seit 1958) wurden zunächst 90% der noch offenen Kirchen insbesondere auf dem Land geschlossen. Geistliche kamen ins Gefängnis; Gläubige wurden misshandelt oder in Arbeitslager verbracht, wo sie oft nicht überlebten. In dieser Zeit „wurden Gefängnisse und Arbeitslager zu einem wichtigen Ort, wo sich das Evangelium verbreitete".[2] Eine nochmalige Steigerung erfuhren die Repressionen während der „großen proletarischen Kulturrevolution" der Jahre 1966 bis 1976. Sie zielte, verbunden mit einem maßlosen Kult um den „Großen Vorsitzenden" Mao Zedong (1893–1976), auf die Beseitigung aller „Reste der Bourgeoisie und des Feudalismus" in Partei, Regierung, Armee und Gesellschaft. Zugleich führte sie zur Verfolgung der verschiedenen Religionsgemeinschaften und insbesondere zur völligen Zerschlagung aller noch bestehenden kirchlichen Strukturen [Text 95]. Dennoch überlebten christliche Gemeinschaften im Untergrund und erfuhren in der Nach-Mao-Ära teils einen rasanten Aufschwung.

Auf koreanischem Boden bestanden seit 1948 zwei Staaten und konkurrierende politische Systeme. Im kommunistischen *Nordkorea* schaltete Diktator Kim Il-Sung (1912–1994) jegliche potentielle Opposition einschließlich der christlichen Kirchen aus. Letztere wurden als Träger einer imperialistischen Ideologie und verlängerter Arm der den Süden des Landes kontrollierenden Amerikaner bekämpft [Text 91]. In Nordkorea entwickelte sich eine Form des Sozialismus, die sich sowohl vom sowjetischen wie chinesischen Modell unterschied und eines der totalitärsten Systeme des 20. Jh. begründete. Nach anfänglichen wirtschaftlichen Erfolgen war das Land am Ende des Korea-Kriegs (1950–1953) – ausgelöst durch den Überfall des Nordens auf den Süden – fast vollständig zerstört. Außenpolitisch isolierte es sich zunehmend auch gegenüber seinen sozialistischen Nachbarn (China und Sowjetunion). Im Inneren war, zusammen mit sonstigen Freiheiten, die Religionsfreiheit bereits 1949 vollständig unterdrückt. Religiöse Organisationen wurden ausgelöscht, ihre Gebäude beschlagnahmt und sonstige soziale Manifestationen von Religion, wie traditionelle Bräuche und Feiertage, abgeschafft. Stattdessen entstand ein quasi-religiöser Kult um den „väterlichen Führer" und die „Sonne der Nation" Kim Il-Sung, der nach seinem Tod 1994 von seinem Sohn und Nachfolger Kim Jong-il (sowie dessen Sohn und Nachfolger Kim Jong-un) sogar noch verstärkt wurde.

Dem Schicksal der Trennung in zwei Landesteile (und Eingliederung in rivalisierende Machtblöcke) entging auch *Vietnam* nicht. Nach dem Ende der französischen Kolonialherrschaft 1954 wurde das Land auf der Indochina-Konferenz in Genf zunächst provisorisch entlang des 17. Breitengrades aufgeteilt. Die für 1956 angesetzten Wahlen, die über die politische Ausrichtung der dann wieder geeinten Nation entscheiden sollten, fanden jedoch nie statt. Vietnam wurde so für die nächsten zwanzig Jahre in die (kommunistisch regierte) ‚Demokratische Republik Vietnam' im Norden und die (vom Westen gestützte) ‚Republik Vietnam' im Süden geteilt. Auch hier lebte die beachtliche katholische Bevölkerung des Landes, die auf die Tätigkeit portugiesischer Jesuiten und französischer Missionare im 17. und 18. Jh. zurückging, mehrheitlich im Norden; und auch hier führte die Teilung des Landes zu einer Massenflucht von Nord nach Süd. Es waren neben anderen Christen ca. 700 000 Katholiken – und damit fast die Hälfte der katholischen Einwohner Nordvietnams –, die in den Süden emigrierten. Dazu zählten auch fünf Bischöfe und 700 Priester (und damit zwei Drittel des gesamten nordvietnamesischen Klerus) – trotz gegenteiliger Appelle der katholischen Hierarchie [Text 91]. – 1975 löste der Sieg der Kommunisten im sog. Vietnamkrieg (ca. 1955–1975) eine neue Flüchtlingswelle aus, diesmal aus dem Süden in die asiatischen Nachbarländer sowie in die USA. Für die christliche Gemeinschaft des Landes bedeutete dies einen erneuten Aderlass. 1976 wurde dann ganz Vietnam unter kommunistischer Führung wiedervereinigt. Die neuen Herren konfiszierten kirchliche Einrichtungen nun auch im Süden und schickten Hunderte von Priestern in „Umerziehungslager". Erst Ende der 1980er Jahre begann sich das Verhältnis Kirche – Staat schrittweise zu entspannen. – Auch im benachbarten *Laos* und *Kambodscha* war die winzige christliche Minorität in den 1970er und 1980er Jahren teils massiven Repressionen sozialistischer Regime ausgesetzt.

21.3 Suche nach christlicher Identität im „neuen Asien"

Verstärkte *Kooperation und Vernetzung* zwischen den diversen christlichen Gemeinschaften waren *eine* Form der Reaktion auf die neuen Herausforderungen im postkolonialen Asien. Im protestantischen Kontext wurde dabei das teilweise bereits in den 1920er Jahren etablierte System überkonfessioneller ‚Nationaler Christenräte' (NCC's) weiter entwickelt. 1959 wurde dann, wie bereits erwähnt, in Kuala Lumpur die Vorläuferorganisation der später sogenannten ‚Christian Conference of Asia' (CCA) gegründet. Nicht nur als organisatorische Struktur, sondern vor allem auch als Plattform des Austauschs zwischen asiatischen Christen aus unterschiedlichen kulturellen, kirchlichen und politischen Kontexten gewann die CCA zunehmend an Bedeutung. Im katholischen Asien waren es Impulse des Zweiten Vatikanischen Konzils (1962–1965), die 1972 zur Bildung der ‚Föderation asiatischer Bischofskonferenzen' (FABC) führten. 1998 kam es dann zur Einberufung einer (Gesamt-)‚Asiatischen Synode'. Andere überregionale und transkonfessionelle Zusammenschlüsse (wie die 1979 gebildete ‚Asian Theological Conference') sowie evangelikale oder pentekostale Netzwerke formierten sich in den 1970er und 1980er Jahren.

In den Jahren nach Erlangung der Unabhängigkeit mehrten sich v. a. im protestantischen Raum vielfältige Experimente einer *kulturellen Indigenisierung*. In kirchlicher Architektur, Sakralmusik, Liturgie, Gestaltung des Gottesdienstraums, darstellender Kunst, Dichtung sowie unterschiedlichen Formen gesellschaftlichen Lebens wurde verstärkt auf lokale Traditionen statt westliche Muster zurückgegriffen. Dies geschah teils deutlich früher als im katholischen Asien, wo erst das Zweite Vaticanum einen Durchbruch auf breiter Front brachte. Die Idee *christlicher Ashrams* beispielsweise wurde im protestantischen Indien und Sri Lanka bereits zu Beginn des 20. Jh. diskutiert und seit 1917 bzw. 1921 realisiert [vgl. Text 68]. Dies geschah lange vor den ersten zögerlichen Experimenten im katholischen Raum, die in den 1940er Jahren einsetzten und von der kirchlichen Hierarchie zunächst misstrauisch beäugt wurden. Mit dem Zweiten Vaticanum freilich drehte sich der Wind, und eine Aufbruchsstimmung machte sich breit. So äußerte sich etwa der philippinische Bischof Julio X. Labayen Ende der 1970er Jahre im Rückblick auf das Konzil und seine Auswirkungen auf die katholische Kirche des Kontinents:

„Ich bin begeistert vom Wachstum christlicher Basisgemeinden [in den Philippinen] in jüngster Zeit … Ich denke, sie werden in der Kirche der Zukunft einen entscheidenden Einfluss ausüben […]

Ich bin zugleich begeistert von der Zunahme aller ökumenischen Aktivitäten in Asien und auf den Philippinen – diejenigen zwischen den christlichen Kirchen, diejenigen mit den traditionellen Religionen Asiens und ebenso auch diejenigen mit säkularen Aktivisten (unter Einschluss der Marxisten), sofern sie guten Willens sind. […] Das [Konzil] hat uns in eine engere Gemeinschaft mit all den andern Menschen gebracht, die träumen und die für das Reich Gottes oder die wahre Befreiung der Menschen arbeiten. […]

Schließlich bin ich begeistert über unsere Bischöfe in Asien und in den Philippinen, über das Wachstum so vieler Menschen in reifer Spiritualität für soziale Aktion und über die Anfänge einer Theologie, die Asien angemessen ist." [Text 98].

Nicht nur Offenheit gegenüber den Traditionen asiatischer Spiritualität stand nun auf der Tagesordnung. Es waren ebenso *vielfältige andere Aspekte* kirchlichen Lebens – wie das Wachstum christlicher Basisgemeinden, ökumenische Öffnung, interreligiöse Kooperation, soziale Aktivitäten sowie eine theologische Neuorientierung –, die den Aufbruch des asiatischen Katholizismus aus dem Ghetto selbstgewählter Isolierung markierten, in dem er sich zuvor befunden hatte. Zugleich aber löste dieser Aufbruch Gegenreaktionen konservativer Kreise aus.

21.4 Ansätze theologischer Neuorientierung

Die veränderte Situation im revolutionären Asien führte zugleich zu vielfältigen Ansätzen theologischer Neuorientierung. Bemerkenswert ist dabei die prominente Rolle, die asiatische Theologen schon früh im globalen ökumenischen Diskurs spielten. D. T. Niles (1908–1970) beispielsweise, methodistischer Pastor aus dem Norden Sri Lankas, diente in verschiedenen ökumenischen Funktionen in Asien and beim ÖRK in Genf, wo er u. a. seit 1953 das ‚Department für Evangelisierung' leitete. Die Aufgabe der Evangelisierung aber platzierte er im Kontext der „post-kolonialen Krise der Mission". Dabei wies er der christlichen Minderheit in Asien die Aufgabe eines „prophetischen" Engagements und kritischer Begleitung im Prozess des nationalen Aufbaus zu. M. M. Thomas (1916–1996), Vertreter der indischen Mar-Thomas-Kirche und zugleich Mitglied der kommunistischen Partei Keralas, verdeutlichte schon in seiner Biographie das Spannungsfeld christlichen Handelns im neuen Asien. Von 1968–1975 moderierte er den Zentralausschuss des ÖRK. Er verband in seiner Tätigkeit Spiritualität mit Politik und suchte nach einer christozentrischen säkularen Glaubensgemeinschaft auch außerhalb der Kirche, mit der er die Vorstellung einer „neuen Humanität" verband. – Im Japan der Nachkriegszeit fand Kazoh Kitamoris (1916–1998) „Theologie des Schmerzes Gottes" zeitweilig auch außerhalb der christlichen Gemeinschaft große Beachtung. Kitamori verband dabei die japanischen Konzepte von *itamu* und *tsurasa*, von natürlicher Liebe und Selbstaufopferung durch Tod, mit biblischen Einsichten. Inspiriert von Luther und dessen Interpretation des Bibelwortes Jeremia 31,20, wurde er seinerseits etwa vom deutschen Theologen Jürgen Moltmann rezipiert.

1970 formulierte der philippinische Theologe Emerito P. Nacpil das „asiatische kritische Prinzip" als Richtlinie theologischer Ausbildung für den Verband theologischer Hochschulen in Südostasien (ATSSEA). Merkmale dieses Konzepts waren der Verweis auf die religiöse und kulturelle Pluralität Südasiens, die koloniale Vergangenheit, die Erfahrung von Unterdrückung und Ausbeutung sowie die Suche nach einer „neuen weltweiten Gesellschaftsordnung". – Ganz analog ausgerichtet ist auch das bereits erwähnte [Kap. 20.3] Konzept der „Kontextualisierung", das – 1972 vom taiwanesischen Pädagogen Shoki Coe formuliert – für die Programme des ÖRK zur theologischen Ausbildung im globalen Süden bestimmend wurde. Neben kulturellen Faktoren wurden auch die sozioökonomischen Umbrüche der Zeit leitende Aspekte der Situationsanalyse. – Zunehmende Beachtung fanden auch die Perspektiven feministischer Theologie. Als „Indonesia's first internationally recognized woman theologian" ist etwa die

Schriftstellerin Henriette M. Katoppo (1943–2007) bezeichnet worden.³ Sie war in vielen ökumenischen Vereinigungen tätig und hat seit den 1970er Jahren die Debatten um eine „asiatische Theologie" aus der „Perspektive asiatischer Frauen" mitgeprägt. Sie steht dabei in der Tradition anderer prominenter asiatischer Christinnen – wie beispielsweise Pandita Ramabai (1858–1922) oder Lilivathi Singh (1868–1909) aus Indien –, die bereits zu Beginn des 20. Jh. internationale Aufmerksamkeit erfahren hatten [s. Abb. 38+40].

Theologie des „Volkes" war eines der Schlagworte, das in den 1970er Jahren zunehmend in Gebrauch kam, um den spezifischen Erfahrungen und Hoffnungen marginalisierter Gruppen Ausdruck zu geben. In Indien sind dies insbesondere die „*Dalit*", also die Gruppe der früher sog. Kastenlosen, die in verschiedenen Regionen die Mehrheit der christlichen Bevölkerung ausmachen. In Korea war es die *Minjung*-Theologie, die seit ihrer ersten öffentlichen Manifestation 1973 zunehmend die Debatten der 1970er und 1980er Jahre geprägt hat, inmitten der Erfahrungen von Militärherrschaft und Entwicklungsdiktatur. *Minjung* bezeichnet dabei das leidende Volk, das aber zugleich Subjekt seiner Geschichte ist. In diesem Konzept verbinden sich biblische Überlieferungen mit den spezifischen Erfahrungen der koreanischen Leidens- und Unterdrückungsgeschichte [Text 101].

Fußnoten zu Kapitel 21

1 SEIICHI (1991), *Dritte Generation*, 128 f.
2 BAYS (2012), *New History*, 176.
3 PHAN (2011), *Christianities in Asia*, 65.

Literatur zu Kapitel 21

21.1 (Christen als Minderheit im Prozess des nationalen Aufbaus)

ARITONANG/STEENBRINK (2008), *Christianity in Indonesia*, 187–203; BECKER (1996), *Pancasila*; RGG⁴ IV (2001), 115–119: „Indonesien II" (D. Becker); SEIICHI (1991), *Dritte Generation*, 128–163; PHILIPS (1981), *Rising of the Sun*, 1–16; KIM/KIM (2015), *Korean Christianity*, 157–214; PHAN (2018), *Asien*, 424 ff.435 ff.

21.2 (Statusverlust und Verfolgungen im kommunistischen Machtbereich)

BAYS (2012), *New History*, 158–182; YANG (2012), *Survival and Revival under Communist Rule*; WICKERI (1988), *Three-Self Movement*; KIM/KIM (2015), *Korean Christianity*, 162–168.180–186.193–196; PHAN (2018), *Asien*, 441–445.

21.3 (Suche nach christlicher Identität im „neuen Asien")

BRIGGS/ODUYOYE/TSETIS (2004), *Ecumenical Movement* 3, 495–522 („Regional Ecumenism: Asia"); WEBER (1966), *Asia and the Ecumenical Movement*, 220–306; SONNTAG (2021), *Early Post-War Japan*, 1–40; POON (2010), *Christian Movements*; PHAN (2002), *Vatican II in Asia*, 243–258; KÄMPCHEN (1982), *Katholische Ashrams*, 274–287.

21.4 (Ansätze theologischer Neuorientierung)

BRIGGS/ODUYOYE/TSETIS (2004), *Ecumenical Movement* 3, 495–522, v. a. 498–502 („Theological Responses"); ELWOOD (1979), *Christen in Asien*, 3 ff; FURTADO (1978), *D. T. Niles*; KITAMORI (1972), *Theologie des Schmerzes Gottes*; LIENEMANN-PERRIN (1992), *Politische Verantwortung*, 117–228; PHAN (2011), *Christianities in Asia*, 1–8.61 ff.

Kapitel 22: Afrika in den 1960er Jahren

22.1 Kirche und Staat im Neuen Afrika

Ende der 1950er erreichte der „Wind of Change" auch Afrika [Text 194–196]. 1960 ist das Jahr, in dem zahlreiche Länder des Kontinents auf einen Schlag die Unabhängigkeit erlangten. Neben dem bevölkerungsreichen (Britisch-)Nigeria und (Belgisch-)Kongo (Zaire) waren dies Kamerun, Togo, die Elfenbein-Küste, Senegal, Gabun, Dahomey, Tschad, die Zentralafrikanische Republik, Ober-Volta, Niger, Mali, Madagaskar, Somalia, Mauretanien sowie Kongo-Brazzaville. Bereits zuvor hatten – nach Ägypten (1952) und Tunesien, Marokko sowie dem Sudan (jeweils 1956) – Ghana (1957) und Guinea (1958) als erste schwarzafrikanische Staaten ihre Souveränität erkämpft. Andere Länder des subsaharischen Afrika folgten in den 1960er Jahren. Unter weißer Herrschaft verblieb zunächst das südliche Afrika (Südafrika, Rhodesien [Simbabwe] sowie das portugiesisch beherrschte Angola und Mosambik). 1975 kollabierte dann auch die portugiesische Kolonialherrschaft auf dem Kontinent.

Die politische Unabhängigkeit brachte in den meisten schwarzafrikanischen Ländern zunächst weit weniger Veränderungen in den Beziehungen zwischen Staat und Kirche, als man dies hätte erwarten können. Frühere Spannungen zwischen nationalistischen Bewegungen und den Missionen, z. B. in Zentral-Kenia oder Sambia, klangen ab, nachdem die Unabhängigkeit einmal erreicht war. Die massenhafte Vertreibung westlicher Missionare (wie 1964 aus dem arabisch dominierten Südsudan) oder Attacken auf katholische Missionsstationen (wie 1960/61 im Kongo) blieben die Ausnahme. Die wichtigsten protestantischen Kirchen afrikanisierten ihre Führungsriegen rasch. Bei den Katholiken dauerte dies etwas länger. Aber auch sie hatten bald genügend einheimische Erzbischöfe und Bischöfe, um an den politischen Prozessen der neuen Ära mitzuwirken. Kirchliche Einrichtungen im Bildungs- und Gesundheitswesen blieben zunächst auch in der postkolonialen Ordnung unersetzlich. Nach einer Statistik der UNESCO war das allgemeine Bildungswesen Afrikas noch 1961 zu mehr als 60% in den Händen der Kirchen. Darüber hinaus hatten, wie bereits erwähnt [Kap. 18.4], die neuen Führer des unabhängigen Afrika, insbesondere im anglophonen Afrika, ihre Ausbildung zumeist auf Missionsschulen erhalten [vgl. Text 186–193]. Die späteren Präsidenten Sambias (Kenneth Kaunda, reg. 1964–1991), Kenias (Jomo Kenyatta, reg. 1963–1978) oder Malawis (Hastings Banda, reg. 1964–

1985) waren Presbyterianer (bevor sie sich teilweise anderen Kirchen anschlossen). Kwame Nkrumah (Ghana, reg. 1957–1966) und Julius Neyerere (Tansania, reg. 1961–1985) waren katholisch getauft. Nmamdi Azikiwe, erster Präsident Nigerias (reg. 1963–1966), hatte katholische, anglikanische und methodistische Schulen besucht. In Südrhodesien (Simbabwe) waren nationalistische Führer wie Joshua Nkomo, Ndabaninghi Sithole, George Nyandaro oder Robert Mugabe zuvor als methodistische Prediger bzw. anglikanische oder katholische Aktivisten tätig. Viele dieser Männer hatten als enthusiastische Kirchenmitglieder begonnen, diese Verbindung später aber einschlafen lassen oder ganz abgebrochen. Aber sie hatten wiederholt auf denselben Schulen studiert wie die neuen afrikanischen Kirchenführer. Persönliche Beziehungen minderten vielerorts aufkommende Konflikte.

Nachdem sich die neue Ordnung einmal etabliert hatte, kam es jedoch zunehmend zu Spannungen. Dabei waren die strittigen Fragen in verschiedenen Ländern dieselben. Sie betrafen die Kontrolle des Schulwesens, die Einführung autoritärer Ein-Parteien-Regime (mit der Einschränkung demokratischer Freiheiten und ideologische Kontrolle der Jugendbewegungen) sowie die persönliche Glorifizierung nationaler Führungspersönlichkeiten. Letztere konnte sich bis zu einer quasi-religiösen Verklärung steigern, die sich christlicher Terminologie bediente und in Richtung einer Staatsreligion entwickelte, auf Kosten anderer Glaubensformen. So in *Ghana,* wo sich um *Kwame Nkrumah* (1909–1972) – der das Land 1957 in die Unabhängigkeit geführt hatte – ein Personenkult formierte. Der „Nkrumahismus" wurde dabei zur „höchsten Form des Christentums" erklärt [Text 201] und ein „Glaubensbekenntnis an Kwame Nkrumah" formuliert:

„Ich glaube an Kwame Nkrumah, den mannhaften Führer unseres Heimatlandes, den Gründer unserer Schulen, und an die kraftvolle nationalistische Volkspartei, seine eigene Partei, unsere Zuflucht, empfangen vom Geist der Zeit, geboren aus den Massen, gelitten unter den Notverordnungen der britischen Regierung, verfolgt, geknutet und darnieder gehalten. Im dritten Monat wieder auferstanden, spannte sie weit ihre Flügel aus und flog der Sonne der Freiheit entgegen" [Text 202].

Kwame Nkrumah hatte sich nach dem Besuch einer katholischen Missionsschule taufen lassen. Er studierte in den USA (wo er gelegentlich auch als Laienprediger wirkte) und London und organisierte nach seiner Rückkehr 1947 in der damals noch sog. Goldküste Streiks und Massenkundgebungen gegen die britische Kolonialherrschaft. Dabei bediente er sich sowohl der Methoden Gandhis wie amerikanischer Wahlkämpfer. Als erster Präsident des unabhängigen Ghana machte er das Land zu einem Zentrum panafrikanischer Aktivitäten. Dabei suchte er engen Schulterschluss auch mit der kommunistischen Welt (China, Sowjetunion). Zunehmend wurde seine Herrschaft autoritärer, 1964 erfolgte die Umwandlung Ghanas in einen Ein-Parteien-Staat. Zu Konflikten mit den Kirchen kam es durch die Verstaatlichung kirchlicher Schulen und die para-religiöse Organisation der Partei-Jugend. „Suchet zuerst" – so lautete in Abwandlung des Bibelwortes Mt 6,33 eine Parole des „Nkrumahismus" – „das *politische* Königreich, so wird euch alles hinzugetan". 1966 wurde Nkrumah durch einen Militärputsch gestürzt.

Mit seiner Entmachtung endete auch Nkrumahs „Epoche als Haupt-Guru des Kontinents, und es begann die Ära von Nyerere".[1] *Julius Nyerere* (1922–1999) war von 1961 bis 1985 erst Premier und dann Präsident des (seit seiner Vereinigung 1964 mit Sansibar so benannten) *Tansania*. Bestimmend für ihn war das Ziel wirtschaftlicher Selbständigkeit. In der ‚Arusha-Deklaration' von 1967 entwickelte er das Konzept eines „afrikanischen Sozialismus", das sich weniger an marxistischen Vorbildern orientierte als vielmehr an traditionellen afrikanischen Lebensformen. Zentral war dabei der Gedanke des Zusammenlebens (*Ujamaa*) und der Entwicklung dörflicher Gemeinschaften (als idealisiertem Gesellschaftsmodell). Inspiriert war Nyerere ebenso auch von christlichen Ideen; und die Kirchen des Landes forderte er zur Mitwirkung auf „in der Rebellion gegen die sozialen Strukturen und ökonomischen Organisationen, welche Menschen zu Armut, Demütigung und Degradierung verdammen". Nur dann könnten die Kirchen ihre „Botschaft der Liebe" auch wirkungsvoll verbreiten [Text 204]. – Das Projekt einer Kollektivierung nach dem Muster afrikanischer Dorfgemeinschaften scheiterte jedoch und wurde bereits Mitte der 1970er Jahre wieder aufgegeben. 1985 trat Nyerere freiwillig von der politischen Bühne ab – ein seltenes Ereignis im zeitgenössischen Afrika.

Es gebe *zwei Phasen des afrikanischen Nationalismus*, stellte die ‚Allafrikanische Kirchenkonferenz' (AACC) im Jahr 1968 fest: „In der ersten werden Kräfte gegen die Kolonialmacht mobilisiert, die schließlich zur Unabhängigkeit führen. In der zweiten, weit wichtigeren Phase geht es darum, aus sehr unterschiedlichen Gruppen eine Nation zu machen und dafür zu sorgen, dass die ethnischen Gruppen gut zusammenleben. Gerade in diesem Stadium entstehen bei uns die bedrängendsten Probleme" [Text 200]. In der Tat stellte die Integration heterogener Volksgruppen bzw. die Herstellung innerer Einheit in den von den früheren Kolonialmächten teils willkürlich gezogenen nationalen Grenzen eine entscheidende Herausforderung für die neuen Staaten Afrikas dar. Daran entzündeten sich zahlreiche Konflikte der 1960er Jahre – wie der Bürgerkrieg im nigerianischen Biafra 1967 oder die sog. Kongo-Wirren. Gegen Ende des Jahrzehnts war die Aufbruchsstimmung der ersten Jahre der Unabhängigkeit weithin verflogen. Sie machte wachsender Ernüchterung und autoritärer Herrschaft Platz.

22.2 Historische und unabhängige Kirchen

Der Prozess der Dekolonisierung führte nicht zum Verschwinden der christlichen Kirchen auf dem Kontinent. Das Gegenteil war der Fall: „Möglicherweise hat das Christentum niemals eine so große quantitative Ausbreitung erfahren wie im [subsaharischen] Afrika zwischen 1960 und dem Ende des 20. Jh.", so der Afrika-Historiker Adrian Hastings.[2] Schätzungen zufolge stieg die Zahl der afrikanischen Christen zwischen 1950 und 1990 von 34 Millionen auf annähernd 200 Millionen. Um die Jahrtausendwende wird der christliche Anteil an der Gesamtbevölkerung des Kontinents mit 45,9 % angegeben, verglichen mit 9,2 % im Jahr 1900 Regionale Schwerpunkte waren dabei (in absteigender Reihenfolge) Süd-, Zentral-, Ost- und Westafrika.[3]

Dies enorme Wachstum bezieht sich sowohl auf die sog. „historischen" (aus der Arbeit westlicher Missionen hervorgegangenen) wie der (unter afrikanischer Leitung stehenden) „unabhängigen" Kirchen. In Tansania etwa hatte sich die Mitgliederzahl der ‚Evangelisch-Lutherischen Kirche' (ELCT) von ca. 400 000 im Jahr 1963 auf etwa 1,5 Millionen im Jahr 1991 erhöht.[4] Größte unabhängige Kirche im Afrika der 1960er Jahre war die der Kimbanguisten mit mindestens einer halben Million Mitglieder. Ursprünglich eine auf einzelne Regionen Belgisch-Kongos begrenzte religiöse Untergrundbewegung, hatte sie sich zunehmend auch in verschiedenen Nachbarländern verbreitet und zählte in den 1990er Jahren eine in die Millionen gehende Anhängerschaft. Evangelisation (v. a. durch Afrikaner selbst), verbreitete Migration, die sozioökonomischen Umbrüche sowie die allgemeine Bevölkerungszunahme dieser Zeit waren kausale Faktoren für das enorme Kirchenwachstum im postkolonialen Afrika.

Was die *„historischen"* (bzw. früheren Missions-) *Kirchen* angeht, so vollzog sich der Übergang zur rechtlichen Autonomie in den einzelnen Regionalkirchen zügig und zeitgleich mit der Übernahme von Führungspositionen durch einheimische Christen. So etablierte die Synode von Mansibou – um drei prominente Beispiele aus dem protestantischen Spektrum zu nennen – 1960 die volle Autonomie der protestantischen Kirche des Kongo (Brazzaville). 1961 erlangte die methodistische Kirche Ghanas volle Selbständigkeit, mit einer eigenen Konferenz als Leitungsgremium. 1963 schlossen sich in Tansania sieben zuvor getrennte lutherische Missionskirchen zur bereits erwähnten ELCT zusammen. Viel diskutiert wurde in diesen frühen Jahren des „nationalen Erwachsens" auch über die Einrichtung überkonfessioneller nationaler Kirchen. Der Verweis auf das Modell der südindischen Kirchenunion von 1947 [Text 87a; vgl. Kap. 21.1] spielte dabei eine Rolle. Später ließ der ökumenische Enthusiasmus nach. Aber in den einzelnen Ländern wurden die Nationalen Christenräte als Foren einer interdenominationellen Kooperation immer wichtiger (so zunächst in Ghana und Kenia). Sie schlossen zunehmend auch die größeren unabhängigen Kirchen ein und stellten Verbindungen zur katholischen Kirche her. Auf gesamtafrikanischer Ebene kam der 1963 etablierten ‚All Africa Conference of Churches' (AACC) wachsende Bedeutung zu [Text 197+200]. Ein dauerhaftes Problem war dabei die sprachliche Trennung zwischen anglophonen und frankophonen Gruppen. Afrikanische Kirchenführer und Theologen wie Desmond Tutu (Südafrika; Abb. 54) und John Pobee (Ghana) hatten auch im ÖRK prominente Funktionen inne.

Auf *katholischer Seite* löste das Zweite Vaticanum (1962–1965) einen Indigenisierungsschub in den Führungspositionen aus. Vor allem die Zahl afrikanischer Erzbischöfe – bei einem noch lange Zeit mehrheitlich weißen Episkopat – nahm sprunghaft zu. Zumeist in Rom ausgebildet, vertraten sie theologisch eher konservative Positionen. Rom hatte so von einer Afrikanisierung der Hierarchie wenig zu fürchten. 1969 reiste mit Papst Paul VI. erstmals ein Oberhaupt der katholischen Kirche nach Schwarzafrika (Uganda). Gegen Ende der 1970er Jahre bestand „die große Mehrheit der Kirchenführer in allen Denominationen aus Einheimischen, nicht Missionaren. Eine Folge davon war, dass sich der Gegensatz zwischen missionarisch geführten ‚historischen' Kirchen und afrikanischgeführten ‚unabhängigen' Kirchen verringerte. Alle waren jetzt unter afrikanischer Leitung, und alle nahmen die Notwendigkeit der Inkulturation ernst".[5]

In den 1960er Jahren nahm die Zahl der *Afrikanischen Unabhängigen Kirchen* (‚African Independent Churches' [AIC's]) sprunghaft zu. Für Südafrika zeigt der Zensus von 1960, dass die Mitgliedschaft der unabhängigen Kirchen dort inzwischen auf 2,3 Millionen Menschen angestiegen war. Das waren 21 % der afrikanischen Bevölkerung und 31 % der afrikanischen Christen des Landes. In Zaire war die zuvor illegale Kirche der Kimbanguisten (‚Église de Jésus-Christ sur la terre par son envoyé spécial Simon Kimbangu', kurz: E. J. C. S.K.) erst im Jahr 1959 noch unter der belgischen Kolonialverwaltung offiziell anerkannt worden [vgl. Text 206+216c]. Neue Bewegungen bildeten sich laufend, so in Kenia, der Elfenbeinküste und Ghana. In Nigeria war es die ‚Christ Apostolic Church', die um 1966 etwa 100 000 Mitglieder zählte. Ausgehend von Rhodesien (Simbabwe) fand die Gemeinschaft der ‚Vapostori' weite Verbreitung. Dabei war das Phänomen des kirchlichen Independentismus sowohl auf dem Land wie in den Städten sowie in unterschiedlichen sozialen Schichten verbreitet. Anfangs begegneten die neuen politischen Führer Afrikas den unabhängigen Kirchen mit großer Sympathie. Später kühlte das Interesse ab, da diese meist charismatisch-prophetischen Gemeinschaften nur wenig im Prozess des nationalen Aufbaus und der Entwicklung eines modernen Bildungswesens und anderer Infrastruktur-Projekte zu bieten hatten.

Überall schossen die AIC's „wie Pilze" aus dem Boden. Anfang der 1970er Jahre wird ihre Zahl auf zwischen 5 000 und 10 000 geschätzt. Die meisten waren sehr klein und zählten weniger als 100 Mitglieder. Die etwa 95 größeren unter ihnen (mit einer Mitgliedschaft ab 20 000) entwickelten sich zu wohl strukturierten Kirchen. Die ganz überwiegende Mehrheit dieser unabhängigen Gemeinschaften hatten einen protestantischen Hintergrund. Den Bruch mit ihren früheren missionarischen Mutterkirchen begründeten sie wiederholt auch unter Verweis auf das Vorbild der Reformation („Wir handeln, wie es Luther am 31. Oktober 1517 tat"). Aber auch im katholischen Kontext kam es zu Abspaltungen. So die in Kenia 1969 entstandene ‚Maria Legio-Kirche' mit etwa 75 000–100 000 Anhängern, die ungefähr 30 Jahre bestand. Sie wollte „katholisch sein, aber nicht römisch-katholisch. Denn wir sind Katholiken und leben in Afrika, nicht in Rom".[6] Festhalten an überkommenen Lebensformen (wie der Polygamie) und religiösen Traditionen (große Bedeutung von Visionen, Tanz, Ekstase) spielen in vielen AIC's eine wichtige Rolle. 1969 wurde die Kimbanguisten-Kirche (E. J. C. S.K.) als erste AIC in den Ökumenischen Rat der Kirchen (ÖRK) aufgenommen (allerdings Anfang der 2000er wieder dispensiert). Weitere folgten. 1978 bildete sich auch ein gesamtafrikanischer Zusammenschluss unabhängiger Kirchen.

Unter den vorkolonialen bzw. *„alt-orientalischen" Kirchen* Afrikas kam *Äthiopien* gerade in den 1960er Jahren eine besondere Bedeutung zu. Äthiopien – alt, unabhängig, christlich – spielte auch in der panafrikanischen sowie der Blockfreien-Bewegung der 1960er Jahre eine prominente Rolle. Sitz der 1963 gegründeten ‚Organisation für Afrikanische Einheit' (OAU) war Addis Abeba. Der zeitweilig von den Italienern vertriebene Kaiser Haile Selassie (reg. 1930–1936 u. 1941–1974) galt international als eine Galionsfigur des antikolonialen Widerstandes. Er weckte aber auch messianische Erwartungen, so unter der afroamerikanischen Bevölkerung Jamaikas bei seinem Besuch dort 1966. Die äthiopisch-orthodoxe *Tewahedo*-Kirche zählte 1948 zu den Gründungsmitgliedern des ÖRK. 1959 löste sie sich aus der jahrhundertelangen institutionellen Abhängigkeit von der Koptischen Kirche. Seitdem stand erstmals ein äthiopischer Patriarch an ihrer Spitze. Eine Serie von Hungersnöten führte 1974 zum Sturz des Kaiserhauses. Die folgende sozialistische Militärdiktatur dauerte bis 1991.

Auch die Koptische Kirche *Ägyptens* zählte 1948 zu den Gründungsmitgliedern des ÖRK. Unter Patriarch Kyrill VI. (reg. 1959–1971) kam es zu einer Wiederbelebung des traditionellen Klosterwesens. Frühere Reformaktivitäten waren durch die von Laien getragene Sonntagsschul-Bewegung ausgelöst worden. Koptische Intellektuelle hatten in der frühen ägyptischen Nationalbewegung der 1920er Jahre eine nicht unbeachtliche Rolle gespielt. Unter Präsident Gamal Abd' an-Nasser (reg. 1954–1970) wurde der Einfluss der ca. 5–10 % der Bevölkerung umfassenden christlichen Minderheit wieder stärker zurückgedrängt. Zum weiteren Bild des koptischen Christentums zählen auch die wachsende Diaspora in den USA und Europa, bemerkenswerterweise aber auch Missionserfolge unter Migranten in Schwarzafrika.

22.3 Ansätze afrikanischer Theologie, interreligiöse Initiativen

Dem Prozess der politischen Unabhängigkeit vorausgegangen war eine *Neuentdeckung der afrikanischen Kultur*. Léopold S. Senghor, Katholik und erster Präsident des mehrheitlich muslimischen Senegal (reg. 1960–1980), hatte bereits in den 1950er Jahren zusammen mit afrofranzösischen Intellektuellen die Bewegung der ‚*Négritude*' – des Stolzes auf die eigene schwarzafrikanische Identität – ins Leben gerufen [vgl. Text 203]. In Reaktion auf die rigide Assimilationspolitik des französischen Kolonialismus wurde der Eigenwert altafrikanischer Traditionen neu betont. Es waren zunächst v. a. katholische Theologen aus dem frankophonen Afrika (wie Bénezét Bujo, DR Kongo), die die religiöse Weltsicht des traditionellen Afrikas analysierten und dazu nutzten, um bestimmte Aspekte der christlichen Lehre neu zu formulieren. Man widmete sich dem Studium der Mythen, Gedichte, Sprichwörter, Riten und Opferbräuche afrikanischer Völker und suchte sie aus der Perspektive kirchlicher Reflexion und Praxis neu zu verstehen. Dabei wurden die traditionellen Religionen des Kontinents auch als ‚praeparatio evangelii' (Vorbereitung des Evangeliums) begriffen, in denen Gott bereits vor der Ankunft der Missionare gesprochen habe.

In den 1960er Jahren mehrten sich die Diskussionen um das Ziel (und unterschiedliche Gestalten) einer ‚*Afrikanischen Theologie*', die den kulturellen Traditionen des Kontinents gerecht zu werden sucht – in Abgrenzung von importierten westlich-missionarischen Theologiemodellen. Stichworte dieser Debatte waren die Begriffe „Inkulturation", „Adaption", „Indigenisierung" oder „Afrikanisierung". Die 1960er Jahre sahen eine Fülle von Universitätsgründungen, vielfach mit eigenen religionswissenschaftlichen oder theologischen Abteilungen. Christian Baeta in Ghana [Text 207], Harry Sawyer in Sierra Leone, Vincent Mulago in Kongo/Zaire oder John Mbiti in Kenia [Text 208] gehörten zu dieser ersten Generation akademisch gebildeter Theologen. Ihnen folgten Desmond Tutu [Abb. 54] und viele andere in Südafrika, John Pobee und Kwame Bediako in Ghana [Abb. 53] oder Jean-Marc Ela in Kamerun. Protestantische Stimmen, insbesondere aus dem anglophonen Westafrika, sahen ihre Aufgabe darin, vor allem die Bibel und afrikanische Kultur in ein angemessenes Verhältnis zu setzen. James Dickson (Ghana) etwa bezeichnete es als den einzig gültigen Ansatz, sich von der biblischen Offenbarung auf die traditionellen Religionen Afrikas zuzubewegen und nicht umgekehrt. Dies geschah auch in kritischer Auseinandersetzung mit der Praxis bestimmter unabhängiger Kirchen, die oft unbesehen vorchristliche Praktiken und Riten fortsetzten. Zugleich mehrten sich seit Ende der 1960er kritische Stimmen, die vor einer romantisierenden Verklärung der afrikanischen Vergangenheit warnten. Fixiert auf vergangene Identitäten, würden so die aktuellen Probleme Afrikas – wie Armut, Unterdrückung und neokoloniale Ausbeutung – vernachlässigt. Damit verband sich oft auch eine Kritik der eigenen Kirchenführer, welche sich den neuen Machtverhältnissen angepasst und das „prophetische Wächteramt" der Kirche vernachlässigt hätten.

Deutlich stärker politisch ausgerichtet war die sog. ‚*Schwarze Theologie*' (Black Theology), die seit den 1970er Jahren zunehmend Beachtung fand. Entwickelt primär im Kontext des südafrikanischen Apartheitssystems, war sie zugleich stark von afroamerikanischen Stimmen aus den USA beeinflusst. Stephen Biko (1946–1977) etwa, Gründer der ‚Black Consciousness'-Bewegung in Südafrika und wiederholt vom dortigen Apartheitsregime inhaftiert, bezeichnete es als Aufgabe der Schwarzen Theologie, „Gott zum schwarzen Menschen und zur Wahrheit und Wirklichkeit seiner Situation zurückzubringen" [Text 209]. Der Gott der Bibel sei der Gott der Befreiung und nicht der Unterdrückung, ein Gott des Rechtes und nicht des Unrechts, so Allan B. Boesak, ein anderer früher Vertreter dieser Bewegung (und späterer Präsident des ‚Reformierten Weltbundes'). Nicht nur der „schwarze Mensch" müsse darum befreit werden – wobei „schwarz" sich nicht nur auf die Hautfarbe beziehe, sondern allgemein auf die Erfahrung von Unterdrückung –, sondern auch das (von weißen Apologeten des Apartheidssystems) missbrauchte und ausgebeutete Evangelium. Eine andere frühe Stimme war die von Manas Buthelezi, später Bischof der lutherischen Kirche Südafrikas [Text 210]. Die – stärker inkulturationstheologisch ausgerichtete – ‚Afrikanische Theologie' und die – zu politischem Engagement auffordernde – ‚Schwarze Theologie', oft als Gegensätze bezeichnet, näherten sich zunehmend an. – In den 1980er Jahren verstärkten sich auch Ansätze zu einer schwarzen feministischen Theologie.[7] Bemerkenswert waren zugleich aber auch Bestrebungen einer sich selbst als „Afrikanische Evangelikale Theologie" bezeichnenden Strömung, die eine eigenständige afrikanische Form pietistisch-evangelikaler Spiritualität zu formulieren suchte.

Die Notwendigkeit friedlicher Koexistenz zwischen den verschiedenen Religionen wurde gerade in der Gründungsphase der neuen Staaten immer wieder betont [z. B. Text 203]. Dabei war der *interreligiöse Dialog* im subsaharischen Afrika (und insbesondere der *zwischen Christen und Muslimen*) „über lange Zeit hin ein gelebter, weniger ein reflektierter Dialog".[8] Ein frühes Beispiel institutionalisierter Gesprächskultur stellt das 1959 gegründete ‚Islam in Africa Projekt' (IPA) dar. Ziel war es, „Christen für die Begegnung mit und Verantwortung gegenüber Muslimen südlich der Sahara vorzubereiten" und „Brücken des gegenseitigen Verstehens zu errichten". Dazu gehörte auch das 1965 in Ibadan (Nigeria) für Studenten aus ganz Afrika eröffnete ‚Studienzentrum für Islam und Christentum'. 2003 in ‚Programme for Christian-Muslim Relations in Africa' (PROCMURA) umbenannt, hat sich das Projekt zu einer panafrikanischen christlichen Organisation entwickelt. Getragen wird es von unterschiedlichen protestantischen (und auch unabhängigen) Kirchen, so auch in Ghana [Text 215].[9] Organisierte Dialog-Bemühungen auf katholischer Seite gab es seit 1969, befördert durch das Zweite Vaticanum. Das Aufkommen des politischen Islam in den 1980er Jahren führte zu deutlich verstärkten Spannungen [Text 214] und stellte eine ganz neue Herausforderung dar [vgl. Kap. 24.2]. 1989 wurde in Ghana ein ‚Circle of Concerned African Women Theologians' gegründet – mit dem Ziel, pan-afrikanische und interreligiöse theologische Perspektiven afrikanischer Frauen zu erweitern.

22.4 Südafrika: Christen und Kirchen im Apartheidsstaat

Südafrika erfordert eine separate Darstellung. Denn die weiße Minderheitsherrschaft endete hier erst 1990 (bzw. mit den ersten freien allgemeinen Wahlen 1994). Zudem war die Stellung zum System der Apartheid zentrales Thema auch der Christentumsgeschichte des Landes, mit unterschiedlichen Voten aus unterschiedlichen Lagern. Zugleich spielte diese Kontroverse in der globalen Ökumene eine enorme Rolle, mit Rückwirkungen auch auf die Kirchen des Westens. Im Kampf gegen die Apartheid – so 1992 Nelson Mandela, Symbolfigur des schwarzen Widerstandes und später erster schwarzer Präsident Südafrikas (reg. 1994–1999) – war der „Beitrag der breiten ökumenischen Bewegung in Südafrika selbst und international" von herausragender Bedeutung und „ohne Parallele".[10]

Die Ungleichbehandlung der verschiedenen Bevölkerungsgruppen Südafrikas hatte sich seit Beginn des 20. Jh. stetig verschärft. Deren Verfestigung zum ideologisch-rechtlichen System der „Apartheid" aber erfolgte erst seit 1948. Diese erhob den Rassismus zur Grundlage der Staatsordnung und sah die „getrennte Entwicklung" für die jeweils als „Rasse" klassifizierten Gruppen der „Weißen", „Schwarzen", „Farbigen" und „Asiaten" vor, mit unterschiedlichen Rechten und Zugang zu Ressourcen. Öffentliche Einrichtungen wie Parkbänke, Postämter, Strände, Bahnhöfe, Schulen und Kirchen wurden nach „Rassen" getrennt [vgl. Foto H02]. Die staatlichen Aufwendungen für ein weißes Schulkind waren bis in die 1970er Jahre etwa 20mal so hoch wie für ein schwarzes. Letzterem sollten nur elementare Kenntnisse vermittelt werden. Die Bewegungsfreiheit der schwarzen Bevölkerungsmehrheit wurde mit einem perfektionierten Passsystem massiv eingeschränkt. Eine Politik der rigorosen Trennung der Wohngebiete sollte Afrikaner aus den „weißen Städten" fernhalten. Zwangsumsiedlungen waren die Folge. Der seit dem Sharpeville-Massaker von 1960 anschwellende Widerstand wurde brutal niedergeschlagen.

Die Politik der Apartheid wurde gesellschaftlich besonders von den Buren (bzw. „Afrikaandern", so ihre Eigenbezeichnung) getragen, den ursprünglich aus den Niederlanden stammenden Einwanderern. Ihr Selbstverständnis war durch ein besonderes Erwählungsgefühl – als „neues Israel" inmitten feindlicher Umgebung – gekennzeichnet [Text 212a]. Theologisch wurde sie v. a. von den reformierten Kirchen niederländischer Tradition (wie der ‚Nederduitse Gereformeerde Kerk' [NGK]) gestützt. Auf der Gegenseite standen schwarze Christen und Aktivisten aus den verschiedenen Gemeinschaften, aber auch Individuen aus den eher liberalen englischsprachigen Kirchen (wie der Anglikaner Trevor Huddleston). Zu einem Kristallisationspunkt der kirchlichen Opposition entwickelte sich das 1963 gegründete ‚Christliche Institut für kontextuelle Theologie'. Geleitet von Christiaan F. Beyers Naudé (1915–2004) als prominentestem weißen Kritiker des Apartheidsystems, wurde es 1977 von der Regierung aufgelöst.

Ein anderes Zentrum bildete der Südafrikanische Kirchenrat (SAAC), dessen Mitgliedskirchen zumeist auch dem ÖRK angehörten. Unter schwarzer Führung (mit profilierten Generalsekretären wie Bischof Desmond Tutu [1978–1985; s. Abb. 54] und Rev. Frank Chikane [1988–1994]) verstärkte er seine Aktivitäten und internationalen Kontakte – sowohl mit exilierten Oppositionspolitikern wie mit der protestantischen Ökumene. Auch die südafrikanische katholische Bischofskonferenz intensivierte ihre Kooperation mit dem SAAC. Eine ‚Allianz schwarzer reformierter Kirchen' Südafrikas erklärte die Apartheid formell als „Sünde" und ihre Rechtfertigung als „Häresie". 1982 bestätigte der Reformierte Weltbund dieses Urteil und schloss die weiterhin apartheidsfreundliche NGK aus ihren Reihen aus [Text 213b]. Zugleich wählte er den schwarzen Pastor Allan Boesak zu seinem Präsidenten. In den südafrikanischen und ökumenischen Debatten dieser Zeit spielte auch der Verweis auf die Erfahrungen des deutschen Kirchenkampfes, auf Bonhoeffer und die ‚Barmer Theologische Erklärung' von 1934 eine wichtige Rolle. Im deutschen Protestantismus wiederum lösten die Auseinandersetzungen um das Anti-Rassismus-Programm des ÖRK heftige Kontroversen aus. Kirchliche Aktionsgruppen und Boykottaufrufe (gegen Waren aus Südafrika) erreichten eine breitere Öffentlichkeit. In Südafrika selbst verstärkten sich die Repressionen gegen die politische, zunehmend aber auch die kirchliche Opposition. Tausende Aktivisten wurden verhaftet, verschleppt, gefoltert oder ermordet.

Auf dem Höhepunkt staatlicher Gewalt 1985, als noch kein Ende des Apartheidssystems absehbar war, rief eine Gruppe engagierter – zumeist schwarzer – Christen die Kirchen des Landes zu einem entschiedenen „prophetischen" Zeugnis auf. Versöhnung könne nicht ohne grundlegende Änderung der sozialen und politischen Strukturen erreicht werden. Dieser Aufruf ist als *Kairos-Dokument* bekannt geworden und hat weit über die Grenzen des Landes hinaus Beachtung gefunden.

„Der *Kairos* dieser Zeit verlangt von den Christen eine leibliche, geistliche, pastorale und vor allem eine prophetische Antwort. [...] Es ist dies der *Kairos* oder die Stunde der Wahrheit, nicht nur für die Apartheid, sondern auch für die Kirche. Es wäre verfehlt, die gegenwärtige Auseinandersetzung einfach als Rassenkonflikt darzustellen. [...] Vielmehr müssen wir uns mit einer Situation der Unterdrückung auseinandersetzen. [...] Überall in der Bibel ist Gott der Befreier der Unterdrückten. Er ist nicht neutral. Er versucht nicht, Mose und Pharao miteinander zu versöhnen. Unterdrückung ist Sünde, mit der kein Kompromiss eingegangen werden kann; sie muss beseitigt werden" [Text 212d].

Fünf Jahre später kollabierte das Apartheidssystem [s. Kap. 25.1].

Fußnoten zu Kapitel 22

1 HASTINGS (1979), *African Christianity*, 184.
2 RGG⁴ I (1998) 155. 147–158: „Afrika III: Christentumsgeschichte" (A. Hastings).
3 ILIFFE (1995), *Geschichte Afrikas*, 357; HOCK (2005), *Christentum in Afrika*, 237 f; BARRETT u. a. (²2001), *World Christian Encyclopedia* I, 12 nennt für 1995 mit ca. 295 Millionen eine deutlich höhere Zahl.
4 NGEIYAMU/TRIEBEL (1994), *Tansania*, 104.
5 RGG⁴ I (1998) 156. 147–158: „Afrika III: Christentumsgeschichte" (A. Hastings).
6 Zitate bei: BAUR (1992), *Christianity in Africa*, 354; HASTINGS (1979), *African Christianity*, 176.
7 ODUYOYE/MUSIMBI (1992), *The Will to Arise*.
8 HOCK (2005), *Christentum in Afrika*, 224.
9 BAUR (1994), *Christianity in Africa*, 336 f; HOCK (1998), *Verantwortung im islamischen Kontext*, 517–527); PRATT (2017), *Engagement with Islam*, 140–164.
10 WALSHE (1997), *Anti-Apartheid Struggle*, 387.

Literatur zu Kapitel 22

22.1+2 (Kirche und Staat im Neuen Afrika/Historische und unabhängige Kirchen)

MARX (2004), *Geschichte Afrikas*, 241–270.271–293; REINHARD (1988), *Expansion* III, 147–166; ILLIFFE (1995), *Geschichte Afrikas*, 327–365. HASTINGS (1979), *African Christianity*, 131–183.184–258; HOCK (2005), *Christentum in Afrika*, 194–220; BAUR (1994), *Christianity in Africa*, 288–374; SUNDKLER/STEED, *Church in Africa*, 901–1037; ISICHEI (1995), *Christianity in Africa*, 323–352; LUDWIG (1995), *Modell Tanzania*; GROHS (1967), *Stufen afrikanischer Emanzipation*; NGEIYAMU/TRIEBEL (1994), *Tansania*; HAGE (2007), *Orientalisches Christentum*, 185 ff.210 ff.; MAXWELL (2008), *Postcolonial Christianity in Africa*, 410–421.

22.3 (Ansätze afrikanischer Theologie, interreligiöse Initiativen)

PARRATT (1991), *Theologiegeschichte Afrika*; DICKSON (1984), *Theology in Africa*; KAMPHAUSEN (2005), *„African Cry"*, 77–100; RGG⁴ I (1998) 147–158: „Afrika III: Christentumsgeschichte" (A. Hastings); RGG⁴ I (1998) 158–160: „Afrikanische Theologien" (J. Parratt); BÜRKLE (1968), *Theologie und Kirche in Afrika*; ODUYOYE/MUSIMBI (1992), *The Will to Arise*; PRATT (2017), *Engagement with Islam*, 140–164.

22.4 (Südafrika: Christen und Kirchen im Apartheidsstaat)

MARX (2004), *Geschichte Afrikas*, 265–269 („Das Ende der Apartheid"); WALSHE (1997), *Anti-Apartheid Struggle*, 383–399; LIENEMANN-PERRIN (1992), *Politische Verantwortung*, 229–414; LESSING u. a. (2015), *Umstrittene Beziehungen*, 362–508: Sektion IV: „Christliche Auflehnung gegen die Apartheid".

Kapitel 23: Lateinamerika: Die 1970er Jahre

23.1 Zwischen sozialer Revolution und staatlicher Repression

In den 1960er und 1970er Jahren verschärften sich in zahlreichen Staaten Lateinamerikas und der Karibik die sozialen Gegensätze. Revolutionäre Bewegungen machten sich breit – inspiriert von der kubanischen Revolution des Jahres 1959, die das korrupte Regime des Diktators Batista gestürzt hatte. Von vielen – auch kirchlichen – Zeitgenossen wurde der Umschwung in Kuba als „historischer Bruch" und „Zeichen der Hoffnung ... für den ganzen Kontinent" begrüßt.[1] Zugleich verstärkten sich vielerorts die staatlichen Repressionen gegen reformorientierte Kräfte und Oppositionelle. In verschiedenen Ländern putschte sich das Militär an die Macht. Brasilien machte 1964 den Anfang. Es folgten – um nur die wichtigsten Beispiele zu nennen – Bolivien 1972, Uruguay und Chile 1973 sowie Argentinien 1976. Was darauf kam, waren vielerorts die sog. „schmutzigen Kriege" mit Zehntausenden getöteter sowie Hunderttausenden gewaltsam und dauerhaft „verschwundener" Opfer. Dies geschah im Namen einer „Doktrin der nationalen Sicherheit" sowie des Kampfes gegen den Kommunismus.

In diesem Spannungsfeld vollzog sich ein *kirchlicher Aufbruch*, der einen wachsenden Teil der christlichen Gemeinden erfasste. Die Rolle der offiziellen katholischen Kirche blieb zwar zwiespältig. Ein Teil der römischen Hierarchie stand stets eng auf der Seite der jeweiligen Machthaber [Text 300]. Andere Gruppen entwickelten jedoch aus den konkreten täglichen Erfahrungen von Gewalt und Unterdrückung eine neue und umfassende Solidarität mit der armen Bevölkerungsmehrheit, was zwangsläufig auch Kritik an den Besitz- und Herrschaftsverhältnissen bedeutete. Seinen Ausdruck fand dieser Aufbruch in einer theologischen und pastoralen Neuorientierung, die unter dem – 1971 geprägten – Begriff einer ‚*Theologie der Befreiung*' weite Verbreitung fand. Vertreten wurde dieser Neuansatz einerseits von Kirchenleuten und Theologen, die die traditionelle – posttridentinische und aus Europa übernommene – Theologie nicht den Realitäten des Kontinents angemessen fanden. Sie entwickelten stattdessen eine wachsende Sensibilisierung für die sozialen Probleme und Formen struktureller Gewalt vor Ort. Große Bedeutung kam dabei insbesondere auch Laienbewegungen wie den sogenannten *Basisgemeinden* zu. Deren Mitglieder waren in der Regel landlose Bauern (*campesinos*), Landarbeiter, Slumbewohner oder Analphabeten, die ihre Alltagsprobleme gemeinsam zu bewältigen suchten.

Verbreitet sowohl in ländlichen wie städtischen Gebieten, stellten diese Basisgemeinden selbstständige gottesdienstliche Gemeinschaften unter Anleitung eines Priesters oder lokalen Anführers dar. Angesichts des grassierenden Priestermangels und der Ferne regulärer Pfarrgemeinden waren die Basisgemeinden vielerorts die einzige zugängliche Form kirchlicher Präsenz. Sie waren kein Produkt der Befreiungstheologie, wohl aber ein wichtiger Raum der Resonanz und des Experimentierens. Sie existierten bereits vorher und überstanden vielfältige Kontrollbestrebungen.

Einen enormen Schub erhielten diese vielfältigen Erneuerungsbestrebungen durch das Zweite Vatikanische Konzil (1962–1965), das in den Kirchen Lateinamerikas eine breite Aufbruchsstimmung ausgelöst hatte. Intensiv auf der Zweiten Gesamtlateinamerikanischen Bischofskonferenz 1968 in Medellín (Kolumbien) diskutiert, entwickelte sich die Befreiungstheologie in der Folge in vielen Diözesen zu einer Art Normaltheologie. Entscheidendes Stichwort dabei war die *„vorrangige Option für die Armen"*. Seit den frühen 1970er Jahren wurde die lateinamerikanische Befreiungstheologie nicht nur in Asien und Afrika, sondern auch in Europa wahr- und ernstgenommen. Zugleich formierte sich im politischen und kirchlichen Establishment wachsender Widerstand. Die Kontroversen um die Befreiungstheologie sollten dann in den 1970er und 1980er Jahren weithin die kirchliche Szene auf dem Kontinent prägen.

23.2 Das Zweite Vatikanische Konzil (1962–1965) und die Bischofskonferenz von Medellín (1968)

1959 – im selben Jahr wie die Kubanische Revolution – kündigte Papst Johannes XXIII. ein neues Konzil an. In seiner Vorbereitung und Durchführung noch fast ausschließlich europäisch dominiert, löste das *Zweite Vaticanum* dann eine *globale Dynamik* aus, die insbesondere in Lateinamerika das Gesicht des Katholizismus entscheidend verändern sollte. Es waren v. a. zwei Konzilstexte, die eine starke Wirkung erzeugten: ‚Gaudium et Spes' (mit der Öffnung der Kirche zur modernen Welt) und ‚Lumen Gentium' (der die traditionelle Barriere zwischen Klerus und Laien zu überwinden suchte). Die Kirche wird darin zuerst als „Volk Gottes" angesehen, dem durch das Taufsakrament *alle* Christen als Kinder Gottes angehören. An den Beratungen nahmen 601 Bischöfe aus Lateinamerika teil (im Vergleich dazu: 849 aus Europa). Sie stellten damit ca. 23 % aller Konzilsteilnehmer. Ihr Beitrag war, von einigen Ausnahmen abgesehen, zunächst noch eher bescheiden. Doch betonte etwa der chilenische Bischof Manuel Larraín mit Nachdruck die „prophetische Aufgabe des Volkes Gottes" und die Notwendigkeit einer „Kirche der Armen" [Text 301]. Ein anderer prominenter Teilnehmer war der brasilianische Bischof Dom Hélder Câmara (1909–1999). Er hatte – so seine eigenen Worte – eine Vielzahl von „Bekehrungen" durchlaufen, bevor er sich von einem eher konservativen Kirchenmann zu einem der profiliertesten Vertreter der Befreiungstheologie entwickelte.

Eine Zäsur markierte dann die Zweite Generalversammlung des lateinamerikanischen Episkopats (CELAM) *1968 in Medellín* (Kolumbien). Thema war „Die Kirche in der gegenwärtigen Umwandlung Lateinamerikas im Licht des Konzils". In einem ebenso kreativen wie eigenständigen Rückgriff wurden die Konzilstexte auf die aktuellen Herausforderungen des Kontinents bezogen und weiterentwickelt. Die Bischöfe sahen dabei die Völker, „Kirchen und christlichen Gemeinschaften" dieses Erdteils an der Schwelle „eines neuen Zeitalters". Sie plädierten für eine „ganzheitliche Entwicklung für unseren Kontinent" sowie für eine „befreiende Erziehung", die den „neuen Gesellschaftstyp" vorwegnimmt, „den wir in Lateinamerika suchen" [Text 303a+b]. Unter Leitung von Dom Hélder Câmara wurden die „gewaltigen sozialen Ungerechtigkeiten in Lateinamerika" angeprangert. Verurteilt wurde sowohl das liberal-kapitalistische wie das marxistische Gesellschaftssystem. Stattdessen wurde ein gewaltloser und reformorientierter „dritter Weg" zur Befreiung vorgeschlagen. Anknüpfend an die Enzyklika ‚Populorum progressio' von Papst Paul VI. von 1967 [Text 302b], erhoben bedeutende Teile des lateinamerikanischen Episkopats im Beisein und mit Billigung des Papstes die „vorrangige Option für die Armen" zur Leitlinie kirchlichen Handelns [Text 303c].

23.3 Befreiungstheologien: Merkmale, Kontroversen, Entwicklungen

Seit Mitte der 1960er Jahre mehrten sich die Debatten und Aktivitäten sozial engagierter Priester, Ordensleute und Laien. Dazu gehörte etwa auch die freiwillige Aufgabe von Kirchenbesitz. Zu ausformulierten konzeptionellen Entwürfen kam es Anfang der 1970er Jahre. Gustavo Gutiérrez (Peru), Hugo Assmann (Brasilien), Juan Luis Segundo (Uruguay) und Leonardo Boff (Brasilien) veröffentlichten, alle im selben Jahr 1971 und weitgehend unabhängig voneinander, ihre Schriften, die später als Fundament der ‚Theologie der Befreiung' galten. Auch protestantische Autoren meldeten sich zu Wort. Dazu gehörten die in der Gruppe ‚Kirche und Gesellschaft in Lateinamerika' (ISAL) in Montevideo zusammengeschlossenen Theologen, die in Verbindung mit dem Ökumenischen Rat der Kirchen in Genf standen. Namen wie Emilio Castro, Julio de Santa Ana, José Míguez Bonino sowie Rubem Alvez [s. Text 311] sind hier zu nennen.

Merkmale dieser in sich durchaus vielstimmigen und „neuen Art von Theologie" (Gustavo Gutiérrez; s. Text 304a+b) waren bestimmte leitende Aspekte. Zentral waren die Betonung des Vorrangs des Handelns vor metaphysischer Spekulation; Theologie als befreiende Veränderung in Geschichte und Gegenwart; ein „ganzheitliches" Verständnis von Befreiung und Erlösung; Erlösung begriffen nicht als eine rein jenseitige Verheißung, sondern als ein sich bereits in der Gegenwart vollziehender Umbruch; Solidarität mit der Mehrheit des „verarmten und in Elend lebenden Volkes"; soziale Sensibilisierung und Bewusstseinsbildung; sowie die Fokussierung auf bestimmte biblische Motive (wie die Exodus-Tradition; die prophetische Sozialkritik; das Magnifikat [mit der Verheißung einer Umkehr aller Verhältnisse]; Jesu Antrittspredigt in Nazareth [Lukas 4]; sowie die Gerichtsrede in Matthäus 25). Zugrunde gelegt wurde der methodische Dreischritt „Sehen – Urteilen – Handeln" sowie die Anwendung bestimmter analytischer Instrumente. Dazu zählte die Dependenztheorie, wie sie sich in den sozialwissenschaftlichen Debatten Lateinamerikas in den 1960er Jahren ausgebildet hatte.

Diese *Dependenztheorie* wandte sich gegen ein rein technokratisches Verständnis von „Entwicklung". Die Rückständigkeit der lateinamerikanischen Gesellschaften wurde nicht als Folge fehlender Anstrengungen oder endogener Faktoren (wie Kapitalmangel, kultureller Einstellungsmuster oder mentaler Prägungen) gesehen, sondern als das Resultat bestehender Strukturen der Abhängigkeit und gezielter Mechanismen kapitalistischer Ausbeutung. Dies im Zusammenspiel internationaler Akteure (wie z. B. multinationaler Konzerne) und regionaler Oligarchien, die sich auf Kosten der marginalisierten Massen bereicherten. Die Zerschlagung von Strukturen der Abhängigkeit und Unterdrückung erschien darum als die gebotene Konsequenz. Ob dies auf eher evolutionärem oder revolutionärem Weg zu geschehen habe, wurde unterschiedlich beantwortet. Einer der strittigen Punkte in den folgenden Auseinandersetzungen war die Frage, ob mit der Verwendung marxistischer sozialanalytischer Kategorien auch zwangsläufig das marxistische Konzept des Klassenkampfes verbunden war. Letzteres war der stete Vorwurf konservativer Kritiker an die Befreiungstheologie.

Basisgemeinden wurden zum Ort ganz neuer Formen der *Bibelauslegung*. Diese galt nicht länger als Privileg des Klerus, sondern als Angelegenheit auch der einfachen Gläubigen und bislang marginalisierter Gruppen, die die befreiende Botschaft der Bibel für sich entdeckten. Frauen spielten dabei eine hervorgehobene Rolle. Auch in Europa weit bekannt wurde „Das Evangelium der Bauern von Solentiname". Dies war eine von Ernesto Cardenal herausgegebene Sammlung sonntäglicher Bibelgespräche von *campesinos* aus einer abgelegenen Inselgruppe in Nicaragua [s. Text 204d]. Der soeben verlesene Bibeltext (Lukas 4,16–30), so sagte eine dort zitierte Frau, „ist eine Voraussage der Befreiung. Und er ist auch eine Lehre für uns, die viele Christen noch nicht begriffen haben. Denn einer kann in die Kirche gehen und Tag und Nacht singen, ding, dong, ding, dong, ohne dass er mit einem Gedanken daran dächte, wieviel ... Ungerechtigkeit es um uns herum noch gibt, ... wie viele Misshandlungen in diesem Land, wie viele Frauen, die alle Tage die Augen voller Tränen haben ...".

Die Jahre 1970 bis 1975 gelten als der *Höhepunkt* und die einflussreichste Phase der lateinamerikanischen Befreiungstheologien. Zugleich erfuhren sie eine zunehmende Rezeption auch durch christliche Aktionsgruppen in Asien und Afrika. Wachsende Beachtung fanden sie aber auch in der kirchlichen (und politischen) Öffentlichkeit Europas und der USA. In der 1976 gegründeten Vereinigung der Dritt-Welt-Theologen (EATWOT) dominierten weithin lateinamerikanische Stimmen. Gleichzeitig verstärkte sich nun aber auch der *innerkirchliche Widerstand*, verbunden mit wachsendem Druck aus Rom. Eine Wende markierte bereits 1972 die Wahl eines neuen Generalsekretärs des Lateinamerikanischen Bischofsrates (CELAM). Dieser machte sich alsbald daran, den Einfluss der Befreiungstheologie in den Aktivitäten des CELAM zurückzudrängen. In der Folgezeit wurden in Lateinamerika vermehrt konservative Bischöfe eingesetzt. Diese restaurativen Tendenzen verstärkten sich unter dem Pontifikat von Johannes Paul II. (1978–2005). Der polnische Papst kritisierte die Nähe vieler Befreiungstheologen zu sozialistischen Bewegungen. Auch die offizielle Vorbereitung der Dritten Generalversammlung des Lateinamerikanischen Bischofsrates *1979 in Puebla* (Mexiko) glich weithin einer Kampagne gegen die Befreiungstheologie. Gleichwohl wurden ihre zentralen Themen dort bestätigt. So bekräftigte die Versammlung, in Kontinuität zu Medellín 1968, die „prophetische, vorrangige und solidarische Option für die Armen" sowie die Notwendigkeit einer „Umkehr der gesamten Kirche" mit dem Ziel einer „umfassenden Befreiung (sc. der Armen)" [Text 305]. Zugleich wurden andere, zuvor vernachlässigte Themen der Konzilsrezeption aufgegriffen.

Gleichwohl ging der *Streit um die Befreiungstheologie* weiter. Die Auseinandersetzungen verschärften sich nach dem Sieg der Sandinisten 1979 in Nicaragua (womit sich eine sozialistische Revolution erstmals auch auf dem mittelamerikanischen Festland etabliert hatte). Kirchenleute wie Ernesto Cardenal hatten daran an prominenter Stelle teilgenommen [vgl. Text 307]. Mitte der achtziger Jahre widmete die Römische Glaubenskongregation der Theologie der Befreiung zwei Instruktionen. In der ersten, ‚Libertatis nuntius' von 1984, wurde zwar das Grundanliegen der Theologie der Befreiung positiv gewürdigt, aber zugleich vor theologischem „Reduktionismus" und politischem Messianismus gewarnt. „In verderblicher Weise" – so der Vorwurf – würden dabei „die *Armen* der Schrift mit dem *Proletariat* von Marx verwechselt" und der „Kampf für die Rechte der Armen" in einen „Klassenkampf" verwandelt. „Die Kirche der Armen" werde so als „eine Klassenkirche" missverstanden [Text 308]. Die zweite Instruktion, ‚Libertatis conscientia' von 1986, betonten den Vorrang der erzieherischen und evangelisatorischen Aufgaben der Kirche. Prominenten Vertretern der Befreiungstheologie wie Leonardo Boff (geb. 1938) erteilte der Vatikan 1985 ein zunächst einjähriges Rede- und Lehrverbot. Daraufhin legte der Brasilianer 1992 sein Priesteramt nieder.

Massiven *Gegendruck* gab es natürlich insbesondere vonseiten der jeweiligen nationalen Oligarchien und Militär-Diktaturen, die sich in den 1970er Jahren in verschiedenen Ländern Südamerikas etabliert hatten. Durch Verhaftung, Folter,

Verschleppung und gezielte Tötungen suchten sie alle potentiell oppositionellen Kräfte auszuschalten. Dies betraf auch viele kirchliche Aktivisten und sozial engagierte Priester. Sie wurden als kommunistische Sympathisanten verdächtigt und vielfach aus dem Verkehr gezogen. Die Zahl der christlichen Priester, Pastoren und Ordensleute, die in den 1970ern in Zeiten der Ideologie der ‚Nationalen Sicherheit' in verschiedenen Regionen Lateinamerikas umgebracht wurden, wird auf über 1 000 geschätzt. Das betraf keineswegs nur Aktivisten wie den römisch-katholischen Priester Camillo Torres, der 1966 in Kolumbien im revolutionären Einsatz ums Leben kam [cf. Text 302a]. Einer der bekanntesten – und inzwischen heiliggesprochenen – „Märtyrer" dieser Ära war der Erzbischof von El Salvador Óscar Romero [vgl. Text 304 f; Abb. 55+56]. Während er am 24. März 1980 in einer Krankenhauskapelle in El Salvador die Messe zelebrierte, wurde er von Schergen des Regimes erschossen.

In den 1980er Jahren waren vielfältige *Pluralisierungstendenzen* in der ohnehin pluralen Landschaft lateinamerikanischer Befreiungstheologien zu beobachten. Neue Themen (wie ökologische Fragen oder feministische Anliegen) wurden aufgegriffen, traditionelle Positionen überprüft und teils neu und differenzierter behandelt. Wer repräsentierte etwa das „Volk", dessen Stimme die Befreiungstheologie Gehör zu verschaffen suchte? Welche Modifikationen der Dependenztheorie galten als erforderlich, um den veränderten sozialen Realitäten des Kontinents gerecht zu werden? Kontroversen gab es beispielsweise auch um die ‚cultura popular', also den Eigenwert der Kultur des Volks bzw. der lateinamerikanischen Volksreligiosität. Letztere wurde etwa von Vertretern der sog. ‚Argentinischen Schule' hoch bewertet. „Ihr Ausgangspunkt war nicht die Befreiungspraxis christlicher Gruppen, sondern die Praxis der lateinamerikanischen Völker, in deren Weisheit, Kulturen und religiösen Ausdrucksformen das Evangelium bereits inkulturiert" sei. Die Mehrheit der Befreiungstheologen hingegen hatte eine eher skeptische Sicht auf die Volksfrömmigkeit, die sie „als Ausdruck der Unterdrückung und Entfremdung der Armen" wahrnahmen.[2]

23.4 Vordringen protestantischer und (neo-)pentekostaler Gruppen, Revitalisierung afroamerikanischer Religionen

„Die Befreiungstheologie entschied sich für die Armen, und die Armen entschieden sich für die Pfingstbewegung", lautet ein häufig zitiertes Diktum. In der Tat zählt das *sprunghafte Wachstum* protestantischer (und insbesondere pentekostaler) Kirchen seit den frühen 1970er Jahren zu den auffälligsten Entwicklungen der jüngeren lateinamerikanischen Christentumsgeschichte. Nach konservativen Schätzungen waren Ende des 1990er Jahre etwa 11 bis 15 % der Bevölkerung Lateinamerikas Protestanten, die Mehrheit davon Pfingstler. Besonders drastisch war der Anstieg in Brasilien. „Es gibt heute mehr als 50 Millionen Protestanten in Brasilien, die große Mehrheit (41 Millionen) von ihnen sind Pfingstler oder Charismatiker" – so eine Zahlenangabe aus dem Jahr 2004.[3] Stärkste Kraft dabei waren mit über 4 Millionen Anhängern im Jahr 2000 die ‚Assembleias de Deus' (‚Assemblies of God'), die zugleich die größte protestantische Kirche Lateinamerikas darstellen. In Brasilien gehen ihre Anfänge auf das Jahr 1912 zurück. Anhänger fanden sie zunächst vor allem in den unteren Gesellschaftsschichten, darunter bei Schwarzen und „Mulatten" (also der Gruppe gemischt afrikanisch-europäischem Ursprungs). Letztere bilden noch heute die Mehrheit ihrer Mitglieder. Lateinamerika gilt inzwischen als der Kontinent mit der stärksten pentekostalen Präsenz weltweit.

Die *Gründe* für das rasche Wachstum der lateinamerikanischen Pfingstbewegung sind von Soziologen, Ethnologen und Theologen intensiv diskutiert worden. Sozioökomische Faktoren – wie der Kollaps des alten *Hacienda*-Systems auf dem Land und die folgende Migration früherer Landarbeiter in die Slums der Städte – stellen einen wichtigen Teilaspekt dar. Angesichts des Zusammenbruchs früherer Solidaritätsstrukturen dienten die Pfingstgemeinden zahlreichen Neuankömmlingen als Hafen inmitten einer feindlichen Welt. Der Pentekostalismus wurde so vielerorts zur Religion der Migranten. Defizite der katholischen Kirche – mit ihren hierarchischen Strukturen, andauerndem Priestermangel und engen Verbindungen zum alten Feudalsystem – werden als weitere Gründe benannt. Die Pfingstgemeinden hingegen boten Raum für eine stärker persönliche Spiritualität. Mit der Erfahrung der Geisttaufe verhießen sie zudem einen unmittelbaren Zugang zu Gott. Das Priestertum aller Gläubigen, wichtiges Element der protestantischen Tradition, wurde nachdrücklich betont. Heilungsgottesdienste, die Hoffnung auf Befreiung von den „dämonischen" Übeln der Gegenwart oder die Erfahrung des „Redens in Zungen" (gemäß 1 Kor 12–14) wirkten anziehend auf die Menge der sozial und religiös Entwurzelten. Zentral dabei war (ähnlich und doch ganz anders als bei den Basisgemeinden) die Bedeutung der Bibel, die sich auch Laien erschließt. Frauen spielten eine wichtige Rolle. Zugleich bewahrten die Pfingstler in einem beispielsweise vom brasilianischen Spiritismus und afroamerikanischen Kulten mitgeprägten Umfeld zahlreiche Elemente des traditionellen Volkskatholizismus. Das unterschied sie – so etwa der brasilianische Historiker Martin Dreher – vielfach vom offiziellen Katholizismus, der infolge der „Romanisierung" seit Ende des 19. Jh. ein stärker europäisches Gesicht angenommen hatte.

Als weiteres Merkmal insbesondere der frühen Pfingstgemeinden gilt ihre oft puritanische Moral und Arbeitsethik. Sie erleichterten das Überleben im Kontext fortschreitender Urbanisierung und Industrialisierung (und eröffneten Aussicht auf sozialen Aufstieg). Vielfach ist den Pfingstlern eine apolitisch-konservative Grundhaltung attestiert worden. Es gab aber immer wieder auch signifikante Gegenbeispiele – wie die aktive Teilnahme von Pfingstlern an Arbeitskämpfen und der Auseinandersetzung um Landrechte zeigt. Verschiedene anfangs von ausländischen (zumeist amerikanischen) Evangelisten gegründete Gemeinden erreichten bald institutionelle, personelle und finanzielle Eigenständigkeit. Andere Gruppen wurden von Anfang an von einheimischen Akteuren ins Leben gerufen. Durch Spaltungen, Neugründungen und Anpassung an den lokalen Kontext wuchsen die Gruppen und differenzierten sich durch eine endogene Dynamik aus. Weithin zeigen sie das Bild einer indigenen Religion.

In der Historiographie zum lateinamerikanischen Pentekostalismus ist vielfach von sukzessiven „Wellen" die Rede, die im Einzelnen unterschiedlich definiert werden. In jedem Fall verbreitete sich ein dritter – zumeist als *neopentekostal* bezeichneter – Typ seit Ende der 1970er Jahre. Er knüpft an die klassische Pfingstbewegung an, wendet sich aber verstärkt an die Mittel- und Oberschichten der Gesellschaft. Neopentekostale Gruppen sind meist um eine charismatische Führungspersönlichkeit organisiert und zeichnen sich durch ein autoritäres Grundkonzept aus. Sie wenden sich gegen jede Art eines theologischen und politischen Liberalismus und propagieren zumeist eine „Theologie des Wohlstandes" (*prosperity Gospel*). Diese versteht den persönlich erworbenen Wohlstand als Zeichen des Reiches Gottes. „Es reicht mit dem Evangelium des Leidens", verkündigte etwa 1989 der Prediger der honduranischen Kirche ‚Vida Abundante' (wörtlich: ‚Leben im Überfluss'). „Das Evangelium der Freude soll anfangen, jedes Lebens auszufüllen. ... Es geht um Prosperität in *allen* Bereichen. ... Was ist alles? Deine Schuhe, deine Wäsche, ... dein Auto, deine Arbeit, ... deine Henne, deine Kuh ... Alles prosperiert in Gott" [Text 312a]. – Das wohl bekannteste Beispiel dieser dritten Welle stellt die ‚Igreja Universal do Reino de Deus' (UCKG, Universal Church of the Kingdom of God) dar. 1977 in Rio de Janeiro gegründet, wurde sie in den 1990er Jahren zur am schnellsten wachsenden Kirche Brasiliens, mit über 1 000 Einzelkirchen und etwa einer Million Anhängern. Ihre Mitglieder, zumeist arme Leute, wurden ermutigt, Geld in die Kirche zu bringen, um die Segnungen Gottes zu erlangen. Die UCKG besaß einen eigenen Fernsehsender, dreißig Radio-Stationen, eine eigene Zeitung, war verbunden mit einer auf nationaler Ebene tätigen politischen Partei und breitete sich zunehmend auch in anderen Ländern Südamerikas und Afrikas aus (s. Kap. 25.3). Gründer der UCKG war mit dem Bischof (und früheren Angestellten der Staatslotterie) Edir Macedo eine höchst umstrittene Persönlichkeit. Heftig kritisiert auch von anderen Kirchenführern, erlangte er bald den zweifelhaften Ruf, reichster Pastor der Welt zu sein.

In jedem Fall wurde die religiöse Landschaft Brasiliens mit dem Vordringen pentekostaler Bewegungen vielgestaltiger. Zu diesem Bild wachsender Pluralisierung gehört auch der Aufschwung, den die *afrobrasilianischen Religionen* des Candomblé und Umbanda in dieser Zeit erfuhren. Früher von staatlichen Autoritäten unterdrückt, waren sie nun legal und in der Öffentlichkeit präsent [vgl. Foto K02–06]. In einem Klima des wachsenden schwarzen Selbstbewusstseins sowie der Suche nach Alternativen zum westlichen Rationalismus gewannen sie auch unter Weißen an Attraktivität. Erstmals kam es so in den 1980er Jahren zu quasi-offiziellen Kontakten zwischen Vertretern afrobrasilianischer Kulte und dem katholischen Episkopat. 1985 etwa schickte der Erzbischof von Salvador/ Bahia an das lokale Kultzentrum des Candomblé ein Begrüßungsschreiben anlässlich der Wahl einer neuen Priesterin ebendort [Text 314]. Andere Gruppen wie die eben erwähnte UCKG hingegen vertraten eine feindselige Einstellung und unternahmen Exorzismen zur Vertreibung der Geister des Candomblé.

Fußnoten zu Kapitel 23

1 So 1981 der chilenische Befreiungstheologe Pablo Richard; zitiert bei: SPLIESGART 2021, *Kuba*, 35 [vgl. Text 299. 307].
2 SILVA 2009, *Theologiegeschichte Lateinamerikas*, 47 f.
3 ESPINOZA (2004), *Pentecostalisation*, 277.

Literatur zu Kapitel 23

23.1–3 (Zwischen sozialer Revolution und staatlicher Repression/ Das Zweite Vatikanische Konzil [1962–1965] und die Bischofskonferenz von Medellín [1968]/Befreiungstheologien)

STRASSNER (2018), *Christentum in Lateinamerika*, 533–561; SILVA (2009), *Theologiegeschichte Lateinamerikas*, 29–58; PRIEN (2007), *Lateinamerika*, 369–420; DUSSEL (1992), *Church in Latin America*, 153–184; PRIEN (1978), *Geschichte*, 995–1062; PRIEN (1981), *Gesellschaft – Kirche – Theologie* I („Aufbruch und Auseinandersetzung"); II („Der Streit um die Theologie der Befreiung"); COLLET (1990), *EATWOT*, 121–131; FORNET-BETANCOURT (1997), *Befreiungstheologie* I, 71–176 (Rezeption In Lateinamerika, Asien, Afrika, USA und Europa); II („Kritische Auswertung und neue Herausforderungen"); BEOZZO (2002), *Das Zweite Vatikanische Konzil*, 219–242; EIGENMANN (2016), *Dom Hélder Câmara*; BÜSCHGES et al. (2021) (Hgg.), *Liberation Theology and the Others*.

23.4 (Protestantische und [neo-]pentekostale Gruppen, afroamerikanische Religionen)

BERGUNDER (2000), *Pfingstbewegung und Basisgemeinden*; ANDERSON (2004), *Pentecostalism*, 63–82; SMITH (1998), *Pentecostal vs. Catholic*; CORTEN/MARSHALL-FRATANI (2001), *Between Babel and Pentecost*, 1–61.124–215; FRESTON (2001), *Brasilian Pentecostalism*, 196–215; DREHER (1998), *Volkskatholizismus*, 203–216; ESPINOZA (2004), *Pentecostalisation*, 262–292; STOLL (1990), *Turning Protestant?*; MARTIN (1990), *Tongues of Fire*; HOLLENWEGER (1997), *Charismatisch-pfingstliches Christentum*, 101–120.139–154; HAUSTEIN/MALTESE (2014), *Handbuch*; ANDERSON/HOLLENWEGER (1999), *Pentecostals after a Century*; KIM/KIM (2008), *World Religion*, 159–171; SUARSANA (2010), *Christentum 2.0?*

Kapitel 24: „Shift of Centers":
Entwicklungen der 1980er Jahre

24.1 Von der Nord- zur Süd-Majorität

„Von der West- zur Weltkirche": so lautete 1985 der Titel eines Buches von Walbert Bühlmann, in dem er – überraschend für die deutsche Öffentlichkeit – auf die dramatischen *Veränderungen im römischen Katholizismus* der Nachkriegsära hinwies. Das traditionelle „Schwergewicht der Christenheit im Abendland", so der katholische Theologe, habe „sich mehr und mehr abgebaut, und 1970 ist es zur Kippe gekommen. Jetzt leben bereits 51,86 % der Katholiken in südlichen Kontinenten, Lateinamerika, Afrika, Asien-Ozeanien. Bis zum Jahr 1980 steigerte sich die Proportion schon auf 57,56 %". Allein Lateinamerika zählte 1980 323 Millionen Katholiken (und damit 41,4 % der katholischen Kirche weltweit), Europa hingegen nur 271 Millionen (gleich 34,6 %). Im Jahr 2000, so die Prognose, würden „wohl 70 % der Katholiken in der südlichen Hemisphäre leben".[1]

Analoge Verschiebungen sind seit der Mitte der 1980er Jahre auch in den *anderen Konfessionsfamilien* zu beobachten. So in der anglikanischen Weltgemeinschaft, die inzwischen etwa in Nigeria mehr Anhänger zählen dürfte als in Großbritannien. Von 1900 (mit ca. 35 000 Mitgliedern) stieg dort die Zahl ihrer Anhänger im Jahr 1970 auf 2 941 000 und Mitte der 1990er Jahre auf ca. 14 800 000 an. „Statistisch betrachtet, ist inzwischen die nigerianische Kirche als das Herz des anglikanischen Christentums zu betrachten".[2] Auch andere Gemeinschaften wiesen ein zunehmendes Südgefälle auf. Die bereits im 18. Jh. weltweit verbreitete Herrnhuter Brüdergemeine etwa zählte 1998 in ganz Europa 29 837 Gemeindemitglieder. Allein im ostafrikanischen Tansania jedoch betrug ihre Zahl im selben Jahr 1998 mit 411 792 Angehörigen mehr als das Dreizehnfache. Andere protestantische Konfessionsfamilien – Methodisten, Baptisten, Presbyterianer, schließlich auch Lutheraner – vollzogen im letzten Drittel des 20. Jh. ebenfalls den schrittweisen Übergang von einer Nord- zu einer Südmajorität. Wesentlicher Faktor für das explosive Kirchenwachstum im globalen Süden (und insbesondere im subsaharischen Afrika) war dann insbesondere auch die rasche Ausbreitung der Pfingstbewegung und anderer charismatischer, postdenominationeller oder independentistischer Gruppen.

Religionsstatistiken sind im Einzelnen oft problematisch, widersprüchlich und mit zahlreichen Schwierigkeiten der Datenerhebung und Methodik behaftet.

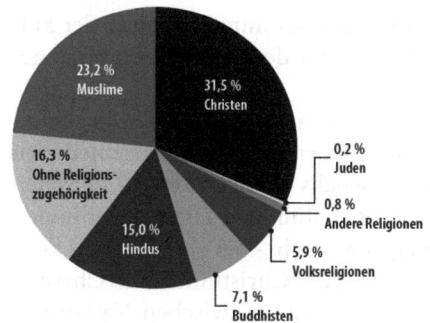

Statistik Weltreligionen 2010 global (Graphik: Pew Research Center).[3]

Die Grundrichtung dieser „Südausbreitung" des Christentums im letzten Drittel des 20. Jh. aber ist eindeutig. Die ‚World Christian Encyclopedia' nennt in einem kontinentalen Vergleich folgende Zahlen:[4]

Christliche Weltbevölkerung	1900	2000
Afrika	8 756 000	335 116 000
Asien	20 758 300	307 288 000
Europa	368 210 000	536 832 000
Lateinamerika	60 026 000	475 660 000
Nordamerika	59 570 000	212 166 000
Ozeanien	4 321 000	21 375 000
weltweit insgesamt	521 641 000	1 888 437 000

Für das Jahr 2010 ergibt sich, so neuere Daten des renommierten ‚Pew Research Center's Forum on Religion and Public Life', folgende geographische Verteilung der christlichen Weltbevölkerung: Europa 25,7 %, Lateinamerika/Karibik 24,4 %, Subsaharisches Afrika 23,8 %, Nordamerika 12,3 %, Asien/Pazifik 13,2 %, Nahost/Nordafrika 0,6 %. Für die einzelnen Regionen gibt es teils deutlich divergierende Zahlen.

Der schottische Historiker und Missionswissenschaftler Andrew Walls (1928–2021) hat im Blick auf diese Entwicklung bereits in den 1980er Jahren von einer „*Verlagerung des Gravitationszentrums*" („shift of center[s] of gravity") des Christentums von Nord nach Süd gesprochen. Damit hat er eine Debatte in Gang gesetzt, die in der internationalen Ökumene bis heute weitergeht. Strittig ist dabei weniger der demographische Befund – Rückgang v. a. im säkularisierten Europa gegenüber teilweise exponentiellen Wachstumsraten im globalen Süden – als vielmehr die Frage der Konsequenzen und neuen Herausforderungen für die Konturen des Weltchristentums. Denn: „die Formen und Strukturen für das Wachstum des Christentums im späten 20. Jh. konnten weder in den organisatorischen noch theologischen Rahmenbedingungen des westlichen Christentums erfasst werden".[5] Alten Machtzentren im Norden stehen neue demographischer Mehrheiten im Süden gegenüber. Überkommene ökumenische Organisationsstrukturen (wie der Weltkirchenrat in Genf) vermögen immer weniger der kulturellen Diversität und denominationellen Pluralität des Weltchristentums gerecht zu werden.

Die Gründe für das teils exponentielle Wachstum der Südkirchen liegen einerseits in der ungleichen *demographischen Entwicklung* der verschiedenen Weltregionen. In Lateinamerika beispielsweise wuchs die Bevölkerung zwischen 1950 und 1999 gemäß UN-Statistik von ca. 167 Millionen auf 511 Millionen Menschen. Entsprechend drastisch angestiegen ist auch – bei einem relativ konstanten Bevölkerungsanteil von ca. 90 % – die Zahl der Christinnen und Christen auf dem Kontinent (wenngleich sich intern die Relation zwischen Katholiken und Protestanten/Pentekostalen deutlich zugunsten der letzteren verschoben hat). Aber auch in bevölkerungsreichen Ländern, wo Christen nur als Minderheit leben (wie in Indonesien mit einem Anteil von ca. 9 %), führt das allgemeine Bevölkerungswachstum zugleich zu einem deutlichen Anstieg der Zahl der Gläubigen. Diese betrug im Jahr 2000 knapp 20 Millionen, bei einer Gesamtbevölkerung von ca. 212,5 Millionen. Damit ist sie dort höher als in verschiedenen europäischen Ländern.

Andernorts setzte – zusätzlich zur allgemeinen Bevölkerungsentwicklung – ein rapides *Kirchenwachstum* ein. So in Südkorea, wo der Anteil der Christen zwischen 1950 und 1995 von ca. 3,3 % auf 26,3 % anstieg. Selbst im kommunistischen China gab es nach dem Ende der Kulturrevolution 1976 mehr christliche Gläubige als zur Zeit der kommunistischen Machtübernahme im Jahr 1949. In der Folge nahm ihre Zahl sowohl nach staatlichen wie kircheninternen Statistiken deutlich zu. Dynamisch war das Wachstum im letzten Drittel des 20. Jh. insbesondere im *subsaharischen Afrika*. Dies ist umso bemerkenswerter, als sich die „neuen" afrikanischen Nationen ja erst in den 1960er Jahren vom Joch des europäischen Kolonialismus befreit hatten. Aber einerseits war ja bereits in der Kolonialära die relativ kleine Zahl der westlichen Missionare stets nur *ein* Faktor unter anderen bei der Ausbreitung des Christentums gewesen. Entscheidend in diesem Prozess war vielmehr die Rolle lokaler Akteure – von Laien, von einheimischen Bibelfrauen oder Katecheten in Diensten der etablierten Missionskirchen wie von Anhängerinnen und Aktivisten der unabhängigen afrikanischen Kirchen, die seit Ende des 19. Jh. vielerorts aus dem Boden schossen. Zudem hatten die Missionare durch die frühe Übersetzung der Bibel in zahlreiche indigene Idiome selbst früh die Voraussetzung für die Genese eines eigenständigen afrikanischen Christentums geschaffen. Dies hat v. a. der aus Gambia stammende und in Harvard (USA) lehrende Religionswissenschaftler Lamin Sanneh immer wieder hervorgehoben. Er bezeichnet die – sprachliche wie kulturelle – „Übersetzbarkeit" (*translatabilty*) des Christentums als zentrale Bedingung und Faktor bei der Entstehung spezifisch afrikanischer Christentumsvarianten.

Zugleich aber gewannen auch die früheren Missionskirchen Afrikas in postkolonialen Zeiten – nun aber unter indigener Führung – *neue Attraktivität*. So zu beobachten etwa im Anglikanismus Kenias (und anderer Länder).

„Der neue Kontext änderte den Nachteil, eine englische Religion unter kolonialer Herrschaft zu sein, in den Vorteil, einem weltweiten Glauben unter einer unabhängigen Regierung anzugehören. Als in den 1980er und 1990er Jahren die politischen und ökonomischen Institutionen [sc. Afrikas] unter korrupten Ein-Parteien-Diktaturen kollabierten, war die Kirche eine der wenigen Institutionen mit der moralischen Autorität und den internationalen Verbindungen, um der Regierung zu widerstehen, was sie auch gelegentlich tat".[6]

Das Hauptwachstum in den 1990er Jahren vollzog sich dann zunehmend durch den Zustrom zu pentekostalen und charismatischen Kirchen. Um das Jahr 1990 waren etwa in Südafrika 40% der Christen Mitglieder unabhängiger afrikanischer Kirchen.

In den 1980er Jahren änderten sich nicht nur die demographischen Relationen zwischen den Kirchen im globalen Norden und Süden. Schrittweise wandelte sich auch deren *Wahrnehmung in der europäischen Öffentlichkeit*. Zu dem veränderten Bild einer nicht auf Europa begrenzten Kirche hat im katholischen Kontext die enorme Reisetätigkeit von Papst Johannes Paul II. (1978–2005) beigetragen. Während frühere Päpste kaum Italien verließen, besuchte Johannes Paul II. in 104 Auslandsreisen 127 Länder, darunter mehrheitlich in Afrika [s. Abb. 52], Lateinamerika und Asien. Im Januar 1995 zelebrierte der Papst etwa unter großer medialer Beachtung in Manila vor vier Millionen Menschen eine Messe. Bei seinem Tod 2005 berichtete das deutsche Fernsehen live über die Anteilnahme der Gläubigen weltweit. Schaltungen erfolgten u. a. aus São Paulo, Mexiko, Delhi, Manila und Lagos (Nigeria).

24.2 „Wiederkehr der Religionen", religiöse Fundamentalismen

Auch in anderen Kontexten kam es im letzten Quartal des 20. Jh. zu einem unerwarteten Aufschwung und verstärkten öffentlichen Einfluss der Religionen. In den 1980/90er Jahren schwappte eine *Welle religiöser Fundamentalismen* durch zahlreiche Regionen und Gesellschaften Asiens und Afrikas, die das Profil der dortigen sozioreligiösen Landschaften (und das Zusammenleben unterschiedlicher Glaubensgemeinschaften vor Ort) teils drastisch veränderten. In der islamischen Welt kam es, inspiriert unter anderem von der iranischen Revolution 1979, in weiten Teilen des Vorderen Orients, Südostasiens und Westafrikas zu einer Politisierung der Religion des Propheten. Im *Iran* wurde eine Theokratie (mit Herrschaft der *Ayatollahs* bzw. muslimischen Religionsführer) etabliert; und in *Indonesien* – mit ca. 204 Millionen Einwohnern im Jahr 2000 das Land mit der größten muslimischen Bevölkerung – verschafften sich nun zunehmend auch gewaltbereite islamistische Gruppen Gehör. Im Gegensatz zur langen Tradition des religiösen Pluralismus und interreligiöser Harmonie im südostasiatischen Inselreich predigten sie Intoleranz gegen nicht-islamische Gruppen.

In *Indien* hingegen war es – spätestens seit der Zerstörung der Babri-Moschee in Ayodya im Jahr 1992 – ein militanter Hinduismus, der für internationale Aufmerksamkeit sorgte und zugleich den Blick auf die sich verschlechternde Situation religiöser Minderheiten im Vielvölkerstaat lenkte. Die Entwicklung eines aggressiven Hindu-Nationalismus hatte zwar schon früher eingesetzt. In den 1980er Jahren erfasste die sog. ‚Hindutva'-Ideologie verstärkt auch weitere politisch einflussreiche Kreise – wie die 1980 gegründete ‚Bharatiya Janata Party' (BJP), die schon bald in einzelnen Bundesstaaten (und seit 1998 auch auf nationaler Ebene) an die Macht gelangte. ‚Hindutva' bezeichnet die Zielvorstellung einer homogenen Hindu-Kultur in ganz Indien, unter Ausschluss divergierender religiöser Traditionen. Die Aktivitäten radikaler Hindu-Nationalisten richteten sich zwar primär gegen Muslime. Zunehmend war aber auch die christliche Minorität von Gewalt betroffen. Insbesondere die christlichen *Dalits* (Kastenlosen) waren vielfältigen Repressionen ausgesetzt.

In buddhistischen Mehrheitsgesellschaften wie dem *Sri Lanka* der 1980er Jahre verstärkten sich die Spannungen zwischen verschiedenen ethnischen und religiösen Gemeinschaften, mit dem Ergebnis eines blutigen und lang dauernden Bürgerkriegs (1983–2009) zwischen buddhistischen Singhalesen und hinduistischen Tamilen. Aus der christlichen Gemeinschaft des Landes, die sowohl Singhalesen wie Tamilen umfasst, kamen vielfältige Initiativen zur Überwindung des interethnischen Konflikts.

Vielerorts war das Vordringen fundamentalistischer Strömungen zugleich Folge der Enttäuschung über korrupte Eliten, das Scheitern der offiziellen Entwicklungspolitik sowie fehlende Fortschritte im Prozess des ‚Nation Building'. Dies gilt auch für die Verbreitung des politischen Islam in *Afrika*. „Für das islamische Afrika", so der Historiker Christoph Marx, „war die Religion eine kulturelle Ressource, die nach dem Scheitern der säkularistischen Nationalismen eine Alternative bot. Revolution kam nicht mehr in marxistischem, sondern in religiösem Gewand daher".[7] In *Westafrika* kam es seit den 1980er Jahren verstärkt zu Konflikten zwischen Christen und Muslimen. Beide Glaubensgemeinschaften nahmen dort weiter zu. Die Zahl der Anhänger der traditionellen afrikanischen Religionen hingegen nahm stetig ab. – In *Ägypten* schließlich – Führungsnation der arabischen Welt – wurde die islamische Scharia 1971 als *eine* Quelle und 1980 als *Hauptquelle* der Gesetzgebung festgeschrieben. Staatschef Anwar as-Sadat (reg. 1970–1981) – im Westen ansonsten v. a. durch seinen Friedensschluss mit Israel 1979 bekannt – vollzog so einerseits eine Öffnung gegenüber radikalen islamischen Kräften. Zugleich verfügte er diskriminierende Maßnahmen gegenüber Kopten und anderen Kirchen.

24.3 Reverse-Missionen, Einwirkungen auf den Westen

Seit den 1970er Jahren *änderte sich die Richtung* weltweiter Migrationsströme. Hatten im 19. und frühen 20. Jh. noch Millionen von Europäern ihr Glück außerhalb Europas gesucht – in den neu eroberten Kolonien in Übersee, den weniger bevölkerten Gebieten Südamerikas oder den USA als Land der erhofften Freiheit –, so setzte im letzten Quartal des 20. Jh. ein verstärkter Zustrom von Menschen aus dem globalen Süden in die reichen Industriegesellschaften des Nordens ein. Sie kamen als Arbeitsmigranten oder später als Flüchtlinge vor den – politischen, ökonomischen und ökologischen – Katastrophen in ihren Heimatregionen. Mitte der 1980er Jahre waren Afrika, Lateinamerika, die Karibik und Asien bereits zu Netto-Exporteuren von Millionen von Menschen in die Länder der nördlichen Hemisphäre geworden. Es folgten weitere Wellen postkolonialer Migration dorthin.

Viele der Migranten etwa aus dem subsaharischen Afrika waren bereits Christen. Sie schlossen sich in Europa, den USA und anderen Weltgegenden zu Diaspora-Gemeinden zusammen und entfalteten ein reges religiöses Leben – intensiver und farbiger zumeist als das der traditionellen Kirchen in ihrer neuen Nachbarschaft. In *Europa* erfolgte der Zustrom zunächst v. a. in die ehemals kolonialen Zentren (Großbritannien, Frankreich, etwa auch Belgien), aber auch in andere westeuropäische Metropolen wie Mailand, Hamburg, Berlin oder Kopenhagen. In Amsterdam etwa überstieg die Zahl der Gottesdienstbesucher in den neuen Migrationsgemeinden (nach einer Erhebung des Weltkirchenrats aus dem Jahr 2008) die in den traditionellen Gemeinden der Stadt um das Neunfache. Zunehmend wurden die afrikanisch geleiteten Kirchen in ihrer neuen Umgebung *auch evangelisatorisch aktiv*. Dies gilt insbesondere für verschiedene charismatische oder pentekostale Gruppen, die sich in den 1990er Jahren stark verbreiteten. Sie sahen das säkularisierte Europa als Kontinent mit christlicher Vergangenheit an, den es spirituell wiederzubeleben gelte. „Bringing the Gospel back" zu den Ländern, von denen einst die europäischen Missionare ausgezogen waren und deren Kirchen nun geistlich und numerisch dahinsiechten, betrachteten sie als ihre gottgegebene Aufgabe. „We are here for a purpose, to awaken the Church in Germany" – so beschrieb etwa ein afrikanischer Gemeindeleiter ihre Mission.[8]

Die neuen Gemeinden unter afrikanischer Führung bestanden somit keineswegs nur aus Migranten. Zunehmend sprachen sie *auch die lokale Bevölkerung* an. 1992 etwa wurde in London vom nigerianischen Pastor Matthew Ashimolowo das „Kingsway International Christian Centre" gegründet, das – nach eigenen Angaben – schon bald jeden Sonntag mehr als 10 000 Gottesdienstbesucher unterschiedlicher Nationalität versammelte. Noch bemerkenswerter ist ein Beispiel aus der Ukraine, einem Land ohne koloniale Verbindungen nach Afrika. Hier wurde 1993 – nach dem Zerfall der Sowjetunion – von dem westafrikanischen Prediger Sunday Adelaya die ‚Embassy of the Blessed Kingdom of God for all

Nations' ins Leben gerufen. Auch sie erfreute sich rasch massiven Zulaufs aus der lokalen Bevölkerung. „Nigerianischer Pastor findet neue Herde in der Ukraine", beschrieb die westeuropäische Presse (BBC) erstaunt dies Phänomen. Neben solchen ‚Megachurches' kam es in verschiedenen europäischen Metropolen zu zahlreichen Neugründungen unterschiedlicher Größe durch afrikanische Immigranten, die jeweils verstärkt auch „Einheimische" als Mitglieder gewannen.

Im Blick auf die USA spricht der us-amerikanische (aus Sierra Leone stammende) Religionswissenschaftler Jehu Hanciles von einer „De-Europäisierung" des amerikanischen Protestantismus als Folge massiver Einwanderung afrikanischer (und asiatischer) Christen seit den 1980er Jahren. Trotz zuletzt etwas zurückgehender Zahlen sei „der Einfluss der neuen Immigranten auf den amerikanischen Protestantismus beträchtlich. In Tausenden von Kirchen und christlichen Gemeinschaften im ganzen Land sind die gottesdienstliche Sprache, theologische Orientierung und Formen der Interaktion entscheidend von fremden Elementen bestimmt und bestrebt, nicht-westliche Präferenzen zur Geltung zu bringen".[9] Neben den vielfach aus Westafrika stammenden protestantischen Einwanderern – sowie einer zunehmenden Zahl hispanischer (bzw. Latino-) protestantischer Gemeinden – stellten koreanische Kirchen die am schnellsten wachsenden Gemeinschaften im amerikanischen Protestantismus dar.

Noch eindrücklicher, so Hanciles, seien die Einwirkungen der neuen Einwanderer auf das amerikanische Christentum im Fall des *römischen Katholizismus*. Bis in die frühen 1980er Jahre verloren die meisten katholischen Diözesen an Mitgliedern und schlossen Schulen. Wachsende Immigration (seit 1965) half diesen Trend umzukehren. 1996 waren die fünf wichtigsten Ursprungsländer von katholischen Einwanderern in die USA Mexiko (mit 27,6%), die Philippinen (12,6%), Polen (7,4%), die Dominikanische Republik (6,1%) und Vietnam (5,5%). Wichtiger noch: 42% der neuen christlichen Immigranten identifizierten sich als katholisch – weit mehr als der Durchschnitt der us-amerikanischen Bevölkerung (22%). Zu Beginn des 21. Jh. machten Latinos ein Drittel aller Katholiken in den Vereinigten Staaten aus. Dieser Prozentsatz dürfte in Zukunft noch weiter steigen. – Zunehmend kamen auch Priester und Pfarrer aus den spanisch-sprachigen Nachbarstaaten Mittelamerikas zum Einsatz in den katholischen (und protestantischen) Latino-Gemeinden der USA.

Analoges gilt auch für die Kirchen Europas. Zur Behebung des *akuten Priestermangels* wurden seit den 1980er Jahren im katholischen Bayern oder im französischen Katholizismus verstärkt etwa indische Kleriker oder Priester aus dem frankophonen Afrika angeworben. In den evangelischen Landeskirchen Deutschlands kamen eher lutherische Pastoren aus Tansania oder auch methodistische Pfarrerinnen aus Sri Lanka zum Einsatz. Hier freilich vor allem im Rahmen von Austauschprogrammen, die neben sonstigen bilateralen Partnerschaften überregionale Verbindungen auch auf gemeindlicher Ebene zu etablieren suchten.

Rückkoppelungseffekte ganz anderer Art stellten etwa die ökumenischen Debatten der 1980er Jahre über das Apartheidssystem in Südafrika dar. Sie betrafen nicht nur die Kirchen des Landes selbst, sondern führten beispielsweise auch im deutschen Protestantismus zu tiefgreifenden Kontroversen und einer neuen Selbstverortung in der globalen Ökumene.

24.4 Regionale Entwicklungen und Profile

In *China* endete mit dem Tode Mao Zedongs 1976 auch die „Große proletarische Kulturrevolution" der Jahre 1966–1976, die Millionen Todesopfer in allen Schichten der Bevölkerung gefordert hatte. Besonders unterdrückt waren in dieser Zeit alle Formen „religiösen Aberglaubens" und insbesondere des – als Vorhut des imperialistischen Westens verdächtigten – Christentums [Text 95]. Umso erstaunlicher ist es, dass es nach deren Ende mehr Christen in China gab als zur Zeit der kommunistischen Machtübernahme 1949. Im Einzelnen schwanken die Zahlenangaben, je nach Art der zur Verfügung stehenden Quellen (staatliche Statistiken, kirchliche Daten, informelle Schätzungen). Dabei nahm insbesondere die Zahl der Protestanten sprunghaft zu, die Ende der 1970er Jahre wohl erstmals die der Katholiken übertraf. „Während es 1949 700 000 Protestanten gab, wuchs ihre Zahl bis zum Ende des Jahrhunderts auf zwischen 12 und 36 Millionen an".[10] Die Zahl der Katholiken entwickelte sich weniger dynamisch und wird um 2000 auf ca. 7 bis 10,5 Millionen geschätzt.

Seit 1979 wurde das Christentum im öffentlichen Raum wieder sichtbar. Der Aufschwung erfolgte im Windschatten der ökonomischen Reformen von Deng Xiaoping, dem faktischen Herrscher Chinas in der Post-Mao-Ära. Privatbesitz wurde wieder zugelassen, eine Marktwirtschaft eingeführt und die Landwirtschaft de-kollektiviert. Der Staat lockerte seine Kontrolle kultureller und sozialer Prozesse. Religiöse Aktivitäten wurden weithin entkriminalisiert und die Gläubigen aufgefordert, für die Modernisierung Chinas zu arbeiten. Kirchen wurden seit 1978 wieder geöffnet (sowie später in großer Zahl neu gebaut) und theologische Ausbildungsstätten reaktiviert [s. Abb. 46; Foto B19/20]. Die neue Verfassung von 1982 gestattete „normale religiöse Aktivitäten". Träger des Wachstums waren im *protestantischen Bereich* zunächst v. a. unabhängige Gruppen, die bereits vor 1949 existiert hatten. Sie erlebten erst im ländlichen Raum und später in den Städten einen enormen Boom. Dabei stand der Menge der „nicht registrierten" – und in sich sehr heterogenen – Hauskirchen eine ebenfalls wachsende Zahl von Gemeinden gegenüber, die im Rahmen der offiziellen ‚Patriotischen Drei-Selbst-Bewegung' [vgl. Kap. 21.2] staatliche Anerkennung genossen. Repräsentiert wurde diese durch Bischof K. H. Ting (Ding Guangxun; 1915–2012), der zugleich Präsident des 1980 etablierten postkonfessionellen ‚Chinesischen Christenrates' war. Er plädierte auch in der ökumenischen Bewegung für einen eigenständigen Weg der chinesischen Kirche, frei von westlicher Dominanz [Text 103].

Noch stärker als im Protestantismus war die Kluft zwischen einem offiziellen und einem inoffiziellen Flügel im *chinesischen Katholizismus*. Strittig waren hier insbesondere die Zuständigkeiten bei der Ernennung von Bischöfen bzw. der Anspruch der kommunistischen Führung, diese ohne päpstliches Mandat vornehmen zu können. Der Vatikan wies derartige Forderungen stets zurück, und in den 1980er Jahren wurde eine große Zahl von Bischöfen ohne staatliche Billigung konsekriert. Gleichzeitig fanden viele Bischofsweihen ohne päpstliches Mandat statt. Es bildeten sich so Parallelstrukturen einer offiziellen – staatlich anerkannten – Kirche und einer „Untergrund"-Kirche gegenüber Rom loyaler Katholiken, beide mit einer eigenen Bischofskonferenz. Die Forderung Chinas nach Autonomie der einheimischen katholischen Kirche stand Jahrzehnte lang allen Bestrebungen des Vatikans zu einer Verständigung mit der kommunistischen Staatsführung im Weg. (Erst 2018 kam es in der Frage der Bischofsernennungen zu einer vorläufigen – und unter chinesischen Katholiken selbst durchaus umstrittenen – Vereinbarung zwischen dem Vatikan und der chinesischen Regierung).

In den 1980er und 1990er Jahren nahm auch unter chinesischen Intellektuellen das Interesse am Christentum sprunghaft zu. Wesentliches Motiv war die Erkenntnis, dass China einen enormen Nachholbedarf gegenüber anderen Nationen hatte. Das Christentum galt dabei als zentraler Aspekt westlicher Kultur und Modernität. Zudem schien es geeignet, das ideologische Vakuum nach dem Scheitern der Kulturrevolution zu füllen. An staatlichen Universitäten wurden Christentums-Studien eingerichtet. Klassiker der christlichen Literatur wurden ins Chinesische übersetzt und in akademischen Kreisen lebhaft diskutiert. Die meisten dieser sog. *„Kulturchristen"* waren ohne kirchliche Bindung, andere wurden zu Gläubigen. Sie verstanden das Programm der ‚Sino-christlichen Studien' zunächst primär als Beitrag zum Aufbau Chinas, weniger zur Entwicklung einer chinesischen Kirchen-Theologie.

Im *subsaharischen Afrika* änderte sich in den 1980er Jahren in vielen Ländern die Rolle der Kirchen. Dies war eine Zeit des wirtschaftlichen Niedergangs – bedingt durch den Verfall der Rohstoffpreise, stete Bevölkerungszunahme sowie wachsende Korruption in den herrschenden Ein-Parteien-Regimen. Fehlende Ressourcen führten zum Rückzug des Staates aus vielen Bereichen (wie *Bildungs- und Gesundheitswesen*), in denen er früher Verantwortung übernommen hatte. In diese Lücke traten vielerorts erneut die christlichen Kirchen ein. Die Regierung Zaires etwa war nicht mehr in der Lage, die Schulen zu halten, die sie früher verstaatlicht hatte, und gab sie 1976 an die katholische Kirche zurück. Analog die Situation etwa auch in Tansania, wo ehemals kirchliche Krankenhäuser wieder von den protestantischen Kirchen übernommen wurden. Aber auch "die immer zahlreicher werdenden unabhängigen Kirchen – allein in Zaire wurden zwischen 1960 und Anfang der 1980er Jahre 1300 solcher Kirchen gegründet – ... waren effektiver als der geschwächte Staat, da sie Selbsthilfegemeinschaften bildeten, Entwicklungsprojekte durchführten, Bildungseinrichtungen schufen und medizinische oder spirituelle Heilung boten".[11]

In ganz anderer Weise wurde die römische Kirche etwa in der Elfenbeinküste in der Öffentlichkeit sichtbar. Hier wurde 1990 in der Hauptstadt Yamoussoukro auf persönliche Initiative des Staatspräsidenten hin mit der Basilika Notre Dame de la Paix die größte Kirche Afrikas eingeweiht. Dem Petersdom in Rom nachgebildet und wegen seiner enormen Kosten auch innerkirchlich teils scharf kritisiert, bot dieses Gotteshaus 11 000 Gläubigen Platz.

In *Nahost* hingegen ging in den 1980er Jahren der Rückgang und *Exodus der christlichen Minoritäten* weiter. In den alten Ursprungsländern des Christentums (wie Palästina, Syrien, Libanon, Türkei, Irak und Ägypten) nahm der Anteil der Christen an der Gesamtbevölkerung kontinuierlich ab – teils bedingt durch eine geringere Geburtenrate, teils als Folge wachsender Auswanderung. Vielfältige Gründe waren für diese Entwicklung maßgeblich: andauernde religiöse und politische Diskriminierung; Anschwellen des islamischen Fundamentalismus; Bürgerkriege und gewaltsame Konflikte; höhere Bildung der Christen (was eine Emigration erleichterte). Der Libanon etwa erlebte zwischen 1978 und 1989 die Netto-Auswanderung von 990 000 Libanesen, die Mehrzahl davon Christen. Zahlreiche ägyptische Kopten verließen ihre Heimat und gingen nach Nordamerika, Europa, Australien oder in die arabische Welt. Im Tur Abdin im Südosten der heutigen Türkei lebten um 1900 noch ca. 200 000 syrisch-aramäische Christen – stolz darauf, die Sprache Jesu zu bewahren. Unter dem Druck erst der osmanischen und dann türkischer Repressionen war ihre Zahl um 1980 auf ca. 20 000 geschrumpft und ging in der Folge noch weiter zurück [vgl. Foto N01–13]. Die andauernde Auswanderung orientalischer Christen war u. a. Thema sorgenvoller Beratungen des Mittelöstlichen Kirchenrates im Jahr 1999. Andererseits erlangten arabische Christen auch weiterhin prominente politische Funktionen. Ein Beispiel stellt der Kopte Boutros Boutros-Ghali (1922–2016) dar, der zeitweilig ägyptischer Außenminister und von 1992–1996 Generalsekretär der Vereinten Nationen (UNO) war.

Fußnoten zu Kapitel 24

1 BÜHLMANN (1985), *Weltkirche*, 14.22 ff.
2 JENKINS (2011), *Next Christendom*, 252. GOODHEW (2017), *Growth and Decline*, 45, gibt für 2010 folgende Zahlen: Großbritannien 26 109 000; Nigeria 20 100 100; Uganda 12 450 000.
3 https://www.researchgate.net/publication/264782431_The_Global_Religious_Land

scape_A_Report_on_the_Size_and_Distribution_of_the_World's_Major_Religious_ Groups_as_of_2010 (Zugriff: 30.11.2021).
4 Zahlen nach: BARRETT et al. (²2001), *World Christian Enyclopedia* I, 12. – Vgl. Pew Research Center: Global Religious Landscape (2012), p. 17 f (https://www.pewforum.org/2012/12/18/global-religious-landscape-exec/–; Aufruf am 30.11.2021); JOHNSON/ ROSS (2009), *Atlas of Global Christianity*, 110–209 (Aufstellung nach Kontinenten). 342–347 (Methodik); https://de.statista.com/statistik/daten/studie/256870/umfrage/anteil-der-anhaenger-ausgewaehlter-religionen-an-der-bevoelkerung-in-afrika/; Aufruf am 30.11.2021). – Zur Interpretation dieser Daten (und den Schwierigkeiten ihrer Erhebung) vgl. WARD (2018), *Ausblick*, 768 f; LEHMANN (2012), *Christentum im 20. Jh.*, 26–29 („Probleme mit der Statistik"); HAUSTEIN (2011), *Pfingstbewegung als Alternative*, 540–544; GOODHEW (2017), *Growth and Decline*; MAXWELL (2008), *Postcolonial Christianity in Africa*, 401 f; CABRITA/MAXWELL/WILD-WOOD (2017), *Relocating World Christianity*, 7 ff; FREDERIKS (2021), *World Christianity*, 15 ff.
5 ROBERT (2000), *Shifting Southward*, 54.
6 ROBERT (2000), *Shifting Southward*, 53.
7 MARX (2004), *Geschichte Afrikas*, 353.
8 WÄHRISCH-OBLAU (2009), *Missionary Self-Perception*, 264.259 ff.5 ff.
9 HANCILES (2008), *Beyond Christendom*, 293 ff.
10 ROBERT (2000), *Shifting Southwards*, 53; cf. BAYS (2012), *New History*, 186 ff; WENZEL-TÄUBER (2016), *Statistisches Update*, 25.32 ff; BARRETT et al. (²2001), *World Christian Encyclopedia* II, 197.
11 ILIFFE (1995), *Geschichte Afrikas*, 358.

Literatur zu Kapitel 24

24.1 (24.1 Von der Nord- zur Süd-Majorität)

BÜHLMANN (1985), *Weltkirche*; JENKINS (2011), *Next Christendom*; ROBERT (2000), *Shifting Southward*, 50–58; WALLS (2001), *Cross-Cultural Process*; SANNEH (1989), *Translating the Message*; SANNEH (2003), *Gospel Beyond the West*; CARPENTER/SANNEH (2005), *Changing Face of Christianity*; BEDNAROWSKI (2008), *Twentieth Century Global Christianity*; DAVIES/CONWAY (2008), *World Christianity*; HANCILES (2008), *Beyond Christendom*; KALU (2008), *Contemporary Christianitiy*; MEYER (2000), *Herrnhuter Brüdergemeine*, 174 f; KIM/KIM (2008), *World Religion*, 210–230; KIM/KIM (2015), *Korean Christianity*, 275 ff; SUNQUIST (2015), *Unexpected Christian Century*; CABRITA/MAXWELL/WILD-WOOD (2017), *Relocating World Christianity*; FREDERIKS/NAGY (2021), *World Christianity*; WARD (2018), *Ausblick*, 775–779.

24.2 („Wiederkehr der Religionen", religiöse Fundamentalismen)

IRIYE/OSTERHAMMEL (2013), *Geschichte der Welt* VII, 631–641; RIESEBRODT (2000), *Rückkehr der Religionen*; ALMOND/APPLEBY/SIVAN (2000), *Strong Religion*; MARX (2004), *Geschichte Afrikas*, 352–357; BRÖNING/WEISS (2006), *Politischer Islam*; KASTFELT (2003), *Bible and Koran as Political Models*; BRIGGS/ODUYOYE/TSETSIS (2004), *Ecumenical Movement* III, 496 ff; EMW (2001), *Zukunft der orientalischen Christen*; AMIRI (2021), *Zwischen den Welten*, 70–78.

24.3 (Reverse-Missionen, Einwirkungen auf den Westen)

OLTMER (2012), *Globale Migration*; COHEN (1995), *Survey of World Migration*; ECK (2001), *A New Religious America*. ADOGAME (2014), *African ‚Retromission' in Europe*, 307–316; ADOGAME (2005), *African Christian Communities*, 494–514; ADOGAME/GERLOFF/HOCK (2008), *African Diaspora*; ADOGAME/SPICKARD (2010), *New African Diaspora*; ADOGAME/SHANKAR (2013), *Religion on the Move!*; HANCILES (2008), *Beyond Christendom*, 172–253. SIMON (2010), *From Migrants to Missionaries*; WÄHRISCH-OBLAU (2009), *Missionary Self-Perception*; SUARSANA (2010), *Christentum 2.0*, 76 ff; SUNQUIST (2015), *Unexpected Christian Century*; HEUSER (2016), *„Umkehrmission"*, 25–54; IM/YONG (2014), *Global Diasporas*.

24.4 (Regionale Entwicklungen und Profile)

BAYS (2012), *New History*, 183–208; YANG (2012), *Survival and Revival under Communist Rule*; CHOW/LAW (2021), *Ecclesial Diversity*; LEE/CHOW, *Chinese Christianities*, 113–134; ILLIFE (1995), *Geschichte Afrikas*, 345–365; LUDWIG (1995), *Modell Tanzania*, 186–196. EMW (2001), *Zukunft der orientalischen Christen*; HAGE (2007), *Orientalisches Christentum*, 457–460; RAHEB (2018), *Naher Osten*, 599 ff.607; WESSELS (1995), *Arab and Christian?*, 189–228; HILDMANN (2007), *Christenverfolgung*, 35–92; BADR et al. (2005), *Middle East*, 854–856; ABRAHAM (2013), *Copts of Egypt*; VOGT (2019), *Christen im Nahen Osten*.

Abb. 45. Seoul (Korea): Die ‚Yoido Full Gospel Church' gilt als Asiens erste Mega-Church, mit sonntäglich zahlreichen Gottesdiensten und jeweils Tausenden von Besuchern (Aufnahme von 2010) [vgl. Foto D03–06].

Abb. 46. Beijing (China): die ‚Haidian Christian Church' im Universitätsviertel (Aufnahme von 2012) [= Foto B19].

Abbildungen zu Teil V: 1945–1990 **277**

Abb. 47. Sri Lanka: Morgenandacht (2019) im Theologischen College in Kandy-Pilimatalawa. Der Gottesdienstraum ist mit Elementen der traditionellen singhalesischen Kultur gestaltet [= Foto E20].

Abb. 48. Colombo (Sri Lanka): Kapelle in der anglikanischen Kathedrale (errichtet 1973), Beispiel kultureller Indigenisierung [= Foto E23].

278 Abbildungen zu Teil V: 1945–1990

Abb. 49. „Wonderful Jesus" – Straßenszene in Ghana (1997) [= Foto G03].

Abb. 50. Ghana: Ländliche Pfingstkirche in Nkawkaw (1997) [= Foto G07].

Abbildungen zu Teil V: 1945–1990 **279**

Abb. 52. Papst in Afrika. Als erster Papst besuchte Johannes Paul II zahlreiche afrikanische Länder (hier: 1988 in Botswana).

Abb. 51. Albert Luthuli (1898–1967): südafrikanischer kongregationalistischer Laienprediger, Delegierter an der Weltmissionskonferenz Tambaram 1938, seit 1952 Präsident des ‚Afrikanischen Nationalkongresses', 1960 Friedensnobelpreis.

Abb. 54. Desmond Tutu (1931–2021): Vorkämpfer gegen die Apartheid, Friedensnobelpreisträger (1984), anglikanischer Erzbischof von Kapstadt (Südafrika).

Abb. 53. Kwame Bediako (1945–2008), prominenter westafrikanischer Theologe, betonte den Einfluss indigener Kulturen auf das afrikanische Christentum.

Abb. 55. Óscar Romero (1917–1980), Erzbischof von San Salvador und prominenter Verfechter der Befreiungstheologie, am 24.3.1980 während einer Messe vom Militär ermordet.

Abb. 56. San Salvador: Massenandrang bei den Feiern 1994 zur Seligsprechung von Óscar Romero, des 1980 ermordeten Erzbischofs von San Salvador.

Abbildungen zu Teil V: 1945–1990   **281**

Abb. 57. Porto Allegre (Brasilien): Der Gekreuzigte und der Junkie (Straßenszene 2019 [= Foto K01]). Die Darstellung des menschlichen Leidens im leidenden Christus ist ein konstantes Motiv der Christentumsgeschichte Lateinamerikas (vgl. bereits die Bilderchronik des Poma de Ayala um 1614 [Abb. 10]).

VI. An der Schwelle zum 21. Jahrhundert

Kapitel 25: 1989/90 als Epochenjahr der globalen Christentumsgeschichte

25.1 Ende des Kalten Krieges, Kollaps der Apartheid, Krise der Befreiungstheologie

Das Jahr 1989/90 sah in verschiedenen Weltregionen, ausgelöst vom Zusammenbruch der Sowjetunion, einen politischen *Systemwechsel* und den Beginn tiefgreifender Umbrüche. Davon waren auch die christlichen Gemeinschaften der jeweiligen Länder direkt oder indirekt stark betroffen.[1] Am 9. November 1989 fiel die Berliner Mauer. Kurz danach kollabierte in *Südafrika* das Apartheids-System. Zwischen beiden Ereignissen besteht ein enger Zusammenhang. Denn mit der Auflösung des Sowjetimperiums und dem Ende des Kalten Kriegs fand auch die vom Ost-West-Gegensatz geprägte globale Nachkriegsordnung ein Ende. Speziell in Südafrika entfiel nun jede Rechtfertigung für westliche Regierungen, das ohnehin isolierte und moralisch lädierte Apartheidsregime als angebliches Bollwerk gegen die „kommunistische Bedrohung" Afrikas weiter zu stützen. In der Folge kamen dort die schon seit längerem geheim geführten Verhandlungen zwischen weißer Regierung und schwarzer Opposition zu einem raschen Abschluss. Anfang 1990 wurden die wichtigsten Apartheidsgesetze aufgehoben. Bis zu den ersten freien und allgemeinen Wahlen im Jahr 1994 – bei denen der auch von der Ökumene unterstützte Widerstandkämpfer *Nelson Mandela* zum ersten schwarzen Präsidenten Südafrikas gewählt wurde – dauerte es zwar noch einige Zeit. Aber bereits mit der Freilassung Mandelas und der Legalisierung des ‚Afrikanischen Nationalkongresses' (ANC) im Februar 1990 war das Ende des Apartheidssystems besiegelt, das die Kirchen des Landes zuvor teils gestützt und teils entschieden bekämpft hatten [s. Kap. 22.4]. In der folgenden Phase eines friedlichen Übergangs spielten kirchliche Persönlichkeiten wie der 2021 verstorbene *Desmond Tutu* – schwarzer anglikanischer Erzbischof von Kapstadt (1986–1996), Friedensnobelpreisträger und seit 1995 Vorsitzender der ‚Wahrheits- und Versöhnungskommission' zur Aufarbeitung der Wunden der Apartsheids-Ära – eine hervorgehobene Rolle.

Auch in zahlreichen *anderen afrikanischen Staaten* stürzten um 1990 bisherige autokratische Einparteien-Regime, die zuvor wahlweise von West oder Ost unterstützt bzw. am Leben gehalten worden waren. Auch hier spielten Kirchen in der Zeit des Übergangs vielfach eine signifikante Rolle. Historiker wie Paul Gifford sprechen im Blick auf die Jahre 1989 bis 1993 von einer „zweiten Welle der Demokratisierung" (nach dem Prozess der Dekolonisierung in den 1960ern).[2] Vielerorts kam es zu ‚Runden Tischen', die den Übergang zu einer demokratischen Ordnung zu organisieren suchten. Sie wurden zumeist von katholischen Bischöfen oder protestantischen Kirchenführern moderiert – so in Gabun, Togo, Zaire, Kongo, Madagaskar, Malawi, Sambia und Kenia. Auch in Sambia kam es im Dezember 1991 zum demokratischen Machtwechsel, und der Sieger der Präsidentschaftswahlen – Frederick Chiluba – erklärte das Land umgehend zur „christlichen Nation". In *Äthiopien* wiederum kollabierte 1991 die zuvor von der Sowjetunion und Kuba unterstützte sozialistische Militärdiktatur, die 1974 das christliche Kaiserhaus gestürzt hatte. Kirchen und Klöster, zuvor vielfach bedrängt, erlebten nun eine neue Blüte.

Auch für die Kirchen und Christen im *östlichen Europa* markiert der Zerfall des Sowjetimperiums in den Jahren 1989–1991 eine einschneidende Zäsur. Er bedeutete das Ende jahrzehntelanger Unterdrückung und brachte Religionsfreiheit sowie drastisch erweiterte Wirkungsmöglichkeiten im öffentlichen Raum. Bereits zuvor, in der Phase des Übergangs, spielten christliche Aktivisten und Gruppierungen vielerorts eine wichtige Rolle als zivilgesellschaftliche Akteure und Anwalt demokratischen Wandels. So nahmen 1989 die Montagsdemonstrationen in der *DDR* – die schließlich zum Sturz des SED-Regimes führten – ihren Ausgangspunkt in der Leipziger Nikolai-Kirche. In *Rumänien* entwickelte sich die politische Aufstandsbewegung des Landes aus lokalen Solidaritätsbekundungen für den reformierten Pastor Lászlé Tőkés in Timişoara, der die alltäglichen Menschenrechtsverletzungen des Ceauşescu-Regimes angeprangert hatte. Die Demonstrationen griffen rasch auf andere Landesteile über. Im (bis 1990 sowjetischen) *Litauen* setzten Oppositionelle vielerorts Marienbilder an die Stelle der Statuen von Marx und Lenin, und in *Polen* – wo die Wahl des ‚polnischen Papstes' Johannes Paul II. 1978 wesentlich zum späteren Erfolg der Arbeiter- und Demokratiebewegung des Landes beigetragen hatte – moderierten katholische Bischöfe den Übergang von kommunistischer zu demokratischer Herrschaft. Mit der Wahl des ersten nicht-kommunistischen Regierungschefs im August 1989 fand diese Entwicklung einen signifikanten Höhepunkt.

Der Zentrale Runde Tisch der *DDR* wurde am 7. Dezember 1989 unter einem Adventsstern im Betsaal der Herrnhuter Brüdergemeine im Dietrich-Bonhoeffer-Haus in Berlin-Mitte eröffnet. Protestantische Kirchenführer und kirchlich engagierte Persönlichkeiten fanden sich in der Führungsriege der neuen demokratischen Parteien der Wendezeit ebenso wie am Kabinettstisch der ersten frei gewählten DDR-Regierung wieder. Es war schließlich ein evangelischer Pfarrer (Erich Holmer), bei dem der gestürzte Staats- und Parteichef der DDR Erich Honecker zeitweilig Aufnahme fand, nachdem ihm zuvor Asyl in Moskau verweigert worden war. Im wiedervereinten Deutschland spielten Persönlichkeiten aus der DDR mit kirchlichem Hintergrund – wie der frühere Pfarrer Joachim

Gauck als Bunderpräsident (2012–2017) und die Pfarrerstochter Angela Merkel als Bundeskanzlerin (2005–2021) – eine prominente Rolle.

In *Asien* stellte sich die Situation in unterschiedlichen Kontexten unterschiedlich dar. Im sozialistischen *China* wurde die Rolle der Religionen in den revolutionären Umwälzungen Osteuropas sorgfältig beobachtet. Ebenso wie in *Vietnam* sahen sich die christlichen Kirchen hier in der Folge einem Spagat ausgesetzt – zwischen beschleunigter ökonomischer (und begrenzter religiöser) Liberalisierung einerseits sowie verstärktem politischen und ideologischen Monopolanspruch der herrschenden KP andererseits. Verbunden war letzterer mit Repressionen gegenüber offiziell nicht anerkannten religiösen Gruppierungen. In kapitalistischen bzw. westlich orientierten Ländern wie *Südkorea* und den *Philippinen* hingegen war es v. a. der verstärkte ideologische und religiöse Pluralismus, zusammen mit fundamentalistischen Gegenbewegungen, der die Kirchen vor neue Herausforderungen stellte. In *West- und Zentralasien* sowie verschiedenen Nachbarregionen stellte die neue Allianz von Religion und Nationalismus einen wesentlichen Faktor im Prozess der Desintegration des Sowjetimperiums dar. Dies gilt für religiöse Nationalismen christlicher (Armenien, Georgien), islamischer (Zentralasien) oder – wie im Fall der Mongolei – auch buddhistischer Prägung. In *Armenien* war die Rückbesinnung auf die jahrhundertlange christliche Tradition eine wichtige Triebfeder der Nationalbewegung des Landes, das 1991 seine Unabhängigkeit von Moskau erklärte und 1992 vollzog. Zu den Zeichen der neuen Zeit zählte der Wiederaufbau alter und die Errichtung neuer Kirchen und Klöster ebenso wie etwa auch die Umwandlung des Instituts zur wissenschaftlichen Erforschung des Atheismus in der Hauptstadt Erivan in eine orthodox-theologische Fakultät. In anderen postsowjetischen Gesellschaften hingegen sah sich die christliche Minderheit vielfach mit einem revitalisierten (und zunehmend auch aggressiven) Islam konfrontiert – so in Usbekistan und anderen zentralasiatischen Republiken.

In *Lateinamerika* verlor die Befreiungstheologie mit dem Ende des osteuropäischen Sozialismus ein wichtiges Referenzmodell. Zeitgenössische Beobachter wie konservative Kritiker äußerten die Vermutung, dass „die Befreiungstheologie zusammen mit der Berliner Mauer begraben" worden sei. So auch Kardinal Ratzinger, der spätere Papst Benedikt XVI.[3] Ihre Vertreter hielten dagegen, dass die Befreiungstheologie nur zusammen mit ihren Entstehungsbedingungen – den Strukturen sozialer Ungerechtigkeit auf dem Kontinent – verschwinden könne. Unstrittig geriet sie aber in eine schwere Krise und erfuhr in der Folgezeit vielfältige Modifikationen und thematische Erweiterungen. – In Nicaragua verloren die Sandinisten die Präsidentschaftswahlen vom Februar 1990. Mit ihrer Niederlage schwand auch der Traum von einer sozialistischen *und* christlichen Demokratie – ein Traum, den viele Christen auch außerhalb des Landes und der Region teilten. Umgekehrt endeten 1989 in Chile, Paraguay und Panama die drei letzten verbliebenen Militärdiktaturen des Kontinents, die sich zugleich antikommunistisch definiert hatten. Andernorts – so in Brasilien und Argentinien – war der Übergang von militärischer zu ziviler Regierung bereits früher vollzogen worden. Aber das verheerende Erbe der Militärdiktaturen wirkte noch lange nach, und bei ihrer Aufarbeitung spielten Kirchenführer v. a. katholischer, aber auch protestantischer Provenienz teils eine wichtige Rolle. Dies war durchaus auch eine gefährliche Aufgabe: In Guatemala etwa wurde Weihbischof Juan Gerardi Conedera 1998 von einem vom Militär gedungenen Mörder erschlagen – zwei Tage nachdem er der Öffentlichkeit in der Kathedrale einen vierbändigen Abschlussbericht zu den Opfern des langjährigen Bürgerkriegs präsentiert hatte.

Generell lösten die Systembrüche und Transformationsprozesse der frühen 1990er Jahre in vielen Gesellschaften Afrikas, Asiens und Lateinamerikas auch einen *theologischen Paradigmenwechsel* aus. Zuvor hatten sich in zahlreichen Kirchen dieser Regionen in den 1970er und 1980er Jahren unterschiedliche Formen einer „kontextuellen" Theologie entwickelt, die – angesichts politischer Repression und ökonomischer Ausbeutung – zumeist konfrontativ angelegt waren. Diese fanden auch in der globalen Ökumene und in den sozial-ethischen Debatten des ÖRK erhebliche Resonanz. Das gilt v. a. im Blick auf die Befreiungstheologien lateinamerikanischer Prägung, aber ebenso etwa auch für die in Korea entwickelte Minjung-Theologie oder die „prophetische" bzw. Kairos-Theologie der ökumenischen Kirchen Südafrikas. Standen so vorher Opposition und Widerstand im Vordergrund, ging es nun – nach vollzogenem Übergang von autoritärer zu demokratischer Herrschaft – darum, ein kritisch-konstruktives Verhältnis zum Staat aufzubauen und sich als aktives Glied der Zivilgesellschaft zu verstehen. Zunehmend bestimmten fortan unterschiedliche Modelle einer ‚Öffentlichen Theologie' (Public Theology) oder ‚Theologie des Wiederaufbaus' (Theology of Reconstruction) die sozialethischen Debatten in vielen Kirchen des globalen Südens und der Ökumene.

25.2 Internet, digitale Globalisierung, liberalisierter Reiseverkehr

Mit dem Jahr 1989/90 verbindet sich – neben dem Ende des Kalten Kriegs – noch ein anderes wichtiges Datum: die *Erfindung des Internets* (präziser: die Entwicklung des ‚World Wide Web' [www] am CERN-Forschungszentrum bei Genf). Anfangs nur einem kleinen Kreis von Spezialisten vorbehalten, setzte es eine mediale Revolution in Gang, die auch die Konturen des Weltchristentums nachhaltig verändern sollte. Es ermöglichte ganz neue Formen auch religiöser Kommunikation und transregionaler Vernetzung sowie die gleichzeitige Präsenz konkurrierender religiöser Digital-Kulturen vor Ort. Menschen unterschiedlichster Herkunft wurden so jeweils mit ihren Heimatregionen verbunden. Bereits seit Mitte der 1990er Jahre wurde das Internet auch als Werkzeug religiöser und sozialer Transformation genutzt. Im christlichen Kontext beschleunigte es das Wachstum (neo-)pentekostaler Bewegungen sowie die Bildung sogenannter Groß-Kirchen („Megachurches"). Zugleich erleichterte es die überregionale Vernetzung von Migrationsgemeinden jedweder Couleur. Dies gilt nicht nur für technologisch führende Länder in der nördlichen Hemisphäre (wie die USA), sondern – verstärkt seit der Jahrtausendwende – auch für zahlreiche Regionen im globalen Süden. Für Afrika etwa konstatiert der aus Ghana stammende Religionswissenschaftler Kwame Asamoah-Gyadu in den frühen 2000er Jahren: „Das massive Wachstum afrikanischer christlicher Präsenz seit der Mitte des letzten Jahrhunderts sowie die gegenwärtige Aneignung moderner Medien-Technologien durch neue afrikanische christliche Gemeinschaften stellen zwei ‚wichtige neue Entwicklungen' auf dem Kontinent dar".[4]

In seinen revolutionären Auswirkungen ist die Erfindung des Internets vielfach mit der des *Buchdrucks* Mitte des 15. Jh. verglichen worden. Die Printkultur war wesentlicher Faktor nicht nur bei der raschen Ausbreitung der reformatorischen Bewegung im Europa des 16. Jh., sondern zentrales Instrument auch der protestantischen Missionsbewegung im 19. Jh. Dabei wurde sie aber nicht nur von westlichen Missionaren zur Verbreitung ihrer Botschaft genutzt. Durch die Berichterstattung in der Missionspresse gelangten zugleich lokale Christen in Kontakt mit weit entfernten Weltgegenden. Es waren dann aber zunehmend auch eigene Journale, in denen – wie andernorts erörtert [vgl. Kap. 17.2] – indigen-christliche Eliten aus Asien und Afrika seit Ende des 19. Jh. ihre spezifischen Anliegen artikulierten und sich verstärkt überregional vernetzten.

Auch die neuen Medien des frühen 20. Jh. wurden rasch auch von Gruppen außerhalb des religiösen Mainstreams genutzt. So predigte etwa die Pfingstlerin Aimee Sermple McPherson 1918 über eine der ersten *Radio*-Stationen in den Vereinigten Staaten. Im Afrika der 1970er und 1980er Jahre erwiesen sich einfache technologische Neuerungen wie *Audio-Kassetten* als effektivstes Medium der Evangelisation. Genutzt wurden sie von unterschiedlichen christlichen Gruppen. Analoges gilt zeitgleich aber etwa auch für die Ausbreitung und Politisierung des Islam in Afrika. *Fernsehen* wurde etwa in Ghana bereits 1963 oder in Nigeria auf überregionaler Ebene 1977 eingeführt, unterstand aber lange Zeit staatlichem Monopol. Infolge des Demokratisierungsschubs in den frühen 1990er Jahren wurde es dann auch religiösen Akteuren (und insbesondere diversen christlichen Gemeinschaften) zugänglich. Im Nigeria der 1980er und 1990er Jahre entwickelte sich eine blühende *religiöse Filmindustrie*. Neopentekostale Kirchen gingen hier wie in anderen afrikanischen Ländern zunehmend dazu über, Kinos (statt kirchlicher Gebäude) als Versammlungsstätten zu nutzen.

Global nahm die *Internet-Nutzung* in den ersten Jahren des neuen Jahrtausends sprunghaft zu. Das gilt insbesondere für bestimmte Länder des sogenannten globalen Südens. Im Zeitraum von 2000 bis 2007 stieg die Internet-Nutzung in Afrika um 640 %, in Nahost um 491 %, in Lateinamerika sowie der Karibik um

466 % und in Asien um 258 %. Um 2002 war Südkorea (und nicht die USA) das am stärksten internet-vernetzte Land der Welt.[5] Zugleich war Südkorea (nach den Philippinen) die asiatische Nation mit dem höchsten christlichen Bevölkerungsanteil (von ca. 30 %) sowie ein höchst aktives weltmissionarisches Zentrum. Auch in anderen „internet-reichen" Ländern des Kontinents wie Singapur, Hongkong oder dem – überwiegend hinduistischen – Indien etablierten christliche Kirchen und Organisationen eine beachtliche Präsenz in der digitalen Öffentlichkeit und entwickelten sich zu Knotenpunkten eines sich formierenden „Internet-Christentums" in Asien.

Generell beflügelte die Verbreitung des Internet auch die Bildung sogenannter *Megachurches*. Darunter werden sehr große Einzelgemeinden meist evangelikaler oder (neo-)pentekostaler Prägung mit wöchentlich mindestens 2 000 Gottesdienst-Besuchern verstanden. Darüber hinaus weiteten sie ihre digitale Präsenz an unterschiedlichen Orten aus. Als erste Megachurch in Asien gilt die – 1973 zunächst noch in bescheidenerem Rahmen gegründete – ‚Yoido Full Gospel Church' in Seoul [s. Abb. 45; Foto D-03/06]. Seit den 1980er und 1990er Jahren verbreiteten sich solche (von einheimischen Kirchenführern etablierten) „Großkirchen" in zahlreichen Ländern der südlichen Hemisphäre, so in Kenia, China, Korea und Nigeria. Neben der ‚Yoido Full Gospel Church' in Südkorea mit (nach eigenen Angaben) 480 000 wöchentlichen Besuchern zählen die ‚Calvary Temple Church' in Indien (190 000 Besucher) und die ‚Bethany Church of God' in Indonesien (140 000 Besucher) zu den größten Megakirchen weltweit. Prominentes Beispiel aus Brasilien ist etwa die ‚Igreja da Cidade' in São José dos Campos oder, mit zahlreichen Ablegern auch in anderen Ländern, die bereits erwähnte ‚Igreja Universal do Reino de Deus' (Universal Church of the Kingdom of God). 2018 wurde mit dem ‚Glory Dome' in Abuja (Nigeria) das weltweit größte Kirchengebäude mit 100 000 Sitzplätzen eingeweiht.

Aber auch *kleinere christliche Gemeinschaften* bedienten sich zunehmend elektronischer Medien. Diese dienten nicht nur Zwecken der Kommunikation und Werbung, sondern führten zugleich zur Entwicklung neuer Formen gottesdienstlichen Lebens und christlicher Spiritualität. Zuvor isolierte (oder im Untergrund lebende) Bibelkreise vernetzten sich nun durch das Internet. Traditionelle Kirchgemeinden machten die Erfahrung, dass gemeinsames Feiern auch ohne physische Präsenz möglich ist, durch digitale Vermittlung – so inmitten der Corona-Pandemie der Jahre 2019/20. In Indonesien beispielsweise stellten städtische Gemeinden inmitten dieser Krise sehr schnell auf Livestream-Gottesdienste um. In ländlichen Gebieten, wo viele Menschen nur über Mobilfunknetze aufs Internet zugreifen konnten, wurden Predigten als Textnachrichten über WhatsApp verschickt. Neu (gegenüber älteren elektronischen Medien) waren insbesondere die Möglichkeiten *interaktiver Nutzung*. Diese förderte die Entwicklung eines ortsübergreifenden Zusammengehörigkeitsgefühls und neuer digitaler Gemeinschaftsformen.

Dies betrifft insbesondere auch die Verbindungen innerhalb der verschiedenen transregionalen *Diaspora-Gemeinschaften*. Noch Mitte des 20. Jh. war Migration vielfach mit einem Abschied vom Herkunftsland auf Lebenszeit verbunden. Mit den Reiseerleichterungen der 1990er Jahre verbesserten sich auch die Möglichkeiten wiederholter Heimatbesuche oder gegenseitiger Visiten. Vor allem aber intensivierten sich durch digitale Echtzeit-Kommunikation die Verbindungen sowohl zwischen den Diaspora-Gemeinden untereinander wie zu ihren jeweiligen Ursprungsländern und Heimatkirchen: „Noch stärker als jemals zuvor" – so der sinobritische Historiker Alexander Chow – „müssen wir von einem ‚koreanischen Christentum' oder ‚philippinischen Christentum' oder ‚ghanaischen Christentum' in transnationalen Kategorien sprechen".[6]

Auch an anderer Stelle zeigte die *Liberalisierung des Reiseverkehrs* in den 1990er Jahren, zusammen mit drastisch sinkenden Flugpreisen und dem Wegfall aufwändiger Visabestimmungen, Auswirkungen. Zunehmend gelangten etwa aus den USA sogenannte ‚Short-Term Missionaries' zu kurzfristigen Einsätzen in Ländern des globalen Südens (zum Beispiel während der Semesterferien). Ohne längere Vorbereitung und kulturelle Sensibilisierung, erschwerte ihr Engagement vielfach die Situation älterer christlicher Gemeinschaften vor Ort (etwa im Nahen Osten).

25.3 Veränderte Religionsgeographien, transkontinentale Kirchen, neue Dynamiken des Polyzentrismus

Nicht nur entlang des ehemals „Eisernen Vorhangs" in Osteuropa wurden seit 1990 Stacheldraht und Grenzbefestigungen demontiert. Auch andernorts *fielen Blockgrenzen und nationalstaatliche Barrieren* – so in Asien zwischen dem ehemals sowjetischen (und chinesischen) Machtbereich und den Nachbarländern der Region. Auch das – zuvor in Apartheitszeiten isolierte – Südafrika öffnete nun seine Grenzen für Menschen aus anderen afrikanischen Staaten. Das ethnisch relativ homogene Südkorea erlebte in den 1990er Jahren ebenfalls einen deutlichen Zustrom von Billigarbeitern aus anderen Ländern. Produktionsstätten wurden aus dem teuren Europa erst ins preisgünstige China und dann in Gebiete mit noch niedrigeren Arbeitskosten (wie Vietnam, Kambodscha oder Bangladesch) verlegt. Amerikanische Ökonomen propagierten uneingeschränkten weltweiten Handel und feierten den globalen Sieg des neo-liberalen Kapitalismus.

Mit der ökonomischen Liberalisierung war ein sprunghafter *Anstieg der internationalen Arbeitsmigration* verbunden. Verstärkt wurden die weltweiten Migrationsströme durch regionale Konflikte, Umweltkatastrophen und wirtschaftliche Unterentwicklung. Das veränderte zugleich die *Religionsgeographien* in den jeweiligen Zielgebieten. In *Europa* etwa nahm der Anteil der Muslime stetig zu – durch kontinuierliche Migration sowie sukzessive Flüchtlingswellen aus Nahost und Nordafrika (massiv etwa infolge des syrischen Bürgerkriegs 2015 ff). Umgekehrt aber führte beispielsweise in den *Golfstaaten* der Zustrom philippinischer (und anderer) Gastarbeiter erstmals zu Formen einer signifikanten christlichen Präsenz in dieser Region. So betrug der Anteil der Christen um 2010 in Katar 18,5 % der Gesamtbevölkerung, in Kuwait 11,9 % und in den Vereinigten Emiraten 11,9 %.[7]

In den *USA* wurde der Prozess *religiöser Pluralisierung* durch die Einwanderung aus Asien, Afrika und Lateinamerika weiter verstärkt. „How a ‚Christian' Country has become the World's most religiously diverse nation", lautet der (Unter-)Titel einer Untersuchung von Diana L. Eck aus dem Jahr 2001, die diese Entwicklung paradigmatisch analysiert. Zugleich aber gehörte die Mehrheit der Immigranten in die USA einer christlichen Gemeinschaft an. Innerhalb des nordamerikanischen Protestantismus verstärkte sich durch den Zustrom afrikanischer und asiatischer Christen, wie bereits erwähnt, der Prozess der „De-Europäisierung" [s. Kap. 24.3]. Im nordamerikanischen Katholizismus war es die massenhafte Zuwanderung katholischer Latinos aus Mittel- und Südamerika, die dort einen ähnlichen Effekt auslöste.

In der veränderten Situation der 1990er Jahre entwickelten sich zugleich *neue Dynamiken des Polyzentrismus.* Missionare aus Korea – das sich bereits zuvor zu einem neuen Zentrum protestantischer Weltmission entwickelt hatte – waren nun nicht mehr nur in Sri Lanka, der Türkei oder am Titicaca-See in den Anden Perus aktiv. Nach dem Kollaps des Sowjetimperiums waren sie neu nun auch in den U-Bahnhöfen von Budapest oder auf dem Roten Platz in Moskau anzutreffen. Tätig wurden sie auch in bislang verschlossenen Regionen wie der Mongolei. Hier gründeten sie in den 1990er Jahren etwa in Ulan Baator Gemeinden und ein Theologisches Seminar, das in der Folge einen raschen Aufschwung erlebte [vgl. Foto D-22]. – Neben Korea zählte auch *Brasilien* zu den „largest missionary-sending countries in the world", speziell zu den portugiesisch-sprachigen Gemeinschaften in Europa und Afrika.[8] Wie bereits erwähnt, spielten pentekostale Missionare (und katholische Priester) aus den spanisch-sprachigen Nachbarstaaten der USA in *Mittelamerika* eine wichtige Rolle bei der Neu-Evangelisierung (bzw. pastoralen Betreuung) der boomenden Latino-Gemeinden in den Vereinigten Staaten. – Afrikanische Diaspora-Gemeinden wurden rund um den Globus auch evangelisatorisch aktiv. In Südasien kam der *chinesischen Auslandsdiaspora* – mit geschätzten 36 Millionen Angehörigen (um 2000) die größte Diaspora-Gemeinschaft der Welt – eine besondere Bedeutung zu. In ihr waren Christen überproportional stark vertreten. Von Zentren wie Singapur, Hongkong oder den urbanen Metropolen Indonesiens aus entfalteten (und entfalten) sie beachtliche evangelisatorische Aktivitäten. – Die *altorientalischen Kirchen* in Nahost gelten vielfach als statisch und eher vergangenheitsfixiert. Durch – erzwungene oder freiwillige – Migration lebt jedoch eine stetig zunehmende Zahl ihrer Mitglieder in anderen Regionen und Kontexten, wo sie neue Formen orthodoxer Identität entwickeln. Indische Thomaschristen sind so in der Golfregion präsent, Kopten auch im Süden Afrikas unterwegs. Syrisch-orthodoxe Christen – einst geflohen vor wiederholter Verfolgung im osmanischen Reich und der modernen Türkei – machen Amerika zu einem neuen Zentrum ihrer uralten Kirche und suchen zugleich Verbindung zu ihren Ursprungsregionen aufrechtzuerhalten.

„Von überall nach überall" (From everywhere to everywhere) lautet eines der Schlagworte, mit denen die *Wege multidirektionaler Ausbreitung* unterschiedlicher Christentümer im ausgehenden 20. Jh. propagiert (und beschrieben) wurden. Diese vollzog sich nicht länger – wie in der traditionellen westlichen Missionsgeschichte – einfach von Nord nach Süd (oder umgekehrt, wie im Fall afrikanischer Initiativen zu einer „Umkehrmission", von Süd nach Nord), sondern verstärkt in unterschiedliche Richtungen. Zugleich kam es zur Bildung neuer *transkontinentaler Kirchen nicht-europäischen Ursprungs*. Die bereits mehrfach erwähnte ,Igreja Universal do Reino de Deus' (,Universal Church of the Kingdom of God', UCKG) bietet ein eindrückliches Beispiel [vgl. Kap. 23.4]. 1977 wurde sie in Brasilien – dem Land mit der inzwischen weltweit höchsten Anzahl pentekostaler Gläubiger – gegründet. Um 2000 war sie bereits in über fünfzig Ländern verbreitet, und zwar sowohl in Lateinamerika (erstmals seit 1985 in Paraguay), den USA (seit 1990), Portugal (seit 1990) sowie im südlichen Afrika. Dort war sie zunächst sehr stark im portugiesisch-sprachigen Mosambik vertreten, später auch im englisch-sprachigen Südafrika. Zahlen von 1995 nennen für Lateinamerika 75 Zweigkirchen, Europa 63, Afrika 52, Nordamerika 24 und Asien 7. Insgesamt erhält die UCKG Zulauf vor allem (aber nicht nur) in den portugiesisch-sprachigen Gesellschaften und Bevölkerungsgruppen Lateinamerikas, Afrikas und Europas.[9]

Die UCKG gilt zwar in vielfacher Hinsicht als Sonderfall. Schon wegen ihrer ausgeprägten Wohlstandsideologie wird sie auch von anderen christlichen Gruppen kritisch beurteilt. Aber allgemeines Merkmal der vielfältigen – gerade in den 1990er Jahren insbesondere in Lateinamerika sowie im subsaharischen Afrika boomenden – (neo-)pentekostalen Netzwerke ist ihre überregionale und transkontinentale Ausrichtung. Auffällig ist bereits die Häufung des Adjektivs „global", „weltweit" oder „international" in den Selbstbezeichnungen unterschiedlicher Gruppen wie etwa der ,Gospel Light International Church' oder der ,Fountain of Life International Church' (beide aus Ghana). Bemerkenswert ist auch die sich verändernde Wiedergabe (bzw. „Übersetzung") des „I" im Akronym „AIC". Ursprünglich verwendet als Abkürzung für die – von westlicher Mission unabhängigen – ,African *Independent* Churches' (seit Beginn des 20. Jh.), wurde es später zunehmend gelesen als ,African *Initiated* Churches' und seit den 1990er Jahren verstärkt als ,African *International* Churches'. Dabei ist diese „internationale" Orientierung nicht primär eine Frage numerischer Größe (wie bei zahlreichen der in den 1990er Jahren aus dem Boden sprießenden ,Megachurches'). Vielfach ist sie zunächst vor allem Ausdruck des Selbstverständnisses auch kleinerer lokaler Gruppen. Diese wissen sich verbunden – im „Geist" wie durch moderne Medien – mit gleich gesonnenen Aktivistinnen und Gläubigen rund um den Erdball.

25.4 „Das nächste Christentum" – Diskussionen und konträre Erwartungen um die Jahrtausendwende

Um 1900 blickten missionarische Kreise optimistisch in die Zukunft. Der amerikanische Methodist und spätere Friedensnobelpreisträger J. R. Mott etwa war von der „Evangelisation der (ganzen) Welt" noch „in dieser Generation" überzeugt. Diese Erwartung eines „gloriosen Zeitalters" des Christentums, die insbesondere auch die Debatten der Weltmissionskonferenz von Edinburgh 1910 nachhaltig bestimmte, wurde dann durch die moralische Katastrophe des Ersten Weltkriegs zunichte gemacht. Gleichwohl war das 20. Jh. durch gegenläufige Entwicklungen gekennzeichnet: einerseits durch massive Terrainverluste, den Horror der beiden Weltkriege und die Erfahrung der antireligiösen Diktaturen in Nazi-Deutschland, im stalinistischen Russland sowie im China Mao Zedongs. Andererseits aber erlebten die christlichen Gemeinschaften in der zweiten Hälfte des Jahrhunderts in verschiedenen Südregionen ein teilweise geradezu explosives Wachstum [s. Kap. 24.1]. Um 2000 umfassten sie zwar – ähnlich wie um 1900 – etwa ein Drittel der Menschheit, nun aber mit einer wachsenden Mehrheit der christlichen Weltbevölkerung im globalen Süden.

Weniger beachtet, aber im Blick auf die folgende Entwicklung höchst bemerkenswert war um 1900 etwa die Vision indischer protestantischer Christen. Sie blickten auf das 19. Jh. zurück als die Zeit der – durchaus verdienstvollen, nun aber auslaufenden – Phase westlicher Missionsaktivitäten. Das neue 20. Jh. hingegen – so ihre Prognose und zugleich ihre Forderung – werde ganz im Zeichen der „einheimischen Kirchen" Asiens (und weltweit) stehen, die „sich selbst regieren, selbst finanzieren und selbst ausbreiten". Bereits auf dem Höhepunkt des westlichen Kolonialismus wurde so eine post-missionarische (und post-koloniale) Perspektive formuliert, die dann u. a. in der asiatischen Ökumene-Bewegung weiterwirkte.[10]

Besonders intensiv waren die Debatten um „die Zukunft des Christentums" in der globalen Ökumene natürlich um das Jahr 2000, angesichts der bevorstehenden (bzw. inzwischen eingetretenen) *Jahrtausendwende*. „The Next Christendom. The Coming of Global Christianity" lautete beispielsweise der Titel einer sehr einflussreichen und kontrovers diskutierten Studie des amerikanischen (und von der anglikanischen Kirche zum Katholizismus konvertierten) Religionshistorikers Philipp Jenkins aus dem Jahr 2002. Ausgangspunkt auch für ihn war die Erwartung einer sich in Zukunft noch verstärkenden Nord-Süd-Verschiebung im globalen Christentum: „If we imagine a typical Christian back in 1900, we might think of a German or an American; in 2050, we should rather turn to a Ugandan, a Brazilian, or a Filipino".[11] Zugleich erwartete Jenkins sehr unterschiedliche Ausprägungen der Christentümer des Nordens und des Südens. Die (schrumpfenden) Kirchen des Nordens würden eher liberal, rational und sozial engagiert sein, die (wachsenden) Christentümer des Südens hingegen eher konservativ in Fragen des Glaubens und der Moral. Stark biblizistisch orientiert, kaum beeinflusst von der Aufklärung und traditionell in Formen des sozialen Engagements, würden die viele Christen im Süden stärker am Übernatürlichen und persönlichen Heil interessiert sein als an radikaler Politik.

Während die wachsende Bedeutung der Südkirchen in der globalen Ökumene übereinstimmende Prognose unterschiedlicher Stimmen in dieser weltweiten Debatte war, wurden die Auswirkungen dieser Gewichtsverlagerung von Nord nach Süd für die Konturen des künftigen Weltchristentums durchaus konträr eingeschätzt. Prominente Ökumenikerinnen und Wissenschaftler wie etwa Kirsteen und Sebastian Kim stellten das von Jenkins gezeichnete Szenario einer verstärkten Nord-Süd-Konfrontation in Frage. Auch in Zukunft – so das koreanisch-britische Forscherehepaar – würden „die Christentümer des Nordens und Südens in vielerlei Hinsicht miteinander verbunden" bleiben, durch „historische Beziehungen, Mission, Migration, gemeinsame Herausforderungen (wie Islam, Säkularisierung)" sowie das Schwinden denominationeller Grenzen. Unstrittig aber werde die „weltweite Zukunft des Christentums" verstärkt durch „regionale Unterschiede und Gemeinsamkeiten" gekennzeichnet sein.[12] Andere Stimmen hingegen artikulierten die Sorge vor einer wachsenden Desintegration und Fragmentierung der globalen Ökumene durch einen zunehmenden Wildwuchs independentistischer Bewegungen und charismatischer Neugründungen. Was etwa hätten die neuen protestantischen Megakirchen Brasiliens mit den unabhängigen Gemeinschaften Afrikas oder den sich im Graubereich geduldeter Illegalität bewegenden Hauskirchen Chinas gemeinsam?

Spannungen zwischen den Kirchen des Nordens und des Südens auch innerhalb derselben Konfessionsfamilie – so eine andere Befürchtung – könnten bis an die Grenze eines formellen Schismas gehen. Einen Vorgeschmack darauf gaben etwa die heftigen Konflikte in der anglikanischen Weltgemeinschaft in den 1990er Jahren zur Frage homosexueller Bischöfe. In jedem Fall aber werde sich die institutionelle Genfer Ökumene angesichts der wachsenden innerchristlichen Pluralisierung mit ganz neuen Herausforderungen konfrontiert sehen. Dazu zähle auch die Notwendigkeit, neue Formen des Gesprächs mit diversen Gruppen innerhalb des pentekostalen Spektrums zu suchen, zu denen bisher allenfalls punktuelle Kontakte bestanden. Innerhalb der katholischen Weltkirche wiederum werde sich das Gewicht konservativer Kräfte aus dem Süden verstärken. Allein in der Großregion Manila etwa lebten mehr Katholiken als in den liberalen Niederlanden. Das „unerwartete" Wachstum des Christentums im globalen Süden sei v. a. das Werk lokaler Akteure gewesen, „von Koreanern, Chinesen, Brasilianern, Indern, Ghanaern" etc., anders als die frühere westliche Missionsbewegung dabei „kaum unterstützt von weltlicher Macht". Diese Entwicklung – so etwa der evangelikale Historiker Scott Sunquist – werde sich verstärkt auch im 21. Jh. fortsetzen.

Bei vielen dieser Äußerungen zur Zukunft des weltweiten Christentums im neuen Millenium handelte es sich weniger um Prognosen als um Wunschlisten und Visionen. Bereits 1985 hatte etwa der katholische Theologe Walter Bühlmann, wie erwähnt, mit beachtlicher Resonanz die Transformation des römischen Katholizismus von einer „West- zur Weltkirche" analysiert. Als entscheidendes Merkmal einer künftigen „dritten Kirche" und erwarteten „neuen Kirchenpräsenz" im Jahr 2001 nannte er dabei den verstärkten „Austausch" zwischen Nord und Süd – in Sachen „Geld, Personal, Theologie, pastoralen Erfahrungen, Lebensmodellen".[13] Ganz analog betonten Autoren wie Noel Davies und der Zeithistoriker Martin Conway in ihrem Ausblick auf das 21. Jh. die Notwendigkeit einer umfassenden Gegenseitigkeit („mutuality") zwischen Christen der „Ersten" und „Dritten Welt" sowie die Verbindung von lokalem Engagement mit globaler Verantwortung.[14] Pentekostale Historiker (wie Walter Hollenweger und Allan Anderson) erwarteten ein weiteres Anschwellen der Pfingstbewegung in Afrika, Lateinamerika und Asien. Als Voraussetzung dafür nannten sie freilich die „Wiederentdeckung" („back to the roots") ihrer Anfänge unter den Armen und Marginalisierten auch im neuen Millennium, die bei manchen Vertretern des ‚Prosperity Gospel' verloren zu gehen drohten.[15]

Unterschiedlich sind die Stimmen aus – und Prognosen für – die einzelnen Weltregionen. Für das subsaharische *Afrika* – mit seinem phänomenalen Wachstum Ausgangspunkt für das seit den 1980er Jahren intensiv diskutierte Paradigma vom „shift of center(s) of gravity of Christianity" [s. Kap. 24.1] – erwarten viele Stimmen einen weitergehenden Christianisierungsprozess, trotz wachsender Konkurrenz durch einen (vielfach mit Petro-Dollars geförderten) Islam. Dieses Wachstum des Christentums freilich werde sich nicht in seiner europäischen, sondern afrikanischen Gestalt bzw. als „Erneuerung einer nicht-westlichen Religion" vollziehen. So der ghanaische presbyterianische Theologe Kwame Bediako (1945–2008; Abb. 53), der zugleich Afrika als ein „Laboratorium" für die Weltchristenheit ansah. Denn hier vollziehe sich bereits in der Gegenwart ein intensiver ökumenischer interkultureller Dialog zwischen den (früheren) etablierten (Missions-) Kirchen und neuen religiösen Bewegungen, der auch in anderen Weltgegenden unausweichlich sei. – Was *Lateinamerika* angeht, so sehen Forscherinnen und Historiker wie Ondina E. und Justo L. González (Kuba/USA) in Mexiko weitergehende Verschiebungen innerhalb der traditionellen christlichen Majorität (von früherer katholischer Dominanz zu pentekostal-charismatischem Wachstum). Entscheidend für die Zukunft aber werde die Frage sein, wieweit Katholizismus und Protestantismus ihre „zwei Gesichter" bzw. interne Polarisierung – zwischen einem sozial progressiven und politisch reaktionären Flügel – überwinden und zugleich Elemente der alten einheimischen und afrikanischen Religionen integrieren könnten. Wichtig sei insbesondere auch die „Herausforderung durch die Post-Moderne" bzw. die Frage, wie die christlichen Denominationen den anstehenden „Sprung von einer nicht-modernen Welt in eine post-moderne" zu bewerkstelligen imstande seien. – Für die historischen Christentümer des *Nahen Ostens* sieht der palästinensische lutherische Theologe Mitri Raheb weithin schwarz, als Folge zunehmender äußerer Gewalt und steigenden Emigrationsdruckes: „Möglicherweise gibt es das Christentum im Land seiner Ursprünge bald nicht mehr. Doch in der Diaspora wird es weiterleben".[16]

Asien ist Heimat der Mehrheit der Weltbevölkerung und zugleich der Kontinent mit einer Vielzahl – quantitativ, konfessionell und kulturell – sehr heterogener asiatischer Christentümer. Der aus Vietnam stammende US-amerikanische Historiker Peter Phan differenziert entsprechend in dem von ihm herausgegebenen Überblick über die aktuelle Situation und demographische „Zukunft des Christentums in Asien" sehr stark nach einzelnen Regionen. Neben Ländern mit christlicher Majorität (Philippinen, Osttimor) und einem sehr starken und wachsenden Bevölkerungsteil (wie Südkorea) benennt er Länder mit einer christlichen Minorität, die auch aufgrund eingeschränkter Religionsfreiheit über nur geringe gesellschaftliche Ausstrahlung verfüge. In anderen Ländern wiederum – wie Indien, Sri Lanka, Vietnam, Hongkong oder Macao – würden die christlichen Gemeinschaften „in vielen Sektoren der Gesellschaft einflussreich bleiben, insbesondere im Erziehungswesen und sozialen Diensten". Besonders schwierig sei eine Prognose für *China*. Unterschiedliche Perspektiven werden diskutiert. So die Option einer weiter ansteigenden Zahl von Konversionen zum Christentum, das zugleich Eingang in den *mainstream* der chinesischen Kultur finden werde; einer „Absorbierung" in die chinesische Kultur, analog dem Schicksal des chinesischen Buddhismus; oder einer Zukunft als „subkulturelle Minderheitsreligion in China". In jedem Fall, so Phan, werde die Zukunft des asiatischen Christentums durch einen „dreifachen Dialog" gekennzeichnet sein: „mit den asiatischen Menschen, Kulturen und Religionen".[17]

Oder, um es in den Worten des früheren srilankanischen anglikanischen Bischofs Kumara Illanghasinghe zu sagen: Was sind die Aussichten der Kirchen Asiens, die sich stolz als Wiege des Christentums betrachten: Kirchenwachstum? Eine Rolle als prophetische Minderheit? Oder wirksam als „Sauerteig" inmitten der gesellschaftlichen Transformationsprozesse des riesigen Kontinents?[18]

Fußnoten zu Kapitel 25

1 Das Thema dieses Kapitels 25.1 war Gegenstand der Sechsten Internationalen München-Freising-Konferenz 2008 zum „Jahr 1989/90 als Epochenjahr in der Geschichte des Weltchristentums", dessen Ergebnisse publiziert vorliegen in: KOSCHORKE (2009), *Falling Walls*, mit zahlreichen Regionalstudien und Einzelbelegen aus Afrika, Asien, Lateinamerika und Europa.
2 GIFFORD (1995), *Democratisation of Africa*; GIFFORD (2009), „*Second Liberation Struggle*", 137–156; MAXWELL (2008), *Postcolonial Christianity in Africa*, 414–416.
3 SILVA (2009), *Theologiegeschichte Lateinamerikas*, 53 Anm. 48.
4 ASAMOAH-GYADU (2007), *Cyberspace and Christianity*, 227.
5 KIM (2007), *Ethereal Christianity*, 208.
6 CHOW (2023), *Digital Culture*.
7 IM/YONG (2014), *Global Diasporas*, 120.
8 KIM/KIM (2008), *World Religion*, 161.
9 FRESTON (2001), *Brasilian Pentecostalism*, 198 ff.
10 KOSCHORKE (2019), ‚*Christian Patriot*', 99 f.16–21.146 f.
11 JENKINS (2011), *Next Christendom*, xi.
12 KIM/KIM (2008), *World Religion*, 223.
13 BÜHLMANN (1985), *Weltkirche*, 135 ff.
14 DAVIES/CONWAY (2008), *World Christianity*, 281–294.
15 ANDERSON/HOLLENWEGER (1999), *Pentecostals after a Century*, 203–229; vgl. MILLER/YAMORI (2007), *Global Pentecostalism*.
16 BEDIAKO (1995), *Renewal of a Non-Western Religion*; GONZÁLEZ/GONZÁLEZ (2007), *Christianity in Latin America*, 607.
17 PHAN (2011), *Christianities in Asia*, 255 ff.166 ff.
18 Persönliche Kommunikation des Autors mit Bischof Kumara Illanghasinghe.

Literatur zu Kapitel 25

25.1 (Ende des Kalten Krieges, Kollaps der Apartheid, Krise der Befreiungstheologie)

KOSCHORKE (2009), *Falling Walls*, passim; LOMBARD (2009), *Fall of the Berlin Wall*, 89–94; COCHRANE (2009), *Post-Apartheid Christianity*, 95–116; GIFFORD (2009), „*Second Liberation Struggle*", 137–156; GIFFORD (1995), *Democratisation of Africa*; SILVA (2009), *Transformationen der Befreiungstheologie*, 335–351; MALEK (2009), *1989 in China*, 215–242.

25.2 (Internet, digitale Globalisierung, liberalisierter Reiseverkehr)

ASAMOAH-GYADU (2007), *Cyberspace and Christianity*, 225–241; ADOGAME (2008), *To God be the Glory*, 147–159; GOH (2005), *Internet and Christianity in Asia*, 831–848; HORSFIELD (2015), *From Jesus to the Internet*, 261–284; HORSFIELD/HESS/MEDRANO (2004), *Media and Christianity*; KIM (2007), *Ethereal Christianity*, 208–222; CAMPBELL (2010), *New Media*; LOVELAND/WHEELER (2003), *From Meetinghouse to Megachurch*; MEYER (2005), *Pentecostalism*, 290–312; WONSUK MA u. a. (2014), *Pentecostal Mis-*

sion and Global Christianity; MEYER/MOORS (2005), *Public Sphere*; WÄHRISCH-OBLAU (2021), *WhatsApp-Predigten*, 63–69; CHOW (2023), *Digital Culture*.

25.3 (Veränderte Religionsgeographien, transnationale Kirchen, neue Dynamiken des Polyzentrismus)

KOSCHORKE (2014), *Polycentric Structures*, 15–28; KOSCHORKE/HERMANN (2014), *Polyzentrische Strukturen*, 15–28.69–72.111–130.307–334.347–376; CASTLES/DE HAAS/MILLER (2014), *Age of Migration*; IM/YONG (2014), *Global Diasporas, 89–157;* ECK (2001), *A New Religious America*; ADOGAME/GERLOFF/HOCK (2008), *African Diaspora*; ADOGAME (2014), *African ‚Retromission'*, 494–514; THOMAS (2014), *Christianity in the Persian Gulf,* 117–129; YEH (2014), *The Chinese Diaspora*, 89–98; KIM (2014), *Korea as a Missionary Centre,* 111–130; FRESTON 2001, *Brazilian Pentecostalism*, 196–215; CORTEN/MARSHALL-FRATANI (2001), *Between Babel and Pentecost*; ESPINOZA (2004), *Pentecostalisation*, 262–292; ANDERSON (2004), *Pentecostalism*, 63–82. 103–165; KIM/KIM (2008), *World Religion*, 161.204 ff.

25.4 („Das nächste Christentum" – Diskussionen um die Jahrtausendwende)

JENKINS (²2008), *Next Christendom*, passim; LEHMANN (2012), *Christentum im 20. Jh.*, 207 ff; KIM/KIM (2008), *World Religion*, 223–230; WARD (2018), *Ausblick*, 767–792; SCHREITER (1997), *Die neue Katholizität*; EMW (2001), *Zukunft der orientalischen Christen*; MCGRATH (2002), *Future of Christianity*; SUNQUIST (2015), *Unexpected Christian Century*; STANLEY (2018), *Twentieth Century*, 357–366; CABRITA/MAXWELL/WILDWOOD (2017), *Relocating World Christianity*, 7 ff.25 ff.29 ff.

Ausblick, Perspektiven

Seit dem Jahr 2000 – dem Enddatum des vorliegenden Überblicks – hat es vielerorts dramatische Veränderungen gegeben. Unvorhergesehene Ereignisse halten die Weltgemeinschaft in Atem. Diese Zeilen beispielsweise sind im Dezember 2021 und damit inmitten der Corona-Pandemie des Jahres 2020/21 geschrieben. Seit ihrem Ausbruch im Frühjahr 2020 hält das neue Virus viele Länder global im Würgegriff. Dabei wurden freilich die Gesellschaften des Südens ungleich härter getroffen als die des Nordens. Die langfristigen Auswirkungen dieser Krise (und des prognostizieren Endes bisheriger Globalisierungsmuster) sind noch nicht absehbar. Wie sich etwa die aktuellen Beschränkungen von Reiseverkehr und direkten Kontaktmöglichkeiten, die verschärfte digitale Überwachung in autoritären Staaten sowie das neue Nord-Süd-Gefälle langfristig auf den Zusammenhalt und den Austausch zwischen christlichen Gemeinschaften weltweit auswirken, lässt sich gegenwärtig nicht abschätzen.

Vielfältige Veränderungen sind natürlich auch in anderen Bereichen zu beobachten. Die weltweiten Flüchtlingsströme schwellen weiter an, bei wachsender Abschottung durch die post-industriellen Gesellschaften des Nordens. An der Spitze der römischen Weltkirche steht mit dem Argentinier Jorge Mario Bergoglio erstmals seit dem 9. Jh. (und dem kurzen Pontifikat des Syrers Gregor III.) ein nicht aus Europa stammender Papst. Mit der programmatischen Annahme des Papstnamens Franziskus im Jahr 2013 betonte er zugleich die Solidarität der Kirche mit den Armen und Marginalisierten. In anderen lateinamerikanischen Gesellschaften hingegen ist die christliche religiöse Rechte auf dem Vormarsch, mit großer Affinität (wie in Brasilien) zu autoritären Regimen. In einem Land wie Indien sind momentan Hindu-Fundamentalisten an der Macht, die religiöse Minoritäten (hier v. a. Muslime und Christen) verstärkt diskriminieren. In China hingegen wird – religionsübergreifend – das religiöse Leben zunehmend staatlich reguliert und stranguliert. Zugleich aber gehen hier wie andernorts das dezentrale Wachstum und die spontanen Neubildungen christlicher Gemeinschaften weiter. Insgesamt sind die religiösen Landschaften lokal wie global komplexer und das Bild diffuser geworden.

Gerade angesichts dieser wachsenden Unübersichtlichkeit aber wird eine ökumenisch und global ausgerichtete Christentumsgeschichte immer wichtiger. Sie vermag Orientierung zu geben und einen zentralen Beitrag zur Entwicklung einer *globalen Erinnerungskultur des Christlichen* zu leisten. Denn Kirchengeschichte und Ökumene sind zwei Seiten derselben Medaille, wie es einst mein akademischer Lehrer Alfred Schindler formulierte. Ökumene bezeichnet dabei die aktuelle Vielgestaltigkeit des Weltchristentums, während der Kirchengeschichte – als akademischer Disziplin – die Aufgabe zufällt, die unterschiedlichen Etappen und historischen Lernerfahrungen auf dem Weg zu dieser gegenwärtigen Pluralität zu analysieren. Schindler selbst bezog seine Feststellung primär auf verschiedene Projekte einer ‚Ökumenischen Kirchengeschichte' in den 1960er und 1970er Jahren, die insbesondere der *konfessionellen* Pluralität des Christentums (in ihren Hauptsträngen Katholizismus, Protestantismus und Orthodoxie) gerecht zu werden suchten. Sein Diktum ist aber ebenso relevant im Blick auf die *kulturelle und kontextuelle Vielgestaltigkeit* des Christentums als globaler Bewegung im 20. und 21. Jh.

Denn es gilt, die unterschiedlichen Erfahrungen von Christinnen und Christen aus heterogenen Kontexten zu bewahren und zu teilen und aus dem wachsenden *Bewusstsein einer gemeinsamen Vergangenheit* auch die Vision einer grenzüberschreitenden Zukunft zu gestalten – inmitten einer sich drastisch verändernden Welt. Dies kann nur im Dialog geschehen, im Gespräch mit Menschen aus unterschiedlichen Regionen, Kulturen und Glaubenstraditionen. Die Zeiten sind im Übrigen längst vorbei, als die verschiedenen Gestalten des Weltchristentums einfach auf unterschiedliche geographische Zonen aufgeteilt werden konnten. Philippinische Katholiken, nigerianische Aladura-Christen, brasilianische *Pentecostals,* chinesische Lutheraner oder ägyptische Kopten sind längst nicht mehr nur in ihren jeweiligen Ursprungsländern anzutreffen. Man begegnet ihnen zunehmend auch vor Ort, in den Migrantengemeinden europäischer Metropolen oder Hörsälen amerikanischer Colleges, mit ihren je eigenen Geschichten, Erfahrungen und Identitäten.

Das Ziel einer Suche nach geteilten Erfahrungen und verbindender Hoffnung kann nicht in der Erwartung einer quasi monolithischen Weltchristenheit bestehen. Ich finde mich vielmehr in den Worten wieder, mit denen Sebastian und Kirsteen Kim ihr Buch über ‚Christianity as a World Religion' abschließen:

„We do not expect a single world Christianity, a world church or a global theology, but we hope for ongoing conversations between Christians, Churches and theologies from around the world".[1]

In den letzten Tagen des Jahres 2021 verstarb der ehemalige anglikanische Erzbischof von Kapstadt und Friedensnobelpreisträger *Desmond Tutu* (geb. 1931; s. Abb. 54). Nationaler Heros im Kampf gegen die Apartheid und international hoch angesehen, war der Weggefährte Nelson Mandelas zugleich eines der prominentesten Gesichter des Weltchristentums gegen Ende des zweiten Milleniums. Bedeutend war Tutu nicht nur als „moralischer Kompass und Gewissen der Nati-

---

1 KIM/KIM 2008, *World Religion*, 229.

on", wie ihn der südafrikanische Präsident Cyril Ramaphosa in seiner Trauerrede in der St. Georg-Kathedrale von Kapstadt würdigte. Auch international wurde seine Stimme im Kampf gegen Rassismus, soziale Ungerechtigkeit und Klimawandel gehört. Tutu wirkte entscheidend mit beim friedlichen Übergang Südafrikas zu einer multiethnischen „Regenbogen-Nation" (so der von ihm geprägte Begriff) und leitete von 1996 bis 1998 die „Wahrheits- und Versöhnungskommission". Diese suchte die Wunden der Apartheid durch offenes Eingeständnis des begangenen Unrechts zu heilen – darin ein Vorbild für ähnliche Unternehmungen in anderen ehemaligen Diktaturen und Autokratien. Der Glaube war für Tutu Quelle des sozialen Engagements. „We are prisoners of hope", so wurden seine Worte bei der Trauerfeier in Kapstadt erinnert. „Wir müssen immer, immer hoffen. Und wenn wir nicht hoffen, gibt es keine Möglichkeit der Veränderung in unseren Herzen, und keine Möglichkeit zur Veränderung der Welt".

Karten

Karten 307

Karte 1. Portugiesen auf dem Weg um Afrika (15./16. Jh.).

Karte 2. Etappen der spanischen Conquista in Amerika (16. Jh.).

Karten **309**

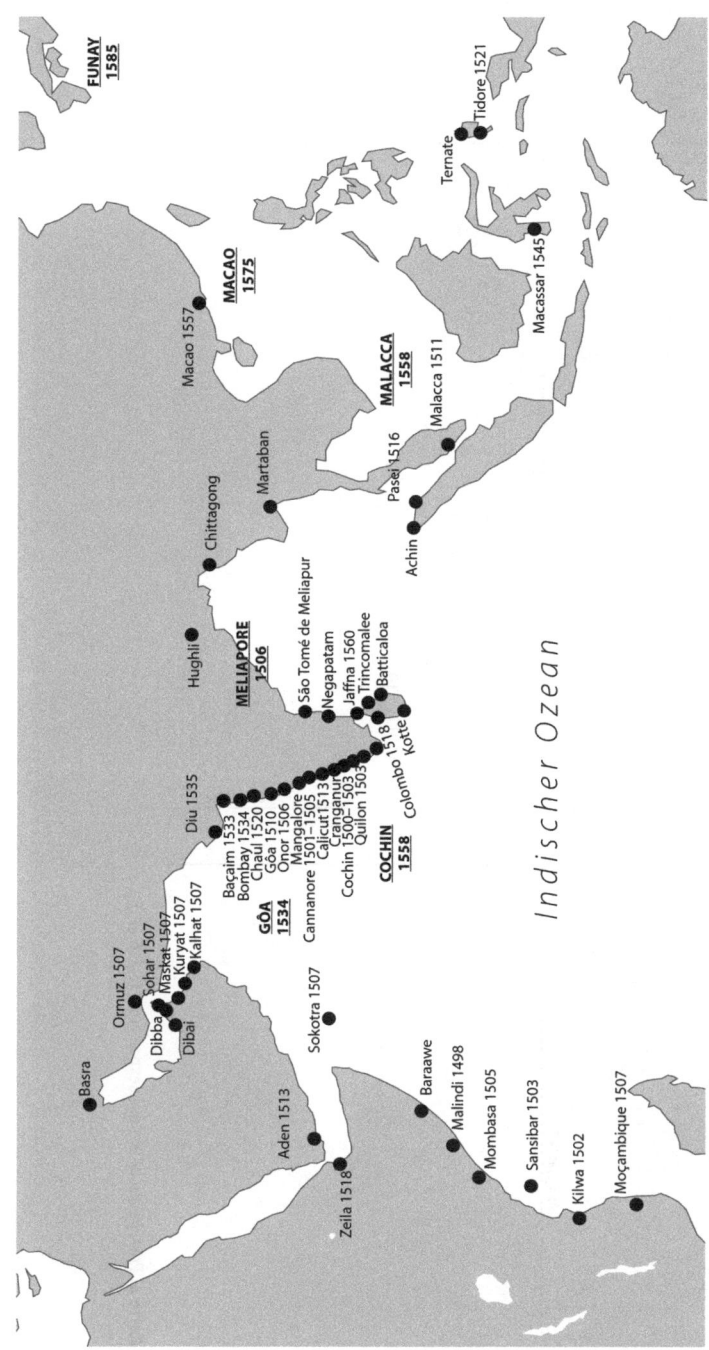

Karte 3. Portugiesische Kolonialexpansion (15./16. Jh.).

310 Karten

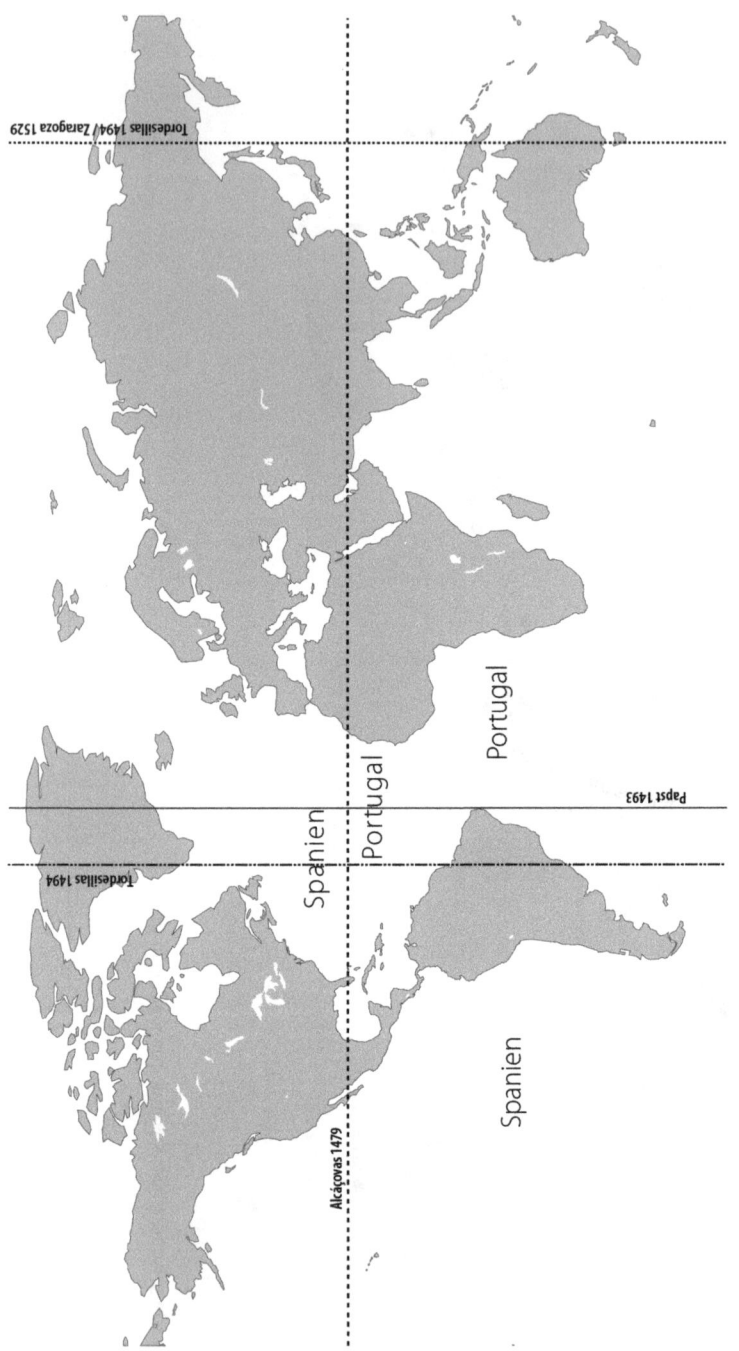

Karte 4. Portugiesische Kolonialexpansion (15./16. Jh.).

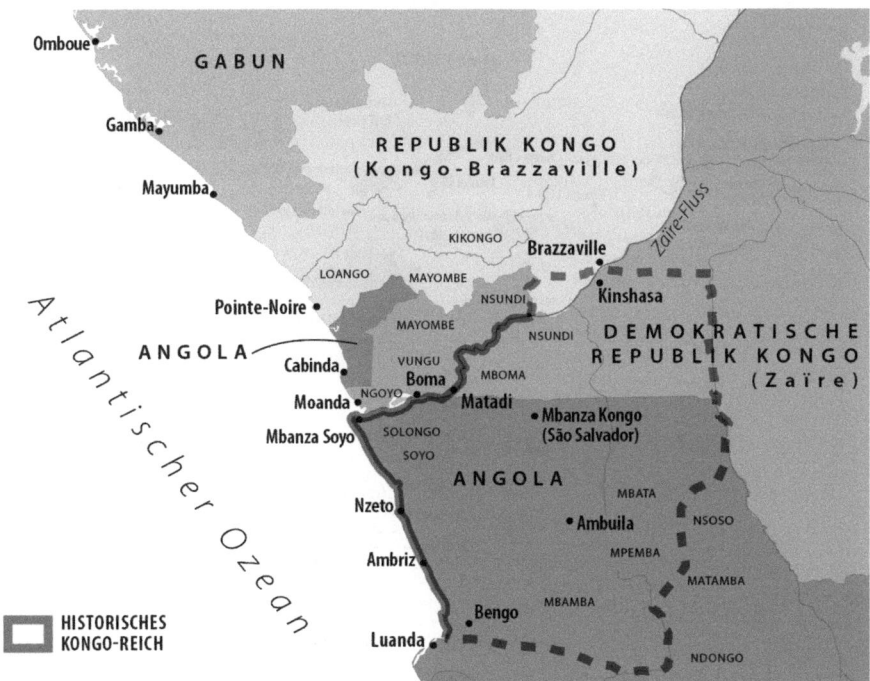

Karte 5. Historisches Kongoreich (15.–17. Jh.).

Karte 6. Diözesen in Spanisch-Amerika (16./17. Jh.).

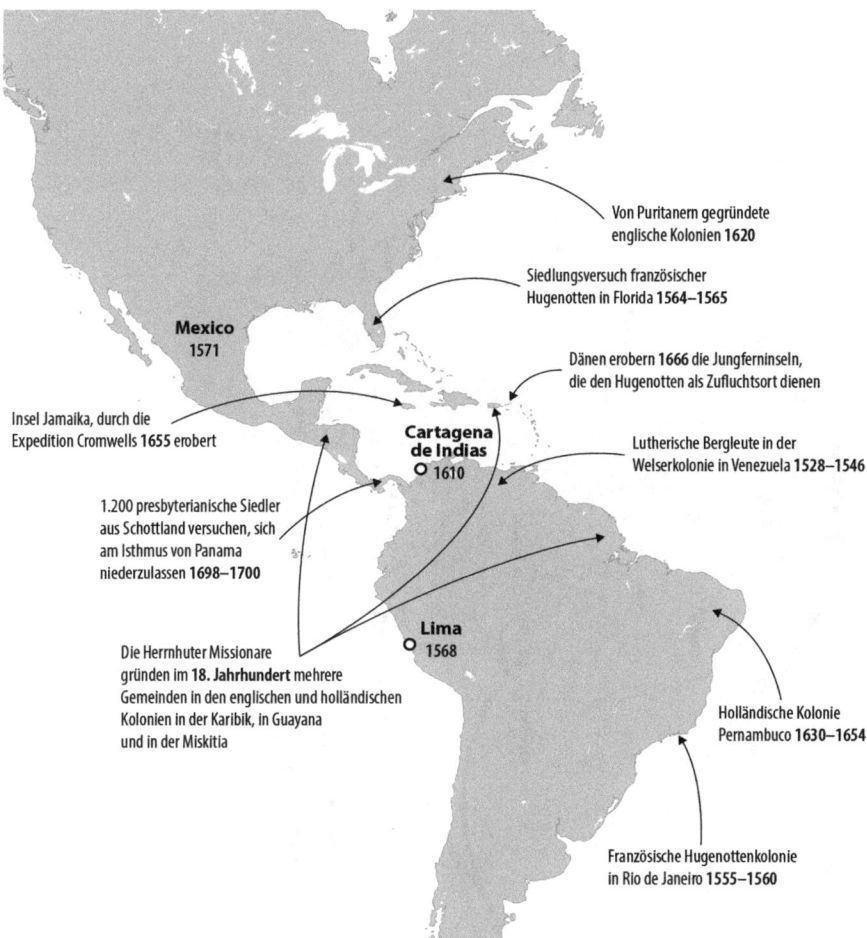

Karte 7. Protestanten im kolonialen Iberoamerika (16.–18. Jh.).

314 Karten

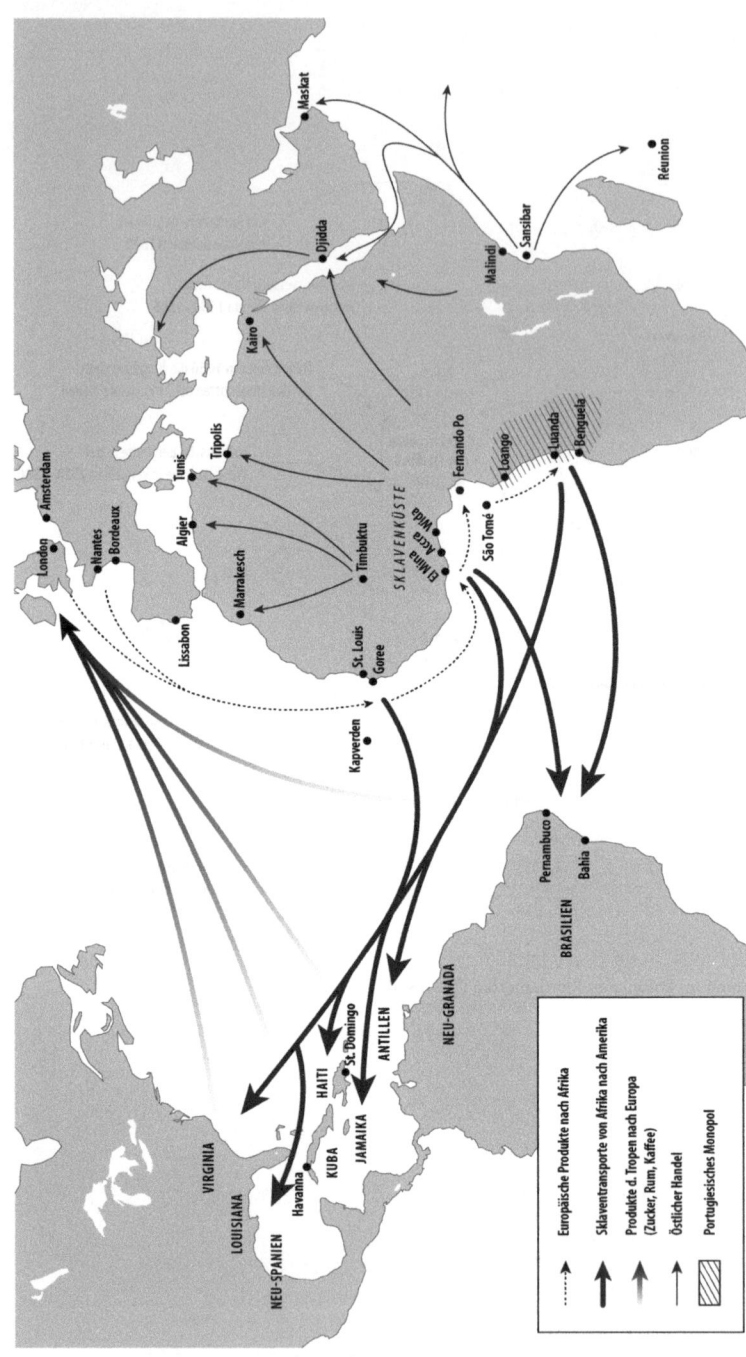

Karte 8. Transatlantischer Sklavenhandel (16.–18. Jh.).

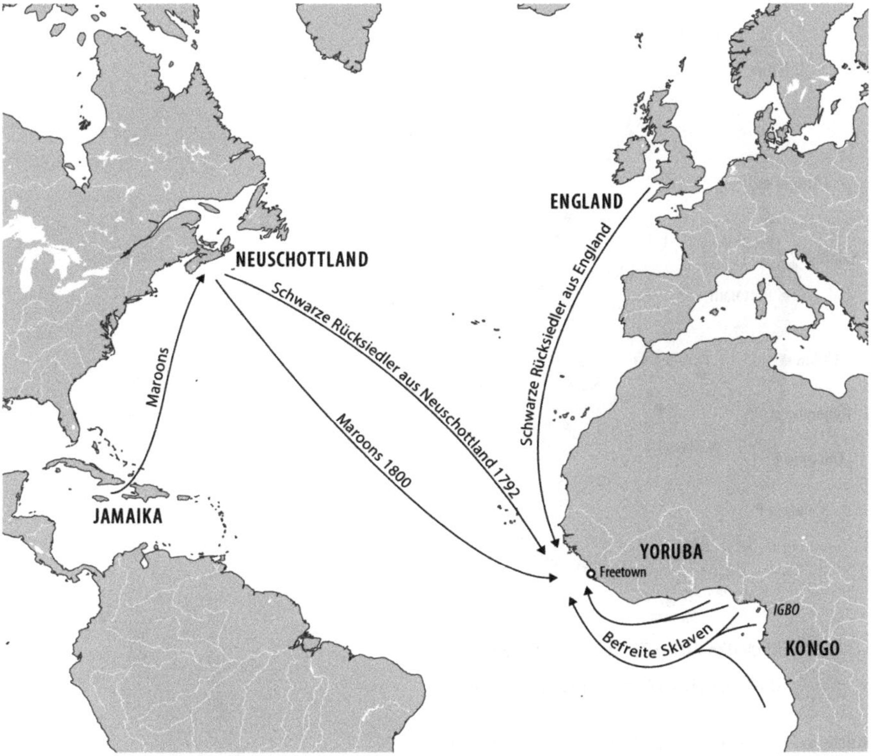

Karte 9. Transatlantische Remigration nach Afrika und die Gründung von Freetown (Sierra Leone) 1792.

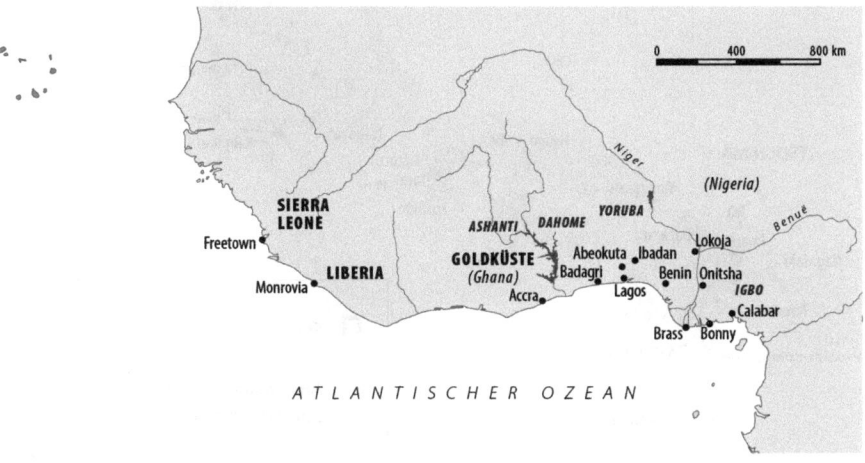

Karte 10. Westafrika Ende 18. Jh./Mitte 19. Jh.

316 Karten

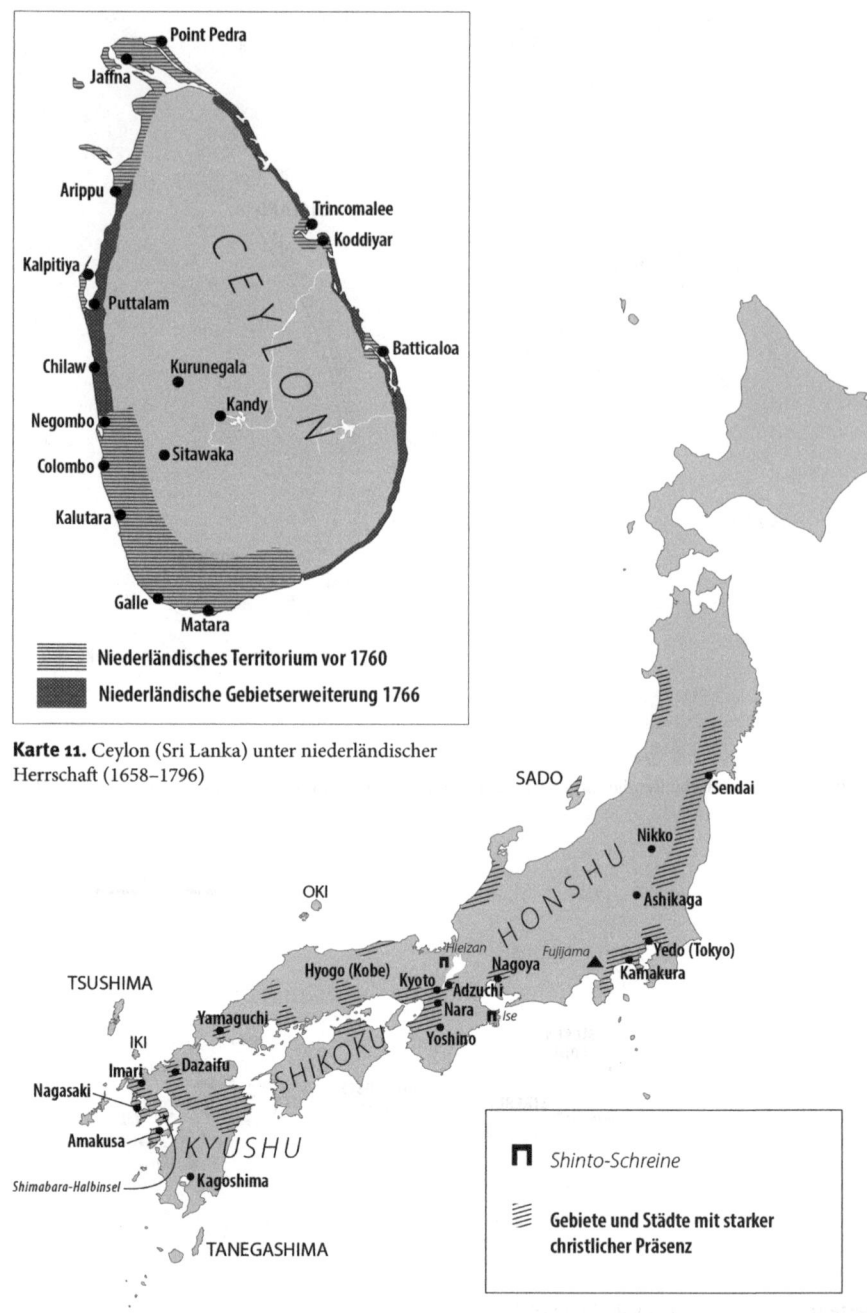

Karte 11. Ceylon (Sri Lanka) unter niederländischer Herrschaft (1658–1796)

Karte 12. Japan im 16. und 17. Jh.

Karte 13. Die Welt um 1750.

Karte 14. Europäischer Kolonialbesitz um 1830.

Karten 319

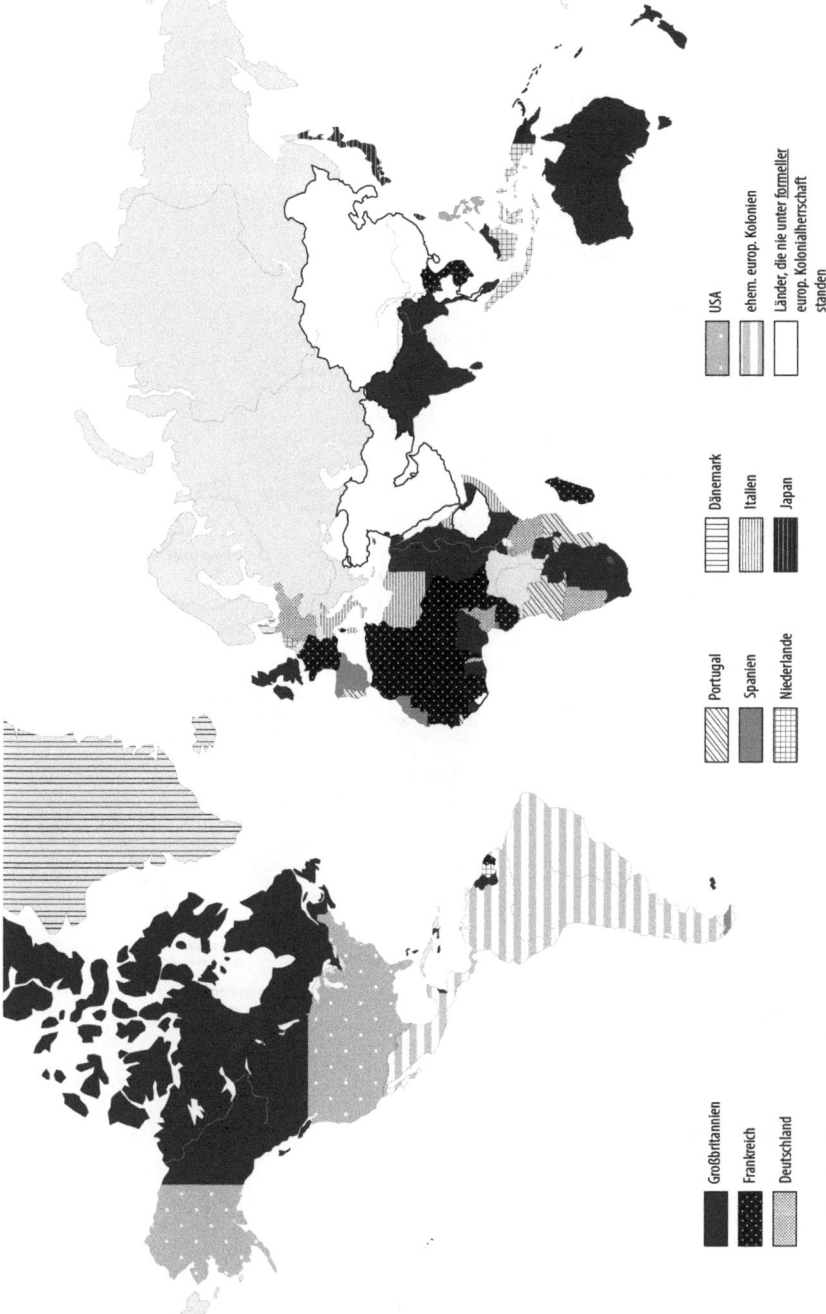

Anmerkung: Russische Kolonisation in Zentral- und Nordasien ist nicht erfasst.

Karte 15. Europäischer Kolonialbesitz um 1914.

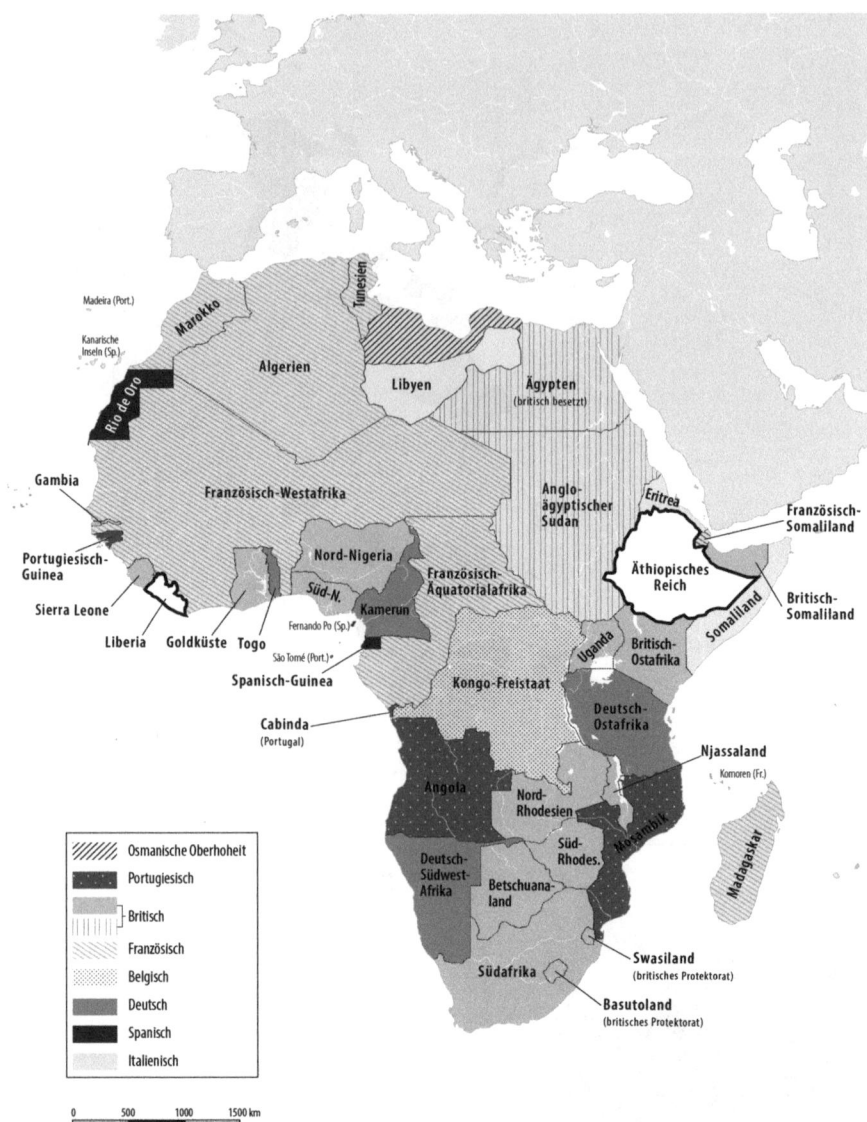

Karte 16. Afrika um 1900.

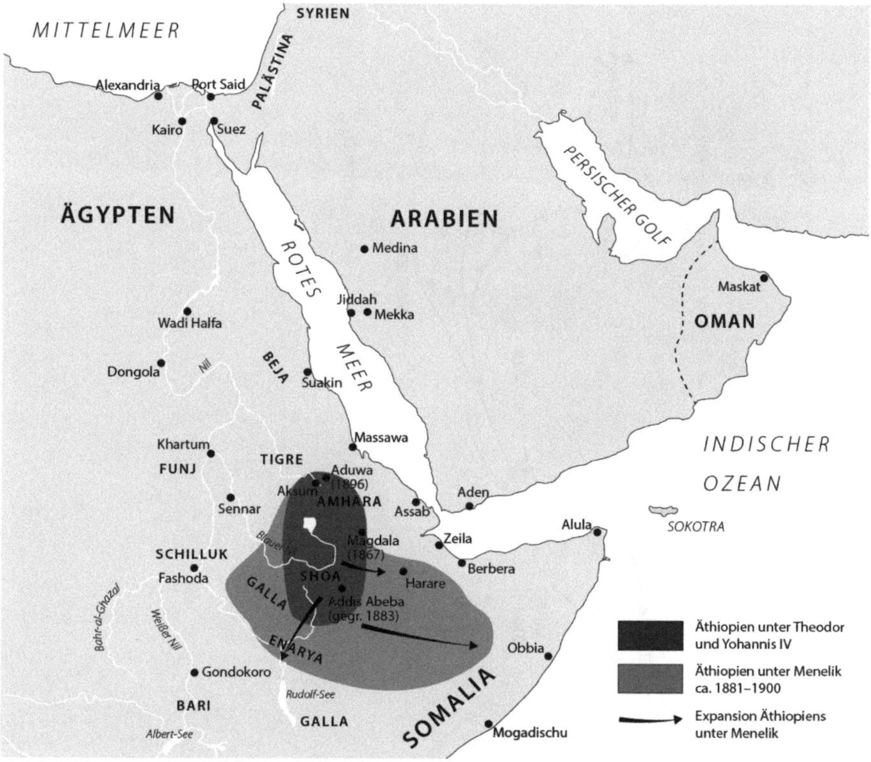

Karten **321**

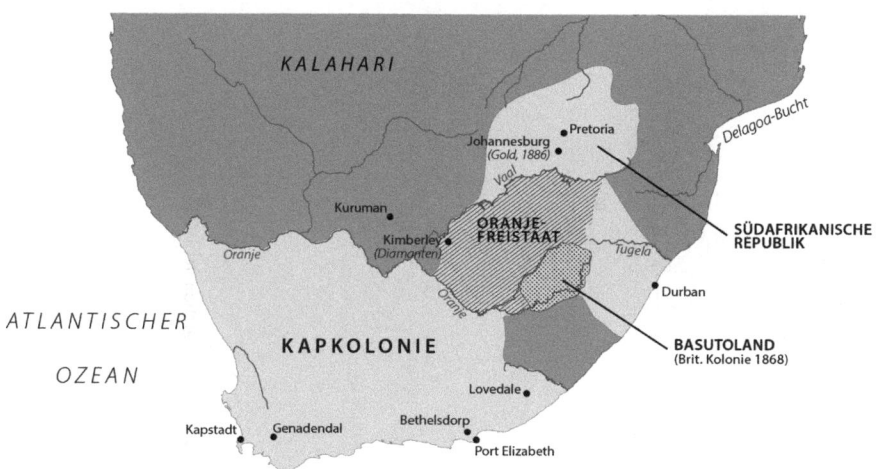

Karte 17. Äthiopien um 1900.

Karte 18. Südafrika um 1900.

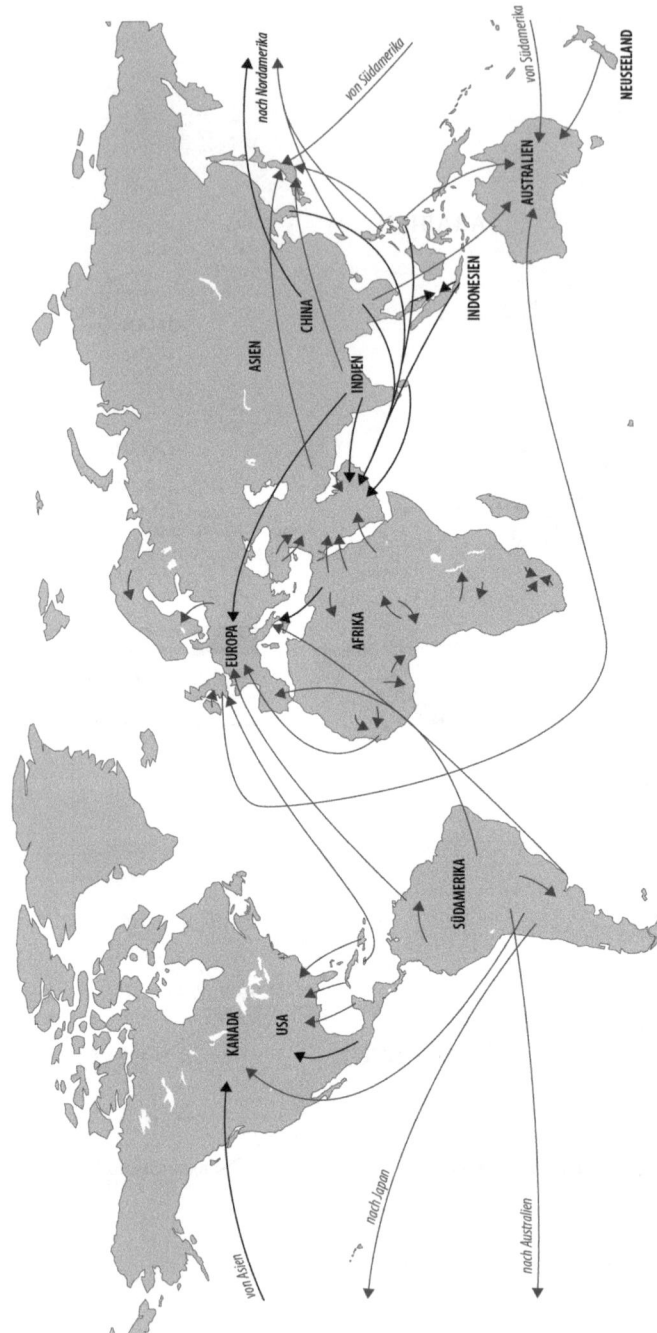

Karte 19. Globale Migration um 1975.

Bibliographie

I: Standardwerke, Überblicksdarstellungen

Asien

BAYS, D. H. (2012), A *New History* of Christianity in China (Malden, MA/Oxford)
FRYKENBERG, R. E. (2013), *Christianity in India*. From Beginnings to the Present (Oxford)
MOFFETT, S. H. (1991/2005), A History of *Christianity in Asia*. Vol. I: Beginnings to 1500; Vol. II: 1500–1900 (New York)
PHAN, P. C. (2011) (Hg.), *Christianities in Asia* (Malden, MA/Exford, UK)

Afrika

HASTINGS, A. (1979), A History of *African Christianity* 1950–1975 (Cambridge etc.)
HASTINGS, A. (1994), The *Church in Africa,* 1450–1950 (Oxford)
HOCK, K. (2005), Das *Christentum in Afrika* und dem Nahen Osten (KGE IV/7; Leipzig)
KALU, O. U. (2005) (Hg.), *African Christianity*: An African Story (Pretoria)

Lateinamerika

DUSSEL, E. (1992) (Hg.), The *Church in Latin America* 1492–1992 (New York)
GONZÁLEZ, O. E./GONZÁLEZ, J. L. (2008), *Christianity in Latin America* (Cambridge)
PRIEN, H.-J. (1978), Die *Geschichte* des Christentums in Lateinamerika (Göttingen)
PRIEN, H.-J. (2007), Das Christentum in *Lateinamerika* (KGE IV/6; Leipzig)

Ozeanien

BREWARD, I. (2001), A History of the Churches in *Australasia* (Oxford)

Altorientalische Kirchen

HAGE, W. (2007), Das *orientalische Christentum* (Stuttgart)
LANGE, C./PINGGÉRA, K. (2010), Die *altorientalischen Kirchen*. Glaube und Geschichte (Darmstadt)

Transkontinentale Beziehungen

KOSCHORKE, K. (2002) (Hg.), *Transkontinentale Beziehungen* in der Geschichte des Außereuropäischen Christentums/Transcontinental Links in the History of Non-Western Christianity (StAECG 6; Wiesbaden)

KOSCHORKE, K. (2012) (Hg.), *Etappen der Globalisierung* in christentumsgeschichtlicher Perspektive/Phases of Globalization in the History of Christianity (StAECG 19; Wiesbaden)

KOSCHORKE, K./HERMANN, A. (2014) (Hgg.), *Polycentric Structures* in the History of World Christianity/Polyzentrische Strukturen in der Geschichte des Weltchristentums (StAECG 25; Wiesbaden)

Weltchristentum im 20. Jh.

JENKINS, P. (^{2}2011), The *Next Christendom*. The Coming of Global Christianity (Oxford)

KIM, S./KIM, K. (2008), Christianity as a *World Religion* (London)

LEHMANN, H. (2012), Das *Christentum im 20. Jh.*: Fragen, Probleme, Perspektiven (Leipzig)

STANLEY, B. (2018), Christianity in the *Twentieth Century*. A World History (Princeton/Oxford)

Europäische Expansions- und Missionsgeschichte

GENSICHEN, H.-W. (1976), *Missionsgeschichte* der neueren Zeit (Göttingen)

GRÜNDER, H. (2003), Eine Geschichte der europäischen *Expansion*. Von Entdeckern und Eroberern zum Kolonialismus (Darmstadt)

LATOURETTE, K. S. (^{R}1980), A History of the *Expansion* of Christianity. Vol. I–VII (Grand Rapids, MI)

MEIER, J. (2018), Bis an die *Ränder* der Erde. Wege des Katholizismus im Zeitalter der Reformation und des Barock (Münster)

REINHARD, W. (1983–1990), Geschichte der europäischen *Expansion* I–IV (Stuttgart etc.)

Überblicksdarstellungen, Sammelwerke

SCHJØRRING, J. H./HJELM, N. A. (2017) (Hgg.), *Geschichte* des globalen Christentums. Bd. 1: Frühe Neuzeit/Bd. 2: 19. Jahrhundert (Stuttgart)

SCHJØRRING, J. H./HJELM, N. A./WARD, K. (2018) (Hgg.), *Geschichte* des globalen Christentums. Bd. 3: 20. Jahrhundert (Stuttgart)

The Cambridge History of Christianity:
- Vol. 8: GILLEY, S./STANLEY, B. (2005) (Hgg.), *World Christianities* c. 1815–c. 1914 (Cambridge)
- Vol. 9: MCLEOD, H. (2008) (Hg.), *World Christianities*, c. 1914–c. 2000 (Cambridge)

Quellenauswahl

KOSCHORKE, K./LUDWIG, F./DELGADO, M. (^{5}2021) (Hgg.), *Außereuropäische Christentumsgeschichte* (Asien, Afrika, Lateinamerika) 1450–1990 (Vandenhoeck & Ruprecht; Göttingen) (wird nicht nach Seiten, sondern nach den einzelnen Dokumenten bzw. Texten als [Text] zitiert; siehe oben unter „Hinweise zur Benutzung".

II: Vollständiges Literaturverzeichnis

ABRAHAM, V. (2013), The *Copts of Egypt*: The Challenge of Modernity and Identity (London)
ADIELE, P. O. (2017), *The Popes, the Catholic Church and the Transatlantic enslavement* of black Africans, 1418–1839 (Hildesheim u. a.).
ADOGAME, A. (2005), *African Christian Communities* in Diaspora (in: Kalu, *African Christianity*, 494–514)
ADOGAME, A. (2008), *To God be the Glory* (in: *Critical Interventions. Journal of African Art History and Visual Culture*, 2:3-4, 147–159)
ADOGAME, A. (2008), Globalization and *New Religious Movements* in Europe (in: Kalu, *Contemporary Christianity*, 296–316)
ADOGAME, A./GERLOFF, R./HOCK, K. (2008) (Hgg.), Christianity in Africa and the *African Diaspora* (London/New York)
ADOGAME, A./SPICKARD, J. (2010) (Hgg.), Religion on the Move! Transnational Religious and Social Dynamics in Africa and the *New African Diaspora* (Leiden/Boston)
ADOGAME, A./SHANKAR, S. (2013) (Hgg.), *Religion on the Move!* New Dynamics of Religious Expansion in a Globalizing World (Leiden/Boston)
ADOGAME, A. (2014), *African „Retromission" in Europe* (in: Koschorke/Hermann, *Polyzentrische Strukturen*, 307–316)
ADORNO, R. (1985), The Rhetoric of Resistance: The Talking Book of *Felipe Guaman Poma* (in: *History of European Ideas* VI.4, Oxford/New York, 447–464)
ADORNO, R. (2000), Guaman Poma: *Writing and Resistance* in Colonial Peru (Austin);
AHN, KYO SEONG (2014), *Korea as an Early Missionary Center*: Korean Missionaries Around 1910 (in: Koschorke/Hermann, *Polycentric Structures*, 99–110)
AJAYI, J. (1965), Christian Missions in Nigeria 1841–1891: The *Making of a New Elite* (London)
AKINADE, A. (2018), *Afrikanisches Christentum* im 20. Jh. (in: Schjørring/Hjelm/Ward, *Geschichte* III, 461–482)
ALMOND, G./APPLEBY, S./SIVAN, E. (2000) (Hgg.), *Strong Religion*. The Rise of Fundamentalism around the World (Chicago)
AMIRI, N. (2021), *Zwischen den Welten*. Von Macht und Ohnmacht im Iran (Berlin)
ANDERSON, A. A./HOLLENWEGER, W. (1999) (Hgg.), *Pentecostals after a Century*: Global Perspectives on a Movement in Transition (Sheffield, UK)
ANDERSON, A. A. (2001), *African Reformation*. African Initiated Christianity in the 20th Century (Trenton, NJ)
ANDERSON, A. A. (2004), An Introduction to *Pentecostalism*. Global Charismatic Christianity (Cambridge, UK)

ANDERSON, A. A. (2014), *Pfingstliche Geschichtsschreibung* in globaler Perspektive. Eine Revision (in: Haustein/Maltese, *Handbuch*, 135–159)
ANDERSON, G. (1969) (Hg.), Studies in *Philippine Church History* (Ithaca/London)
ANDES, S. J. C. (2012), A *Catholic Alternative* to Revolution. The Survival of Social Catholicism in Postrevolutionary Mexico (in: *The Americas* 68, 529–562)
ANDRADE, N. (2018), The *Journey of Christianity to India* in Late Antiquity. Networks and the Movement on Culture (Cambridge, UK)
ANDREWS, E. E. (2013), *Native Apostles*. Black and Indian Missionaries in the British Atlantic World (Cambridge, MA/London, UK)
ANSPRENGER, F. (⁴1981), *Auflösung der Kolonialreiche* (München)
ARBAIZA, G. (1964), Peruvian Colonial Art. The *Cuzco School of Painting* (New York)
ARDANAZ, D. R. (1992) (Hg.), *Pedro de Quiroga*. Coloquiois de la Verdad (Valladolid)
ARITONANG, J. S. /STEENBRINK, K. (2008) (Hgg.), A History of *Christianity in Indonesia* (Leiden/Boston)
ARMANIOS, F. (2011), *Coptic Christianity* in Ottoman Egypt (Oxford)
ASAMOAH-GYADU, J. K. (2005), „*Born of Water* and the Spirit": Pentecostal/Charismatic Christianity in Africa (in: Kalu, *African Christianity*, 388–409)
ASAMOAH-GYADU, J. K. (2007), „Get on the Internet!" Says the Lord: Religion, *Cyberspace and Christianity* in Contemporary Africa (in: *Studies in World Christianity* 13/3, 225–241)
AYANDELE, E. A. (1966), The *Missionary Impact* on Modern Nigeria, 1842–1914 (London)
AZZI, R. (1993) (Hg.), *Theologiegeschichte* der Dritten Welt: Lateinamerika (Gütersloh)
BAAGO, K. (1969), *Pioneers of Indigenous Christianity* (Madras)
BADR, H./SLIM, S. A./NOHRA, J. A. (2005) (Hgg.), Christianity. A History in the *Middle East* (Beirut)
BARNET, M. (2000), *Afrokubanische Kulte*. Die Regla de Ocha. Die Regla de Palo Monte (Frankfurt a. M.)
BARRETT, D. B./KURIAN, G. T./JOHNSON, T. M. (²2001), *World Christian Encyclopedia*. A comparative survey of churches and religions in the modern world. Vol. 1+2 (Oxford)
BARRETO, R./CAVALCANTE, R./DA ROSA, W. P. (2017) (Hgg.), World Christianity as *Public Religion* (Minneaopolis, MN)
BARRETO, R. C. (2021), Granting Full Citizenship to *Latin American Christianities* in World Christianity (in: Hanciles, *World Christianity*, 138–157)
BARSCH (2003), *Rastafari*. Von Babylon nach Afrika (Mainz)
BASTIAN, J.-P. (1995), Geschichte des *Protestantismus* in Lateinamerika (Luzern)
BAUM, W. (1999), Die Verwandlungen des Mythos vom Reich des *Priesterkönigs Johannes*, (Klagenfurt)
BAUM, W./WINKLER, D. W. (2000), Die Apostolische *Kirche des Ostens*. Geschichte der sog. Nestorianer (Klagenfurt)
BAUMER, C. (2005), Frühes Christentum zwischen Euphrat und Jangtse. Eine Zeitreise entlang der *Seidenstraße* zur Kirche des Ostens (Stuttgart)
BAUMGARTNER, J. (1971/72), Mission und *Liturgie* in Mexiko. Bd. I/II (Schöneck)
BAUMGARTNER, J. (1992), Evangelisierung in *indianischen Sprachen*. Die Bemühungen der Ordensleute um das wichtigste Hilfsmittel zur Verkündigung der Frohbotschaft

und zur Unterweisung im christlichen Leben (in: Sievernich, *Conquista und Evangelisation*, 313–347)
BAUR, J. (1994), 2000 Years of *Christianity in Africa*. An African History 62 – 1992 (Nairobi)
BAYLY, C. A. (2008), Die *Geburt der modernen Welt*. Eine Globalgeschichte 1780–1914 (Frankfurt/New York)
BAYS, D. H. (1996) (Hg.), *Christianity in China*. From the 18th Century to the Present (Stanford)
BAYS, D. H. (2012), A *New History* of Christianity in China (Malden, MA/Oxford)
BECK, H. (1981), Brüder in vielen Völkern. 250 Jahre *Mission der Brüdergemeine* (Erlangen)
BECKER, D. (1996), Die Kirchen und der *Pancasila*-Staat (Erlangen)
BECKER, J. (2015), *Conversio im Wandel*. Basler Missionare zwischen Europa und Südindien, 1834–1860 (Göttingen)
BECKERLEGGE, G. (2008), Colonialism, Modernity, and Religious Identities. *Religious Reform Movements* in South Asia (Oxford)
BECKMANN, J. (1971), *Utopien* als missionarische Stoßkraft (in: BAUMGARTNER, J. [Hg.], Vermittlung zwischenkirchlicher Gemeinschaft; Immensee; 361–407)
BEDIAKO, K. (1995), Christianity in Africa. The *Renewal of a Non-Western Religion* (Edinburgh)
BEDNAROWSKI, M. F. (2008) (Hg.), *Twentieth Century Global Christianity* (Minneapolis)
BEOZZO, J. O. (2002), Das *Zweite Vatikanische Konzil* (1962–1965) und die Kirche in Lateinamerika (in: Koschorke, *Transkontinentale Beziehungen*, 203–218)
BERGUNDER, M. (2000) (Hg.), *Pfingstbewegung und Basisgemeinden* in Lateinamerika (Hamburg)
BESIER, G./BOYENS, A./LINDEMANN, G. (1999), Nationaler Protestantismus und *Ökumenische Bewegung*. Kirchliches Handeln im Kalten Krieg (1945–1990) (Berlin)
BESHAH, G./AREGAY, M. W. (1964), The *Question of the Union* of the Churches in Luso-Ethiopian Relations (1500–1632) (Lissabon)
BITTERLI, U. (1981) (Hg.), Die Entdeckung und Eroberung der Welt. *Dokumente* und Berichte I+II (München)
BITTERLI, U./SCHMITT, E. (1991) (Hgg.), Die *Kenntnis beider „Indien"* im frühneuzeitlichen Europa (München)
BÖLL, V. (1998), *Von der Freundschaft zur Feindschaft*. Die äthiopisch-orthodoxe Kirche und die portugiesischen Jesuiten in Äthiopien, 16. und 17. Jh. (in: Koschorke, *„Christen und Gewürze"*, 43–58)
BÖLL, V. (2012), Die Jesuiten und die *gescheiterte Katholisierung* der äthiopisch-orthodoxen Kirche (in: Koschorke, *Etappen der Globalisierung*, 157–170)
BOUDENS, R. (1957), The *Catholic Church in Ceylon* under Dutch Rule (Rom)
BOWSER, F. P. (1974), The *African Slave* in Colonial Peru (Stanford)
BOXER, C. R. (1963), *Race Relations* in the Portuguese Empire, 1415–1825 (Oxford)
BOXER, C. R. (1972), The *Dutch Seaborne Empire* 1600–1800 (London)
BOXER, C. R. (1978), The *Church Militant* and the Iberian Expansion 1440–1770 (Baltimore/London)
BOXER, C. R. (1991), The *Portuguese Seaborne Empire* 1415–1825 (Manchester)

BOXER, C. R. (1993), The *Christian Century* in Japan 1549–1650 (Manchester)
BREWARD, I. (2001), A History of the Churches in *Australasia* (Oxford)
BRIGGS, J./ODUYOYE, M. A./TSETIS (2004) (Hgg.), A History of the *Ecumenical Movement*. Vol. III: 1968–2000 (Genf)
BRÖNING, M./WEISS, H. (2006) (Hgg.), *Politischer Islam* in Westafrika: Eine Bestandsaufnahme (Münster)
BROOK, T. (1996), Towards Independence: Christianity in China under *Japanese Occupation* (in: Bays, Christianity in China, 317–337)
BROWN, C. G. (2001), The Death of Christian Britain. Understanding Secularisation 1800–2000 (London)
BRYNER, E. (2004), Die *orthodoxen Kirchen* von 1274 bis 1700 (Leipzig)
BUDGE, E. A. W. (1932), The *Queen of Sheba* and her only son Menyelek (London)
BUISSON, I./SCHOTTELIUS, H. (1980), Die *Unabhängigkeitsbewegungen* in Lateinamerika 1788–1826 (Stuttgart)
BÜHLMANN, W. (1985), *Weltkirche*. Neue Dimensionen – Modell für das Jahr 2001 (Graz/Wien etc.)
BURKHOLDER, M. A./JOHNSON, L. L. (1994), *Colonial Latin America* (New York/Oxford)
BÜRKLE, H. (1968) (Hg.), *Theologie und Kirche in Afrika* (Stuttgart)
BURLACIOIU, C./HERMANN, A. (2013) (Hgg.), *Veränderte Landkarten*. Auf dem Weg zu einer polyzentrischen Geschichte des Weltchristentums. Fs. für Klaus Koschorke (Wiesbaden)
BURLACIOIU, C. (2015), „Within three years the East and the West have met each other". Die Genese einer missionsunabhängigen schwarzen Kirche im transatlantischen Dreieck USA – Südafrika – Ostafrika 1921–1950 (Wiesbaden)
BÜSCHGES, C./MÜLLER,A./OEHRI, N. (2021) (Hgg.), *Liberation Theology* and the Others. Contextualizing Catholic Activism in 20th Century Latin America (Lexington)
BUVE, R. T./FISHER, J. R. (1992) (Hg.), *Handbuch der Geschichte Lateinamerikas*. Bd. II: Lateinamerika von 1760 bis 1900 (Stuttgart)
CABRITA, J./MAXWELL, D./WILD-WOOD, E. (2017) (Hgg.), *Relocating World Christianity*. Interdisciplinary Studies in Universal and Local Expressions of the Christian Faith (Leiden/Boston)
CAMPBELL, H. A. (2010), When Religion Meets *New Media* (London/New York)
CAMPBELL, J. T. (1998), *Songs of Zion*. The African Methodist Episcopal Church in the United States and South Africa (Oxford)
CAMPBELL, J. T. (2006), *Middle Passages*. African American Journeys to Africa, 1787–2005 (New York)
CAÑIZARES-ESGUERRA, J./MARYKS, A./HSIA, R. PO-CHIA (2018) (Hgg.), Encounters between *Jesuits and Protestants in Asia* and the Americas (Leiden/Boston)
CARDENAL, E. (^{3}1991), Das Evangelium der Bauern von *Solentiname*. Gespräche über das Leben Jesu in Lateinamerika (Wuppertal)
CASTLES, S./DE HAAS, H./MILLER, M. J. (2014) (Hgg.), The *Age of Migration*. International Population Movements in the Modern World (London)
CAYOTA, M. (1993), Die *indianische Kirche* – Eine Sehnsucht im Werden (in: Rotzetter, Von der Conquista, 35–107)
CHENCHIAH, P. et al. (1941), *Ashrams* Past and Present (Madras)

CHIDESTER, D. (2000), Christianity. *A Global History* (San Francisco)
CHOW, A./LAW, E. (2021) (Hgg.), *Ecclesial Diversity* in Chinese Christianity (Cham)
CHOW, A. (2023), „What has Jerusalem to do with the Internet? World Christianity and Digital Culture" (in: *International Bulletin of Mission Research.* Vol. 47/2; angekündigt)
CHRIST-VON WEDEL, C./KUHN, T. K. (2015) (Hgg.), *Basler Mission.* Menschen, Geschichte. Perspektiven 1815–2015 (Basel)
CLARKE, P. B. (1986), *West Africa* and Christianity (London)
CLOSSEY, L. (2006), *Merchants, migrants, missionaries*, and globalization in the early-modern Pacific (in: Journal of Global History 2006/1, 41–58)
CLOSSEY, L. (2008), *Salvation and Globalization* in the Early Jesuit Mission (Cambridge, UK)
COCHRANE, J. R. (2009), Reframing the Political Economy of the Sacred: Readings of *Post-Apartheid Christianity*, (in: Koschorke, *Falling Walls*, 95–116)
COHEN, R. (1995) (Hg.), The Cambridge *Survey of World Migration* (Cambridge/New York)
COLEMAN, S. (2004), The Globalisation of *Charismatic Christianity.* Spreading the Gospel of Prosperity (Cambridge, UK)
COLLET, G. (1990) (Hg.), Theologien der Dritten Welt. *EATWOT* als Herausforderung westlicher Theologie und Kirche (Immensee)
COMBLIN, J. (1979), The Church and the National Security State (Maryknoll)
COOPER, M. (2004), A Mission Interrupted: *Japan* (in: Hsia, *Reformation World*, 393–410)
CORTEN, A. /MARSHALL-FRATANI, R. (2001) (Hgg.), *Between Babel and Pentecost.* Transnational Pentecostalism in Africa and Latin America (Bloomington, IN)
CRACKNELL, K./WHITE, S. J. (2005), An Introduction to *World Methodism* (Cambridge)
CRAGG, K. (1991), The *Arab Christian.* A History in the Middle East (Louisville)
CROWLEY, F. G. (1971), *Garcilaso de la Vega*, el Inca and his sources in Comentarios de los Incas (Den Haag)
DANIELS, D. D. (2014), *Kongolese Christianity in the Americas* of the 17th and 18th Centuries (in: Koschorke, *Polycentric Structures*, 215–226)
DANIELS, D. D. (2019), *Luther and Ethiopian Christianity* (in: Ludwig, *Reformation*, 21–32)
DAVIES, N./CONWAY, M. (2008), *World Christianity* in the 20th Century (London)
DE GRUCHY, J. (2009) (Hg.), Christianity and the Modernisation of *South Africa.*, 1867–1936 A Documentary History Vol. I (Pretoria)
DE LA ROSA, R. V. (1992),
Reinheit des Blutes". Der verwehrte Zugang zu Priesteramt und Ordensstand (in: Sievernich, *Conquista und Evangelisation*, 271–292)
DE SOUZA, T. (1998), The *Indian Christians* of St. Thomas and the Portuguese Padroado: Rape after a century-long courtship (1498–1599) (in: Koschorke, „Christen und Gewürze", 31–42)
DE SOUZA, T. (2002), The *Council of Trent* (1545–1563): Its Reception *in Portuguese India* (in: Koschorke, *Transcontinental Links*, 189–202)
DEL POMAR, F. C. (1964), Peruvian Colonial Art. The *Cuzco School of Painting* (New York)

DELGADO, M. (1991), *Gott in Lateinamerika*. Texte aus fünf Jahrhunderten (Düsseldorf)
DELGADO, M. (1994/95) (Hg.), Bartolomé de *Las Casas. Werkauswahl* Bd. 1+2 (Paderborn etc.)
DELGADO, M. (1996), *Abschied* vom erobernden Gott (Immensee)
DELGADO, M. (2002), Die Jungfrau von Guadalupe, der Apostel Thomas und die *kreolischen Emanzipationsbestrebungen* in Mexiko um 1800 (in: Koschorke, *Transkontinentale Beziehungen*, 315–328)
DELGADO, M. (2017), *Katholizismus* in Spanien, Portugal und ihren Weltreichen (in: Schjørring/Hjelm/Ward, *Geschichte* III, 45–132)
DEMEL, W. (1993), Wie die Chinesen gelb wurden. Ein Beitrag zur Frühgeschichte der *Rassentheorien* (Bamberg)
DENNIS, J. S. et al. (1911) (Hg.), *World Atlas of Christian Missions* (New York)
DÍAZ BASERA, V. (2005), The Pyramid under the Cross: *Franciscan Discourses* of Evangelization and the Nahua Christian Subject in Sixteenth-Century Mexico (Tucson)
DIAZ, H. (1986), *A Korean Theology*. Chu-Gyo Yo-Ji: Essentials of the Lord's Teaching, by Chóng Yak-jong Augustine (1760–1801) (Immensee)
DICKSON, K. A. (1984), *Theology in Africa* (Maryknoll, NY)
DILKE, C. (1978) (Hg.), *Letter to a King*. A Picture-History of the Inca Civilization by Huamán Poma (London/Boston/Sydney)
DOHI, A. et al. (1991) (Hgg.), Theologiegeschichte der Dritten Welt: *Japan* (München)
DREHER, M. (1978), *Kirche und Deutschtum* in der Entwicklung der Evang. Kirche Lutherischen Bekenntnisses in Brasilien (Göttingen)
DREHER, M. (1998), *Volkskatholizismus* und Pfingstlertum in Brasilien. Widerstand der Armen? (in: Koschorke, „*Christen und Gewürze*", 203–216)
DREHER, M. N. (2017), *Lateinamerika* und die Karibik im 19. Jh. (in: Schjoerring/Hjelm, *Geschichte* II, 489–514)
DRUMMOND, R. H. (1971), A History of *Christianity in Japan* (Grand Rapids, MI)
DUCELLIER, A. (1995), Die Orthodoxie in der *Frühzeit der türkischen Herrschaft* (in: Geschichte des Christentums, Bd. 7, 6–49
DUNN, E. (2015), Lightning from the East: Heterodoxy and Christianity in *Contemporary China* (Leiden)
DUSSEL, E. (1992) (Hg.), The *Church in Latin America* 1492–1992 (New York)
DUVE, TH. (2010), *Konzilien* im kolonialen Hispanoamerika und frühneuzeitliche „Jurisdiktionskultur" (in: ERDÖ, P./SZUROMI, A. S. [Hgg.], Proceedings of the Thirteenth International Congress of Medieval Canon Law, 2008, Città del Vaticano, 693–698)
EBACHER, C. M. (1991), The Old and the New World: Incorporating American Indian *Forms of Discourse* and Modes of Communication into Colonial Missionary Texts (in: *Anthropological Linguistics* 33, 135–165)
ECK, D. L. (2001), *A New Religious America*. How a „Christian Country" has become the World's Most Religiously Diverse Nation (London/New York)
EIGENMANN, U. (2016), *Dom Helder Câmara* (Luzern)
ELBOURNE, E. (2002), *Blood Ground*. Colonialism, Missions and the Contest for Christianity in the Cape Colony and Britain 1799–1853 (London)
ELPHICK, R. (2012), The *Equality of Believers*. Protestant Missionaries and the Racial Policy of South Africa (Charlottesville/London)

ELPHICK, R./DAVENPORT, R. (1997), *Christianity in South Africa*. A Political, Social and Cultural History (Oxford/Kapstadt)

ELWOOD, D. E. (1979) (Hg.), Wie *Christen in Asien* denken. Ein theologisches Quellenbuch (Frankfurt a. M.)

EMW (Evangelisches Missionswerk in Deutschland) (2001) (Hg.), Die *Zukunft der orientalischen Christen*. Eine Debatte im Mittleren Osten (Hamburg)

ENGEL, E. (2015), Encountering Empire. *African American Missionaries* in Colonial Africa. 1900–1939 (Stuttgart)

ENZENSBERGER, H. M. (1981) (Hg.), Las Casas. *Bericht von der Verwüstung* der Westindischen Inseln (Frankfurt a. M.)

ESPINOZA, G. (2004), The *Pentecostalisation* of Latin America and U. S. Latin Christianity (in: *Pneuma* 26/2, 262–292)

ETHERINGTON, N. (1976), Mission Station *Melting Pots* as a Factor in the Rise of South African Black Nationalism (in: *The International Journal of African Historical Studies*. Vol. 9, No. 4; 592–605)

ETZELMÜLLER, G./RAMMELT, C. (2021) (Hgg.), *Migrationskirchen*. Internationalisierung und Pluralisierung des Christentums vor Ort (Leipzig)

EVERETT, S. (1998), *Geschichte der Sklaverei* (Augsburg)

FAIRBANK, J. K. (1989), Geschichte des modernen *China* (München)

FANE, D. (1996) (Hg.), *Converging Cultures:* Art and Identity in Spanish America (New York)

FEY, H. E. (^{3}1993) (Hg.), The Ecumenical Advance. A History of the *Ecumenical Movement* Vol. II: 1948–1968 (Genf)

FIELDHOUSE, D. K. (1991), Die *Kolonialreiche* seit dem 18. Jh. (Frankfurt a. M.)

FORNET-BETANCOURT, R. (1997) (Hg.), *Befreiungstheologie*. Kritischer Rückblick und Perspektiven für die Zukunft. Bd. I–III (Mainz)

FRANCOIS, W./SOEN, V. (2018) (Hgg.), The *Council of Trent*: Reform and Controversy in Europe and Beyond. Vol. 1–3 (Göttingen)

FREDERIKS, M./NAGY, D. (2021) (Hgg.), *World Christianity*. Methodological Considerations (Leiden/Boston)

FREDERIKS, M. (2021), *World Christianity*: Contours of an Approach (in: Frederiks/Nagy, *World Christianity*, 10–39)

FREDERIKS, M./NAGY, D. (2021) (Hgg.), *Critical Readings* in the History of Christian Mission (Leiden/Boston)

FRESTON, P. (1995), *Pentecostalism in Brazil*: A Brief History (in: *Religion* 25, 119–133)

FRESTON, P. (2001), The Transnationalisation of *Brasilian Pentecostalism*: The Universal Church of the Kingdom of God (in: Corten/Marshall-Fratani, *Babel and Pentecost*, 196–215)

FRIEDRICH, M. (2021), *Die Jesuiten*. Von Ignatius von Loyola bis zur Gegenwart (München)

FRIELING, R. (1986), *Befreiungstheologien* (Göttingen)

FRIELING, R. (1992), Der Weg des *ökumenischen Gedankens* (Göttingen)

FROST, E. C. (1993), Die Anfänge der Inkulturation – Das *Tlatelolco-Projekt* (in: Rotzetter et al., *Von der Conquista*, 126–144])

FRYKENBERG, R. E. (2013), *Christianity in India*. From Beginnings to the Present (Oxford)
FURTADO, C. L. (1978), Contribution of Dr. *D. T. Niles* to the Church Universal and Local (Madras)
FYFE, C./WALLS, A. (1996), *Christianity in Africa* in the 1990s (Edinburgh)
GENSICHEN, H.-W. (1976), *Missionsgeschichte* der neueren Zeit (Göttingen)
GIFFORD, P. (1995) (Hg.), The Christian Churches and the *Democratisation of Africa* (Leiden)
GIFFORD, P. (2009), Africa's Churches and the *„Second Liberation Struggle"* of 1989–1993 (in: Koschorke, *Falling Walls*, 137–156)
GILLEY, S./STANLEY, B. (2005) (Hgg.), *World Christianities* c. 1815 – c. 1914 (Cambridge)
GILLNER, M. (1997), Bartolomé de *Las Casas* und die Eroberung des indianischen Kontinents (Stuttgart etc.)
GOH, R. B. H. (2005), The *Internet and Christianity in Asia*: Cultural Trends, Structures and Transformations (in: *International Journal of Urban and Regional Research* 29/4, 831–848)
GOMBRICH, R./OBEYESEKERE, G. (1988), *Buddhism Transformed*. Religious Change in Sri Lanka (Princeton)
GONZÁLEZ, O. E./GONZÁLEZ, J. L. (2008), *Christianity in Latin America* (Cambridge)
GOODHEW, D. (2017) (Hg.), *Growth and Decline* in the Anglican Communion (Abingdon)
GOODPASTURE, H. M. (1989), *Cross and Sword*. An Eyewitness History of Christianity in Latin America (NY)
GRAF, F. W. (2004), Die *Wiederkehr der Götter*. Religion in der modernen Kultur (München)
GRAHAM, J. (2018), Pepper, Padroado and Prester John. *Portuguese-Thomas Christian Relations* and the Creation of an Imperial Patron Saint (in: Almeida, R. [Hg.], A Post-Colonial Society Between Cultures; Goa, 169–193)
GRANADOS, J. J. (2003), *Bild und Kunst* im Prozess der Christianisierung Lateinamerikas (Münster etc.)
GRAY, R. (1990), *Black Christians* and White Missionaries (Yale/London)
GRESCHAT, M. (2014), Der *Erste Weltkrieg und die Christenheit*. Ein globaler Überblick (Stuttgart)
GROHS, G. (1967), *Stufen afrikanischer Emanzipation*. Studien zum Selbstverständnis westafrikanischer Eliten (Stuttgart etc.)
GROSS, A./KUMARADOSS, Y. V./LIEBAU, H. (2006) (Hgg.), Halle and the *Beginning of Protestant Christianity* in India. I–III (Halle)
GRÜNDER, H. (1982), Christliche Mission und *deutscher Imperialismus* 1884–1914 (Paderborn)
GRÜNDER, H. (1988), Der *„Jesuitenstaat"* in Paraguay. „Kirchlicher Kolonialismus" oder Entwicklungshilfe" unter kolonialem Vorzeichen? (in: *Geschichte und Kulturen* 1, 1–25)
GRÜNDER, H. (1992), *Welteroberung* und Christentum. Ein Handbuch zur Geschichte der Neuzeit (Gütersloh)
GRÜNDER, H. (2003), Eine Geschichte der europäischen *Expansion* (Darmstadt)

GUTIÉRREZ, G. (1973), *Theologie der Befreiung* (München)
HAGE, W. (2007), Das *orientalische Christentum* (Stuttgart)
HAMILTON, R. (2009) (Hg.), Guaman Poma: *The First New Chronicle and Good Government* (Austin, TX)
HANCILES, J. J. (2008), *Beyond Christendom*. Globalization, African Migration, and the Transformation of the West (Maryknoll, NY)
HANCILES, J. J. (2021) (Hg.), *World Christianity*. History, Methodologies, Horizons (Maryknoll, NY)
HANKE, L. (1994), *All Mankind is One*: A Study of the Disputation between B. de las Casas and J. G. de Sepúlveda in 1550 [...] (Ithaca, NY)
HARPER, S. B. (2000), In the Shadow of the Mahatma. *Bishop V. S. Azariah* and the Travails of Christianity in British India (Grand Rapids, MI)
HARTCH, T. (2014), The *Rebirth* of Latin American Christianity (Oxford, UK)
HARTMANN, P. C. (1994), Der *Jesuitenstaat* in Südamerika 1609–1768 (Weißenhorn)
HASTINGS, A. (1979), A History of *African Christianity* 1950–1975 (Cambridge etc.)
HASTINGS, A. (1994), The *Church in Africa*, 1450–1950 (Oxford)
HASTINGS, A. (1998), The Christianity of *Pedro IV of the Kongo*, „the Pacific" (1695–1718) (in: Koschorke, *„Christen und Gewürze",* 59–72)
HAUSTEIN, J. (2011), Die *Pfingstbewegung als Alternative* zur Säkularisierung? Zur Wahrnehmung einer globalen religiösen Bewegung des 20. Jh. (in: *Archiv für Sozialgeschichte* 51, 533–554)
HAUSTEIN, J./MALTESE, G. (2014) (Hgg.), *Handbuch* pfingstliche und charismatische Theologie (Göttingen)
HENKEL, W. (2006), Die Wirkungsgeschichte des dritten Provinzialkonzils von Lima (in: *Annuarium Historiae Conciliorum* 38, 199–212)
HENKEL, W./PIETSCHMANN, H. (1984), Die *Konzilien in Lateinamerika* Teil I: Mexiko 1555–1897 (Paderborn)
HENKEL, W./SARANYANA, J.-L. (2010), Die *Konzilien in Lateinamerika* Teil II: Lima 1551–1927 (Paderborn)
HENSEL, S./WOLF, H. (2013) (Hgg.), Die katholische Kirche und *Gewalt*. Europa und Lateinamerika im 20. Jh. (Köln etc.)
HEUSER, A. (2015) (Hg.), Pastures of Plenty: Tracing Religio-Scapes of *Prosperity Gospel* in Africa and Beyond (Frankfurt a. M. etc.)
HEUSER, A. (2016), *„Umkehrmission"* – Vom Abgesang eines Mythos (in: *Interkulturelle Theologie* 42/1, 25–54)
HEYWOOD, L. M./THORNTON, J. (2007), Central Africans, *Atlantic Creoles*, and the Foundation of the Americas, 1585–1660 (Cambridge)
HILDMANN, P. W. (2007) (Hg.), „Sie werden Euch hassen ..." *Christenverfolgung* weltweit (München)
HIGGS, C. (1997), The Ghosts of Equality: The Public Lives of *D. D. T. Jabavu* 1885–1959 (Cape Town)
HINFELAAR, H. F. (1994), Bemba-Speaking Women of Zambia in a Century of Religions Change, 1892–1992 (Leiden)
HOCK, K. (1998), Christliche *Verantwortung im islamischen Kontext* (in: *Ökumenische Rundschau* 47/4, 517–527)

Hock, K. (2005), Das *Christentum in Afrika* und dem Nahen Osten (KGE IV/7; Leipzig)
Hodkin, T. (1975), *Nigerian Perspectives*. An Historical Anthology (London/Oxford/NY)
Hofmann, T. (^{2}2006), Annäherung an *Armenien*. Geschichte und Gegenwart (München)
Hofmeyr, J. W./Pillay, G. J. (1994) (Hgg.), A History of Christianity in South Africa. Vol. 1 (Pretoria)
Holland, R. F. (1985), European *Decolonization* 1918–1981 (London)
Hollenweger, W. J. (1997), *Charismatisch-pfingstliches Christentum* (Göttingen)
Hoornaert, E. (1982), Kirchengeschichte *Brasiliens* aus der Sicht der Unterdrückten, 1550–1800 (Mettingen)
Horsfield, P. (2015), *From Jesus to the Internet*. A History of Christianity and Media (Malden, MA/Oxford, UK)
Horsfield, P./Hess, M./Medrano, A. (2004) (Hgg.), Belief in Media: Cultural Perspectives on *Media and Christianity* (Aldershot)
Hsia, R. Po-Chia (1995), *Mission und Konfessionalisierung* (in: Reinhard, W./Schilling, H. [Hgg], Die katholische Konfessionalisierung; Gütersloh, 158–165)
Hsia, R. Po-Chia (2004) (Hg.), A Companion to the *Reformation World* (Malden, MA/Oxford)
Hsia, R. Po-Chia (2004), *Promise: China* (in: Hsia, Reformation World, 375–392)
Hsia, R. Po-Chia (^{2}2005), The World of *Catholic Renewal* 1540–1770 (Cambridge)
Iglehart, C. E. (1960), A Century of Protestant Christianity in *Japan* (Rutland/Tokyo)
Ileto, R. C. (1979), *Pasyon and Revolution*. Popular Movements in the Philippines, 1840–1910 (Quezon City)
Iliffe, J. (1997), *Geschichte Afrikas* (München)
Im, C. H./Yong, A. (2014), *Global Diasporas* and Mission (Oxford)
Iriye, A./Osterhammel, J. (2013) (Hgg.); *Geschichte der Welt VII*: Die globalisierte Welt. 1945 bis heute (München)
Isichei, E. (1995), A History of *Christianity in Africa* from Antiquity to the Present (London)
Jansen, J. C./Osterhammel, J. (2013), *Dekolonisation*. Das Ende der Imperien (München)
Jedin, H. (^{R}1985) (Hg.), *Handbuch* der Kirchengeschichte. Bd. IV–VII (Freiburg/Basel/Wien)
Jenkins, P(hilipp) (^{3}2011), The *Next Christendom*. The Coming of Global Christianity (Oxford)
Jenkins, P(aul) (1998) (Hg.), The Recovery of the West African Past. *African Pastors* and African History in the 19th Century (Basel)
Jensz, F. (2022), *Missionaries and Modernity*: Education in the British Empire 1830–1910 (Manchester)
Jeyaraj, D. (1998) (Hg.), Ordination of the *First Indian Pastor Aaron* (Madras/Chennai)
Jeyaraj, D. (2012), Cotton Mather's „India Americana" (1721): *Transcontinental Communications* between Tranquebar in India and Boston in North America (in: Koschorke, Etappen der Globalisierung, 195–213)
Johnson, T. M./Ross, K. R. (2009) (Hgg.), *Atlas of Global Christianity*, 1910–2010 (Edinburgh)

KALLER-DIETRICH, M. u. a. (2004) (Hgg.), Lateinamerika: Geschichte und Gesellschaft im 19. und 20. Jh. (Wien)
KALU, O. U. (2005) (Hg.), *African Christianity*: An African Story (Pretoria)
KALU, O. U. (2008) (Hg.), Interpreting *Contemporary Christianity*. Global Processes and Local Identification (Grand Rapids, MI/Cambridge, UK)
KÄMPCHEN, M. (1982), *Katholische Ashrams* in Indien (in: Geist und Leben, 55/4, 274–287)
KAMPHAUSEN, E. (2005), „*African Cry*". Anmerkungen zur Entstehungsgeschichte einer kontextuellen Befreiungstheologie in Afrika (in: Koschorke/Schjørring, *African Identities*, 77–100)
KASTFELT, N. (2003) (Hg.), Scriptural Politics – the *Bible and the Koran as Political Models* in the Middle East and Africa (London)
KAUFMANN, S. B. (1981), A *Christian Caste in Hindu Society* (in: Modern Asian Studies 15, 203–234)
KAUFMANN, T. (2017), *Das lateineuropäische Christentum* im 16. Jh. (in: Schjørring/Hjelm, *Geschichte* I, 243–320)
KEEN, B. (1996), A History of *Latin America* (Boston etc.)
KEITH, C. (2012), *Catholic Vietnam*: A Church from Empire to Nation (Berkeley etc.)
KELLERMANN, G. (2001), Atlas zur Geschichte des *Islam* (Darmstadt)
KILCOURSE, C. S. (2016), *Taiping Theology*: The Localization of Christianity in China, 1843–64 (Basingstoke)
KIM, IN SOO (1996), Protestants and the Formation of *Modern Korean Nationalism*, 1885–1910 (New York etc.)
KIM, K. (2007), *Ethereal Christianity*: Reading Korean Mega-Church Websites (in: Studies in World Christianity 13/3, 208–222)
KIM, K. (2009), South *Korea as a Missionary Centre* of World Christianity: Developments in Korean Protestantism After the Liberation 1945 (in: Koschorke/Hermann, *Polyzentrische Strukturen*, 111–130)
KIM, S./KIM, K. (2008), Christianity as a *World Religion* (London)
KIM, S. (2014), „*Non-Missionary Beginnings*" of Korean Catholic Christianity in the Late Eighteenth Century (in: Koschorke/Hermann, *Polycentric Structures*, 73–98)
KIM, S./KIM, K. (2015), A History of *Korean Christianity* (Cambridge)
KITAMORI, K. (1972), *Theologie des Schmerzes Gottes* (Übers. von Tsuneaki Kato und P. Schneiss; Göttingen)
KITZHOFF, M. C. (1996) (Hg.), *African Independent Churches* Today. Kaleidoscope of Afro-Christianity (Lewiston etc.)
KI-ZERBO, J. (1981), Die *Geschichte Schwarz-Afrikas* (Wuppertal)
KLAIBER, J. (1988), The Catholic Church in *Peru* 1821–1985. A Social History (Washington, D. C.)
KLAIBER, J. (1998), The *Church, Dictatorship, and Democracy* in Latin America (Maryknoll, NY)
KLAUS, S. (1999) Uprooted Christianity: The Preaching of the Christian Doctrine in Mexico Based on *Franciscan Sermons* of the 16th Century Written *in Nahuatl* (Bonn)
KLEIN, H. S. (1986), *African Slavery* in Latin America and the Caribbean (NY/Oxford)

KONADU, K. (2014), African World Histories: *Transatlantic Africa*, 1440–1888 (New York).
KONETZKE, R. (1991), *Süd- und Mittelamerika* I (Frankfurt a. M.)
KONG, LEE CHEE (2001), *Taiping Rebellion* (in: Sunquist, *Dictionary of Asian Christianity*, 814 f)
KOPF, D. (1979), The *Brahmo Samaj* and the Shaping of Modern Indian Mind (Princeton)
KOSCHORKE, K. (1998) (Hg.), *„Christen und Gewürze".* Konfrontation und Interaktion kolonialer und indigener Christentumsvarianten (StAECG 1; Göttingen)
KOSCHORKE, K. (1998), The Dutch Colonial Church and *Catholic Underground Church in Ceylon* in 17th and 18th Centuries (in: Koschorke, *„Christen und Gewürze"*, 106–116)
KOSCHORKE, K. (2002) (Hg.), *Transkontinentale Beziehungen* in der Geschichte des Außereuropäischen Christentums/Transcontinental Links in the History of Non-Western Christianity (StAECG 6; Wiesbaden)
KOSCHORKE, K. (2005), in cooperation with SCHJØRRING, J.-H. (Hgg.), *African Identities* and World Christianity in the Twentieth Century (StAECG 10; Wiesbaden)
KOSCHORKE, K. (2009) (Hg.), *Falling Walls*. The Year 1989/90 as a Turning Point in the History of World Christianity/Einstürzende Mauern. Das Jahr 1989/90 als Epochenjahr in der Geschichte des Weltchristentums (StAECG 15; Wiesbaden)
KOSCHORKE, K. (2010), *Polyzentrische Strukturen* der globalen Christentumsgeschichte (in: Friedli, R. u. a. [Hgg.], Intercultural Perceptions and Prospects of World Christianity; Frankfurt a. M. etc., 105–126)
KOSCHORKE, K. (2011), „When is India to have her own native bishops?" Der schwarzafrikanische *Bischof Samuel Ajayi Crowther* (ca. 1806–1891) in der christlichen Publizistik Asiens und Afrikas im 19. Jh. (in: Delgado, M./Sievernich, M. [Hgg.], Mission und Prophetie in Zeiten der Interkulturalität; St. Ottilien, 315–324)
KOSCHORKE, K./MOTTAU, S. A. W. (2011) (Hg./Übers.), The *Dutch Reformed Church in Colonial Ceylon* (18th Century) (Wiesbaden)
KOSCHORKE, K. (2012) (Hg.), *Etappen der Globalisierung* in christentumsgeschichtlicher Perspektive/Phases of Globalization in the History of Christianity (StAECG 19; Wiesbaden)
KOSCHORKE, K. (2012), *Edinburgh 1910 als Relaisstation*. Das „Erwachen großer Nationen", die nationalkirchlichen Bewegungen in Asien (und Afrika) und die Weltchristenheit (in: Koschorke, *Etappen der Globalisierung*, 273–284)
KOSCHORKE, K. (2014), *Polycentric Structures* in the History of World Christianity (in: Koschorke/Hermann, *Polycentric Structures*, 15–28)
KOSCHORKE, K./HERMANN, A. (2014) (Hgg.), *Polycentric Structures* in the History of World Christianity/Polyzentrische Strukturen in der Geschichte des Weltchristentums (StAECG Vol. 25; Wiesbaden)
KOSCHORKE, K. (2016), *Religion und Migration*. Aspekte einer polyzentrischen Geschichte des Weltchristentums (in: *Jahrbuch für Europäische Überseegeschichte* 16, 123–144)
KOSCHORKE, K./HERMANN, A./BURLACIOIU, C./MOGASE, P. (2016) (Hgg.), *Discourses of Indigenous Christian Elites* in Colonial Societies in Asia and Africa around 1900. A Documentary Sourcebook from Selected Journals (Wiesbaden)
KOSCHORKE, K. (2016), *Transcontinental Links*, Enlarged Maps, and Polycentric Structures in the History of World Christianity (in: HERMANN, A./BURLACIOIU, C./PHAN,

P. C. [Hgg.], The „Munich School of World Christianity". Special Issue of *The Journal of World Christianity* Vol. 6/1, 28–56)

Koschorke, K./Hermann, A./Ludwig, F./Burlacioiu, C. (2018) (Hgg.), *„To give publicity to our thoughts"*. Journale asiatischer und afrikanischer Christen um 1900 und die Entstehung einer transregionalen indigen-christlichen Öffentlichkeit (StAECG 31; Wiesbaden)

Koschorke, K. (2018), *Dialectics of the Three Selves*. The Ideal of a „self-governing, self-supporting, self-extending Native Church" – from a missionary concept to an emancipatory slogan of Asian and African Christians in 19th and early 20th centuries (in: Hofmeyr, H./Stenhouse, J. [Hgg.], Essays in honour of Prof. G. Pillay; Centurion, 127–142)

Koschorke, K. (2018), *Asien* (in: Schjørring/Hjelm, *Geschichte* II, 399–448)

Koschorke, K. (2018), *Christliche Internationalismen um 1910* (in: Koschorke/Hermann, *„To give publicity to our Thoughts"*, 261–282)

Koschorke, K. (2019), „Owned and Conducted entirely by the Native Christian Community". Der *„Christian Patriot"* und die indigen-christliche Presse im kolonialen Indien um 1900 (StAECG 34; Wiesbaden)

Koschorke, K. (2019), „Isn't Germany a Christian Country?". Der *Erste Weltkrieg* als *moralische Katastrophe* und Ende des Christianity-Civilization-Modells in den Debatten asiatischer und afrikanischer Christen (in: Van der Heyden, U./Wendt, H. [Hgg.], Mission und dekoloniale Perspektive, Stuttgart, 123–142)

Koschorke, K./Ludwig, F./Delgado, M. (^{5}2021) (Hgg.), *Außereuropäische Christentumsgeschichte* (Asien, Afrika, Lateinamerika) 1450–1990 (Göttingen) (Dieser Quellenband wird nicht nach Seiten, sondern nach den einzelnen Dokumenten bzw. Texten als [Text] zitiert; s. u. p. ◆)

Kpobi, D. N. A. (2005), *African Chaplains* in 17th Century West Africa (in: Kalu, *African Christianity*, 140–170)

Krebs, V. (2021), *Medieval Ethiopian Kingship*, Craft, and Diplomacy with Latin Europe (Cham)

Lange, C./Pinggéra, K. (2010), Die *altorientalischen Kirchen*. Glaube und Geschichte (Darmstadt)

Langenhorst, A./Meier, J./Reick, S. (2010) (Hgg.), *Mit Leidenschaft leben* und glauben. 12 Starke Frauen Lateinamerikas (Wuppertal)

Langley, J. A. (1973), *Pan-Africanism* and Nationalism in West Africa 1900–1945 (Oxford)

Latourette, K. S. (^{R}1980), A History of the *Expansion of Christianity*. Vol. I–VII (Grand Rapids, MI)

Lee, J. T./Chow, C. C. S. (2021), Study of *Chinese Christianities* (in: Frederiks/Nagy, World Christianity, 113–134)

Lehmann, H. (2012), Das *Christentum im 20. Jh.*: Fragen, Probleme, Perspektiven (Leipzig)

Lehmann, W. (1949) (Hg.), *Sterbende Götter* und christliche Heilsbotschaft. Wechselreden indianischer Vornehmer und spanischer Glaubensapostel in Mexiko 1524 (Stuttgart)

LEON-PORTILLA, M./HEUER, R. (1986) (Hgg.), *Rückkehr der Götter*. Die Aufzeichnungen der Azteken über den Untergang ihres Reiches (Frankfurt a. M.)

LESSING, H. et al. (2011) (Hgg.), *Deutsche evangelische Kirche* im kolonialen südlichen Afrika (Wiesbaden)

LESSING, H./DEDERING, T./KAMPMANN, J./SMIT, D. (2015) (Hgg.), *Umstrittene Beziehungen*. Protestantismus zwischen dem südlichen Afrika und Deutschland von den 1930er Jahren bis in die Apartheidzeit (Wiesbaden)

LI, T. (2020), Towards a Glocal Sinology: The „Chinese *Rites Controversy*" Revisited (in: *News. Institute of Sino-Christian Studies*, 1–2)

LIEBAU, H. et al. (2010) (Hgg.), The *World in World Wars*. Perceptions and Perspectives from Africa and Asia (Leiden)

LIENEMANN-PERRIN, C. (1992), Die *politische Verantwortung* der Kirchen in Südkorea und Südafrika. Studien zur ökumenischen politischen Ethik (München)

LIENHARD, M. (2003) (Hg.), *Titu Kusi Yupanki*: Der Kampf gegen die Spanier (Düsseldorf)

LINDENFELS, D. (2021), World Christianity and *Indigenous Experience*. A Global History, 1500–2000 (Cambridge)

LIPPY, C. H./CHOQUETTE, R./POOLE, ST. (1992), Christianity comes to the *Americas*, 1492–1776 (New York)

LOMBARD, C. (2009), The *Fall of the Berlin Wall* and the End of Apartheid in South Africa (in: Koschorke, *Falling Walls*, 89–94)

LOVELAND, A. C./WHEELER, O. B. (2003), *From Meetinghouse to Megachurch*: A Material and Cultural History (Columbia, MO)

LUDWIG, F. (1992), *Kirche im kolonialen Kontext*. Anglikanische Missionare und afrikanische Propheten im südöstlichen Nigeria 1879–1918 (Frankfurt a. M. etc.)

LUDWIG, F. (1993), *Elijah II*: Radicalisation and Consolidation of the Garrick Braide Movement 1915–1918 (in: *Journal of Religion in Africa* 23, 296–317)

LUDWIG, F. (1995), Das *Modell Tanzania*. Zum Verhältnis zwischen Kirche und Staat während der Ära Nyerere (Berlin)

LUDWIG, F. (2000), Zwischen Kolonialismuskritik und Kirchenkampf. Interaktionen afrikanischer, indischer und europäischer Christen während der Weltmissionskonferenz *Tambaram* (StAECG 5; Göttingen)

LUDWIG (2002), *African Independent Churches* in West Africa around 1900 (in: Koschorke, *Transkontinentale Beziehungen*, 259–273)

LUDWIG, F. (2003), Der *Erste Weltkrieg als Einschnitt* in die Kirchen- und Missionsgeschichte (Berlin)

LUDWIG, F. (2020) (Hg.), The *First World War as a Turning Point* (Berlin)

LUDWIG, F. et al. (2019) (Hgg.), *Reformation* in the Context of World Christianity (StAECG 33; Wiesbaden)

LYNCH, J. (2012), New Worlds. A Religious History of *Latin America* (New Haven/London)

MALEK, R. (2009), Das Jahr *1989 in China* (in: Koschorke, *Falling Walls*, 215–242)

MARCUS, H. G. (1995), The Life and Times of *Menelik II*, Ethiopia 1844–1913 (Addis Ababa etc.)

Martin, D. (1990), *Tongues of Fire*: The explosion of Protestantism in Latin America (Oxford, UK)
Martin, J. L. (2020) (Hg.), *Theology Without Walls*. The Transreligious Imperative (London/New York)
Martin, L./Pettus, J. A. G. (1973) (Hgg.), *Scholars and Schools* in Colonial Peru (Durham, NC)
Martin, S. D. (1989), *Black Baptists and African Missions*. The Origin of a Movement 1880–1915 (Macon, GA)
Martin, S. D. (2002), African American Christians and the *African Mission Movement* during the 19th Century (in: Koschorke, *Transkontinentale Beziehungen*, 56–72)
Marty, M. E./Appleby, R. S. (1995), *Fundamentalisms* Comprehended (Chicago)
Marx, C. (2004), *Geschichte Afrikas*. Von 1800 bis zur Gegenwart (Paderborn etc.)
Marx, C. (2008), Pelze, Gold und Weihwasser. *Handel und Mission* in Afrika und Amerika (Darmstadt)
Marx, C. (2012), *Südafrika*. Geschichte und Gegenwart (Stuttgart)
Maxwell, D. (2008), *Postcolonial Christianity in Africa* (in: McLeod, World Christianities, 410–421)
Mauntel, C. (2021), *Geography and Religious Knowledge* in the Medieval World (Berlin/Boston)
McGrath, A. E. (2002), The *Future of Christianity* (Oxford)
McLeod, H. (2006) (Hg.), *World Christianities*, c. 1914 – c. 2000 (Cambridge)
Meier, J. (1991), Die *Anfänge* der Kirche auf den Karibischen Inseln (Immensee)
Meier, J. (1993), „… dem zerfallenden und dem verderbenden *Katholizismus Brasiliens* Hülfe bringen" (in: Zeitschrift für Missionswissenschaft und Religionswissenschaft 77, 3–24)
Meier, J./Langenhorst, A. (1992), *Bartolomé de las Casas*. Der Mann – das Werk – die Wirkung (Frankfurt a. M.)
Meier, J. (1998), Ein Grenzgänger zwischen altandiner Kultur und spanisch-amerikanischem Christentum: Felipe Guamán *Poma de Ayala* in Peru (ca. 1534–1619) (in: Lüddeckens, D. [Hg.], Begegnung von Religionen und Kulturen; Dettelbach, 145–155)
Meier, J. (1998), Religiöse Entwicklungen in den *Chiquitos-Reduktionen* (Bolivien) seit der Ausweisung der Jesuiten (in: Koschorke, „Christen und Gewürze", 117–131)
Meier, J. (2018), Bis an die *Ränder* der Erde. Wege des Katholizismus im Zeitalter der Reformation und des Barock (Münster)
Meier, J. (2018), Die Stimme erheben. *Studien* zur Kirchengeschichte Lateinamerikas und der Karibik (StAECG 30; Wiesbaden)
Meier, J./Strassner, V. (2009), *Kirche und Katholizismus* seit 1945. Bd. 6 (Paderborn)
Menegon, E. (2009), *Ancestors, Virgins and Friars*. Christianity as a Local Religion in Late Imperial China (Cambridge/London)
Meltzer, D. J. (2009), *First Peoples* in a New World: Colonizing Ice Age America (Berkeley, CA)
Mérida, J. L. M. (1994), Hispanoamerika. *Kirche und Mission* (in: Pietschmann, *Handbuch I*, 376–399)
Merkel, F. M. (1920), G. W. von *Leibniz und die China-Mission*. Eine Untersuchung über die Anfänge der protestantischen Missionsbewegung (Leipzig)

MERRIM, S. (1999) (Hg.), Feminist perspectives on *Sor Juana Inés de la Cruz* (Detroit, MI)
METTELE, G. (2009), Weltbürgertum oder Gottesreich. Die Herrnhuter *Brüdergemeine als weltweite Gemeinschaft* (Göttingen)
METZLER, J. (1971) (Hg.), Sacrae Congregationis de *Propaganda Fide* Memoria Rerum I/1 (1622–1700) (Rom etc.)
METZLER, J. (1980), *Synoden in China, Japan und Korea* 1570–1931 (Paderborn etc.)
MEYER, B. (2004), Christianity in Africa: From African Independent to Pentecostal-Charismatic Churches (in: *Annual Review of Anthropology* 33, 447–474)
MEYER, B. (2005), Impossible Representations: *Pentecostalism*, Vision, and Video Technology in Ghana (in: Meyer/Moors, *Public Sphere*, 290–312)
MEYER, B./MOORS, A. (2005) (Hgg.), Religion, Media, and the *Public Sphere* (Indiana University Press)
MEYER, D. (2000), Zinzendorf und die *Herrnhuter Brüdergemeine*, 1700–2000 (Göttingen)
MEYER, J. (2013), *La Cristiada*. The Mexican People's War for Religious Liberty (New York)
MEYER-HERWARTZ, C. (1979), Die *Rezeption des Antirassismus-Programms* in der EKD (Stuttgart)
MICKLEWAIT, J./WOOLRIDGE, A. (2009), *God is Back*. How the Global Revival of Faith is Changing the World (New York)
MILHOU, A. (1994), Die *Neue Welt* als geistiges und moralisches Problem (1492–1609) (in: Pietschmann, *Handbuch I*, 274–296)
MILLER, D. E./YAMORI, T. (2007), *Global Pentecostalism*. The New Face of Christian Social Engagement (Berkeley etc.)
MILLS, K./TAYLOR, W. B. (1998) (Hgg.), Colonial Spanish America. A *Documentary History* (Wilmington)
MINAMIKI, G. (1985), The *Chinese Rites Controversy* from its Beginnings to Modern Times (Chicago)
MISEVICH, P./MANN, K. (2016) (Hgg.), The Rise and Demise of Slavery and *Slave Trade in the Atlantic World* (Woodbridge)
MOFFETT, S. H. (1991/2005), A History of *Christianity in Asia*. Vol. I: Beginnings to 1500; Vol. II: 1500–1900 (New York)
MORRIS, J. H. (2018), Rethinking the History of Conversion to *Christianity in Japan*, 1549–1644 (PhD St. Andrews)
MÜLLER-KRÜGER, T. (1968), Der *Protestantismus* in *Indonesien* (Berlin)
MULLINS, M. R. (2003) (Hg.), Handbook of *Christianity in Japan* (Leiden)
MUNDADAN, A. M. (1967), The *Arrival of the Portuguese* in India and the Thomas Christians under Mar Jacob 1498–1552 (Bangalore)
MUNDADAN, A. M. (1984), History of *Christianity in India I*: From the *Beginning* up to the Middle of the Sixteenth Century (up to 1542) (Bangalore)
MUNGELLO, D. E. (1994), The *Chinese Rites Controversy*. Its History and Meaning (Nettetal)
NEBEL, R. (1983), *Altmexikanische Religion* und christliche Heilsbotschaft. Mexiko zwischen Quetzalcóatl und Christus (Immensee)

NEBEL, R. (1992), *Missionskatechismen.* Evangelisation im Kontext indianischer Kulturen (in: Sievernich, *Conquista und Evangelisation*, 242–270)
NEBEL, R. (1992), Santa María Tonantzin *Virgen de Guadelupe.* Religiöse Kontinuität und Transformation in Mexiko (Immensee)
NEBEL, R. (2006), Mestizische und *indigen-christliche Autoren im kolonialen Mexiko* (in: *Periplus* 16, 142–161)
NEGEL, J./PINGGÉRA, K. (2016) (Hgg.), *Urkatastrophe.* Die Erfahrung des Krieges 1914–1918 im Spiegel zeitgenössischer Theologie (Freiburg)
NEILL, S. (1984/1985), A History of *Christianity in India.* Vol. I: The Beginnings to AD 1707; Vol. II: 1707–1858) (Cambridge etc.)
NGEIYAMU, J. /TRIEBEL, J. (1994) (Hgg.), Gemeinsam auf eigenen Wegen. Evang.-luth Kirche in *Tansania* nach 100 Jahren (Erlangen)
NOLL, M. (2009), The *New Shape of World Christianity.* How American Experience Reflects Global Faith (Downers Grove, IL)
NOVAK, M. (1987), Liberation Theology and the *Liberal Society* (Lanham, MD/London)
NTAGELI, S. /HODGETTS, E. (2011), *More than one Wife*: Polygamy and Grace (Kampala)
ODUYOYE, M. A./MUSIMBI, R. A. K. (1992), *The Will to Arise.* Women, Tradition, and the Church in Africa (Maryknoll, NY)
OLTMER, J. (2012), *Globale Migration.* Geschichte und Gegenwart (München)
OSTERHAMMEL, J. (1995), *Kolonialismus.* Geschichte – Formen – Folgen (München)
OSTERHAMMEL, J. (2009), Die *Verwandlung der Welt.* Eine Geschichte des 19. Jh. (München)
PAIVA, J. P. (2019), The *Impact of Luther* and the Reformation in the Portuguese Seaborne Empire: Asia and Brazil, 1520–1580 (in: Journal of Ecclesiastical History Vol. 70/2, 283–303)
PARRATT, J. (1991), *Theologiegeschichte* der Dritten Welt: *Afrika* (München)
PAPPE, I. (^{3}2014), The *Modern Middle East*: A Social and Cultural History (London/New York)
PAULAU, S. (2021), Das andere Christentum. Zur transkonfessionellen *Verflechtungsgeschichte* von äthiopischer Orthodoxie und europäischem Protestantismus (Göttingen)
PAULAU, S./TAMCKE, M. (2022) (Hgg.), *Ethiopian Orthodox Christianity* in a Global Context. Entanglements and Disconnections (Leiden/Boston)
PEMBERTON, C. (2002), Circle Thinking: African Women Theologians (Leiden)
PERERA, S. G. (1942), Life of the Venerable Father *Joseph Vaz* (Galle)
PHAN, P. C. (2002), The Reception of *Vatican II in Asia* (1972–1998). Historical and theological Analysis (in: Koschorke, *Transkontinentale Beziehungen*, 243–258)
PHAN, P. C. (2011) (Hg.), *Christianities in Asia* (Malden, MA/Exford, UK)
PHAN, P. C. (2018), Christentümer im *Asien* des 20. Jh. (in: Schjørring/Hjelm/Ward, *Geschichte* III, 421–460)
PHELAN, J. L. (1956), The Millennial Kingdom of the Franciscans in the New World. A Study of the Writings of *Geronimo de Mendietta* (1525–1604) (Berkeley)
PHILIPS, J. M. (1981), From the *Rising of the Sun.* Christians and Society in Contemporary Japan (Maryknoll, NY)

PIETSCHMANN, H. (1994) (Hg.), *Handbuch* zur Geschichte Lateinamerikas. Bd. 1: Mittel-, Südamerika und die Karibik bis 1760 (Stuttgart)
PILLAY, G. P. /HOFMEYR, J. W. (1991) (Hgg.), *Perspectives* on Church History. An Introduction for South African Readers (Pretoria)
PO-CHIA HSIA, R. (1995), Mission und *Konfessionalisierung* in Übersee (in: Reinhard, W./Schilling, H. [Hgg.], Die Katholische Konfessionalisierung, Gütersloh, 158–165)
PO-CHIA HSIA, R. (2005²), The World of *Catholic Renewal* 1540–1770 (Cambridge)
POOLE, C. M. S. (1995), Our *Lady of Guadalupe*, The Origins and Sources of a Mexican National Symbol, 1531–1797 (Tucson, AZ)
POON, M. NAI-CHIU (2010), *Christian Movements* in Southeast Asia (Singapore)
PRATT, D. (2017), Christian *Engagement with Islam*. Ecumenical journeys since 1910 (Leiden etc.)
PREM, H. (1989), *Geschichte Altamerikas* (München)
PRIEN, H.-J. (1978), Die *Geschichte* des Christentums in Lateinamerika (Göttingen)
PRIEN, H.-J. (1981) (Hg.), Lateinamerika. *Gesellschaft – Kirche – Theologie*. Bd. I+II (Göttingen)
PRIEN, H.-J. (2000), Das *Evangelium* im Abendland und in der Neuen Welt (Frankfurt a. M.)
PRIEN, H.-J. (2002), Das *Trienter Konzil* (1545–1563) und der Rückgang lokalkirchlicher Experimente in Spanisch-Amerika (in: Koschorke, *Transcontinental Links*, 163–188)
PRIEN, H.-J. (2007), Das Christentum in *Lateinamerika* (KGE IV/6; Leipzig)
RAHEB, M. (2018), Die Geschichte des Christentums im *Nahen Osten* zwischen 1917 und 2017 (in: Schjørring/Hjelm/Ward, *Geschichte* III, 577–608)
RAISON-JOURDE, F. (1995), The *Madagascan Churches* in the Political Arena and their contribution to the change of Regime 1990–1993 (in: Gifford, *Democratisation of Africa*. 292–301)
RAUPP, W. (1990) (Hg.), *Mission in Quellentexten* (Erlangen)
REINHARD, W. (1983–1990), Geschichte der europäischen *Expansion* I–IV (Stuttgart etc.)
REINHARD, W. (1996), Kleine Geschichte des *Kolonialismus* (Stuttgart)
RGG⁴: Religion in Geschichte und Gegenwart (Vierte Auflage, hg. von H. D. BETZ u. a., Bd. I–VIII, Tübingen 1999– 2005. Zitiert wird nach Band, Seite, Artikel, Autor)
RIESEBRODT, M. (2000), Die *Rückkehr der Religionen*. Fundamentalismus und der Kampf der Kulturen (München)
RIVERA-PAGÁN, L. N. (2008), *Pentecostal Transformation* in Latin America (in: Bednarowski, *Twentieth-Century Global Christianity*, 190–210)
ROBERT, D. (2000), *Shifting Southward*: Global Christianity since 1945 (in: *International Bulletin of Missionary Research* 24/2, 50–58)
ROBERT, D. L. (2005), *American Women in Mission*. A Social History of their Thought and Practice (Macon)
ROBERTS, J. D. (2005), Bonhoeffer and King. Speaking Truth to Power (Louisville, KY)
ROSS, A. C. (2002), *David Livingstone*: Mission and Empire (London/New York)
ROSS, C. (1994), *A Vision Betrayed*. The Jesuits in Japan and China (Edinburgh)
ROTZETTER, A. u. a. (1993) (Hgg.), *Von der Conquista* zur Theologie der Befreiung (Zürich)

Russel, H. O. (2000), The Missionary Outreach of the West Indian Church: *Jamaican Baptist Missions* to West Africa in the 19th Century (New York)
Russel-Wood, A. J.R (1992), A *World on the Move*: the Portuguese in Africa, Asia and America 1415–1808 (Manchester)
Sahlberg, C.-E. (1987), From Krapf to Rugambwa. A Church History of *Tanzania* (Nairobi)
Salvadore, M. (2017), The African Prester John and the Birth of *Ethiopian-European Relations*, 1402–1555 (London/New York)
Samir, S. K. (2007), *Arabisch-christliche Kulturgeschichte* im Übergang zur Moderne (in: Kreikenbom, D. et al. [Hgg.], Arabische Christen – Christen in Arabien; Frankfurt a. M. etc., 133–148)
Sanneh, L. (1983), *West African Christianity*. The Religious Impact (New York)
Sanneh, L. (1989), *Translating the Message*. The Missionary Impact on Culture (New York)
Sanneh (1999), *Abolitionists Abroad*. American Blacks and the Making of Modern West Africa (Cambridge, MA/London)
Sanneh, L. (1999), The CMS and African Transformation: Samuel Ajayi *Crowther and the Opening of Nigeria* (in: Ward/Stanley, *Church Mission Society*, 173–197)
Sanneh, L. (2003), Whose Religion is Christianity? The *Gospel Beyond the West* (Grand Rapids, MI)
Sanneh, L. O./Carpenter, J. A. (2005) (Hgg.), The *Changing Face* of Christianity in Africa, the West, and the World (Oxford)
Saranyana, J.-I. (1986), *Catecismos hispanoamericanos* des siglo XVI (in: *Scripta Theologica* 18:251–264)
Scharf Da Silva, I. (2017), *Umbanda*. Eine Religion zwischen Candomblé und Kardezismus. (Berlin)
Schilling, H. (2017), *1517:* Weltgeschichte eines Jahres (München)
Schilling, H. (2020), *Karl V.* Der Kaiser, dem die Welt zerbrach (München)
Schmitt, E. (1986–1988) (Hg.), *Dokumente* zur Geschichte der europäischen Expansion. Bd I–IV (München)
Schmitt, E./Beck, T. (2003) (Hgg.), *Dokumente* zur Geschichte der europäischen Expansion. Bd. V (Wiesbaden)
Schjørring, J. H./Hjelm, N. A. (2017) (Hgg.), *Geschichte* des globalen Christentums. Bd. 1: Frühe Neuzeit/Bd. 2: 19. Jahrhundert (Stuttgart)
Schjørring, J. H./Hjelm, N. A./Ward, K. (2018) (Hgg.), *Geschichte* des globalen Christentums. Bd. 3: 20. Jahrhundert (Stuttgart)
Schreiter, R. J. (1997), *Die neue Katholizität*. Globalisierung und die Theologie (Frankfurt a. M.)
Schumacher, J. S. (1981), *Revolutionary Clergy*. The Filipino Clergy and the Nationalist Movement 1850–1903 (Quezon City)
Schurhammer, G. (1963), Die *Bekehrung der Paraver* (1535–1537) (in: ders., Gesammelte Schriften Bd. 2, Rom, 215–254)
Schurhammer, G. (1973), *Franz Xaver*. Sein Leben und seine Zeit. Bd. 2/1-3: Asien (1541–1552)
Seiichi, Y. (1991), Die *dritte Generation*: 1945–1970 (in: Dohi, *Japan*, 128–163)

SENSBACH, J. (2005), *Rebecca's Revival*: Creating Black Christianity in the Atlantic World (Cambridge, MA)
SHAULL, R./CESAR, W. (2000), Pentecostalism and the *Future* of the Christian Churches: Promise, Limitation, Challenges (Grand Rapids, MI)
SIEVERNICH, M. (1992) (Hg.), *Conquista und Evangelisation* (Mainz)
SILVA, S. (2009), *Theologiegeschichte Lateinamerikas* seit 1945 (in: Meier/Straßner, *Kirche und Katholizismus*, 29–58)
SILVA, S. (2009), *Transformationen der* lateinamerikanischen *Befreiungstheologie* in den 1990er Jahren (in: Koschorke, *Falling Walls*, 335–351)
SIMON, B. (2010), *From Migrants to Missionaries*: Christians of African Origin in Germany (Frankfurt a. M.)
SIMON, B. (2022), Genese einer Religion – Der *Abschied des Kimbanguismus* von der Ökumene (Leipzig)
SINNER, R. (2017), Theologie in Lateinamerika – *neuere Entwicklungen* (in: *Theologische Literaturzeitung* 142/6, 589–602)
SMITH, B. H. (1998), Religious Politics in Latin America. *Pentecostal vs. Catholic* (Notre Dame, IN)
SOEN, V. u. a. (Hgg.) (2018) The *Council of Trent*. Reform and Controversy in Europe and Beyond (1545–1700) (Göttingen)
SONNTAG, M. (2018), *Christian Patriotism and Japanese Expansionism.* „God's Kingdom" in Debates of Christian Intellectuals in Modern Japan (in: Koschorke et al., *„To give publicity to our thoughts"*, 285–298)
SONNTAG, M. (2021), The Reception and Reinterpretation of Christian Socialism as an Antidote to Communism in *Early Post-War Japan* (1945–1972) (in: Kirisutokyōgaku 63, 1–40)
SPECKER, J. (1974), *Missionarische Motive* im Entdeckungszeitalter (in: Rzepkowski, H. [Hg.], Mission – Präsent – Verkündigung – Bekehrung?; Steyl, 80–91)
SPENCE, J. S. (1996), *God's Chinese Son*. The Taiping Heavenly Kingdom of Hong Xiuquan (New York)
SPLIESGART, R. (2006), *„Verbrasilianerung"* und Akkulturation. Deutsche Protestanten im brasilianischen Kaiserreich am Beispiel der Gemeinden in Rio de Janeiro und Minas Gerais (1822–1889) (StAECG 12; Wiesbaden)
SPLIESGART, R. (2021), Yoruba – Santería – Jazz Batá. Lateinamerikanische Befreiungstheologie und sozialistischer Realismus in *Kuba* (in: *Zeitschrift für Mission* 1/2021, 35–67)
STANLEY, B. (1990), The *Bible and the Flag*. Protestant missions and British imperialism in the 19th and 20th century (Leicester)
STANLEY, B. (2009), The World Missionary Conference, *Edinburgh 1910* (Grand Rapids, MI/Cambridge, UK)
STANLEY, B. (2018), Christianity in the *Twentieth Century*. A World History (Princeton/Oxford)
STEINER, M. (1992), Guaman *Poma de Ayala* und die Eroberer Perus. Indianischer Chronist zwischen Anpassung und Widerstand (Saarbrücken)

STEINER, N. (2012), Globales Bewusstsein und Heiligenverehrung – Spuren eines weltweiten Kults der *japanischen Märtyrer von 1597* (in: Koschorke, *Etappen der Globalisierung*, 135–156)
STOLL, D. (1990), Is Latin America *Turning Protestant*? The Politics of Evangelical Growth (Berkeley etc.)
STRASSNER, V. (2018), Das *Christentum in Lateinamerika* und der Karibik im 20. Jh. (in: Schjørring/Hjelm/Ward, *Geschichte* III, 509–576)
SUARSANA, Y. (2010), *Christentum 2.0*? Pfingstbewegung und Globalisierung (Würzburg)
SUNDKLER, B./STEED, C. (2000), A History of the *Church in Africa* (Cambridge)
SUNQUIST, S. W. et al. (2001) (Hgg.), A *Dictionary of Asian Christianity* (Grand Rapids, MI/Cambridge, UK)
SUNQUIST, S. W. (2015), The *Unexpected Christian Century*. The Reversal and Transformation of Global Christianity, 1900–2000 (Grand Rapids, MI)
SYLVEST, E. E. (1975), *Motifs* of Franciscan Mission Theory in 16th Century New Spain (Washington)
TAVÁREZ, D. (2017) (Hg.), Words and Worlds Turned Around. *Indigenous Christianities in Colonial Latin America* (Boulder)
TEKKEDATH, J. (1982), History of *Christianity in India* II: From the Middle of the 16th to the End of the 17th Century (1542–1700) (Bangalore)
TERRACIANO, K. (2014), Religion and the Church in *Early Latin America* (in: Hsia, *Companion*, 335–352)
THALIAT, J. (1958), The *Synod of Diamper* (Rome)
THELLE, N. R. (1987), *Buddhism and Christianity in Japan*. From Conflict to Dialogue, 1854–1899 (Honolulu)
THIEMER-SACHSE, U./KUNZMANN (2004) (Hg./Tr.), Felipe *Guamán Poma de Ayala*: Die neue Chronik und gute Regierung/El Primer Nueva Corónica Y Buen Gobierno: Faks.-Ausg. u. Übersetzung auf CD-ROM (Berlin)
THOMAS, G. (1979), *Christian Indians and Indian Nationalism* 1885–1950 (Frankfurt etc.)
THOMAS, G. (1994), *Das portugiesische Amerika* (1549–1695) (in: Pietschmann, *Handbuch* I, 597–662)
THOMAS, T. V. (2014), South Asian Diaspora *Christianity in the Persian Gulf* (in: Im/Yong, *Global Diasporas*, 117–129)
THORNTON, J. (1984), The Development of an *African Catholic Church* in the Kingdom of Kongo, 1491–1750 (in: *Journal of African History* 25, 147–167)
THORNTON, J. K. (1998), The *Kongolese Saint Anthony*. Dona Beatriz Kimpa Vita and the Antonian Movement 1684–1706 (Cambridge)
THORNTON, J. (^{2}1998), Africa and Africans in the Making of the *Atlantic World*, 1400–1800 (Cambridge)
THRUPP, S. L. (1962) (Hg.), *Millenial Dreams* in Action (The Hague)
TOBLER, H. W./BERNECKER, W. L. (1996), *Handbuch* der Geschichte Lateinamerikas. Bd. III: Lateinamerika im 20. Jh. (Stuttgart)
TRE: Theologische Realenzyklopädie (Studienausgabe, hg. von G. MÜLLER u. a., Bd. 1–36, Berlin etc. 1993–2004. Zitiert wird nach Band, Seite, Artikel, Autor)

TSCHUY, T. (1978), Hundert Jahre *kubanischer Protestantismus* (1961–1761) (Frankfurt a. M.)
TYRELL, H. (2004), Weltgesellschaft, *Weltmission* und religiöse Gesellschaften (in: Bogner et al. [Hgg.], Weltmission und religiöse Organisationen. Protestantische Missionsgesellschaften im 19. und 20. Jh.; Würzburg, 13–136)
VAN LAAK, D. (2005), *Über alles in der Welt*. Deutscher Imperialismus im 19. und 20. Jh. (München)
VAN WYK, I. (2014), The Universal Church of the Kingdom of God in South Africa: A *Church of Strangers* (Cambridge, UK)
VILLA-VICENSIO, C./GRASSOW, P. (2009) (Hgg.), Christianity and the *Colonisation of South Africa*, 1487–1883. A Documentary History Vol. I (Pretoria)
VILLEGAS, J. (1971), Die *Durchführung* der Beschlüsse des Konzils von Trient in der Kirchenprovinz Peru 1564–1600 (Köln)
VISCHER, L. (1983) (Hg.), Towards a *History of the Church in the Third World*. The Issue of Periodisation (Bern)
VOGT, M. (2019), *Christen im Nahen Osten*. Zwischen Martyrium und Exodus (Darmstadt)
VON ALBERTINI ([2]1985), Europäische *Kolonialherrschaft* 1880–1940 (Stuttgart)
WAGNER, R. G. (1982), Reenacting the Heavenly Vision. The Role of Religion in the *Taiping Rebellion* (Berkeley)
WÄHRISCH-OBLAU, C. (2009), The *Missionary Self-Perception* of Pentecostal/Charismatic Church Leaders from the Global South in Europe (Leiden)
WÄHRISCH-OBLAU, C. (2021), *WhatsApp-Predigten* und Nothilfepakete (in: EMW [Hg.], Online durch die Pandemie. Jahrbuch Mission 2021, 63–69)
WALLS, A. (1993), David *Livingstone* (in: Greschat, M. [Hg.], Gestalten der Kirchengeschichte. Bd. 9,2, Stuttgart etc., 140–152)
WALLS, A. (1996), The *Missionary Movement* in Christian History (Maryknoll, NY)
WALLS, A. (2001), The *Cross-Cultural Process* in Christian History (Maryknoll, NY)
WALLS, A. (2002), *Sierra Leone*, Afroamerican Remigration and the Beginnings of Protestantism in West Africa (18th–19th Centuries) (in: Koschorke, *Transkontinentale Beziehungen*, 45–56)
WALSHE, P. (1997), Christianity and the *Anti-Apartheid Struggle*: The Prophetic Voice within Divided Churches (in: Elphick/Davenport, *Christianity in South Africa*, 383–399)
WARD, K. (1998), African Culture, Christianity and Conflict in the Creation of *Ugandan Identities* (in: Koschorke, „Christen und Gewürze", 158–170)
WARD, K./STANLEY, B. (2000) (Hgg.), The *Church Mission Society* and World Christianity, 1799–1999 (Grand Rapids, MI/Cambridge, UK)
WARD, K. (2006), A History of *Global Anglicanism* (Cambridge, UK)
WARD, K. (2017), Das *Christentum in Afrika* zwischen 1500 und 1800 (in: Schjørring/Hjelm, *Geschichte* I; 211–242)
WARD, K. (2017) Die protestantische *Missionsbewegung* im 19. Jh. (in: Schjørring/Hjelm, *Geschichte* II, 235–270)
WARD, K. (2017), Das Christentum in *Afrika* vom späten 18. Jh. bis 1914 (in: Schjørring/Hjelm, *Geschichte* II, 235–270)

WARD, K. (2018), Zusammenfassung und *Ausblick* (in: Schjørring/Hjelm/Ward, *Geschichte* III, 767–792)
WARNECK, G. (1880), Warum ist das 19. Jahrhundert ein *Missionsjahrhundert*? (Halle)
WARNECK, G. (^{4}1898 /^{10}1913), *Abriss* einer Geschichte der protestantischen Missionen von der Reformation bis auf die Gegenwart (Berlin)
WEBER, H.-R. (1966), *Asia and the Ecumenical Movement* 1895–1961 (London)
WENDT, R. (1997), *Fiesta Filipina*. Koloniale Kultur zwischen Imperialismus und neuer Identität (Freiburg i. B.)
WENDT, R. (2007), Vom Kolonialismus zur *Globalisierung*. Europa und die Welt seit 1500 (Paderborn etc.)
WENZEL-TEUBER, K. (2016), *Statistisches Update* zu Religionen und Kirchen in der Volksrepublik China (in: *China heute* XXXV, 2016/1, 24–37)
WESSELS, A. (1995), *Arab and Christian?* Christians in the Middle East (Kampen)
WHELAN, C. (1996), The Beginning of Heaven and Earth. The Sacred Book of *Japan's Hidden Christians* (Honolulu)
WICKERI, P. (1988), Seeking the Common Ground: Protestant Christianity, the *Three-Self Movement* and China's United Front (Maryknoll)
WICKI, J. (1976), Die unmittelbaren *Auswirkungen des Konzils* von Trient auf Indien (ca. 1565–1585) (in: ders., Missionskirche im Orient; Immensee, 213–229)
WIJSEN, F./SCHREITER, R. (2007), *Global Christianity*. Contested Claims (Amsterdam)
WILD-WOOD, E. (2001), The Interpretations, Problems and Possibilities of *Missionary Sources* in the History of Christianity in Africa (in: Frederiks/Nagy, World Christianity, 92–103)
WILLIAMS, W. L. (1982), *Black Americans* and the Evangelization of Africa, 1877–1900 (Madison)
WILLIAMS, R. A. (1990), The American Indian in Western Legal Thought: The *Discourses of Conquest* (Oxford)
WISSMANN, H. (1981), Sind doch die Götter auch gestorben. Das *Religionsgespräch der Franziskaner mit den Azteken* von 1524 (Gütersloh)
WOMACK, D. F. (2018), Christian Communities in the *Contemporary Middle East*: An Introduction (in: *Exchange* 49, 189–213)
WONSUK MA/KÄRKKÄINEN, V.-M./ASAMOAH-GYADU, J. K. (2014) (Hgg.), *Pentecostal Mission and Global Christianity* (Oxford)
YANG, F. (2012), Religion in China: *Survival and Revival under Communist Rule* (New York)
YASUTAKA, H. (2021), *Senpuku Kirishitan o shiru jiten* (Dictionary on the Senpuku Kirishitan) (Tokyo) in Southeast Asia (Singapore)
YATES, T. E. (2004), The *Expansion of* Christianity (Downers Grove)
YEH, A. (2014), *The Chinese Diaspora* (in: Im/Yong, *Global Diasporas*, 89–98)
ZEUSKE, M. (1998), *Kuba* 1492–1902 (Leipzig)
ZEUSKE, M. (2004), *Schwarze Karibik*. Sklaven, Sklavereikultur und Emanzipation (Zürich)
ZEUSKE, M. (2013), Handbuch Geschichte der *Sklaverei*. Eine Globalgeschichte von den Anfängen bis heute (Berlin/Boston)

Abbildungsnachweise

I. Abbildungen

Adveniat.de: 56; The Akrofi-Christaller Institute of Theology, Mission and Culture (mit freundlicher Genehmigung): 53; Archivio ‚De Propaganda Fide': APF, SOCG 576, fol. 314: „Antoniano colla corona in testa" (mit freundlicher Genehmigung): 15; CAMPBELL (1998), Songs of Zions [s. S. 330] (mit freundlicher Genehmigung): 36, 37; GRÜNDER (1992), Welteroberung, [s. S. 334] (bearbeitete Vorlage: MS Egerton 2898, British Museum; mit freundlicher Genehmigung): 5; Heiligenlexikon.de: 39; Klaus Koschorke (Foto): 1, 2, 4, 6, 7, 9, 12, 13, 18, 20, 21 (Kopie im Macao-Museum, Macao), 30, 31, 35, 42, 43, 45, 46, 47, 48, 49, 50, 57; McMANNERS, J. (1990), The Oxford Illustrated History of Christianity (Oxford): 29, 52; PRIEN (1978), Geschichte [s. S. 344] (mit freundlicher Genehmigung): 10, 11; Thomas Ruhland (Foto): 25; Studienzentrum A. H. Francke Halle, Signatur 131 F22 (Foto: Daniel Jeyaraj): 24; Unitätsarchiv Herrnhut, GS.393: 17; WCC Archives, D7233-00 (mit freundlicher Genehmigung): 44; Wikimedia Commons/ gemeinfrei: 3, 8, 14, 16, 19, 22, 23, 26, 27, 28, 32, 33, 34, 38, 40, 41, 51, 54, 55.

II. Karten

Die Karten wurden mit freundlicher Genehmigung übernommen von und/oder neu gezeichnet unter Verwendung von: BASTIAN (1995), Protestantismus in Lateinamerika: 7; BAYLY (2008), Geburt der modernen Welt: 13; CASTLES/DE HAAS/MILLER (2014), Age of Migration (Red Globe Press/Bloomsbury Publishing): 19; HOCK (2005), Christentum in Afrika: 1, 5, 9, 10, 16, 17, 18; KI-ZERBO (1981), Geschichte Schwarz-Afrikas: 8; KOSCHORKE/MOTTAU (2011), Dutch Reformed Church in Colonial Ceylon: 11; MEIER (2018), Ränder: 12; PIETSCHMANN (1994), Handbuch I: 6; REINHARD (1983/1985/1988), Expansion I–III: 2, 3, 4, 14, 15; Tobias Stäbler: 5.

Überblick Digitaler Appendix
(Fotos Klaus Koschorke)

A Seidenstraße
(Altorientalische Christentümer entlang den kontinentalen und maritimen „Seidenstraßen")
B China
C Japan
D Korea
E Sri Lanka
F Äthiopien
G Ghana
H Südafrika
J Peru
K Brasilien
L Jamaika
M Mexiko
N Tur Abdin (Türkei)

Zugänglich ist dieser Appendix über den Button „Bonusmaterial" unter https://www.utb.de/doi/book/10.36198/9783838559346

Der digitale Anhang liegt in zwei Formaten vor: einer PDF-Datei, die einen Überblick über den Gesamtbestand ermöglicht, und einer ZIP-Datei, in der die Fotos als Einzeldateien enthalten sind. Die Bilderläuterungen sind en bloc der PDF-Datei vorangestellt, zusätzlich im ZIP-Ordner enthalten sowie in den Metadaten der einzelnen Fotodateien abgelegt.

Register

I. Länder/Regionen/Orte

Ägypten xvii, 4, 5, 8, 9, 37, 144, 156, 244, 249, 268, 273
Andengebiet 21, 81, 85, 292
Antillen, französische 35, 167
Argentinien 82, 117, 123, 161, 162, 166, 212, 216, 217, 255
Armenien xvii, 7–9, 61, 187ff, **287**
Äthiopien/Abessinien iv, xiv, xv, xvii, 4, 6–8, **37–39**, 55, 56, **60–62**, **88–89**, 94, **153–156**, 172, 177, 178, 185, 200, 203, 204, 208, 219, 249, 286, 321
Azusa 185, 217, 233

‚Black Atlantic' 75, 124, 185
Bolivien 82, 117, 162, 167, 212, 255
Brasilien 15, 20, 21, 24, 26, 40, 50, 55–56, 71, 78–80, 82–84, 87, 92, 117, 122, 123, 166–167, 178, 183, 185, **213–215**, 215–219, 232, 233, 255, 257, 260–262, 281, 288, 290, 292, 293, 295, 301

Chile 20, 21, 32, 117, 120, 123, 160–162, 166, 183, 185, 187, 209, 212, 216, 217, 231, 255, 256, 263, 287
China xvi, xvii, 5, 6, 8–10, 12, 17, 42, **43**, 46, 73, 75–76, 98–99, 101, 105, 112, 119–124, 127, 132–134, 139, **141–143**, 151, 168–169, 177–179, 181, 184, 186, 187, 190, 192–199, 221, 225, 227, 229, 237–239, 245, 266, 271–272, 276, 287, 290, 291, 294–298, 301

Ecuador 20, 162
El Salvador 13, 162, 232, 262, 280
Elmina 40, 71, 75, 91, 110

Georgien xvii, 8, 287
Ghana/Goldküste 12, 40, 71, 75, 91, 109–110, 124, 146, 158, 204, 206, 208, 209, 230, 244–248, 250–251, 278, 289, 291, 293, 295, 296
Goa **41–46**, 48, 55, 59, 74, 89, 91, 100, 117, 145
Golfstaaten 292
Guam 117, 160, 178
Guatemala 31, 82, 162, 166, 288
Guinea 39, 178, 225, 244

Hawaii xv, 134, 193
Honduras 13, 162

Indien **xiii–xxvii**, 4–11, 13, **17–19**, 37–39, **41–43**, 46–49, 55, **59–60**, 63, 64, 66, 71–73, 75, 88, 92, 99, **103–105**, 113, 117–121, 123, **126–132**, 152, 157, 179, 184–187, **181–182**, 200, 208, 220, 226, 228, 230, 233, **235**, 240, 242, 290, 297, 301
Indonesien 43, 71, 72, 76, 117, 121, **138–139**, 143, 177, 197, 225–226, 235–236, 243, 266, 267, 290, 292
Irak/Iran/Persien/Mesopotamien 4, 7–9, 12, 18, 59, 127, 177, 267, 273

Japan xv, xvii, 29, 42, **43–46**, 55, 66–67, 74–76, **96–99**, 101, 105, 119, **132–143**, 170, 177, 181–184, 190, 193–199, 220–221, 225, 227, 236–237, 241, 243, 316

Kalifornien xv, 193
Karibik xv–xvii, 13, 20–22, 31, 35–36, 50, 71–73, 75, 84, 92–94, 109, 117, 123, 144–146, 160, 178, 204, 218, 255, 265, 269, 289
Kenia 12, 89, 150, 152, 207, 244–250, 267, 286, 290
Kolumbien 117, 161, 166, 257, 260
Kongo (Königreich)/Kongo/Zaire xvi, 11, 40–41, **49–51**, 54, 55, 74–76, 87, 90–95, 109, 124, 147, 151, 177–178, 200–201, 205, 207, 226, 244, 246, 247, 250, 286, 311
Korea xv, xvii, **101–105**, 132, **137–138**, 140, 143, 185, 189, 193, 195, 196–199, 221, 225, 227, 229, 232, 233, 236–238, 242–243, 266, 270, 274, 276, 287, 288, 290–292, 295, 297, 299
Kuba xv, 13, 21, 31, 35, 36, 117, 160, 178, 212, **213–215**, 218–219, 226, 255, 256, 263, 286, 296

Libanon 7, 237, 273
Liberia 12, 124, 144, 146, 156, 158, 177, 187, 200, 204
Lima 52, 55, 57–58, 77–79

Macao 42, 111, 117, 297
Madagaskar 92, **153–156**, 159, 201, 244, 286
Malawi (Njassaland) 151–152, 186–187, 201, 209, 244, 286
Malaysia 42, 71, 132, 226, 228
Mexiko xv, 14, 20–21, 24–26, **28–29**, 31, 33, 36, 51–52, 54, 55, 57, 65, 75, 77–78, 86–87, 96, 108, 117, 120, 122, 160–162, 166, 171, 178, 183, 193, **213–216**, 219, 259, 270, 296

Mexiko-Stadt 33, 77–78
Mongolei 225, 227, 287, 292
Mosambik 12, 91, 119, 151, 201, 226, 244, 293
Myanmar/Burma 9, 127, 128, 177, 181, 190, 193, 225–226, 228

Namibia/Deutsch-Südwestafrika 11, 40, 148, 178, 200, 202, 206
Nicaragua 29, 31, 162, 226, 258, 287
Nigeria 12, 40–41, 46, 89–90, 93, 95, 109, 124, 145–147, 157, 159, 183, 200, 204–206, 209–210, 226, 230, 244–246, 248, 251, 264, 267, 269–270, 273, 289–290, 302

Pakistan 226, 228, 235
Palästina 4, 7, 273, 297
Panama 13, 21, 167, 183, 185, 189, 217, 287
Paraguay 20, 75, 82–84, 117, 217, 287, 293
Peru xv, 20, 21, 24–25, 32–33, 51–53, 59, 74–75, 80–82, 85, 96, 107, 117, 160, 162, 167, 216, 230, 257, 292
Philippinen 15, 43, 55, 74, **99–101**, 105, 117, 137, **138–139**, 143, 160, 178, 182, 193, 197, 225–226, 237, 240, 290, 297
Puerto Rico 117, 160, 178, 183, 226

Ruanda 200, 206

Senegal 244, 249
Serampore **126–127**, 130, 184, 192
Sibirien xv–xvi, 8, 193
Sierra Leone xvi, 11, 124, 144–146, 157–158, 187, 250, 270, 315
Simbabwe 41, 151, 179, 244–245, 248
Singapur 132–133, 290, 292
Sri Lanka/Ceylon vi, 9, 42, **47–49**, 54, 71, 72, 74, **99 f**, 105, 117, 118, 121, 123, 128, 149, 157, 181 f, 186, 190, 193, 226, 228 f, 235, 240 f, 268, 270, 277, 292, 297, 316

Südafrika xv, xvii, 11, 71, 73, 117, 123–124, **147–150**, 151, 157–158, 173, 184–185, 193, 198, 202, 203, 205–206, 207, 209, 226, 232, 244, 247–248, 250, 252–254, 267, 271, 279, 285, 288, 291, 293, 303, 321
Sudan/Nubien 8, 244
Syrien xvi–xvii, 4ff, 273

Taiwan 193, 197, 227, 229, 241
Tansania/Tanganyika/Deutsch-Ostafrika 151, 152, 178f, 200, 209, 245f, 247, 254, 264, 270, 272

Thailand/Siam 9, 124, 132f, 177, 181, 190, 227
Togo 12, 178, 200, 206, 244, 286
Tranquebar 73, 75, 91, **103–105**, 113
Tur Abdin 273, 351
Türkei 8, 187, 273, 292f, 351
Tuskegee 207

Uganda/Buganda **153–155**, 158f, 201, 228, 248
Uruguay 82, 117, 162, 217, 255, 257

Vietnam **138–139**, 143, 177, 181, 187, 190, 225f, 239, 270, 287, 291, 297

II. Personen/Gruppen

Aaron geb. Arumugun (indischer Pastor) 103, 113 [Abb. 24]
Agbebi, Mojola 183, 203
Anderson, Rufus 193
Azariah, Vedanayakam Samuel (indischer Ökumene-Pionier) 130, **191**, **194**, 198f, 220 [Abb. 39]
Azikiwe, Nnamdi 209, 245

Baeta, Christian G. 208, 250
Bediako, Kwame (westafrik. Theologe) 250, 279 [Abb. 53]
Biko, Stephen 250
Bolívar, Simón 161
Bonhoeffer, Dietrich (Rezeption) 232f
Braide, Garrick Sokari 187, 204–205
Buthelezi, Manas 251

Câmara, Hélder 216, 256–257, 263
Cardenal, Ernesto 258–259
Carey, William (baptist. Indien-Missionar) **126f**
Capitein, Jacobus Eliza J. (westafrik. Pastor) 91, 75, 110 [Abb. 18]

Chao Tzu-ch'en 231
Chilembwe, John 187, 209
Chong Yak-jong, Augustin (korean. Theologe) 102
Coe, Shoki 229, 241
Crowther, Samuel Ajayi (erster schwarzafrik. Bischof) 146, **156–159**, 172, 182, 191, 203, 206, 209
Cruz, Juana Inés de la (mexikan. Nonne, Dichterin) 78, 87, **108** [Abb. 14]

Ding, Guangxun (chines. Kirchenführer) 271
Dom Afonso I./Nzinga Memba (Kongo-Herrscher) 41, **49–50**

Equiano, Olaudah (westafrik. Autor, Abolitionist) **93f**, 109 [Abb. 16], 145

Fa, Liang (chines. Evangelist) 124, 142, 168 [Abb. 27]
Fabri, Friedrich 178, 200
Fasilidas (äthiop. König) **60–63**, 88–90

Galawdewos/Claudius (äthiop. König) 38, 62
Gama, Vasco da xiii, 6, 9, 11, 13, **17–19**, 38, 41
Gandhi, Mahatma 198, 227, 245
Guadalupe, Jungfrau von 52 f, 86, 214
Gützlaff, Karl 121, 133, 142
Gutiérrez, Gustavo (peruan. Befreiungstheologe) 216, 257

Hidalgo, Miguel (mexik. Priester, Revolutionär) 161, 171 [Abb. 32]
Hong Xiuquan (Taiping-Führer) 142, **168 f** [Abb. 27–28]
Hurtado, Alberto 216

Isabella von Kastilien 13 f, 31

Jabavu, John Tengo 150
Johnson, James 210
Johnson, Samuel 230

Kakure Kirishitan/Sempuku Kirishitan 97, 135, **140–141**
Katoppo, Henriette M. 242
Kenyatta, Jomo 244
Kimbangu, Simon/Kimbanguismus 205, 211, 247–249
Kimpa Vita, Doña Beatriz (kongol. Prophetin) 74, **90**, 109 [Abb. 15]
Kolumbus, Christoph xiii, 4, 6, 9, 11, **13– 14**, 17, 19, 21, 30
Krapf, Johann Ludwig 150
Kreolen 85, 160, 161

Las Casas, Bartolomé de (Dominikaner, Menschenrechtsaktivist) 23–24, 27, **29–36**, 65 [Abb. 3+4], 57, 82, 161
Lebna, Dengel 37
Lee Seung-Hoon, Peter 101
Livingstone, David **150–152**, 159
Luthuli, Albert John (südafrik. Politiker) 150, 198, 209, 279 [Abb. 51]

Macaulay, Herbert 209
Magellan, Ferdinand de 21
Mandela, Nelson 252, 285, 302
Mokone, Mangena Maake (südafrik. Kirchengründer) 124, 173 [Abb. 36], 185, 203
Maria Kannon 97, 140
Mbiti, John S. 250
Mendieta, Gerónimo de 56
Mendouça, Lourenço da Silva 75
Menelik II. (äthiop. König) 156, 159
Mina Soga 198
Moctezuma (aztekischer Herrscher) 14, 21–22
Montesinos, Antonio xvi, **29–31**, 36
Morelos, José María 161
Morrison, Robert 132, 168 [Abb. 26]
Mott, John R. (Ökumeniker) 294
Mwanga (Kabaka von Uganda) 154–155

„Nestorianer", ostsyrische Christen 9
Niijima Jo (Joseph Hardy Neesima) 136, 170 [Abb. 31]
Nkrumah, Kwame 227, 245, 246
Nyerere, Julius Kambaragene 246, 340

Olcott, Henry S. 190

Päpste: Alexander III.: 6; Alexander VI.: 14; Benedikt XIV.: 99; Benedikt XV.: 206; Benedikt XVI.: 287; Clemens XI.: 99; Clemens XIV.: 119; Gregor XVI.: 73; Hadrian VI.: 24; Innocenz XI.: 75; Johannes XXIII.: 256; Johannes Paul II.: 259, 267, 279, 286 [Abb. 52]; Leo XII.: 161, 216; Leo XIII.: 194; Nikolaus V.: 39; Paul III.: 16; Paul VI.: 248, 257; Pius II.: 4; Pius V.: 32; Pius VIII.: 162; Pius IX.: 164; Pius XI.: 195, 206, 208; Pius XII.: 216
Paraver 43, **47–49**, 54
Philipp II. (spanischer König) 34–35
Pieris, Aloysius 229

Poma de Ayala, Felipe Guamán (peruan. Chronist) 52, 54, **80–81**, 87, 106 [Abb. 10+11], 230, 281
Protten Africanus, Christian Jakob (westafrik. Pastor) 75, 91, 109 [Abb. 17]
Protten, Rebecca (karib. Evangelistin) 75, 109 [Abb. 17]

Quaque, Philip 91
Quiroga, Pedro de 53–54

Radama I. (König von Madagaskar) 153–154
Ramabai, Pandita (ind. Sozial- und Bildungsaktivistin) 130, 220 [Abb. 38], 242
Ranavalona I. (Königin von Madagaskar) 153
Rhodes, Cecil 179
Ricci, Matteo (jesuitischer China-Missionar) 9, **98ff**, 102, 112 [Abb. 22]
Romero, Oscar Arnulfo (Befreiungstheologe, Erzbischof) 232, 260, 280 [Abb. 55+56]
Roy, Ram Mohan 129–130

Sahagún, Bernadino de 25, 28, 34, 56 f
Schmidt, Georg 92, 148
Senghor, Leopold 227, 249
Sepúlveda, Juan Ginés de 32 f

Singh, Lilivathi (ind. Bildungsaktivistin) 220 [Abb. 40], **242**
Shembe, Isaiah (südafrik. Prophet) 205
Sukarno, Achmed 236
Sun Yat-Sen (chines. Präsident, Christ) 124, 134

Thomaschristen xiii–xiv, xvii, 12, **17–19**, 37, 41, **59–60**, 63, 128, 140, 191, 293
Torres, Camilo 260
Tupac Amaru II. (José Gabriel Condorcanqui) 85–87
Tutu, Desmond (südafrik. Erzbischof, Apartheidsgegner) 247, 250, 253, 279 [Abb. 54], 285, **302**

Uchimura Kanzo (japan. Theologe) 136, 182, 193, 220 [Abb. 41]

Vega, Garcilaso de la 51
Venn, Henry (brit. Missionstheoretiker) 122, **157**, 193

Wilson, John 187, 196

Xaver, Franz (jesuit. Asien-Missionar) xvi, 42, **43–46**, 48, 55, 66, 98

Zapata, Marcos 52, 81, 107 [Abb. 13]
Ziegenbalg, Bartholomäus (luth. Indien-Missionar) **103 f**, 113 [Abb. 23]

III. Sachen, Themen

Afrikanische Unabhängige Kirchen (AIC's) xviii, 182 f, **202–206, 246–249**, 293
Afrikanisch-traditionale Religionen/Religiosität 203 f
'African Methodist Episcopal Church' (AME) 124, 173, 185, 192

Afroamerikanische/afrobrasilianische Religionen 218, 250, **260–263**
Altorientalisch-orthodoxe Kirchen 7–9, 249, 292
Akkommodation (Konzept) 98 f
Amerindische („indianische") Religionen **20 f**, 28 f, 45, 56

Apartheid 149, 226, 232, 250 f, **252 f**, 271, 279, **285ff**, 291, 302 f
Architektur 33, 82, 88, 182, 191, 228, 240
Ashrams, christliche 182, 191, 240
Äthiopismus 94, 124, 173 [Abb. 37], 184 f, 203 f, 219
Aufklärung 74, 104, 118, 135, 160, 295

Barmer Theologische Erklärung, Rezeption 253
Basisgemeinden 240, **255 f**, 261
Befreiungstheologie s. *unter* Theologien
Bekehrung 31 f, 40, 42, 51, 94, 131, 155, 256
Bekenntnis 38, 48, 60, 97, 140, 183, 203, 236, 245
Bibel *Auslegung, Rezeption*: xvi, 28, 30, 44, 57, 64, 94, 97, **142**, **144 f**, 148 f, 150ff, 203 f, 210, 241, 246, 250 f, 253, **258**, 261, 290; *Kritik:* 149; *Verbreitung, Schmuggel:* 132, 165 f, 266; *Übersetzungen:* 57, 64, **103**, 113, 120, **126–128**, 131–133, 137, 142, 146 f, 168, **266**
Bildung/Erziehung/Schulen/Universitäten 52, 74, 77ff, 91, 113, **120**, 127ff, 134ff, 149, **157ff**, 162, 165 f, 170, 181, 196, 204, **207–210**, 212 f, 221, 235, 237, **244 f**, 250, 257, **272**, 276, 297
Buddhismus 29, **44 f**, 97 f, 100, 102, 118, **121**, 136 f, 141, 149, **181 f**, 186, **190**, 218, 225, 235 f, 268, 287, 297

Christenverfolgungen, Märtyrer xv, 7, 9, 45, **47–49**, 67, 74, 89, **96 f**, **101–103**, 132, 137, 139 f, **154 f**, 184, 197, 205, 213, 225, 233, **237–239**, 260, 293
Cristeros 214 f

Dekolonisierung, Etappen 84–86, **117 f**, 160ff, 171, **225 f**, **235 f**, **244–246**, 266
Demokratisierung, Rolle der Kirche **286**
Dependenztheorie 258, 260

Diasporen, ethnische xiv–xvi, 7 f, 94, 101, **123 f**, 133 f, 145, 168, 184, 193, 206, 215, 249, 269, **291 f**, 297
Dritte Welt 226 f, 231 (*s. auch* EATWOT)
Druckerpresse, Journale, Medien, Internet 120, 126, 129, 132, 134, 147, 149, 153, 156 f 161, **184 f**, 203, 209, **288–291**

EATWOT („Ecumenical Association of Third World Theologians") **227 f**, 230, 259
Egalität/„Gleichheit der Gläubigen" 124, 142, 148, **150**, 203 (*s. auch* Rassismus, Äthiopismus)
Eliten, indigen-christliche xviii, 120, 155, 172, 181, 193, **202 f**, **208–210**, 272, 289
Emanzipation xv, xviii, 86, 118, 130, **144–147**, 157, 160, 172, **182ff**, 188, **192 f**, 202, **208ff**, 225–230, 235

Frau/Frauen/Recht auf Bildung 48 f, 75, 49, 75, **78 f**, **90**, 102, 106, 108, 109, 122, 133, 140, 180, 198, 217, 220, 242, **251**, 258, 258, 261, 266
Fundamentalismen 233, **267 f**, 273, 287, 301

Heilung/Medizin/Kliniken/ärztliche Mission 42, 89, **120**, 129, 135, 137, 166, **204 f**, 237, **244**, 272
Hinduismus xiii, 17, 41 f, 44, 47 f, 49, 59, 73, 100, **104 f**, 118, 123, 126 f, 129–131, **181 f**, 190, 218, 235 f, 268, 290, 301
Homosexualität 44, 295

Indigenisierung *als Programm:* 26, **33 f**, **182ff**, **190ff**, 229, 240, 250, 277; *indigener Klerus, einheimische Bischöfe, „indigenous leadership":* 39 f, **57**, 59, 61, 72, **91 f**, 130, 138, 154, **156–159**, 160ff, 172 f, 182, **191**, **194 f**, 198, 206, 208, 239, 248 f, 257; *einheimische Akteure, „native agency":* v, xiv, xvi, xviii, 71; *Entwick-*

lung lokaler Christentumsvarianten: 47–53, 134, **139ff**, 184, 248ff; *Stimmen einheimischer Christen*: **51–54, 80–82, 139–143**; *indigen-christliche Publizistik und Presse*: 149, 184f, 203, 209, 289; *indigene Missionsinitiativen* 184, **192f**, 268ff, 291ff; *kulturelle Anpassung und Pluralisierung*: 182ff, 191, 227, 240, 249ff; *Forderung nach Selbstverwaltung, Autonomie* (*s. unter* „Three-Selves")
Inkulturation (Konzept) 229, 248, 250
Islam xiii–xiv, **4–9**, 11 f, 17 f, 30, 37–39, 41, 43, 61, 89, 127, 147, 154 f, 190, 200, 207, 218, 235 f, 249, **251, 267 f**, 273, 287, 291, **295 f**, 301

Judentum xvi, 8 f, 22, 38, 225

Kirchenversammlungen, -räte, gesamtkontinental 185, 228, **239 f**, 257
Kirchenversammlungen, -räte, regional/Synoden 52, 57ff, 194 f, 239ff, 247
Kirche und soziale Frage 215 f
Kommunismus xvii, 214, 216, 225, 227, **236, 237–239**, 245, 255, 260, 266, **271 f**, 285 ff
Konfuzianismus xv, **98 f**, 103, 134, 137, 139, 142, 191, 196, 218, 229
Kontextualisierung (Konzept) 229
Kolonialismus *Etappen*: **11–17, 21 f**, 71ff, **117 f, 160 f, 177–179**, 206, **225 f**; *Formen kolonialer Herrschaft*: 15–17, 71 f, 117 f, 177, 200; *antikolonialer Widerstand*: 25, 80, 85 f, 100, 118, 120, 138 f, 209, 249; *Neokolonialismus*: 212, 220 f, 250; *Kolonialismus, japanisch*: 236 f. – *Siehe auch unter*: Dekolonisierung; Unabhängigkeitsbewegungen, politisch; Unabhängigkeitsbewegungen, kirchlich; Dritte Welt
Konzile *Trient* (1545–1563*)*: **56–63**, 164, 166, 255; *Vaticanum I* (1869–1870*)*: 163–165; *Vaticanum II* (1962–1965): 229, **231 f**, 240, **248 f**, 251, **256 ff**
Kunst, darstellende/Malerei 32–34, 52, 80, 81 f, 88, 107, 240

Liturgie 17, 60, 140, 182 f, 191, 203, 218, 232, 240, 277

Mega-Kirchen 270, 276, **289 f**, 295
Migration xiv, 122–124, 152, 184, 213, 216–218, 247, 261, **269ff**, 273, 289, **291ff**, 297, 322 [Karte 19] (*s. auch* Remigration, transatlantisch)
Missionsbewegung: *Etappen*: **24–26, 72 f, 179–181**, 244; *Römisch-katholisch*: 11ff, 14ff, **22ff, 28ff, 39ff**, 55ff, 71ff, 77ff, **118–120**, 138 f, 163ff, 179ff; *Protestantisch*: 11, 48, **56**, 71ff, 84, 91 f, 99, **103–105**, 120–122, 126ff, 132ff, 144ff, 152ff, 165–167, **179ff**, 260 f; *Orthodox*: 136, 185, 203, 228, 293; *Pentekostal*:181ff, 185, 233ff; *indigene Missionsinitiativen, – gesellschaften*: 184, **192 f**, 268ff, 291 ff. (*s. auch unter*: „Three-Selves"); *afroamerikanische Missionare*: xv, xvi, 51, **122–124**, 144–146, 185; *Reverse-Missionen*: 268 ff
Mission: Orden, Gesellschaften, Akteure (in Auswahl): *Jesuiten*: 24, 29, 38 f, **43–45**, 52, 55, 59, **60–62**, 73–75, 77, **82–84**, 85, 88, 96, 98 f, 111, **119, 128**, 138, 154, 164, 206, 239; *Dominikaner*: 23–25, **30–32**, 52, 58, 65, 75, 79, 86, 91, 99; *Franziskaner*: 6, 18, 22, **24 f, 28 f, 33 f**, 39, 42, 52 f, 57 f, 65, 80, 99, 101, 120, 163; *Pietismus* (Halle, Herrnhut): xvi, 71–73, 75, 92, 103, 148, 229, 237, 242, 251, 288; *Basler Mission*: xvi, 89, 121, 128, 144, 147, 179, 232; *Baptisten*: 264, **94**, 121 f, **124, 126ff, 144ff**, 183, 187, 205, 209, 217, 264; ‚*Church Missionary Society*' (*CMS*; anglikanisch): 89, 121 f, 144 f, 150, 154ff, 179; *Kongregationalis-*

ten (ABCFM): 122, 193; *Weiße Väter:* 152, 154, 206; *indigene Missionsgesellschaften:* 192 f
Missionskonferenzen: Edinburgh 1910: 127, 134, **180–185**, 186 f, 191, 193 f, 294; *Panama 1916:* 183, **185**, 217; *Tambaram 1938:* 197 f, 208 f, 222 [Abb. 44]
Missionsmethoden/Strategien/Konzepte 24 f, 32ff, 40, 43ff, 98 f, 103ff, 126ff, 229, 248, 250
Mission und Kolonialismus, kolonialethische Debatten 13 f, 20ff, **29ff**, 37ff, 72 f, 77ff, 91, 99 f, **103 f**, 117ff, 150ff, **179ff**, 200–202, 228 ff
Militärdiktaturen 232, 242, 249, **253ff**, 259, 286 ff
Musik 50, 52, 77, 81, 182, 191, 240

Nationalismus, antikoloniale Nationalbewegungen 136, 152, **181–183**, 187, **190ff**, 209, 214, 235, **244–246**, 268, 287
Nationalkirchliche Bestrebungen xviii, 138, 162, **181–183**, 192 f, 207, 213, 228
,National Church of India' 131, 182, 192

Ökumenische Bewegung/Anti-Denominationalismus/Kirchenunionen **180–185**, **192–194**, **230–233**, 240, 247, **252 f**
Ökumenischer Rat der Kirchen (ÖRK/WCC) 228 f, 230 f, 241 f, 249, 257

Patronat/Padroado **15ff, 22ff**, 26, **37ff**, 73 f, 90, 93 f, 119, 161 f, 164 f, **195**
Pfingstbewegung, (Neo-)Pentekostalismus 123, 185, 206, **217**, 231, **233**, 240, **260–264**, 266–269, 278, 289 f, 292 f, 296
Polygamie 149, 151, **198**, 204 f, **208**, 249
Polyzentrik in der Geschichte des Weltchristentums **xv–xvii**, 233, 291 ff
Propaganda Fide 16, 73, 75, 93, 119, 195
Prophetie, prophetische Bewegungen 74, 74, **90**, 109, 153, 183, **187**, **204–206**, 241, 248, 250, 253, 256, 258 f, 288, 297

Rassismus/Paternalismus/Sozialdarwinismus xviii, 82 f, 157, **178**, **202 f**, 232, 252 f, 303
Religionsgespräche, interreligiöser Dialog **28 f**, 55, 104, 154, 190, 231 f, 240, **251**, 268
Remigration, transatlantisch 75, 92ff, **144–146**, 177, 200, 210, 315 [Karte 9]
Requerimiento 16, 22 ff
Ritenstreit **75 f**, 90, **98 f**, 119, 195 f

Sklaverei 12, 39–41, 49 f, 71–73, 75, 80, 84, 91–94, 123, 144 f, 157, 163, 218; *Transatlantischer Sklavenhandel:* **34–36**, 92–94, 90 f; Abschaffung, Abolitionismus: 75, 94, 104, 109, **121**, **144–147**, **150–152**, 160, 163, **171**, 180
Sozialismus 187, 215 f, 227, 238 f, **246**, 249, 259, **286 f**
Sprache 17, 28, 48, 83, 94, 97, 98, 100–102, **126 f**, 146 f, 150, 166, 182, 191, 232, 235, 270, 273 (*s. auch* Bibelübersetzungen)
Süd-Süd-Verbindungen/transregionale, transkontinentale Netzwerke xiv–xv, 17, 49–51, 75, 78, 123 f, 146, **183–185**, 196, 233, 240, 291–294

Taiping-Bewegung 133, **141 f**, 143, 168 f
Tanz 50, 203, 249
Taufe xv, 18, 25, 40 f, 44, 48 f, 52, 61, 97, 10ff, 140, 151, 154 f, 157, 217, 245, 261
Theologien *Befreiungstheologien:* 31, 216, 229, 232, 327, 256, **257–260**, 280, **287 f**; *Kontextuelle Theologien:* **229**, 252, 288, 302; *Minjung-Theologie:* 229, 237, 242, 288; *Dalit-Theologie:* 132, **242**, 268; *Kairos-Theologie:* **253**, 288; *Feministische Theologie.:* 241, 251, 260; *Theology of Reconstruction:* 288; *Prosperity Gospel:* 262, 293, 296; *Theologie in Asien:* **239–241**; *Theologie in Afrika:* **249–251**; *Theologie in Lateinamerika:* **257–260**

„Three Selves"/Drei-Selbst-Bewegung 122, 138, **156–158**, 191, 193, 238, 271

Unabhängigkeitsbewegungen, kirchliche 124, **181–183, 228–230, 246–249**, 271 (*s. auch* Afrikanische Unabhängige Kirchen, Äthiopismus, Nationalkirchliche Bestrebungen)

Unabhängigkeitsbewegungen, politische 84ff, **160 f, 171, 208–210, 244–246**

Urbanisierung 213, 216, 261

Weltkrieg, Erster 183, **186–189**, 195ff, 206, 109, 213, 294

Weltkrieg, Zweiter 197, 208, **225 f**, 226, 236 f, 294

Zivilisation, „Christianity and Civilization" (Konzept) 135, 142, 149, **151, 157**, 167, **186ff**, 197, 202